eduniperiferias

mórula EDITORIAL

APOIO:

ItaúCultural

Jailson de Souza
Jorge Luiz Barbosa
Mário Pires Simão

A FAVELA REINVENTA A CIDADE

eduniperiferias
mórula EDITORIAL

REVISÃO
Marília Gonçalves

DESIGN
Patrícia Oliveira

FOTOS (CAPA)
Francisco César

CIP-BRASIL. CATALOGAÇÃO NA PUBLICAÇÃO
SINDICATO NACIONAL DOS EDITORES DE LIVROS, RJ
Elaborado por Meri Gleice Rodrigues de Souza — CRB 7/6439

S58f

Silva, Jailson de Souza e

A favela reinventa a cidade / Jailson de Souza e Silva, Jorge Luiz Barbosa, Mário Pires Simão. – 1. ed. – Rio de Janeiro : Mórula : EdUniperiferias, 2020.
380 p. ; 23 cm

Inclui bibliografia e índice
ISBN 978-65-81315-09-2

1. Favelas – Rio de Janeiro (RJ). 2. Renovação urbana – Rio de Janeiro (RJ). 3. Comunidades – Desenvolvimento – Rio de Janeiro (RJ). I. Barbosa, Jorge Luiz. II. Simão, Mário Pires. III. Título.

20-63257 CDD: 307.3364098153
CDU: 364.682.444(815.3)

R. Teotônio Regadas, 26/904 — Lapa — Rio de Janeiro
www.morula.com.br I contato@morula.com.br

Às amadas Marias — Aleixo e da Guia (Magui), cujo amor, bondade, generosidade e dedicação ao coletivo preencheram minha vida e de muitos outros seres.

JAILSON DE SOUZA E SILVA

Salve, Jorge!
Para meu pai que se foi. E para meu filho que chega!

JORGE LUIZ BARBOSA

Meu agradecimento à Maré e seus moradores com quem tanto vivi e aprendi. Às amigas e amigos do Observatório de Favelas, pelo espaço de partilha e esperança. A Jailson e Jorge, meus eternos mestres e companheiros de luta por justiça social e mais humanidade, todo o meu respeito. Por fim, agradeço à minha mãe, Maria Auxiliadora — que mesmo não estando mais aqui continua me guiando — e à minha família — Márcia Regina, minha esposa e companheira de caminhada — e meus filhos — Manuela e Antônio, meus amores. Os três ao meu lado sempre.

MÁRIO PIRES SIMÃO

SUMÁRIO

8 PREFÁCIO

12 APRESENTAÇÃO

18 INTRODUÇÃO

23 As favelas nascem, crescem e recriam a cidade

70 A redemocratização amplia a presença física e imaginária das favelas no Rio de Janeiro

112 TEMAS CENTRAIS DAS FAVELAS CARIOCAS

113 Impressões e representações das favelas

130 Território de inventividades

155 As juventudes das favelas na conquista da cidade

169 Favela: território de afetos

177 A perversidade da "guerra às drogas"

193 Aprofundando a reflexão sobre a violência no Rio: relatos de um policial e de um comerciante varejista de drogas ilícitas

235 Caminhos para a reinvenção da segurança pública no Rio de Janeiro

244 A favela na agenda de Direitos à Cidade

248 INVENTÁRIO DE PUBLICAÇÕES SOBRE FAVELAS

370 REFERÊNCIAS

PREFÁCIO

A favela venceu. A frase curta contém a relevância, a beleza, a complexidade deste livro. Algumas obras tornam-se importantes por apresentarem velhos temas sob novas perspectivas; outras nascem definitivas. "A favela reinventa a cidade" integra o segundo grupo. É leitura essencial para quem deseja (ou precisa) entender a gênese da solução habitacional forjada — e, teimosamente, aperfeiçoada ao longo de mais de século — por uma população submetida ora à desatenção, ora ao desprezo do Estado. É obrigatória por trazer ideias frescas para tirar o Rio de Janeiro do fosso em que se meteu, em consequência de políticas de segurança fracassadas e da histórica, nas palavras dos autores, distinção territorial de direitos, que privilegia moradores de uma área em detrimento de outras.

Década e meia atrás, Jailson de Souza e Silva e Jorge Luíz Barbosa brindaram o Rio com edição do livro seminal "Favela: alegria e dor da cidade", a partir de um ponto de vista atípico sobre as favelas. Em vez de espaços condenados à carência singular, absoluta, sem meio termo, como a narrativa dominante tentou estabelecer, os aglomerados subnormais (na classificação do IBGE, órgão oficial de estatísticas do país) passaram a ser observados sob a ótica do que dispõem. Os morros carecem, sobretudo, de serviços básicos sonegados pelo poder público, mas são férteis em diversidade, redes de solidariedade, laços comunitários, pertencimento, empreendedorismo, tecnologia social, soluções de arquitetura, cultura (do samba ao funk, do jongo ao passinho), vida. Plural.

Nessa constatação reside o que os autores batizaram de paradigma de potência das comunidades populares, ora ressignificadas nas três sílabas de favelas, sinônimo de identidade. Esta nova obra, acrescida de um terceiro autor, Mário Pires Simão, revisita a origem desses territórios, vistos como resposta dos moradores à violência de Estado. Não há expressão mais adequada para qualificar as políticas habitacionais que expulsam, e afastam, e isolam, e confinam, e abandonam, e estigmatizam. Começaram na reurbanização higienista do prefeito Pereira Passos, no liminar dos anos 1900; adentram o século XXI.

Favelas surgiram como materialização da resistência de quem precisava morar, trabalhar e, mais que tudo, existir. É evidente o compromisso com a existência, que difere da sobrevivência, dimensão do precário. Não são pontos de passagem, mas de permanência. Essa determinação pautou a consolidação, a expansão e a vitalidade dos territórios encarados como periféricos pelos grupos dominantes na hierarquia social, mesmo quando colados às áreas autodenominadas centrais.

Provocador é o trecho que reivindica para a favela o conceito de cidade, que não diz respeito somente à extensão territorial urbanizada e assistida pelo poder público. Cidade, para os autores, é também relações sociais, formas de contato, relações de cooperação e solidariedade. Por isso, sentenciam: há mais cidade na Maré, o conjunto de 17 favelas da Zona Norte carioca, do que no isolamento dos condomínios da Barra da Tijuca, nova fronteira da classe média alta carioca.

Favelas são o avesso da apatia e da resignação. Carregam inventividade e audácia — ou não chegariam a esse ponto da História mais visíveis e assentadas do que nunca. Já nos anos 1930, espalhavam-se da Babilônia, no bairro do Leme, Zona Sul, ao Morro do Alemão, na Zona Norte. Em 1948, o primeiro Censo de Favelas do (então) Distrito Federal contabilizou 105 comunidades, 34 mil domicílios, 138 mil moradores. A despeito dos planos oficiais de erradicação, em 1970 mais de meio milhão de pessoas viviam em 162 favelas. E olha que, de 1962 a 1973, o estado removeu 27 comunidades e 175 mil moradores, principalmente na Zona Sul, abrindo espaço para empreendimentos imobiliários de alta renda. Nos anos 1990, o total de habitantes beirava um milhão. No Censo Demográfico de 2010, o IBGE contou 1,4 milhão, 23% da população carioca.

Os dois terços iniciais de "A favela reinventa a cidade" atravessam origem e afirmação das comunidades, com estatísticas, fotografias e mapas. Parte da ocupação dos morros, sem assistência oficial ou infraestrutura. Trata das políticas de remoção para conjuntos habitacionais em bairros distantes e, ao mesmo tempo, de como a favela se impôs na paisagem carioca. Apresenta as relações de pertencimento, convivência, produção artística e cultural. Assinala a heterogeneidade das comunidades, a começar pelo relevo, ora equilibradas em encostas, ora esparramadas por terrenos planos, ou mesmo combinando ambos. Festeja o vigor da juventude periférica, bem como denuncia as mortes e a falta de políticas para a faixa etária.

O livro apresenta as favelas como ambientes de permanente disputa entre moradores, poder público e classes abastadas — notas marcantes do racismo e do patrimonialismo que fundaram o Brasil. Não é por acaso que comunidades populares são habitadas predominantemente por pessoas pretas e pardas. A eclosão dos movimentos sociais e das associações comunitárias, sobretudo a partir da redemocratização, é vista como marco da luta por direitos. Os territórios entraram no radar das autoridades, o que rendeu acesso à infraestrutura básica. Reconhecidas, receberam água, energia elétrica, telefonia, asfalto, escolas, coleta de lixo; em menor escala, rede coletora de esgoto, serviços privados, direitos legais.

A polícia, por sua vez, é citada como a única instituição sistematicamente presente nas favelas, quase sempre associada a ações truculentas. O terço final do livro é inteiramente dedicado ao debate sobre segurança pública, exemplo mais evidente e duradouro da dor a que se refere o título da obra. Os autores explicam como favelas foram gradualmente dominadas pelo crime, pela brutalidade e pela violência homicida. Na origem, figuras autoritárias e membros de grupos de extermínio, embriões das milícias, assumiram papéis de ordenamento e mediação de conflitos que caberiam ao poder público.

Adiante, a espiral do tráfico de drogas ilícitas: varejistas avulsos, que se organizaram em facções, armaram-se e repartiram-se em disputas por territórios. E as políticas de repressão, que intensificaram os confrontos também com a polícia, levando a mortes em escala de traficantes, agentes da lei e moradores. Essa é a realidade que assombra até hoje, com o estado tendo o abate como política de segurança do governador Wilson Witzel, eleito em 2018. Foram poucas tréguas, a principal delas, as Unidades de Polícia Pacificadora (UPPs), foi esperança em 2008 e frustração a partir de 2013.

A visão crítica às posturas de enfrentamentos bélicos encerra o livro. As quatro décadas de guerra às drogas resultaram em epidemia homicida, extermínio de jovens negros, encarceramento em massa, banalização dos confrontos armados, comunidades sitiadas e degradação das instituições policiais. Num par de relatos em primeira pessoa, um policial militar e um chefe do tráfico expõem as entranhas das engrenagens do sistema. O coronel Robson Rodrigues, antropólogo, foi chefe do Estado Maior da PM e comandante das UPPs: "Sabemos que a pacificação não só deve ser feita pela polícia, mas você tem que ter uma boa polícia, moderna, para ela poder sustentar suas ações de uma forma mais leve, ágil e eficaz".

Dimas, o bom ladrão na crucificação de Jesus Cristo, é o nome fictício do segundo entrevistado, definido pelos autores como "um intelectual orgânico do comércio de drogas ilícitas". É depoimento que impressiona, pela crueza da narrativa sobre o menino faminto que se tornou assaltante, completou o ensino médio, sobreviveu 17 anos no cárcere e chegou ao comando de uma facção criminosa. As páginas de Dimas são as mais impressionantes do livro. Há descrições, encadeamentos de ideias e diagnósticos instigantes para formuladores de políticas públicas e interessados na complexidade do debate sobre segurança. Não se restringe a armas, tiros e prisões; engloba combate às desigualdades e inclusão social.

Ao fim, resta a tristeza aguda por nos sabermos parte de uma sociedade que, tendo a possibilidade de livrar os filhos da miséria, da exclusão, da brutalidade, do crime, da morte, de parte deles abre mão. Há muito por aprender em "A favela reinventa a cidade". Bom proveito.

FLÁVIA OLIVEIRA
Jornalista

APRESENTAÇÃO

O livro "Favela: alegria e dor na cidade", lançado em agosto de 2005 com uma tiragem de três mil exemplares, em co-edição da X-Brasil e editora Senac se esgotou em poucos meses e atualmente é bem difícil encontra-lo, mesmo em sebos. A Fundação Ford financiou a coleção da qual o livro fez parte, e Marta Porto foi a grande responsável por sua viabilização. A razão do sucesso do livro é fruto, acreditamos, tanto do seu conteúdo como da sua forma.

Buscamos construir uma narrativa que, iniciada no final do século XIX, registrasse o processo de criação de favelas e, de forma concomitante, o crescimento dos estigmas, preconceitos e violências diversas das políticas segregacionistas estabelecidas pelos poderes estatais, com apoio dos meios de comunicação e dos setores dominantes da cidade do Rio de Janeiro. Acima de tudo, buscamos registrar como a favela é uma expressão da luta de milhões de pessoas pelo direito de viver com dignidade. É importante frisar que nessa luta ela saiu vencedora, apesar de todos os desafios que ainda enfrenta e, sobretudo, diante daqueles que buscavam sua extinção.

No campo da forma, a inovação estava em apresentar a trajetória das favelas através de textos em formato acadêmico, mas também com mapas, charges, letras de música, entrevistas, fotografias, poemas e um inventário inédito sobre obras dedicadas às favelas. Enfim, utilizamos expressões plurais de linguagem para narrar a luta de seus moradores para exercer o seu direito à cidade de modo pleno. E assim foi possível apreender a epopeia desse direito em várias de suas formas sensíveis, não apenas pela via da razão.

Agora, 15 anos depois, publicamos "A favela reinventa a cidade", incluindo a valiosa participação de Mário Pires Simão — que já havia colaborado como pesquisador no trabalho anterior — como autor, além dos pesquisadores Lino Teixeira, Flávia Gomes da Conceição e Thainã Silva e dos artistas Bira Carvalho e Francisco Valdean.

Como muitas das questões do primeiro livro precisaram de atualização ou de um tratamento diferente, entendemos que ele não é uma nova edição, mas uma segunda obra, especialmente porque buscamos identificar novas formas de lutas, resistências, existências e agendas encaminhadas pelos sujeitos, organizações das favelas e aliados diante dos projetos hegemônicos do Estado e do mercado, que ganharam força nesses 15 anos que separam o primeiro livro deste de agora. Além disso, alguns temas das favelas e periferias ganharam novas dimensões durante a última década, tais como as manifestações culturais, as práticas das juventudes, as inventividades socioeconômicas e a questão da segurança pública em novos registros do cotidiano das favelas.

Por fim, estamos diante de um novo Rio de Janeiro, que passou por um período de grandes eventos — Jogos Mundiais Militares, Jornada da Juventude Católica,

Copa do Mundo de Futebol e Jogos Olímpicos —, pela criação, desenvolvimento e decadência de uma nova estratégia no campo da segurança pública nas favelas — as Unidades de Polícia Pacificadora (UPPs) —, pela falência do governo estadual, provocada por uma quadrilha de políticos comandada pelo PMDB de Sérgio Cabral e, recentemente, pela eleição de um governador ultraconservador, que radicaliza o discurso de guerra às facções criminosas do tráfico de drogas no âmbito da segurança pública, desqualifica as favelas e seus moradores e os torna ainda mais suscetíveis a ataques por parte das forças de segurança.

Não podemos saber ainda quais serão as consequências dessas propostas, mas, pelas experiências passadas, sabemos que os moradores, moradoras e instituições das favelas e outras periferias terão que construir formas de defesa em relação a esses discursos beligerantes e práticas que ignoram a riqueza criativa e potente desses territórios. Cabe salientar que o atual governador foi eleito no mesmo pleito que elegeu um presidente identificado com as posições de extrema-direita no campo político, radicalmente adversário das forças democráticas e suas instituições.

Logo, a nova conjuntura exige novas análises e interpretações para criar proposições com novos horizontes. Por isso, apesar de mantermos a mesma pluralidade em termos de linguagens do "Favela: alegria e dor na cidade", este é um livro bem distinto do anterior. Ele reflete o amadurecimento da sociedade civil carioca e nossas compreensões recentes sobre as agendas necessárias para que o Rio de Janeiro e o Brasil avancem em termos da radicalização da democracia e das práticas republicanas. Um novo livro, ainda que dominado pelo mesmo desejo de contribuir para uma cidade com mais direitos para todos.

* * *

Na introdução, apresentamos uma proposição de cidade que vimos amadurecendo desde o final dos anos 1990. Naquele período, lançamos a ideia de que os territórios periféricos deveriam ser apropriados e conceituados a partir de uma nova perspectiva, que denominamos posteriormente de "paradigma da potência". Nele, as dimensões de invenção, criação, formas coletivas de resolver problemas e uma relação singular com o espaço público são valorizadas e não apenas os desafios e demandas que se apresentam nos territórios onde residem as populações urbanas subalternizadas. Desse modo, apresentamos uma nova definição de cidade, que irá nortear todo o processo de construção do livro e suas proposições fundamentais.

Já o primeiro capítulo apresenta uma narrativa sobre o processo de construção das favelas no Rio de Janeiro, suas representações, as políticas governamentais para que elas fossem destruídas nas zonas mais ricas da cidade e, com mais profundidade e abrangência, as respostas dos moradores das favelas às violentas e limitadas (ou até mesmo ausentes) políticas habitacionais para os grupos sociais populares. Ele é uma ampliação do texto publicado no volume anterior.

O segundo capítulo é dedicado à recente expansão das favelas e outras formas de moradias populares para uma parte da Zona Oeste — rumo a Santa Cruz, Bangu e Sepetiba —, enquanto o Estado e o mercado imobiliário priorizam a expansão das habitações da "classe média" para a Barra da Tijuca. Mais completo e global do que o texto do primeiro volume, o capítulo procura dar mais espaço às práticas e estratégias de resistência construídas pelas populações das favelas para enfrentar as políticas de remoção e segregação das forças dominantes na cidade.

De fato, a favela venceu essas políticas, mas, ao contrário do que tradicionalmente se pensa, a versão hegemônica desse processo histórico ficou com os grupos dominantes da cidade. Assim, apesar de estabelecida e consolidada no Rio de Janeiro, sendo responsável, inclusive, pela sua singularidade no plano nacional e internacional, ao lado das paisagens naturais, ainda prevalece um juízo racista e estigmatizante em relação a estes territórios. De fato, temos poucos registros sobre as experiências de luta e articulação das lideranças faveladas para garantir o direito à cidade dos seus moradores e suas moradoras. De qualquer forma, valorizar os registros existentes é decisivo para que esse trabalho de recuperação se amplie e a narrativa das favelas deixe de ser feita apenas a partir das versões e práticas estabelecidas pelos agentes e agências do Estado.

Abrimos o terceiro capítulo com uma análise de representações usuais dos sujeitos das favelas e de suas práticas, de forma geral. Depois desse olhar, selecionamos três temas que consideramos muito relevantes para a construção de uma apreensão inovadora da inserção contemporânea das favelas na cidade. Tratamos, então, da expressão cultural, que torna os territórios populares referências centrais de reinvenção das artes no mundo urbano; dos jovens, sujeitos fundamentais para essa expressão artística/estética; e da segurança pública, tema de maior preocupação dos residentes das favelas e que continua sendo tratado a partir de uma lógica de criminalização dos favelados e por um grau de violência inaudito e indigno, que agride os seus direitos fundamentais de forma cotidiana, tornando a vida na favela um exercício de sobrevivência, resistência e superação.

Nessa direção, no capítulo seguinte, apresentamos uma breve coletânea de imagens do fotógrafo Bira Carvalho, morador da Maré, formado na Escola de Fotógrafos Populares do Observatório de Favelas e atual coordenador da Agência Imagens do Povo. O propósito é demonstrar através dessas imagens os múltiplos afetos existentes dentro desses espaços em contraponto às representações de carência e violência comumente retratadas pela mídia.

Diante disso, outra leitura sobre o tema da segurança pública se faz necessária, assim como outras proposições. Para contribuir nessa linha, no quinto capítulo trazemos, no item dois, vigorosos relatos de vida: o primeiro, de um ex-coronel da Polícia Militar que teve importantes postos de comando na instituição; o segundo, a narrativa de um chefe histórico de uma das facções de comerciantes de drogas ilícitas do Rio de Janeiro. Valorizar essas histórias, as interpretações de ambos sobre o quadro de violência do Rio, e vislumbrar possíveis soluções para o fenômeno são os objetivos dessas entrevistas. Propomos ainda uma nova agenda para o Rio de Janeiro que busque enfrentar seus dramas atuais e criar mecanismos para que possamos avançar na democratização da cidade. São proposições que vimos desenvolvendo há tempos, especialmente no âmbito do Observatório de Favelas e, mais recentemente, na UNIperiferias | Instituto Maria e João Aleixo, que sinalizam uma agenda que rompa com as formas usuais como se pensa a política e as relações socioeconômicas, além das representações dominantes sobre as favelas na cidade. Apresentamos uma descrição de como as políticas de segurança foram sendo construídas no Rio de Janeiro desde a década de 1980. A partir do reconhecimento dos acertos e fracassos, apresentamos algumas proposições que acreditamos possam contribuir para a construção, no processo de disputa com as proposições autoritárias e agressoras que norteiam o atual governo, de outros caminhos para a segurança pública.

Como apêndice, mas não menos relevante, apresentamos o inventário de publicações de todas as obras — dissertações, teses, artigos e livros — disponíveis em órgãos públicos a respeito das favelas cariocas.

Este livro tem um imenso significado prático e simbólico para nós, construtores do Observatório de Favelas, fundado em 2001. Acima de tudo, sintetiza nossas crenças, nossos conceitos, nossas propostas e nosso esforço em construir uma cidade na qual o direito de todos a uma vida digna seja garantido. Que ele tenha sentido para cada leitora, cada leitor, como tem para nós, e que os alimente na caminhada.

JAILSON DE SOUZA E SILVA
JORGE LUIZ BARBOSA
MÁRIO PIRES SIMÃO
Setembro de 2020

INTRODUÇÃO

Se há uma produção da cidade e das relações sociais na cidade, é uma produção e reprodução de seres humanos, mais do que uma produção de objetos.

[HENRY LEFEBVRE]

Onde há mais cidade, na Barra da Tijuca ou na Maré? Esta pergunta, para a imensa maioria da população carioca, parece óbvia; tanto que as pessoas, em geral, se surpreendem com ela. Afinal, para essa maioria, seria óbvio reconhecer o território de moradia de pessoas de classes média ou alta como sinônimo de cidade; assim como identificar uma favela como a Maré como a expressão da "não cidade". Nossa argumentação preliminar sobre os elementos que definem uma cidade segue outra direção, a partir das expressões *Urbe* e *Polis*. Tradicionalmente, os termos *Urbe* — de origem latina — e *Polis* — de origem grega — estão associados à cidade de forma sinônima. Mas fazer sua distinção nos ajuda a construir uma nova maneira de olhar a cidade contemporânea e, por extensão, ressignificar o lugar das favelas e periferias.

A expressão *Urbe* nos remete mais imediatamente à materialidade da cidade; seus equipamentos, serviços, construções físicas. E é daí que deriva fortemente a adjetivação de sua extensão territorial: a urbanização. Em países como o Brasil, o Estado possui um papel decisivo no fazer a *Urbe*. Porém, como o Estado brasileiro atua historicamente para beneficiar as parcelas economicamente mais ricas da população, privilegiou e ainda privilegia a alocação de equipamentos e serviços públicos onde aquelas vivem: saneamento, água, coleta de lixo, arborização, asfaltamento, energia, escolas, instituições culturais, segurança pública, enfim, os serviços que as pessoas demandam na vida urbana são prioritariamente oferecidos pelo Estado (e pelo mercado) em determinados territórios, tornando-os privilegiados em relação àqueles onde vivem as populações subalternizadas. Logo, é correto dizer que a Barra da Tijuca — e especialmente os mais antigos bairros da Zona Sul do Rio de Janeiro — é mais *Urbe* do que as favelas cariocas.

Todavia, a cidade não é apenas sua materialidade, sua *Urbe*. É também suas relações sociais, as formas de contato, o conteúdo dos encontros e ações comuns no espaço público, as relações de cooperação e solidariedade, enfim, as relações comunitárias. Essas relações encarnavam o *ethos* da cidade grega, embora abrangessem uma parcela mínima da população. Tudo isso se revela como *Polis*, que assume então a experiência de uma comunidade de sentido, de reconhecimento dos sujeitos como pertencentes a espaços de convivências plurais. Logo, levando em conta a *Polis*, onde há mais cidade, na favela ou nos bairros onde vivem os setores sociais classificados como classe média? Na Barra da Tijuca ou na Maré? Parece óbvio, para nós e aqueles que nela vivem ou já viveram, que seja nas favelas.

Os moradores e moradoras dos bairros mais ricos, em geral, vivem experiências individualizadas de cidade. Suas relações sociais são funcionais, definidas a partir das regulações dos órgãos do Estado e do mercado, sendo mediadas pelo consumo de objetos e sensações mediadas principalmente por seus recursos econômicos. Assim, as experiências afetivas desses grupos sociais são comumente restritas aos espaços domésticos, havendo uma relação formal e distante com o espaço público, o espaço da rua[1].

Essa redução da experiência de cidade na perspectiva apenas da *Urbe* faz com que muitas pessoas residentes nos bairros mais privilegiados economicamente tenham uma representação do mundo citadino como hostil e perigoso, no qual as pessoas se sentem inseguras e temerosas em relação ao *outro*, ao diferente, especialmente aos empobrecidos. Não há sentimento de pertencimento, desejo de convivência na diversidade, de forma abrangente, mas uma vivência marcada pela particularização da experiência corpórea e afetiva. Integramos e definimos esse conjunto de representações e práticas sociais a partir do termo "Paradigma da hostilidade".

No caso da favela e de outros territórios periféricos, ao contrário, as formas de sociabilidade, cooperação e vivência no lugar comum, nas áreas públicas, continuam se fazendo presentes. Seja em função de necessidade econômica, das formas arquitetônicas das moradias e estruturas viárias, das experiências comuns de luta pela garantia de seus territórios de morada e outros direitos básicos, o fato é que as favelas se constituem, acima de tudo, como *Polis*. Nelas se torna possível que as pessoas consigam maximizar seus poucos recursos materiais e seus repertórios, ampliando as possibilidades de experienciar a cidade, apesar da inação do Estado em respeitar seus direitos fundamentais e do mercado tratá-las como consumidoras de nível inferior. Assim, a dimensão política da vida permite que as pessoas e grupos populares lidem de forma inovadora, inventiva e participativa em relação às restrições de equipamentos, serviços e recursos econômicos em seus cotidianos. Não é casual, portanto, que grande parte das expressões culturais urbanas contemporâneas seja produzida e disseminada por coletivos e grupos oriundos das periferias, especialmente as favelas — música, arte visual, dança etc. Esse conjunto de práticas e relações é construído a partir do que definimos como "Pedagogia da Convivência".

---

[1] Roberto Damatta irá descrever esse tipo de relação com acuidade em seu principal livro, "A casa e a rua: espaço, cidadania, mulher e morte no Brasil" (Rocco, 1997).

A premissa que orienta o conceito de cidade plena neste livro é de que ela demanda a integração entre *Urbe* e *Polis*, que ambos os aspectos se façam presentes de forma e conteúdo universal, em todos os seus territórios e para o conjunto de cidadãos e cidadãs. Para isso acontecer, cabe reconhecer as contribuições que as favelas e outras periferias das cidades podem oferecer, abrindo-se espaços para que essas vivências sejam reconhecidas. Isso demanda a construção de novas formas de mobilidade no mundo social: física, expressa no pleno direito de ir e vir; econômica; cultural; e, sobretudo, simbólica — no caso, o direito de todas as pessoas se sentirem pertencentes à cidade, por ela se responsabilizarem e nela buscarem viver plenamente as singularidades e pluralidades que as definem.

Definido nosso conceito de cidade plena, gostaríamos de salientar que, para efeitos da construção analítica do livro, classificamos os territórios da cidade do Rio de Janeiro em dois distintos espaços de *morada*, grosso modo: *favelas* e *bairros*[2]. Cabe ressalvar que alguns dos maiores conjuntos de favelas da cidade — no caso, Maré, Rocinha, Cidade de Deus, Alemão, Jacarezinho e Vila Kennedy — são considerados pela prefeitura, a maioria desde a década de 1990, como bairros. Esse tipo de denominação para esses espaços não representa a realidade percebida pela população carioca, em particular os seus próprios moradores[3].

De qualquer forma, cabe destacar que, tanto como as favelas, os bairros não são espaços homogêneos, tendo níveis diferenciados de presença do poder regulador do Estado e desiguais indicadores sociais e econômicos, dentre outros. Logo, a presença do Estado nos bairros mais ricos da cidade, em particular o monopólio da regulação da ordem social e pública, é diferente em relação aos bairros da Zona Oeste tradicional[4] e Jacarepaguá, por exemplo, especialmente devido ao peso de grupos criminosos de milicianos[5] nessas últimas regiões. Essa realidade

---

2 Consideramos que, por falta de rigor conceitual, o uso de termos como *comunidade* não contribui para a melhor identificação dos diferentes territórios urbanos, embora utilizado por muitos moradores das favelas cariocas em relação à sua própria localidade. Todavia, o fato de evitar usar o termo em artigos acadêmicos não nos impede de reconhecer que ele foi consagrado no cotidiano das favelas e dos órgãos estatais e que é útil para designar as localidades específicas que constituem os conjuntos de favelas. Assim, continuamos a usá-lo como expressão corrente em textos de difusão para a população em geral.

3 Diante da pergunta no Censo Maré 2000, sobre como definia o seu lugar de moradia, mais de 80% dos moradores daquele território o classificaram como "favela".

4 Usamos o termo para caracterizar os bairros da região que se desenvolveram a partir da construção da linha férrea Central do Brasil, tais como Deodoro, Realengo, Bangu, Campo Grande e Santa Cruz. A Zona Oeste 2 seria a constituída pela grande Barra da Tijuca.

5 Grupos criados por membros das forças de segurança, de forma clandestina e criminosa, que ocupam territórios específicos da cidade, em especial nas periferias e favelas, extorquem moradores e empreendedores econômicos locais.

também afeta as favelas, que têm um cotidiano diferenciado de acordo com sua localização, indicadores socioeconômicos, acesso a serviços e equipamentos urbanos, presença e forma de atuação dos grupos criminosos, influência das organizações e coletivos da sociedade civil, sobretudo de jovens vinculados à arte e cultura, com maior ou menor grau de formalização.

Em anos recentes, a Secretaria Municipal de Habitação (SMH) e o Instituto Pereira Passos (IPP) adotaram o termo *comunidades urbanizadas* para classificar favelas que receberam um conjunto determinado de equipamentos e serviços urbanos; inclusive, contraditoriamente, algumas localizadas naquelas regiões anteriormente identificadas pela prefeitura como bairros. O neologismo não se sustenta, pois pressupõe que as favelas só existem quando dominadas pela precariedade; se recebem serviços e equipamentos urbanos, passariam a ser outra *coisa*, meio imprecisa, pois o termo *comunidade* é construído a partir do senso comum. É mais lógico e rigoroso, do ponto de vista conceitual, considerar que as favelas têm várias características — históricas, sociais, culturais, econômicas e demográficas — que as tornam singulares, nas suas múltiplas diferenças, em relação aos bairros.

Consideramos que as definições usuais sobre formas territoriais como as favelas e espaços assemelhados refletem pressupostos centrados no que temos denominado "paradigma da ausência": um modo reducionista de apreender as formas e práticas vivenciadas pelos moradores das favelas e periferias, em geral.

Os embates entre esses dois paradigmas têm norteado as representações e iniciativas estabelecidas nos territórios periféricos. O paradigma da potência fortalece nossa perspectiva de que pensemos as favelas cariocas, no que concerne ao objeto desse livro, a partir das suas condições históricas de formação; das representações hegemônicas no conjunto da cidade, a respeito delas, assim como das representações contra-hegemônicas que os grupos sociais populares e seus aliados construíram; do grau de regulação da ordem social historicamente afirmada pelo Estado nesses territórios e das formas construídas pelos moradores e moradoras; e das suas condições subjetivas e objetivas de vida.

As favelas nascem, crescem e recriam a cidade

Como nascem e são visibilizadas as favelas cariocas

A cidade do Rio de Janeiro é notoriamente conhecida pela presença de favelas, apesar de todos os discursos e práticas de sua negação na paisagem carioca. Embora de origem controversa, a expressão *favela* teria surgido de um acampamento de soldados egressos da Campanha de Canudos, em busca dos soldos militares devidos pelo Exército, no Morro da Providência (localizado na área central da cidade e nas proximidades do prédio do Ministério do Exército). Favela teria sido também um nome popular tomado por empréstimo de uma espécie de vegetação arbustiva nordestina, ou mesmo de um dos últimos baluartes da resistência de sertanejos em Canudos[6], tornando o referido morro conhecido como *Morro da Favella* em 1887.

As lendas urbanas se combinam para dar um sentido da presença das favelas no Rio de Janeiro como uma das expressões mais legítimas de lutas para habitar a cidade por homens e mulheres marcados por profundas desigualdades sociais. Embora seja controversa sua origem territorial na cidade, uma vez que, como nos informa Abreu (1994), jornais do final do século XIX já reportavam a presença de "barracos insalubres" na Quinta do Caju (bairro próximo à área portuária), na Arrelia (Andaraí, atual Zona Norte da cidade) e no Morro de Santo Antônio (centro da cidade).

Habitações de madeira e telhados de zinco situadas em morros não eram raras na paisagem carioca do final do século XIX. Porém, dispersas e pouco numerosas, não se destacavam na paisagem urbana daquele período. Contudo, foi a partir do "Morro da Favella" que se começou a generalizar os estigmas que passaram a marcar as habitações populares como *irregulares* e *insalubres* e, mais dramaticamente, associar a expressão "favela" à imagem de "perigo" e de

---

6 Canudos (Bahia) foi um quilombo que reuniu sertanejos em busca de terras, águas e matas livres para uma vida de compartilhamentos coletivos. Essa experiência, entre muitas assemelhadas no país, foi destruída com ações militares do Estado em 1897. Sobre a vinculação do Morro da Favella com os soldados regressados da chamada Guerra de Canudos, ver Everardo Backheuser, "Onde Moram os pobres", Revista Renascença, 1905.

Uma das primeiras imagens do Morro da Favella. Eliseu Visconti. Uma rua na favela. Óleo sobre tela, 1890.

"desordem". Em 1900, o *Jornal do Brasil* noticiava que o Morro da Favella era um local "infestado de vagabundos e criminosos que são o sobressalto das famílias". A Revista Careta, em 1909, na matéria "Rio desconhecido" acrescentava que "apesar de possuir elementos honestos, a favela é um antro de facínoras e deve ser arrasada para a decência e higiene da capital federal".

No início do século XX, o Rio de Janeiro passava por uma grave crise habitacional e sanitária. A migração regional e estrangeira promoveu um rápido crescimento demográfico da cidade. Em apenas vinte anos, entre 1870 e 1890, a população aumentou cerca de 120%, passando de pouco mais de 235 mil para cerca de 520 mil habitantes. No mesmo período, o crescimento do número de domicílios alcançava 74%, quantidade insuficiente para as demandas de habitação, sobretudo para os grupos populares concentrados nas freguesias centrais da cidade.

É evidente que o crescimento demográfico da cidade no final do século XIX responde apenas em parte pela escassez das habitações disponíveis para os homens e mulheres pobres. É certo que as migrações contribuíram decisivamente para ampliar o quadro de necessidades sociais de toda ordem. Todavia, os recém-chegados à cidade já encontravam limites para viver em condições materiais dignas, somando-se a outros grupos presentes, sobretudo os recém-saídos da condição de escravos.

Os cortiços, casas de cômodos, estalagens e zangús[7] eram as alternativas possíveis para homens e mulheres sem possibilidades de pagar aluguéis exorbitantes e, evidentemente, das limitações impostas ao uso pleno da cidade devido à concentração da propriedade fundiária urbana nas mãos de comerciantes, das ordens religiosas católicas, dos "aristocratas" da corte e até mesmo de traficantes de escravos. Apesar de condições materiais precárias, sobretudo no tocante à conservação dos imóveis, morar em cortiços e casas de cômodos nas áreas centrais da cidade tinha uma vantagem fundamental para os trabalhadores mais pobres, uma vez que significava estar próximo das oportunidades de trabalho, mesmo que fossem ocasionais e instáveis[8].

No início do século XX a cidade conheceria uma das suas mais significativas transformações com a Reforma Passos (1903-1906). Esta operou um conjunto de ações nas áreas centrais da cidade, sobretudo no tocante às moradas populares, ao demolir o casario que abrigava parte da população pobre da cidade. Dirigida pelo prefeito Pereira Passos em parceria com o governo federal — Rodrigues Alves era o presidente à época —, a reforma urbana impôs a erradicação da "cidade colonial e insalubre" para dar lugar a "valores cosmopolitas e a modos urbanos civilizados". Tratava-se não exclusivamente de dotar a cidade do Rio de Janeiro, à época capital da República, de uma funcionalidade urbana adequada aos padrões de produção e circulação do capital industrial, comercial e bancário, mas também de uma imagem que representasse a importância do Brasil no "concerto das nações modernas". Embelezamento e saneamento eram as duas palavras de ordem da Reforma Passos. Na verdade, o "discurso civilizador" e o "urbanismo redentor" guardavam a missão de construir uma nova imagem de cidade e não a de resolver um dos problemas mais contundentes como as demandas sociais de habitação e trabalho digno:

---

7 Os zangús eram abrigos que emergiam no emaranhado das ruas, becos e vãos que constituíam a cidade do final do século XIX. Muitos negros libertos e na condição de escravos *ao ganho* precisam fazer o sustento de seus senhores e o seu próprio, incluindo a moradia. Daí, os cortiços, estalagens e casas de cômodo eram as moradas destes homens livres e não livres, assim como os *zangús* encravados no emaranhado de becos e passagens das freguesias centrais. A diferença entre eles é que neste último surgia como um refúgio de práticas religiosas e esconderijo dos que fugiam da polícia senhorial e, ao mesmo tempo, um abrigo para festejos, batuques e celebrações.

8 Com base nas informações do Censo de 1890, estima-se que pelo menos 23% da população da cidade residia em cortiços, estalagens e casas de cômodos. Considerando que a cidade contava, no final do século XIX, com 552.651 habitantes, o número de moradores em habitações populares era perto de 100 mil pessoas.

> Erigir um "habitat civilizado" para a cidade da República significava destruir formas de relações e de sobrevivência no espaço urbano, significava submeter a população pobre a uma nova ordem social hegemônica. E, para cumprir tais desígnios não seriam suficientes os decretos, a política e a polícia repressiva. Era preciso mudar o espaço. (...) A "plebe rude" deveria ser mudada de lugar. O espaço de sobrevivência, encontros, sofrimentos e identidades deveriam ser expropriados, e não só expropriado, mas transformado em outro, onde a desordem desse lugar à ordem, a sobrevivência desse lugar ao negócio, o antigo ao moderno (...) o primitivo ao civilizado. (Barbosa, 1999, p. 96)

Pesavam contra os cortiços, estalagens e casas de cômodo os estigmas da insalubridade e da promiscuidade. O ataque às habitações populares também estava relacionado ao tratamento de seus habitantes como perigosos e desordeiros. A composição social e étnica marcadamente negra e africana estava também sob o crivo das ações higiênicas e racialmente arbitrárias, pois não se estava apenas removendo "habitações precárias" que pretensamente transmitiam doenças, mas também os corpos indesejáveis na cidade que deveria ser europeia, branca e católica[9]. Com a derrubada do cortiço, muitos de seus moradores subiram para o Morro da Favella, inclusive afirma-se que foram eles os primeiros habitantes a ocupar terrenos e a pagar aluguéis em pequenos barracos construídos para este fim por comerciantes locais.

As demolições das habitações populares foram acompanhadas de um conjunto de proibições de usos da cidade que impediam homens e mulheres de garantir minimamente sua morada e seu sustento cotidiano, como a proibição do comércio ambulante, o controle de atividades como sapateiros, marceneiros e pedreiros, a demolição de quiosques em ruas e praças da cidade, resultando em graves restrições à sobrevivência econômica da população mais pobre, notadamente a população negra. Assim, novas práticas de permanência na cidade precisavam ser inventadas por parte da população profundamente marcada pela desigualdade socioeconômica e pela discriminação racial.

---

9 O recorte ideológico de culpabilidade do corpo negro como propagador de moléstias esteve intimamente associado à dissolução do escravismo como relação social na cidade e, de modo menos explícito, na definição do imigrante europeu como agente mais propício ao desenvolvimento do trabalho livre. A desigualdade social e racialmente reproduzida em nossa sociedade não deve ter como referência uma suposta desorganização ou anomia social que viviam os negros e as negras, mas sim o violento processo de expropriação das condições urbanas de existência material e intersubjetiva. Não há dúvida que o liberto defrontou-se com a competição do imigrante face aos postos de trabalho. Porém, se foi uma competição, ela se estabeleceu com limites mais restritivos e condições espoliativas para a participação dos negros no mercado de trabalho urbano.

A subida aos morros circunvizinhos tornou-se uma das poucas alternativas de famílias e grupos populares para permanecer nas freguesias centrais da cidade. Para além do Morro da Favella, o Morro de Santo Antônio é também ocupado e se torna tema de crônicas de jornalistas, como a de João do Rio, publicada na *Gazeta de Notícias*:

> (...) eu tinha do morro de Santo Antônio a ideia de um lugar onde pobres operários se aglomeravam à espera de habitações, e a tentação veio de acompanhar a seresta. (...) O morro era como outro qualquer morro. Um caminho amplo e maltratado, descobrindo de um lado, em planos que mais e mais se alargavam, a iluminação da cidade. (...) Acompanhei-os e dei num outro mundo. A iluminação desaparecera. Estávamos na roça, no sertão, longe da cidade. O caminho, que serpeava descendo era ora estreito, ora largo, mas cheio de depressões e de buracos. De um lado e de outro, casinhas estreitas, feitas de tábua de caixão, com cercados indicando quintais (...). (1908)

Apesar das leituras que enfatizam as carências das favelas como marcação de territórios assustadores e desolados, estas emergem decisivamente como expressão da luta legítima dos pobres para habitar a cidade. Porém, tal como cortiços e casas de cômodo, as favelas eram identificadas como habitações insalubres e passam a ser objeto de violentas campanhas da imprensa, como demonstra a charge publicada na revista *O Malho*, onde o Morro da Favella aparece como um homem de fisionomia rude e com olhar embotado, cujos cabelos são limpos por um pente manuseado por Oswaldo Cruz (médico sanitarista e diretor geral de Saúde Púbica em 1903, responsável pelas campanhas de vacinação contra a febre amarela e a varíola na capital).

Charge publicada na revista *O Malho*, número 247, de 8 de junho de 1907.

A rápida expansão das favelas chamava a atenção da imprensa, como expressa a matéria do *Correio da Manhã* da edição de 2 de julho de 1907: "para a grande leva de banidos da cidade só restavam as montanhas agasalhadoras". Lima Barreto, um dos mais importantes romancistas e cronistas do Rio de Janeiro, chamava atenção dos seus leitores em *Clara dos Anjos* para as novas marcas na paisagem carioca: "Há casas, casinhas, casebres, barracões, choças, por toda parte onde se possa fincar quatro estacas de pau e reuni-las por paredes duvidosas (...). Há verdadeiros aldeamentos dessas barracas nos morros da cidade".

As favelas vão sendo incorporadas ao imaginário da cidade por estereótipos, como o da "outra cidade", e com os estigmas de "terra sem lei", como o trecho abaixo, do jornalista Benjamim Costallat, no texto "A favela que eu vi", de 1924:

> Encravada no Rio de Janeiro, a Favela é uma cidade dentro da cidade. Perfeitamente diversa e absolutamente autônoma. Não atingida pelos regulamentos da prefeitura e longe das visitas da polícia. Na Favela ninguém paga impostos e não se vê um guarda civil. Na Favela, a lei é a do mais forte e a do mais valente. A navalha liquida os casos. E a coragem dirime as contendas. (1931, p.33)

Reportagens e crônicas publicadas em jornais e revistas, assim como diversos relatórios de autoridades públicas e sanitárias, assumiam uma leitura extremamente negativa das favelas e exigiam sua erradicação. A imprensa fazia das favelas "um espelho invertido da civilização" (Zaluar, 1998) ao endossar e legitimar o projeto de cidade civilizada, ordenada e disciplinada tão desejada pelas classes e grupos hegemônicos da cidade.

O embelezamento e a funcionalidade implementados pela Reforma Passos, com a abertura de ruas e avenidas bordeadas por edifícios monumentais, dentre eles o Teatro Municipal e o Palácio Monroe, exprimia, de modo explícito, uma disputa de usos de áreas centrais da cidade, priorizando as intenções disciplinadoras do Estado e das demandas urbanas dos empreendimentos comerciais e bancários, em detrimento da presença da pluralidade de atores sociais populares na região.

Todavia, em 1907 já havia indícios de diversos barracões no morro da Babilônia, no Leme; em 1909, na favela do Salgueiro, na Tijuca; em 1910, na favela da Mangueira, no morro do Telégrafo; em 1912, no morro do Andaraí e de São Carlos (no Estácio); em 1915, no morro dos Cabritos, em Copacabana, e no

Morro do Pinto, 1912. FOTO: AUGUSTO MALTA / ACERVO GERAL DA CIDADE DO RIO DE JANEIRO.

morro do Pasmado, em Botafogo. Logo depois, as habitações populares passam a ocupar os morros do Catumbi e chegam também ao Leblon, Capinzal e Praia do Pinto. Chegam, inclusive, aos bairros dos "subúrbios" cariocas, com os casebres e barracos se fazendo presentes na região da Leopoldina, Jacarezinho e Morro do Alemão, na década de 1920. Na década de 1930, mais de 200 mil pessoas já habitavam as favelas do Rio de Janeiro. O termo favela generaliza-se, passando a designar todas as aglomerações de habitações toscas que surgiram na cidade, geralmente nos morros, e que eram construídas em terrenos de terceiros e sem aprovação do poder público (Abreu, 1994, p. 38).

Na verdade, as habitações populares — denominadas como favelas — não derivaram somente de ocupações consideradas ilegais. Muitas favelas surgiram a partir da compra de lotes no mercado formal, do estímulo de agentes públicos para a ocupação de terrenos e até mesmo do consentimento de proprietários interessados em obter renda de aluguéis em suas propriedades. É bastante complexo o processo que associa a expansão da cidade à multiplicação de favelas em condições de desigualdade socioeconômica profunda. O surgimento das favelas como resposta popular ao direito à habitação é reduzido com essa construção ideológica da ilegalidade.

Assim como surgiam diversas favelas na cidade, muitas eram condenadas ao desaparecimento com a valorização imobiliária de determinados bairros, notadamente na Zona Sul carioca. Por exemplo, nos bairros do Leblon e da Gávea foram erradicadas pelo poder público, ainda nas primeiras décadas do século XX, as favelas do Largo da Memória, Capinzal e do Jóquei. Assim como foram removidos os casebres improvisados nas ruas Visconde de Albuquerque, Ataulfo de Paiva e Dias Ferreira para dar lugar a loteamentos urbanos privilegiados pelos interesses mercantis (Pereira da Silva, 2005, p. 81).

A favela como problema?

(...) Os malandros da favela
Não têm mais onde morar
Foram uns pra Cascadura
Outros pra Circular
Coitadinhos dos malandros
Em que aperto vão ficar
Com saudades da favela
Todos eles vão chorar.

[DONGA E CASQUINHA. FORAM-SE OS MALANDROS, 1928]

Apesar da sua notória presença nos bairros do centro da cidade, as favelas também se fizeram presentes em distintos lugares. A distribuição geográfica das favelas é um indicador importante que mostra o limitado acesso à habitação por parte significativa da população, assim como a extensão das desigualdades em termos das condições socioeconômicas de apropriação e uso do espaço urbano carioca.

É justamente neste período em que se dá a multiplicação das favelas que o poder público começa a definir seus planos para ordenação da cidade. Para tanto, o governo municipal encomenda ao urbanista francês Alfred Agache, no final dos anos 1920, a elaboração de um projeto de "remodelação, extensão e embelezamento" da capital da República. Embora jamais tenha sido implantado em seus termos mais originais, o Plano Agache possuía como uma de suas principais diretrizes a transferência da população residente nas favelas — e a consequente extinção das favelas — que, segundo o urbanista, desfrutava de uma "liberdade individual ilimitada" e criava sérios problemas tanto "sob o ponto de vista da ordem social e da segurança, como sob o ponto de vista da higiene geral da cidade, sem falar da estética", portanto deveria ser erradicada para o progresso da cidade. Para Agache, as favelas eram uma espécie de cidade satélite de formação espontânea que se localizava geralmente nos alto dos morros e era composta por uma população avessa às regras de higiene (1930).

O Plano Agache preconizava dividir a cidade de acordo com as funções de cada área: comercial, industrial e residencial. As habitações seriam agrupadas em bairros, cada um com a sua função e de acordo com o poder aquisitivo dos habitantes. A população das favelas e os operários fabris deveriam ser removidos para casas e edifícios coletivos, especialmente instalados próximos às zonas industriais, nos subúrbios. A nova ordenação do território buscava separar as classes sociais e fixava de forma permanente o lugar dos pobres na cidade, assim como buscava "civilizá-lo", como revela o próprio idealizador do Plano:

> À medida que as vilas jardins operárias serão edificadas em obediência aos dados do plano regulador, será conveniente reservar um certo número de habitações simples e econômicas, porém higiênicas e práticas, para a transferência dos habitantes da favela, primeira etapa de uma educação que os há de preparar para uma vida mais confortável e mais normal. (Agache, 1930 *apud* Stuckenbruck, 1996, p. 88)

Configurava-se, portanto, uma ideologia urbana que viria a se tornar dominante na cidade: a favela como um problema a ser resolvido pela intervenção do Estado. As favelas eram tratadas como personagens indesejáveis à cena pública urbana. Além de sua fisionomia ser considerada como uma mácula para a "cidade maravilhosa", a favela não era considerada uma boa referência para o espírito disciplinado e conformado que se queria para a classe trabalhadora urbana, sobretudo a fabril.

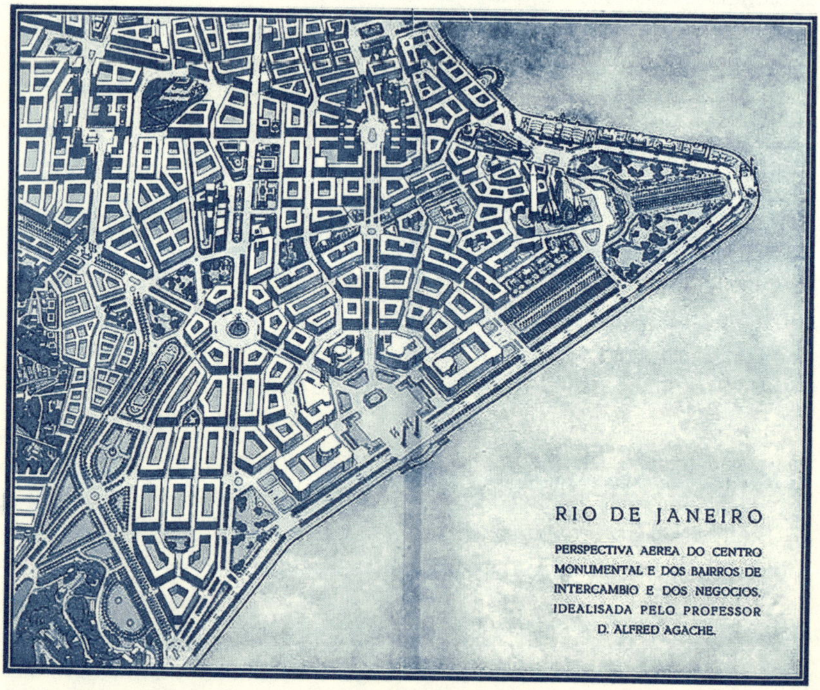

Ilustração do Plano de Alfred Agache (Agache, 1930, p. 160).

As proposições ambiciosas do urbanista francês não chegaram a ganhar concretude na cidade. Reclamava-se dos custos imensos das intervenções previstas (praças monumentais, túneis, avenidas), e a remodelação urbanística da cidade acabou cancelada pela prefeitura[10].

Do mesmo modo, o Código de Obras de 1938 também propunha a eliminação das favelas e ainda sugeria as seguintes soluções: a) o controle da entrada, no Rio de Janeiro, de indivíduos de baixa condição social; b) o retorno de indivíduos de tal condição para os seus estados de origem; c) a fiscalização severa das leis que proíbem a construção e reforma de casebres; d) a fiscalização dos indivíduos acolhidos pelas instituições de amparo; e) a promoção de forte campanha de reeducação social entre os moradores das favelas, de modo a corrigir hábitos pessoais e incentivar a escolha de melhor moradia (Valla, 1986). Curiosamente, no mesmo período que entra em vigor o Código de Obras, temos a gestão de Pedro Ernesto, prefeito sensível às causas sociais da cidade e que faz questão de assegurar condições de cidadania às massas trabalhadoras. Para Pedro Ernesto as favelas deveriam ser reconhecidas como resposta concreta aos problemas de moradia e seus moradores deviam ser tratados como cidadãos. Para tanto, uma de suas principais propostas era a criação de "Centros de Melhoramentos", que seriam dedicados à implantação de serviços e equipamentos públicos, buscando assim evitar despejos, conflitos fundiários e remoções que atormentavam a vida dos moradores de favelas.

O governo de Pedro Ernesto não duraria muito. Suas propostas pioneiras e ações mais atentas às condições de vida dos trabalhadores na cidade não eram bem vistas. O prefeito é destituído e preso em abril de 1936 acusado de participar do levante comunista do Rio de Janeiro[11].

---

10 As mudanças provocadas pela "Revolução de 1930", liderada por Getúlio Vargas, também foram componentes do cancelamento do Plano Agache. Havia outros planos para a capital da República, inclusive de criação de distritos industriais nos subúrbios já em interligação com o centro por meio de ferrovias (D. Pedro II e Leopoldina).

11 Pedro Ernesto se filiou à Aliança Nacional Libertadora (ANL), organização de caráter antifascista e anti-imperialista que reunia comunistas, socialistas e militares de esquerda. Ainda prefeito, Pedro Ernesto protestou contra o fechamento da Aliança decretada pelo governo Vargas e denunciou a articulação de um golpe pelas forças conservadoras. Foi acusado de ter participado das conspirações da ANL, com destaque às que levaram à deflagração dos levantes armados de Natal, Recife e Rio de Janeiro, em 1935, embora seu papel naqueles acontecimentos jamais tenha sido esclarecido.

A favela é fresta

O morro começa ali onde o sambista sorri ao choro dos violões
O morro só principia onde acaba a hipocrisia que domina nos salões
O morro é diferente, todo mundo é inteligente embora sem instrução
Há perfume pela mata, castelos feitos de lata onde não mora a ambição
Ali no morro começa uma vida que não cessa de nos dar lições de amor
O morro começa ali onde o sambista sorri perto do Nosso Senhor
Lá no morro todo caixote é cadeira, todo colchão é de esteira
Vela acesa, iluminação (...).
Rico é visita no meio da gente, pedra arrumada é fogão bem eficiente.
Ir lá no morro é saber da verdade, não há fingimentos como há na cidade
Tudo no morro é tão diferente, todo vizinho é amigo da gente
Há um batuque, nossa maravilha, toda cabrocha pertence à família.
Tudo no morro é melhor que na cidade tanto na dor quanto na felicidade
Quando a cidade adormece sonhando o morro penetra na noite cantando

[VIDA NO MORRO, HANIBAL CRUZ, 1942]

Apesar dos preconceitos e das campanhas para sua erradicação, as favelas se afirmavam como uma das possibilidades concretas para homens e mulheres pobres garantirem a sua existência na cidade. Para além da dimensão material da vida, as favelas se tornavam territórios para recriação da religiosidade e da cultura negra banidas das freguesias centrais do Rio de Janeiro com a Reforma Passos. Ou, como dizia Gonçalo Jorge sobre o significado das favelas em plena capital do país:

> Os bairros dos malandros e dos pobres continuam a ser cariocas. Como a Saúde, como o Morro do Pinto, a Favela é o Rio, mas o Rio integral, sincero, o Rio como Deus o fez. E tanto mais pitoresco, para ser visto, quando é lá que vimos um pouco da alma turbulenta e desordeira e, à sua maneira, épica da cidade. (Jornal do Brasil, 19/05/1926)

Os batuques se farão ouvir não mais das casas de cômodo, cortiços e zangús das freguesias da cidade nova e do porto, tão bem representados pelos mestres Sinhô e Donga, mas sim dos morros que se inclinavam para a cidade. O samba, como aponta Diniz (2010), entrava em outro momento de sua criatividade rítmica com os sambistas dos morros de São Carlos, Macacos, Serrinha, Salgueiro, Mangueira e Providência. É no pé do morro de São Carlos que surge, com o nome de Escola de Samba, a Deixa Falar, em 1928, reunindo grandes compositores como Ismael Silva, Bide, Mano Edgar e Brancura. As favelas recriam as tradições negras da cidade, incorporando elementos e instrumentos que se fazem presentes até hoje no gênero musical e demonstram de modo cristalino a criação estética dos grupos populares da cidade[12].

As favelas, tão discriminadas no senso comum dos moradores da cidade e tratadas de modo autoritário pelos agentes do Estado, são, contraditoriamente, territórios de referências culturais que marcam a cidade do Rio de Janeiro no cenário nacional e internacional. Para além da beleza de sua rítmica musical, o samba também se constituía como uma narrativa da vida das favelas, dos bairros populares e da própria cidade.

Havia, entretanto, uma disputa urbana imaginária, inaugurada nos anos 1930, que fazia o jogo de oposições da imagem da "cidade maravilhosa" em celebração nas rádios e nas propagandas gráficas e, especialmente, na música popular (sobretudo com a canção de André Filho, gravada por Aurora Miranda), face ao que era tratado como seu contra símbolo: a favela.

> Cidade maravilhosa
> Cheia de encantos mil
> Cidade maravilhosa
> Coração do meu Brasil
> (...)
> Berço do samba e de lindas canções
> Que vivem n'alma da gente
> És o altar dos nossos corações
> Que cantam alegremente
> Cidade maravilhosa
> Cheia de encantos mil
> Cidade maravilhosa
> Coração do meu Brasil
> (...)

---

12 Muitos negros que ocuparam morros da cidade tinham origem cultural distinta dos "baianos iorubás" da cidade nova. Eram de matriz banto e chegaram ao Rio de Janeiro no período final da escravidão. Segundo Ney Lopes (2003), foram estes os responsáveis pela introdução de instrumentos musicais como a cuíca, o berimbau, o ganzá e o reco-reco, constituindo também o estilo sincopado na composição do samba. Surgia, assim, o "samba dos morros".

Jardim florido de amor e saudade
Terra que a todos seduz
Que Deus te cubra de felicidade
Ninho de sonho e de luz
Cidade maravilhosa
Cheia de encantos mil
Cidade maravilhosa
Coração do meu Brasil

[CIDADE MARAVILHOSA, DE ANDRÉ FILHO, 1930]

A esfuziante marcha de carnaval gravada por Aurora Miranda, que se tornou um ícone da cidade, encontrava em contraste as imagens construídas em relação às favelas, mesmo as mais generosamente melancólicas, uma vez que também contribuíam para reforçar o senso comum em relação ao significado da favela, a exemplo da canção de Herivelto Martins, "Ave-Maria no Morro", lançada em 1942:

Barracão de zinco
Sem telhado, sem pintura,
Lá no morro
Barracão é bangalô
Lá não existe
Felicidade de arranha-céu
Pois quem mora lá no morro
Já está pertinho do céu
Tem alvorada tem passarada
Alvorecer
Sinfonia de pardais
Anunciando o anoitecer
E o morro inteiro no fim do dia
Reza uma prece Ave-Maria (...).

Por outro lado, os sambistas dos morros, botecos e botequins da cidade traziam outros elementos de registro da favela na composição do imaginário urbano. A favela, para além da expressão de uma conquista de direitos à habitação na cidade desigual, também se afirmava na cena cultural, exprimindo-se como um dos mais relevantes territórios da construção de narrativas estéticas como contraponto aos estereótipos e aos estigmas criados sobre elas no senso comum. É o que demonstra as composições de Assis Valente e Aníbal Cruz.

(...) Eu vi o nome da Favela
Na luxuosa Academia
Mas a Favela para dotô
É morada de malandro
E não tem nenhum valor
Não tem dotores na Favela
Mas na Favela tem dotores
O professor se chama bamba
Medicina na macumba
Cirurgia lá é samba

[MINHA EMBAIXADA CHEGOU, ASSIS VALENTE, 1934]

Lá no morro
Todo caixote é cadeira
Todo chão é esteira
Vela é iluminação
Terra batida é assoalho para dança
Tamanco é sapato que dá elegância
Piteira é cachimbo para fumo de rolo
Água é refresco bebido com bolo
Rico é visita no meio de gente
Pedra animada é fogão bem decente.

[VIDA NO MORRO, ANÍBAL CRUZ, 1942]

Apesar de profundas limitações materiais, o cotidiano pulsante das favelas reaparecia no cancioneiro popular. Havia outros significados possíveis para representações das moradas populares. A favela aparecia, então, como contraponto à ordem estabelecida e, das profundezas das desigualdades, se erguia em busca do reconhecimento de sua legítima existência na cidade.

As favelas ignoradas nos mapas oficiais

O olhar sobre as favelas era predominantemente marcado por preconceitos autoritários e de intolerância contra os diferentes em posição de desigualdade. Como afirmou Abreu,

> até 1930, a favela existia de facto, mas não de jure. Está presente no tecido urbano, mas ausente nas estatísticas e nos mapas da cidade; não é individualizada pelos recenseamentos. É considerada uma solução provisória e ilegal, razão pela qual não faz sentido descrevê-la, estudá-la, mensurá-la. (1994, p. 34-5)

Entretanto, a sua expansão pela cidade exigia outro tratamento. Afinal, havia muitas ideias sem nenhum fundamento de conhecimento científico. A favela passa então a ser tomada como objeto de investigação. Era necessário que aqueles territórios da cidade fossem descortinados, catalogados, enumerados pela ciência, evidentemente para distintas ações do Estado. Ou seja, a favela deveria ser conhecida, embora não necessariamente reconhecida como legítimo empenho de habitar a cidade por parte de homens e mulheres pobres.

É sob o pressuposto do controle do crescimento e de uma possível remoção que se realiza, em 1948, o primeiro Censo de Favelas do Distrito Federal. Nele foram identificadas 105 favelas. Estas abrigavam 34.567 moradias para um número de 138.837 moradores, em uma cidade com 2,17 milhões de habitantes. Havia, portanto, o equivalente a 6,4% da população do Rio de Janeiro morando em favelas. E, na descortinada distribuição geográfica das favelas, já despontava que a região dos subúrbios abrigava 44% das favelas e 43% dos seus moradores, seguida da Zona Sul (24% e 21%, respectivamente) e da Zona Centro-Tijuca (22% e 30%). Ganhavam contornos mais visíveis a questão da moradia urbana e particularmente da realidade vivida pelos trabalhadores de baixa renda na geografia urbana carioca. A favela era, de fato, a alternativa concreta dos trabalhadores e trabalhadoras da cidade que não possuíam condições de comprar imóveis ou de se submeter ao mercado de aluguéis da cidade.

A geografia da expansão das favelas identificada no Censo de 1948 pode ser explicada quando tomamos como referencial a localização de indústrias nos bairros dos subúrbios cariocas, sobretudo ao longo da Avenida Brasil e da Ferrovia Suburbana da Leopoldina, como fatores de mobilização de força de trabalho, expansão do comércio e instalação de serviços urbanos. Estes fatores agregados contribuíram para a atração de população e influenciaram na construção de moradias. Outro elemento é a expansão do capital imobiliário e comercial em

MAPA 1 | Expansão das favelas – Rio de Janeiro: centro – sul – norte (1897-1931)

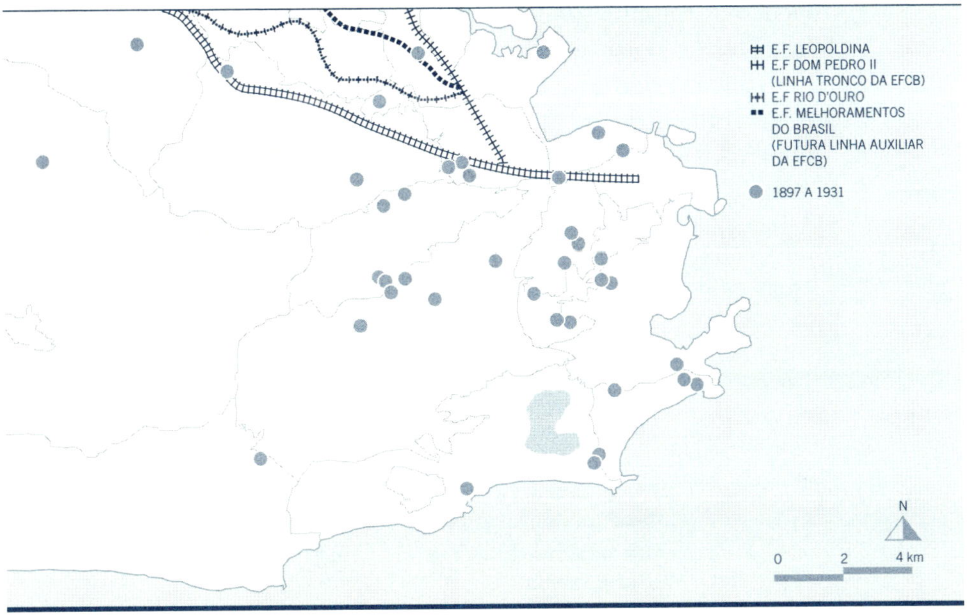

bairros da Zona Sul, promovendo a valorização das terras e imóveis urbanos que impediam o surgimento de novas favelas. O horizonte ainda aberto para os trabalhadores que não podiam adquirir a sua moradia no mercado formal, privado ou estatal, estava localizado nos bairros do subúrbio.

É neste período que se ampliam as favelas do Jacarezinho, da Penha, do Alemão e da Maré, tendo na abertura da Avenida Brasil, na localização de indústrias na região da Leopoldina e na imigração nordestina os principais elementos definidores da produção das moradas populares na Zona Norte da cidade. Muitos dos moradores das favelas eram empregados em empresas industriais que lá se localizavam, ou em atividades de serviços a elas integrados. Portanto, é um equívoco afirmar que a presença de favelas descaracterizou a pretensa identidade operária do subúrbio. Na verdade, as favelas explicitavam o sentido popular de bairros da Zona Norte carioca e de sua própria composição social.

O Censo de 1948 também informava sobre o crescimento demográfico da cidade, identificado com o forte fluxo de imigração. A população quase duplica em uma década. Em 1940, a população da cidade alcançava 1.764.141; em 1950, chegava a 2.377.451. O Rio de Janeiro era a capital do país, e essa condição trazia elementos práticos e simbólicos. Afinal, morar na capital significava oportunidades de empregos, moradia, educação e, sem dúvida, desfrutar de bens culturais modernos, constituintes de uma vida melhor para muitas famílias oriundas das mais diversas regiões do Brasil.

Habitar na cidade que era a capital federal do país apresentava-se como uma esperança de melhorar a vida. Esta era a busca de imigrantes de diferentes regiões do país. À notória concentração de terras e às relações patronais conservadoras se associou, nos anos 1950, a forte seca na região Nordeste, trazendo homens e mulheres em busca de melhor sorte na capital:

> Vim do Norte
> O quengo em brasa
> Fogo e sonho do sertão
> E entrei na Guanabara
> Com tremor e emoção
> Era um mundo todo novo
> Diferente, meu irmão
> Mas o Rio abriu meu fole
> E me apertou em suas mãos
> Ê Rio de Janeiro
> Do meu São Sebastião
> Para o samba três minutos
> Pra cantar o meu baião
>
> [LUIZ GONZAGA, BAIÃO DE SÃO SEBASTIÃO]

Para o senhor Salomão Pereira da Silva, morador do Pavão-Pavãozinho (Zona Sul da cidade), os migrantes nordestinos que subiam o morro "era um pessoal pobre que vinha fugindo da seca. Carregavam uma caixa de madeira que era a mala deles e traziam alguma muda de roupa, uma rede para deitar, uma alpargata e chapéu de couro na cabeça" (Cássia e Ramalho, 2003).

Este era um processo semelhante ao que acontecia na Zona Norte. Nicéia Perpétua da Rosa Laurinda, moradora desde os primeiros tempos no Morro do Timbau, no conjunto de favelas da Maré, relata a chegada de imigrantes em sua comunidade:

> Veio muita gente do Nordeste, muita gente que chegou aqui, foi fazendo o barraquinho pra lá, tá entendendo? Aí, povoou, ficou o povoamento, porque quando eu era menina, tinha meus 11 anos, eu subia isso aqui [o Morro do Timbau] lá em cima (...) e ali tinha pé de caju, pé de coqueiro, jabuticaba e jamelão. Eu era menina e você pegava manga ali, andava no mato, era mato que a gente vinha toda arranhada. (Diniz, Belfort e Ribeiro, 2013, p. 29)

As favelas faziam parte da própria construção dos bairros denominados como suburbanos, portanto não eram seus "apêndices pobres". Muitos deles ainda possuíam fisionomias rurais que começaram a ganhar usos urbanos com as moradias populares. Em muitas situações, as favelas também se constituíam como núcleos fundantes de bairros, como o bairro do Caju.

O movimento migratório ao longo dos anos 1950 pode ser avaliado em seus números bastante expressivos. Foi 1.291.670 migrantes que chegaram à Guanabara, então Distrito Federal, e aos municípios circunvizinhos (Nilópolis, Nova Iguaçu, Duque de Caxias, São João de Meriti e Niterói). Para uma ideia do acréscimo de população com os migrantes recém-chegados é só lembrar que, em 1950, a área metropolitana continha 4.671.534 habitantes. A migração representou um crescimento de 27% de residentes no espaço urbano metropolitano.

Outras informações significativas também foram reveladas no Censo de 1948. Uma delas foi a predominância de uma população jovem e migrante — 52% dos moradores das favelas eram provenientes dos estados do Rio de Janeiro, Minas Gerais e Espírito Santo. Outro ponto que merece destaque é a importância da localização próxima ao trabalho — 77% dos habitantes do Centro e 79% da Zona Sul trabalhavam nas proximidades de sua residência, percentual que diminui para 58% nos subúrbios da Zona Norte. É possível verificar, então, que as favelas passam a crescer e a se consolidar em áreas de oferta de trabalho (e de serviços) como possibilidade de construir uma existência digna na cidade. Portanto, a localização geográfica das favelas deve ser identificada como um capital social de maior importância para os grupos populares diante das suas condições de menor mobilidade na cidade para alcançar empregos e serviços básicos.

O aspecto que talvez mais chame atenção, entretanto, é que apesar do grande esforço para se conhecer um pouco mais da realidade dos territórios populares, sobretudo nos elementos identificadores da população (idade, cor, sexo, profissão, escolaridade, profissão, renda, situação da habitação), a ideologia dominante ainda se mostrava extremamente discricionária e preconceituosa, classificando a situação de pobreza das favelas em função de sua composição racial: "os pretos e os pardos prevaleciam nas favelas por serem hereditariamente atrasados, desprovidos de ambição e mal ajustados às exigências sociais modernas" (Censo de Favelas do Distrito Federal *apud* Zaluar e Alvito, 1998, p.13). A pobreza da favela era tratada como consequência direta do tipo de pessoas que a habitavam. Portanto, com destino lacrado e endereçado nos corpos de seus moradores. Conjugava-se a leitura discricionária das favelas com as classificações racializadas de hierarquias sociais que muito serviram para naturalizar as desigualdades presentes na cidade.

A favela existia, mas não deveria existir, ou então deveria ser removida. Isso explica o porquê das favelas não aparecerem nos mapas oficiais da cidade, apesar das preocupações com levantamentos investigativos destes territórios pelo poder estatal. Assis Valente chegou a escrever a música "Recenseamento" sobre os "investigadores" do Censo:

Em 1940, lá no morro
Começaram um recenseamento
E o agente recenseador
Esmiuçou a minha vida
Que foi um horror
E quando viu a minha mão
Sem aliança
Encarou a criança
Que no chão dormia
E perguntou
Se o meu moreno era decente
Se era do batente
Ou era da folia
Obediente sou a tudo que é da lei
Fiquei logo sossegada
E lhe falei então
O meu moreno é brasileiro
É fuzileiro
E é quem sai com a bandeira
Do seu batalhão
A nossa casa
Não tem nada de grandeza
Nós vivemos na pobreza
Sem dever tostão

[ASSIS VALENTE, 1940]

As favelas emergiam no Rio de Janeiro como resposta de famílias cariocas e de migrantes ao forte déficit habitacional para os mais pobres da cidade e os que chegavam à capital. Todavia, e contraditoriamente, as décadas de 1940 e 1950 testemunharam uma grande expansão imobiliária no Rio de Janeiro, especialmente na Zona Sul. O bairro de Copacabana passa, por exemplo, por um crescimento vertical vertiginoso, que trouxe consigo inúmeros trabalhadores da construção civil em busca de emprego (muitos deles oriundos da migração nordestina). Eles construíam prédios de luxo sem que pudessem, porém, neles morar, ou sequer entrar, como ilustra o samba "Pedreiro Valdemar", de Wilson Batista e Roberto Martins, de 1948:

Você conhece o pedreiro Valdemar?
Não conhece?
Mas eu vou lhe apresentar
De madrugada toma o trem na Circular
Faz tanta casa e não tem casa para morar
Leva a marmita embrulhada no jornal
Se tem almoço nem sempre tem jantar
O Valdemar que é mestre no ofício
Constrói um edifício
E depois não pode entrar

O crescimento do mercado imobiliário na cidade contraditava com as demandas de moradias pelos grupos populares. Ou seja, os recortes de classe social e renda econômica operavam decisivamente a oferta de imóveis urbanos, construindo um mercado para classes médias e altas, no limite para trabalhadores inseridos em empregos formais de ocupação e remuneração (funcionários públicos e operários mais especializados). Percebe-se porque os grupos populares precisavam inventar suas existências em territórios onde fosse possível viver com suas condições no espaço urbano. Não ter para si a dura rotina de trabalho e deslocamento de um Valdemar implicava mobilizar esforços imensos para construir para si e suas famílias condições dignas de vida.

Podemos concluir afirmando que a favela emerge na cidade como potência de encontro de gente de diferentes lugares. Gente que namora sonhos. Gente que constrói a vida. Gente que inventa seu presente. Valdemar, Januário, Pedro, Maria, Cediça, Tião, Arminda, Valda, Francisco, Deda, João e muitos outros, tantos outros, fazendo a cidade no seu cotidiano de alegrias e dores.

FAVELÁRIO NACIONAL

Quem sou eu para te cantar, favela,
que cantas em mim e para ninguém
a noite inteira de sexta-feira
e a noite inteira de sábado
E nos desconheces, como igualmente não te conhecemos?
Sei apenas do teu mau cheiro:
Baixou em mim na viração,
direto, rápido, telegrama nasal
anunciando morte... melhor, tua vida.
(...)
Aqui só vive gente, bicho nenhum
tem essa coragem.
(...)
Tenho medo. Medo de ti, sem te conhecer,
Medo só de te sentir, encravada

Favela, erisipela, mal-do-monte
Na coxa flava do Rio de Janeiro.
Medo: não de tua lâmina nem de teu revólver
nem de tua manha nem de teu olhar.
Medo de que sintas como sou culpado
e culpados somos de pouca ou nenhuma irmandade.
Custa ser irmão,
custa abandonar nossos privilégios
e traçar a planta
da justa igualdade.
Somos desiguais
e queremos ser
sempre desiguais.
E queremos ser
bonzinhos benévolos
comedidamente
sociologicamente
mui bem comportados.
Mas, favela, ciao,
que este nosso papo
está ficando tão desagradável.
vês que perdi o tom e a empáfia do começo?

[CARLOS DRUMMOND DE ANDRADE, 2007, P. 111-3]

Diferentes formas de habitação popular: parques, cruzadas e favelas

A oferta de moradias populares não fazia parte dos interesses do mercado formal de habitação. As necessidades de moradia das famílias de baixa renda, como eram identificados os trabalhadores urbanos, era um problema exclusivo delas mesmas, ou então das ações incompletas e, geralmente, fragmentas do Estado.

Não se pode dizer que o Estado não se preocupou com as habitações populares, embora suas ações tenham sido muito seletivas e muito aquém das demandas sociais. Podemos destacar a construção de moradias pelo poder público por meio dos Institutos de Aposentadorias e Pensões[13], especialmente destinadas

[13] Os Institutos de Aposentadorias e Pensões foram criados ao longo da década de 1930, no auge do Estado Novo, para diferentes categorias profissionais, a saber: IAPI (Industriários); IAPC (Comerciários); IAPM (Marítimos); IAPB (Bancários); IAPETC (Operários de Trapiches e Armazéns de Café) e IPASE (Servidores do Estado). A contribuição dos trabalhadores aos Institutos era compulsória e promoveu um acúmulo de recursos para ações do Estado no âmbito da saúde e da educação para as classes de menor renda.

aos trabalhadores a eles filiados. Surgiram sob a ordenança do Estado projetos de acesso à habitação em conjuntos residenciais (por meio da aquisição em parcelamentos e aluguéis), geralmente localizados em bairros na periferia da cidade. Podemos destacar os conjuntos criados pelo IAP (Industriários) em Realengo, em 1942, com 2.344 unidades, e o Conjunto da Penha, em 1949, com 1.236 apartamentos.

Tais habitações populares carregam a marca de obras assistenciais e com fins disciplinadores, cujo objetivo maior era constituir trabalhadores aptos a viver "em harmonia nestes ambientes, atendendo conscientemente aos deveres que lhes eram impostos (...) para produzir mais e melhor para si, sua família e para a nação, concorrendo assim para o equilíbrio social" (Baltazar, 1954 *apud* Nascimento, 2008, p. 53).

A casa operária não poderia ser algo construído à margem da ordem do Estado e dos interesses dominantes na sociedade, sobretudo na capital da República, uma vez que estava em jogo a construção de comportamentos adequados não somente em relação ao espaço fabril, mas também à normatização de sociabilidades privadas e públicas. Casas padronizadas tinham a intenção de criar famílias e pessoas para assumir comportamentos de obediência e hábitos higiênicos de uma estética civilizadora.

O que fazer com habitações que fugiam ao padrão estabelecido, ou seja, o que fazer com as favelas que surgiam por toda a cidade? Surgiam interrogações incômodas ao pensamento dos governantes diante das pressões de classes e grupos mais conservadores da cidade. Para responder concretamente a essa questão aparecem as iniciativas de controle e subordinação das favelas envolvendo o Estado: os Parques Proletários Provisórios.

Esses Parques foram criados pela prefeitura do então Distrito Federal como soluções temporárias o suficiente para que os favelados aprendessem a morar coletivamente e superar a sua condição de miséria para, posteriormente, serem transferidos para suas casas definitivas (idem, p. 85-7). Foram criados três Parques no início dos anos 1940 — Gávea, Caju e Leblon — que reassentaram em torno de 4.000 favelados em construções provisórias de madeira, no próprio local ou nas proximidades das favelas que seriam erradicadas, cobrando dos seus moradores aluguéis de acordo as condições das famílias proletárias. As formas autoritárias de relação social e a precariedade física das instalações tornavam os parques proletários lugares nada atraentes para as famílias sujeitas à transferência de suas moradias nas favelas. Pode-se dizer, inclusive, que as casas, de caráter provisório, eram muitas das vezes piores que a de muitos moradores transferidos e que, apesar de ter esse caráter provisório, acabou se tornando permanente.

Os Parques Proletários evidenciaram a pedagogia civilizatória do Estado sobre os grupos populares. Se por um lado os moradores eram obrigados a assinar termos de responsabilidade por suas condutas e zelo pela casa, também havia um rigoroso esquema de controle social estabelecido através da figura do administrador do Parque. Sobre o funcionamento dos parques e o papel do administrador, Leeds e Leeds relatam:

> A autoridade da Administração sobre os moradores era total. Todos os moradores tinham carteiras de identificação, que apresentavam à noite nos portões guardados que eram fechados às 22 horas. Toda noite, às nove, o administrador dava um "chá" ("chá das nove") quando ele falava num microfone aos moradores sobre acontecimentos do dia e aproveitava a oportunidade para as lições "morais" que eram necessárias (...). Os parques eram em grande parte uma criação do Estado Novo de Vargas, que combinava controles administrativos, "consciência" social governamental, retórica corporativista e a reverência da parte do proletariado por "pai Gegê", tido quase como um santo. (1978, p. 196-97)

Diante da política de Parques Proletários para a eliminação de favelas foram criadas, em 1945, as primeiras comissões de moradores — inicialmente no Cantagalo e na Babilônia — como forma de opor resistência a um suposto plano da prefeitura de remover todos os moradores para os parques. Em 1943 o samba "Onde é que vais morar?", de Kid Pepe e Téo Magalhães, apresentava o temor dos moradores quanto às ameaças de remoção para os Parques Proletários:

> Onde é que vais acabar
> Se a favela se acabar
> Onde é que vais morar?
> Eu morar
> Se na favela tenho um "bungalow"
> À tua disposição
> Que tem ar refrigerado
> Para os dias de verão
> (...)
> Tenha paciência
> E não se canse de esperar
> Tudo pode acontecer
> Se a favela se acabar.

Por outro lado havia um descrédito profundo dos moradores de favelas já assentados nos Parques Proletários sobre o futuro desta forma de habitação popular em suas vidas, como demonstra a carta publicada no jornal *Diário de Notícias* de 11 de fevereiro de 1953: "Não acreditamos, pois que o governo sem cobrar os ínfimos alugueres possa nos dar um melhor conforto: acreditamos até que isto seja a melhor maneira da extinção dos Parques".

A desconfiança se tornou realidade com o passar dos anos. A prometida urbanização das favelas em que viviam não foi realizada e as habitações nos Parques se degradaram por falta de cuidado e manutenção da prefeitura. O próprio recenseamento de 1950 do IBGE classificava oficialmente o Parque Proletário da Gávea como mais uma favela da cidade. Ou seja, as famílias abrigadas nas casas provisórias precisaram reinventar suas moradas, reconstruindo suas habitações e empenhando-se na conquista de implantação e/ou regularização, frente à prefeitura, de serviços básicos, como acesso à água, esgoto e luz.

A estratégia de erradicação de favelas através dos Parques Proletários fracassava. A favela não apenas sobreviveu a mais uma ação discricionária do Estado, como se afirmou como um território de lutas populares na cidade. Todavia, a saga para permanecer na cidade por parte dos grupos populares se torna contínua e se expande. É nesse momento que a igreja católica emerge como nova persona na ordem civilizadora urbana, agora tendo nas obras assistenciais e religiosas as mediações do projeto de institucionalização tutelada dos moradores das favelas.

O principal destaque nesta missão da igreja é a Fundação Leão XIII, instituição criada pela Arquidiocese do Rio de Janeiro em associação com a prefeitura da cidade. O objetivo era prestar serviços aos moradores das favelas e, principalmente, difundir a pedagogia civilizadora cristã. Outra instituição igualmente importante para fins assistenciais nas favelas foi a Cruzada São Sebastião, criada por D. Helder Câmara, reunindo grupos mais progressistas também vinculados à igreja católica.

Nos anos 1950, a Fundação Leão XIII atendia a 34 favelas por meio de ações que incluíam a instalação de saneamento básico, da rede de energia e iluminação elétrica e obras de arruamentos. Nas maiores favelas, como Rocinha, Jacarezinho, Cantagalo, Barreira do Vasco, Salgueiro, São Carlos e Praia do Pinto, foram criados centros sociais que serviam como espaços de coordenação de ações e de atendimento à população (saúde e assistência social). A missão civilizadora da Fundação tinha o indisfarçável propósito de cooptar lideranças e de controlar as associações de moradores, não só para constituir uma relação "próxima" e "pacífica" com o Estado, mas também por conta do "perigo comunista" que avançava sobre as favelas. O detalhamento de como a Fundação Leão XIII trabalhava destacava que

> doenças, analfabetismo, ideologias exóticas, crimes, contravenções, prostituições são males de um povo que vem vivendo, anos a fio, sem o benefício de uma palavra esclarecedora e amiga que só a escola, na sua mais alta concepção, pode dar. (Valla, 1986, p. 43)

Por sua vez, a Cruzada São Sebastião buscava uma intervenção direta ao se materializar como conjunto habitacional no Leblon, a despeito das violentas críticas de seus opositores, incomodados com os futuros vizinhos indesejáveis. A Cruzada tinha como proposta a integração da favela aos bairros — no caso, um bairro elitizado como o Leblon —, estabelecendo um pacto de urbanização local associado à educação para sociabilidade dos favelados a fim de garantir a organização "comunitária autêntica", portanto livre do oportunismo dos políticos demagógicos e da influência comunista, segundo a visão de seus idealizadores.

A remoção de parte dos moradores da Praia do Pinto para 910 apartamentos na Cruzada São Sebastião foi o ponto de partida da ação urbanística proposta. Para tanto, foi preciso recorrer à experiência da Leão XIII no processo de "remoção e educação dos credenciados a receber o imóvel", fato que evidencia que tanto o Estado como a Fundação não estabeleciam relações de oposição no trato com os moradores das favelas. No próprio processo de planejamento e execução do projeto do "Bairro São Sebastião" não houve nenhuma participação de entidades representativas da favela do Morro do Pinto ou consulta aos futuros moradores. Havia, entretanto, um conselho de moradores instituído pela Cruzada, cujo papel era zelar pelo cumprimento do Decálogo dos Cavaleiros de São Sebastião (conjunto de normas de conduta que prescreviam aos moradores evitar o uso de bebida alcóolica, não praticar jogos de azar, obedecer a Deus, se afastar do comunismo etc.).

Às experiências assistenciais civilizadoras da igreja católica se juntaram as ações do Serviço Especial de Recuperação de Favelas e Habitações Anti-higiênicas (Serpha), criado em agosto de 1956. Além das favelas, o órgão estatal ampliou seu atendimento a outras formas de habitação popular (cortiços, casas de cômodos, casas de avenidas) com o pressuposto de qualificar as edificações. Para tanto, foram criadas cooperativas de produção de material de construção, buscando estimular construções e reformas da habitação sob a orientação e consentimento da própria Serpha. Tal como a Fundação Leão XIII, também criava postos de atendimento em saúde e em assistência jurídica e social em favelas (Jacarezinho e Barreira do Vasco) e em bairros proletários, como o de Vila da Penha.

O Serpha estimulava a organização dos moradores, inclusive promovendo a formação de associações em diversas comunidades[14]. Buscava, então, ocupar o papel tradicionalmente assumido tanto pela igreja católica como por partidos políticos nas favelas. A proposta de melhoria das condições de saneamento e dos serviços públicos nas favelas, de apoio às associações e a consequente organização dos moradores, bem como uma política voltada para a consolidação das ocupações, possuíam como objetivo maior o exercício de direção política de lideranças e, desse modo, o controle das organizações populares. Isto pode ser identificado nas cláusulas do acordo que era formalmente constituído entre o Serpha e as Associações de Moradores das favelas. Os acordos entre o Serpha e as favelas continha:

> 1. Cooperar com a Coordenação de Serviços sociais na realização de programas educacionais e de bem-estar;
> 2. Cooperar na urbanização da favela, recolhendo quaisquer contribuições dos residentes para melhoria do local, responsabilizando-se pela utilização de tais contribuições e submetendo-se à supervisão da Coordenação;
> 3. Contribuir com a substituição progressiva dos barracos por construções mais adequadas e cooperar através da mobilização de trabalho para a realização de outros trabalhos de emergência na favela — Operação Mutirão — conforme os planos técnicos e a orientação desta Coordenação;
> 4. Cuidar das construções e melhorias feitas nas favelas;
> 5. Solicitar a autorização da Coordenação para melhoria de casas, especificando as necessidades de reparo e manutenção;
> 6. Impedir a construção de novos barracos, vindo, quando necessário, a esta Coordenação para apoio policial;
> 7. Cooperar com a coordenação para realocar os moradores removidos das favelas;
> 8. Encaminhar à Coordenação as necessidades e reivindicações da favela relativas a serviços públicos, manutenção, saneamento, polícia e higiene;
> 9. Na favela, manter a ordem, o respeito pela lei e, de modo geral, garantir o cumprimento da determinação da Coordenação e do Governo;
> 10. Dirigir todos os pedidos de assistência médica, hospitalar e educacional para a coordenação. (Leeds e Leeeds, 1978, p. 248-9)

[14] Foram criadas, de 1960 a 1962, entre 50 (Rios, 2002) e 75 (Leeds e Leeeds, 1978) associações de moradores em favelas cariocas, o que demonstra a mobilização dos moradores de favelas.

Nos anos 1960 são criadas, no âmbito da prefeitura do Distrito Federal, a Companhia de Desenvolvimento de Comunidades (Codesco), para tratar das favelas suscetíveis de urbanização[15], e a Companhia de Habitação da Guanabara (Cohab-GB), para a construção de núcleos habitacionais de interesse social. Estas duas companhias municipais serão encarregadas de operar a remoção de favelas de áreas selecionadas, que seriam destinadas à construção de casas populares que dariam origem aos conjuntos habitacionais nesses mesmos locais.

De modo geral, as ações institucionalizadas (estatais e eclesiásticas) que destacamos tratavam as favelas como meros objetos de intervenção e os favelados como sujeitos passivos diante da realidade em que viviam. As favelas deveriam ser adequadas à ordem urbana vigente ao passar por reformas locais em sua fisionomia e, quanto aos favelados, estes deveriam ser formados para "demandar diretamente" às autoridades, sem vinculações a organizações consideradas perigosas, sobretudo dos partidos de "ideologias comunistas e socialistas". As favelas apareciam agora como um problema social e, ao mesmo tempo, um território de disputas sobre o sentido do governo da consciência dos favelados, evidentemente subestimando seus moradores como atores de suas próprias vidas.

Na contracorrente dessa "institucionalização tutelada", os moradores das favelas aprenderam desde cedo a inventar diferentes modos para fazer suas vidas na cidade. A principal delas, é claro, passava pela permanência das favelas diante das ameaças e das ações concretas de despejo de suas moradas. Outra luta comum estava associada à conquista de melhorias urbanas que garantissem as condições de existência comuns a outros bairros da cidade.

Longe de ser gente passiva e conformada, carente e dependente de ajuda de agentes externos e instituições para sair do "círculo vicioso da pobreza", os moradores de favelas construíam criativamente formas de se relacionar com o Estado e de enfrentar as ganâncias do mercado imobiliário. Uma variedade de ações pode ser destacada, indo desde os apelos endereçados a autoridades públicas até aos movimentos organizados com agendas políticas muito bem definidas. É assim que, diante das ameaças de despejo, os moradores do Morro de Santo Antônio apelaram, por meio de cartas e telegramas, ao "espírito lúcido" do presidente Getúlio Vargas para protegê-los diante da disputa de terras, assim como chamavam atenção para a necessidade de iluminação e calçamento das ruas. Ou mesmo entrarem com uma apelação de usucapião aos tribunais, como fizeram os moradores da Rocinha, para garantir a permanência da favela em 1932.

[15] Foram selecionadas três favelas como projetos pilotos: Brás de Pina, Morro da União e Mata Machado, sendo concretizados nas duas primeiras.

Muitas das lutas que envolviam as favelas se originaram de formas de organização comunitária contra ameaças, como no Morro de São Carlos. Diante de uma ordem de despejo coletivo e da luta política para enfrentá-la, os moradores organizam a Sociedade de Trabalhadores Humildes do Morro de São Carlos, em 1937, importante referência de lutas de seus moradores. São muitos os exemplos que atestam atitudes e ações que comprovam que os moradores de favelas buscavam responder de modo coletivo e organizado as ameaças de despejo e, consequentemente, buscar a conquista de direitos urbanos e sociais.

Na verdade, as favelas como obras territorializadas dos grupos populares da cidade sempre fizeram enfrentamentos diante dos modos hegemônicos de apropriação e uso do espaço urbano. Enfrentamentos que ora foram silenciosos, ora ruidosos. Todavia, sempre buscando criar condições de permanência com a conquista de direitos básicos, tais como o saneamento, transporte, escolas e serviços de energia.

A afirmação da favela como território popular na cidade colocava o local da moradia como fundamental para as lutas cotidianas de viver a cidade. Diferentemente de outros sujeitos sociais que viviam em condições sociais desiguais e que faziam do local de trabalho uma associação direta de suas reivindicações, tendo nos sindicatos e associações de ofício suas representações de luta por direitos, os moradores de favelas possuíam o território como apresentação de si para as demandas sociais e sua mobilização política de direitos.

É com esta pegada territorial que as associações de moradores, escolas de samba, blocos carnavalescos, terreiros e igrejas ganham importância fundamental nas diferentes estratégias de afirmação dos moradores diante não só das ameaças de expulsão por parte dos agentes do mercado imobiliário e do próprio Estado, mas também da conquista de serviços e equipamentos urbanos que, além de direitos fundamentais, também contribuíam para garantir a permanência de suas moradas. Assim, as distintas formas de organização nas favelas (social, religiosa e cultural) se tornam lugares de troca de vivências cotidianas e de invenção de práticas de convivências, tornando esses espaços referências do pertencer a um território de compartilhamentos de experiências e, em especial, de afirmação de lutas, das mais silentes às mais ruidosas, do direito de habitar uma cidade digna da vida cidadã plena.

É importante ainda destacar a decisiva presença de partidos políticos nas favelas como mobilizadores e organizadores de ações políticas dos moradores, a exemplo do Partido Trabalhista do Brasil (PTB) e do Partido Comunista do Brasil (PCB), no campo mais progressista da cidade e do país. Muitos militantes de "fora", ou seja, de outros bairros da cidade, tiveram participação ativa e duradoura na organização dos movimentos nas favelas. Isto não quer dizer que moradores das favelas não participaram ativamente de partidos e de suas próprias organizações comunitárias, mas sinalizar que as favelas eram vistas como espaço de lutas sociais na cidade e, inclusive, como potencial de votos para partidos políticos de esquerda.

Retomando a produção do conhecimento sobre as favelas e sua contraditória contribuição para o reconhecimento dos seus moradores, uma leitura atenta e desprovida de preconceitos do Censo de 1950 (IBGE) é significativa para colocar em questão a classificação recorrente do conjunto dos moradores de favelas como trabalhadores informais, temporários e de baixa qualificação: uma espécie de subproletariado à margem do mercado de trabalho urbano. O referido Censo assinalou que nas 58 favelas recenseadas, totalizando 64.902 moradores, 38% possuíam atuação econômica regular e estavam empregados na indústria de transformação[16]. Isto demonstra que parte importante dos residentes em favelas, mesmo ocupando ramos industriais de menor exigência de qualificação técnica, formava um significativo componente da força de trabalho operária na cidade.

Portanto, não é sem motivação própria que é criada, nos anos 1950, a União dos Trabalhadores Favelados (UTF), entidade fundada por iniciativa de moradores do Borel em luta contra o despejo judicial movido pela empresa imobiliária Borel Meuron[17]. Com a adesão de representantes de mais sete favelas — Salgueiro, Formiga, Mangueira, Santa Marta, Macacos, Esqueleto e Coelho Neto — a UTF traçava o reconhecimento dos moradores de favelas como trabalhadores na especificidade de seus territórios. Isto fica claro com o seu propósito de congregar os moradores de favelas em Centros de Trabalhadores Favelados, instituição local de organização e de mobilização para o atendimento aos direitos que os trabalhadores têm a uma existência digna, em casas decentes, com escolas próximas, calçamento e urbanização dos morros que habitam, que serão desapropriados, se de propriedade particular, e neles instaladas cooperativas de fornecimento de gêneros alimentícios a preços acessíveis, assistência jurídica e médica, água, luz, esgoto e telefone (Projeto de estatutos da UTF. Aperj. DPS. Dossiê 1046, UTF, fl 28).

A proposta de criação de centros organizados por trabalhadores em cada favela começou a dar resultados logo nos seus primeiros anos. Providência, Candelária, Jacarezinho, Juramento, Macedo Sobrinho e Alemão, conforme

---

16 Nas 58 favelas inventariadas foi também identificado um elevado percentual de analfabetos acima de 5 anos de idade (44%) e de população jovem entre 15 a 19 anos (76%).

17 Subsidiária da Seda Moderna (empresa varejista de tecidos com diversas lojas na cidade), dona de empreendimentos nos arredores do morro que, naquele período, adquiria os terrenos do Morro do Borel do seu antigo proprietário.

registrado no jornal *Imprensa Popular* de 11 de janeiro de 1955, "inauguravam com festas, comícios e feijoadas a criação de organizações ligadas à UTF" (Festa no Morro de Santa Marta no dia 11/01/1955; Festa no Morro Macedo Sobrinho no dia13/02/1955; e Feijoada no Alemão no 22/03/1955), além da realização de encontros para reivindicações aos poderes públicos de uma existência digna para os trabalhadores, conforme conclamava seu estatuto de fundação.

É importante perceber que a mobilização dos moradores das favelas a partir da identidade de trabalhador era muito importante no período em que a ideologia trabalhista ainda possuía força para o reconhecimento da classe trabalhadora como sujeito coletivo de direitos, mesmo que fosse sob a tutela do governo de Getúlio Vargas. Com tal disposição identitária, os moradores das favelas poderiam entrar na cena política da cidade e do país em condições menos adversas de enfrentamento das desigualdades impostas pelo mercado e das ações arbitrárias do Estado, principalmente porque a identidade de trabalhador significava uma posição de superação da marcação de carente e, no limite, da criminalização de sua presença na cidade.

Apesar das ligações com organizações particulares a cada favela, a UTF se diferenciava muito das demais associações e entidades construídas pelos moradores, uma vez que possuía como estratégia a mobilização das favelas não somente a partir das reivindicações advindas dos territórios de morada, mas também de uma consciência cidadã e do fazer político de classe. Não se tratava somente de uma "luta de favelados", mas de trabalhadores urbanos identificados com um projeto democrático e nacional. Reivindicações de postos de saúde, escolas, saneamento, cinema, quadras de esporte, praças e o direito de organizar seu próprio policiamento (com a proibição de intervenção de outra organização policial nas favelas que não seja por flagrante delito ou auxílio solicitado), inclusive o apoio explícito à Reforma Agrária, estavam entre os itens que permitem observar uma agenda de lutas mais abrangente e com projeções de autonomia urbana das favelas.

É evidente que a experiência de lutas sindicais e de organização partidária, sobretudo com a influência do trabalhismo de Vargas, se fez presente na UTF. Todavia, não se deve atribuir a movimentos exógenos às favelas a organização que se fazia presente. Os moradores das favelas eram trabalhadores da cidade, portanto vinculados ao conjunto de ações organizadas com diferentes recortes, sejam estes corporativos profissionais e/ou organizações partidárias, mas com experiências muito próprias de inserção no espaço urbano carioca.

As associações de moradores também contribuíram para as lutas organizadas pelos cidadãos das favelas. Muitas delas criadas, organizadas e dirigidas por militantes trabalhistas (filiados ao PTB) e comunistas (filiados ao PCB), tornaram-se fundamentais nas lutas de permanência e conquistas de melhorias urbanas. Mobilizações de massas foram significativas na cidade, como a dos três mil moradores da favela Santa Marta que ocuparam os jardins do Palácio Guanabara para pressionar o prefeito Dulcídio Cardoso a sancionar o Projeto de Lei do vereador (comunista) Aristides Saldanha que defendia a desapropriação do terreno para fins de moradia. O projeto (lei municipal 794) foi aprovado em abril de 1954, mas no dia 8 de junho o jornal *Imprensa Popular* noticiava que o prefeito não havia cumprido a lei e que as ameaças de remoção continuavam na localidade. O então vereador Aristides Saldanha, em pronunciamento para "mais de uma centena de favelados" disse que "foi graças à unidade de vocês que se conseguiu fosse votada a lei. Esta mesma unidade deve obrigar ao cumprimento da lei" (*Imprensa Popular*, 8 jun. 1954, p. 8).

Com repercussão igualmente relevante pode-se destacar a ocupação da Câmara de Vereadores por dois mil moradores da Favela da União que exigiam a aprovação do Projeto de Lei em favor da desapropriação dos terrenos em que residiam. Cabe ainda salientar ações de solidariedade entre as favelas, como no caso dos protestos unificados contra a violência policial, organizado e realizado pelos moradores do Borel, Cabritos, Mata Machado e Catumbi, em 1953. De acordo com reportagem do jornal Imprensa Popular, de 5 de maio de 1956, a ação foi uma

> demonstração de vigor e unidade: indignados com as violências que sofrem diariamente, praticadas por elementos pertencentes à polícia ou a ela ligados, os trabalhadores e donas de casa resolveram denunciá-las ao Legislativo Municipal e à imprensa, ao mesmo tempo exigindo imediatas providências ao governo a fim de evitar a repetição dessas arbitrariedades. (...) Fizeram questão de deixar bem claro a disposição de todos em não permitir tais atos de banditismo dos agentes policiais a soldo de grileiros. (p.5)

Imprensa POPULAR

Diretor: PEDRO MOTTA LIMA

ANO VII ☆ RIO DE JANEIRO, SEXTA-FEIRA, 2 DE JULHO DE 1954 ☆ N.º 1.239

INÉDITO NO BRASIL: DOIS MIL FAVELADOS OCUPARAM A CÂMARA

PROTESTO INDIGNADO CONTRA A SABOTAGEM AO PROJETO QUE MANDA DESAPROPRIAR O MORRO DA UNIÃO — HOMENS, MULHERES E CRIANÇAS ALOJADOS NO SAGUÃO DO LEGISLATIVO MUNICIPAL

DOIS MIL FAVELADOS ocuparam ontem, a Câmara Municipal. Eram moradores do Morro da União, cujos barracos estão sendo destruídos pela polícia do coronel Osvaldo Melquíades. Durante quatro dias compareceram à Câmara, aguardando a aprovação do projeto 1.396 que desapropria a área daquele morro em benefício dos que ali residem, mas ainda ontem o sr. Salomão Filho, líder do Prefeito, continuou no seu propósito de protelar a aprovação do projeto.

...dos, a antiga casa de Jorge Turco, hoje habitada por diversas famílias fôra fechada a pregos. Enquanto isso os vereadores que seguem o prefeito, se retiravam do plenário para não votar o projeto 1.396.

SABEREMOS RESPEITAR

Depois de muitos protes-

(CONCLUI NA 5ª PÁG.)

...o 5 de Julho

Nacional

Guatemala

Jornal *Imprensa Popular* destaca a ocupação da Câmara de Vereadores por moradores do Morro da União na edição de 2 de julho de 1954.

A breve descrição das distintas formas de organização e processos complexos de mobilização dos moradores das favelas demonstram que os grupos populares não estavam alheios, ou mesmo eram marginais às questões políticas diretamente vinculadas aos seus territórios de morada e da cidade como um todo. É bem verdade que se tornava comum a presença de "políticos" nas favelas interessados em conquistar novos eleitores e toda sorte de clientelismo institucionalizado ou privado. Todavia, não se deve limitar o fazer política de determinados agentes do estado, organizações religiosas e de agremiações partidárias conservadoras como únicas e exclusivas nos territórios populares. Isto não só subestima as possibilidades de organização e mobilização dos moradores das favelas como reafirma sua posição de "alienados" e "carentes". As ações conservadoras de tutela (evangélica, pedagógica e clientelista) são, inclusive, demonstrativas da sanha por controle e disciplinarização de homens e mulheres que buscavam construir suas vidas sem as imposições reguladoras do Estado e dos interesses do mercado imobiliário.

As favelas reinventam as tradições culturais

Além da ligação de lideranças comunitárias com os partidos políticos, ocorreu também uma aproximação de extrema importância com grupos de artistas e escritores de classes médias da cidade. Esses passam a frequentar as favelas e a expressar representações plurais por meio das artes visuais, da música e da literatura a partir do convívio com a inventividade estética das favelas.

O movimento modernista liderado por Mario de Andrade, Oswald de Andrade e Tarsila do Amaral nas décadas de 1920 e 1930 esteve fortemente engajado nas referências da cultura popular como matriz de suas obras, e fez das favelas, particularmente nas artes plásticas, uma paisagem estética representativa da condição particular e contraditória da realização do Moderno nos trópicos. As favelas apareciam muitas vezes nas pinturas dos modernistas como Tarsila do Amaral, Lasar Segall e Portinari como sobrevivências do rural na cidade, consistindo como uma figuração bucólica e acolhedora na paisagem urbana agressiva em construção.

Compositores e cantores se tornaram famosos ou ampliaram seu sucesso com parcerias e repertórios encontrados nos morros. É relevante o caso da breve e intensa parceria de Noel Rosa e Ismael Silva, dupla genial com mais de 20 músicas de muito sucesso nas rádios na década de 1930, especialmente as gravadas por Francisco Alves. No campo da literatura, o poeta Vinicius de Morais transpõe o mito grego de Orfeu e Eurídice para uma favela carioca com a peça "Orfeu da Conceição", posteriormente adaptado para o cinema sob a direção do francês Marcel Camus, em 1959, com o título "Orfeu negro".

Nas artes plásticas, Hélio Oiticica inventa suas instalações denominadas "Parangolés" na densa e complexa espacialidade da organização das favelas. Os Parangolés são capas, estandartes, bandeiras vestidas ou carregadas pelo participante de um *happening*. As *vestimentas* são feitas com panos coloridos (que podem levar reproduções de palavras e fotos) interligados, revelados apenas quando a pessoa se movimenta. A cor ganha um dinamismo no espaço através da associação com a dança e a música. A obra só existe plenamente, portanto, quando da participação corporal: a estrutura da obra depende da relação corpo e movimento.

É preciso também reportar às obras cinematográficas que, com maior ou menor compromisso com leituras generosas sobre as favelas, também a tomaram como ambiência ou paisagem de seus dramas e tramas. Esses e muitos outros encontros são reveladores da pluralidade e riqueza estética das favelas, contribuindo ora como reforço às representações já dadas ora atuando como contraponto às imagens dominantes no senso comum. Exemplo de obra para o cinema foi a produção "Cinco Vezes Favela", dirigido por Cacá Diegues, Joaquim Pedro de Andrade e Leon Hirszman. O filme, única obra cinematográfica do Centro Popular de Cultura (CPC) da União Nacional dos Estudantes (UNE) que conseguiu ser finalizada, traz a favela para a cena cinematográfica sem os estigmas e preconceitos recorrentes do senso comum imperante na cidade.

Cartaz do filme Cinco Vezes Favela

Considerar a relevância das obras que demonstram enlaces da criação estética entre diferentes grupos sociais, tendo a favela como território de referência de inventividades narrativas da cidade, não implica dizer que as composições artísticas das favelas só se tornam importantes quando legitimadas pelo "asfalto". Na verdade, a notoriedade da riqueza cultural do Rio de Janeiro tem suas dívidas com a criatividade dos grupos populares presentes na cidade. Ou seja, a criação estética das favelas é, por ela mesma, um patrimônio fundante da vida cultural da cidade.

É preciso colocar em destaque que a inventividade dos territórios populares não se vincula apenas ao fazer da cultura como um lazer, ou mesmo um simples produto para consumo. Originadas de concepções, percepções e vivências dos próprios moradores, há nas criações artísticas populares, em seus laços com o território, uma espécie de tradução de outros significados de cidade. Falamos da produção de saberes, do compartilhamento de experiências e do enfrentamento de desafios que envolvem a vida cotidiana nas favelas.

O samba como narrativa da vida na cidade a partir das favelas precisa também ser considerado como um saber que descortina as vivências dos grupos populares e da própria cidade. Cantar os dramas, as paixões, as tristezas e as alegrias era afirmar o universo de humanidade das favelas, pouco reconhecido para o conjunto de moradores da cidade. A poesia dos morros estava embebida de vidas e, com elas, as relações de amizade, solidariedade e fraternidade como referências fundamentais para a existência dos moradores de favelas e como referência para construir uma cidade verdadeiramente democrática. O belo samba "Antonico", de Ismael Silva (gravado em 1954), onde se eleva o sentido da compaixão (sentir com o outro), é exemplar de enlaces necessários para as vidas dos grupos populares na cidade:

Ôh, Antonico, vou lhe pedir um favor
Que só depende da sua boa vontade
É necessário uma viração pra o Nestor
Que está vivendo em grande dificuldade
Ele está mesmo dançando na corda bamba
Ele é aquele que na escola de samba
Toca cuíca, toca surdo e tamborim
Faça por ele como se fosse por mim

Até muamba já fizeram para o rapaz
Por que no samba ninguém faz o que ele faz
Mas hei de vê-lo bem feliz, se Deus quiser
E agradeço pelo que você fizer, meu senhor.

Apesar da justa e legítima notoriedade do samba, merecem registro outras criações de matriz africana que encontram nas favelas seus territórios de recriação. Lundus, Folias de Reis e Jongos encontraram nas favelas seus universos possíveis de celebração na cidade. Por meio de suas cantorias, batuques e danças, são revisitadas e atualizadas as tradições de religiosidade e sociabilidade fundamentais para os grupos populares. É também desses festejos que blocos de carnaval e escolas de samba conheceram suas origens, demonstrando a circularidade criativa da cultura popular. Estácio, Mangueira, Salgueiro, Formiga, Serrinha e tantas outras favelas são expressões da ancestralidade cultural negra, como na composição "Pisei na Pedra", do Jongo da Serrinha:

Pisei na pedra
A pedra balanceou
Levanta meu povo
Cativeiro se acabou

Diz ooo

Boi preto deixa a vaca passear
A vaca ta mugindo
O bezerro quer mama
Oi so

Olha burro pro cavalo
Na cocheira grungunando
Burro fala baixo
Cavalo fala gritando
(...)

Lambari tá pelejando
pra subir na cachoeira
Tá dizendo pro boi preto
Que inda viga cansoqueira

Quer mamar
Quer mamar
Boi preto o bezerro quer mamar
Boi quer mamar

A criação das artes das favelas não se resume apenas à música e à dança em seus diferentes estilos e festejos. As artes plásticas também merecem destaque, especialmente as obras do pintor, poeta, músico e figurinista Heitor dos Prazeres, que oferece leituras outras dos territórios populares, de seus moradores e de suas práticas culturais na cidade. Os espaços iluminados nas suas paisagens pictóricas são favelas, terreiros, gafieiras e escolas de samba: espacialidades onde a cultura celebra suas matrizes negras de identificação.

Em suas telas, Heitor dos Prazeres cria representações contrárias à condição de discriminação e subalternização de homens negros e mulheres negras no processo histórico e geográfico de produção da cidade do Rio de Janeiro. Há, portanto, uma nítida provocação de mudar o cotidiano urbano a partir de sensibilidades e sensações mobilizadas das culturas populares. A obra de Heitor dos Prazeres não é apenas uma paisagem que retrata uma expressão cultural de negros e negras, é uma expressão de reconhecimento da complexidade estética — e da sociabilidade envolvente — das práticas da cultura negra. É a partir de cenas coloridas de momentos de alegria que as favelas emergem para a cidade. O pintor revela potências da criação da favela como contraponto às recrudescidas representações de carência e miséria. Na tela, os negros e negras se fazem presentes na cidade. São pessoas negras bem vestidas, bonitas, altivas, orgulhosas de si e com a dignidade de autores de suas próprias vidas.

A ditadura tenta, mas não derrota as favelas

O golpe civil-militar de 1964 inaugurou um novo ciclo de relação do Estado com a favela. Se o chamado populismo tratava as favelas no sentido de reproduzir relações ambíguas do clientelismo, com a ditadura civil-militar é esvaziada a relação dos moradores das favelas, principalmente lideranças políticas e artistas (músicos, pintores e poetas), com o conjunto de ativistas e intelectuais de outros lugares da cidade.

Diante das condições políticas restritivas se fazia necessário inventar formas de representação e ação pública que garantissem a permanência das favelas acompanhadas de qualificação das condições urbanas. As organizações dos moradores no modelo do associativismo comunitário ganharam maior expressão e, apesar do autoritarismo vigente, obtiveram significativas vitórias em termos de demandas de serviços públicos (saneamento básico, postos de saúde, escolas e energia elétrica).

As favelas já estavam muito diferentes entre si. Não era mais possível fazer generalizações apressadas sobre suas tipologias, tanto no que diz respeito ao habitat como em relação aos seus habitantes:

FAVELA DIFERENTE

Na favela antigamente
Só dava malandro
Batuque a noite inteira
Mas agora é diferente
O barraco tem televisão e geladeira (...)
Malandro vai ser playboy em Copacabana
E a favela foi ficando bacana.

[RALFY MENDES, 1962]

O período que vai de 1964 a 1974 é também um período de crescimento econômico do país, o denominado "milagre econômico". As classes médias urbanas ganham maior importância no âmbito do consumo de bens e serviços, incluindo neste item as demandas por habitação, com a crescente urbanização em especial na região Sudeste do país.

Vale lembrar que a urbanização do território brasileiro foi uma das mais velozes do mundo. A população urbana em 1950 era 36% da população total. Na década seguinte, 1960, com a intensificação do êxodo do campo, a população deixou de ser predominantemente rural. O censo de 1970 constata essa mudança ao registrar que 56% da população brasileira residia em cidades. O país se faz urbano em suas formas primordiais de realização econômica, técnica, cultural e social.

É fato que a industrialização contribuiu decisivamente para o ritmo da urbanização e da concentração urbana de riqueza e de população. Porém, é preciso acrescentar que as cidades também foram objeto da inversão de excedentes de capital e da expansão generalizada de lucros de frações outras de capital (bancário, imobiliário e de serviços), fazendo da urbanização um recurso para a expansão de diversas empresas. No percurso de capitalização da produção do urbano, o predomínio da propriedade privada associado ao acesso privilegiado aos recursos públicos por determinados grupos sociais resultou em uma sociedade hierarquizada, onde os interesses individuais se colocavam sempre acima do bem-estar coletivo. Não por acaso nossas cidades se tornaram verdadeiras máquinas de reprodução de desigualdades sociais.

Descritos oficialmente pelo IBGE como "aglomerados subnormais", em uma nítida construção ideológica hierarquizante das habitações urbanas, os territórios populares se multiplicaram como resposta possível à desigualdade de condições de apropriação e uso da cidade. E, apesar da pretensa homogeneidade atribuída a esses espaços, eles são muito diferentes entre si. Para além das particularidades de sua morfologia e localização, há significativas diferenças na composição de formas de trabalho, de níveis de renda, de inserção ao consumo de bens e de acesso aos serviços públicos urbanos.

Na particularidade do Rio de Janeiro, os atores econômicos e políticos hegemônicos sempre mantiveram relações contraditórias com as moradas populares. Ora negando a extensão dos direitos fundamentais às favelas, ora incorporando seus fazeres culturais como identidade simbólica da cidade. Entretanto, é inegável que a geografia urbana do Rio de Janeiro tem nas favelas uma de suas principais matrizes da produção. Portanto, a favela não é uma "não cidade" por mais precária que sua paisagem imediata aparente. A favela é cidade se fazendo em seus conflitos cotidianos e em suas desigualdades sociais reiteradas.

É bem verdade que as condições desiguais de apropriação e uso da cidade obrigaram os moradores de favelas a inventar mobilizações cotidianas de trabalho e acesso a bens urbanos. Muitas destas mobilizações ocasionaram conquistas importantes, sobretudo as vinculadas ao fornecimento de água e energia, à pavimentação de ruas, à implantação de escolas e postos de saúde, apesar da qualidade questionável dos serviços e equipamentos oferecidos pelo Estado.

Por outro lado, as grandes empresas de construção civil e imobiliárias expandiram suas ações na cidade, especialmente a partir da década de 1970, contando, evidentemente, com financiamento do Estado, mas privilegiando o mercado constituído pela nova classe média (constituída por empregados de multinacionais e empresas estatais) em detrimento dos grupos populares.

A propaganda da "casa própria" como bem distintivo operava as condições ideológicas para a expansão imobiliária e sua correspondente produção desigual do espaço urbano. Bairros da Zona Sul, seguidos dos da Zona Norte (sobretudo da Tijuca, Usina, Grajaú e Andaraí) foram os prioritários para a localização e expansão de empreendimentos imobiliários. Esse processo ampliava a valorização econômica e simbólica de alguns bairros e, consequentemente, selecionava os seus moradores. Porém, as favelas cresciam, se espalhavam pela cidade e se tornavam a alternativa concreta de acesso à moradia, inclusive à casa própria, quando comparada ao conjunto da cidade.

QUADRO 1 | Domicílios próprios e alugados na cidade do Rio de Janeiro (%) — 1950/1960

DÉCADA	DOMICÍLIOS NO CONJUNTO DA CIDADE	DOMICÍLIOS EM FAVELAS
1950	33,7 % próprios 60,4% alugados	62% próprios 38% alugados
1960	46,6 % próprios 48,2% alugados	78,7 7% próprios 21,23% alugados

FONTE: Pereira da Silva, 2005, p. 68-105.

MAPA 2 | Expansão das favelas – Rio de Janeiro: centro – sul – norte (1951-1970)

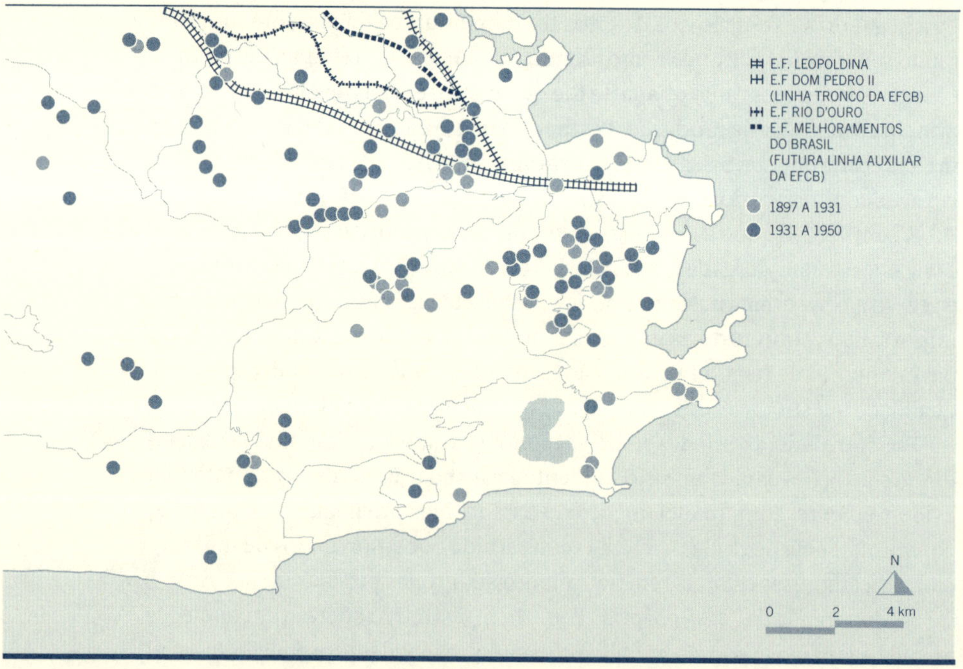

No mapa à esquerda, podemos identificar a expansão das favelas e uma concentração delas na Zona Sul, assim como uma forte expansão em direção à Zona Oeste, acompanhando, de forma constante, o movimento de expansão da rede ferroviária e da localização de indústrias.

Na tabela abaixo, buscamos ampliar a compreensão dessa expansão das favelas na cidade no final da década de 1960, com a distribuição por Zonas e Regiões Administrativas.

QUADRO 2 | Favelas do Rio de Janeiro em 1970[18]

ZONA (REGIÕES ADMINISTRATIVAS)	NÚMERO DE FAVELAS	POPULAÇÃO TOTAL	% DA POPULAÇÃO FAVELADA DA CIDADE POR ZONA
Centro (I, II, III e XXIII R.A.)	15	61.983	10,97
Sul (IV, V e VI R.A.)	27	68.270	12,08
Norte (VII, VIII, IX, X, XI, XII, XIII, XIV, XV e XX R.A.)	99	383.724	67,90
Suburbana e Periférica (XVI, XVII, XVIII, XIX, XXI, XXII e Municípios do antigo estado do Rio de Janeiro)	21	63.970	11,32
TOTAL	**162**	**565.129**	**100,0**

O crescimento de favelas na Zona Sul foi sempre tratado com um problema a ser removido. Houve, entretanto, certa acomodação do Estado e das próprias empresas imobiliárias enquanto havia uma oferta relativamente alta de solos em sítios de planície, mais propícios à construção de empreendimentos. Entretanto, as favelas voltaram a ser alvo de medidas discricionárias justamente quando a disputa de mercado de terras urbanas mais valorizadas se acirrou na cidade.

As políticas de erradicação seletiva e autoritária de favelas acompanham esse processo de apropriação privada do espaço urbano pelo mercado imobiliário. Iniciada antes do golpe civil-militar de 1964, com a demolição das Favelas do Morro do Pasmado (Botafogo) e da Catacumba (Lagoa) sob as ordens do governador Carlos Lacerda em 1962, as remoções dos favelados para conjuntos habitacionais na periferia da cidade ganhou força arrasadora. Durante o período de 1962 a 1973, foram removidas 27 favelas e cerca de 175 mil de seus residentes, principalmente aquelas localizadas na Zona Sul da cidade do Rio de Janeiro (Silva e Barbosa, 2005).

18 Considerou-se o dado de 1970. A base de cálculo não levou em conta a população favelada dos municípios do antigo estado do Rio de Janeiro. Adaptado de Valladares, 1980, p. 98 e 43.

Esses atos autoritários e altos impostos cobrados das famílias residentes nas favelas jamais esconderam os seus significados de "limpeza da paisagem" e de apropriação do mercado imobiliário de terrenos localizados em áreas mais valorizadas da cidade. Observamos, portanto, que relações de classe se impõem e definem conteúdos de opressão na forma de desmontagem dos territórios de residência e trabalho, além da anulação de laços de amizade e vizinhança necessários à proteção social de famílias pobres da cidade.

Conforme salientou Burgos (1999), a ditadura civil-militar aprofundou e expandiu as ações de remoção, inclusive com ações diretas, como no episódio da expulsão dos moradores do Morro do Pasmado, em que um pelotão de soldados queimou barracos e impôs a saída dos moradores. Não foi sem motivo que o candidato governista Flexa Ribeiro perdeu as eleições para Negrão de Lima em 1965, com amplo apoio do voto popular[19].

FAVELA SEM SEUS AMÔRES

"Os favelados do Esqueleto, a maioria sem esconder a tristeza, começaram a se preparar, ontem, para deixar a favela." (legenda da foto publicada em 30 de junho de 1965 no *Jornal do Brasil*).

---

[19] A vitória eleitoral de Negrão de Lima nas urnas onde votaram moradores de novos conjuntos habitacionais foi simplesmente esmagadora. Foi, sem dúvida, um protesto político contra as remoções. Ver Burgos, 1999, p.34.

Reportagem do jornal *O Globo* de 29 de junho de 1965 anunciava que a remoção da Favela do Esqueleto seria a maior já realizada, com o número de moradores da favela superior ao de todas as outras favelas já removidas.

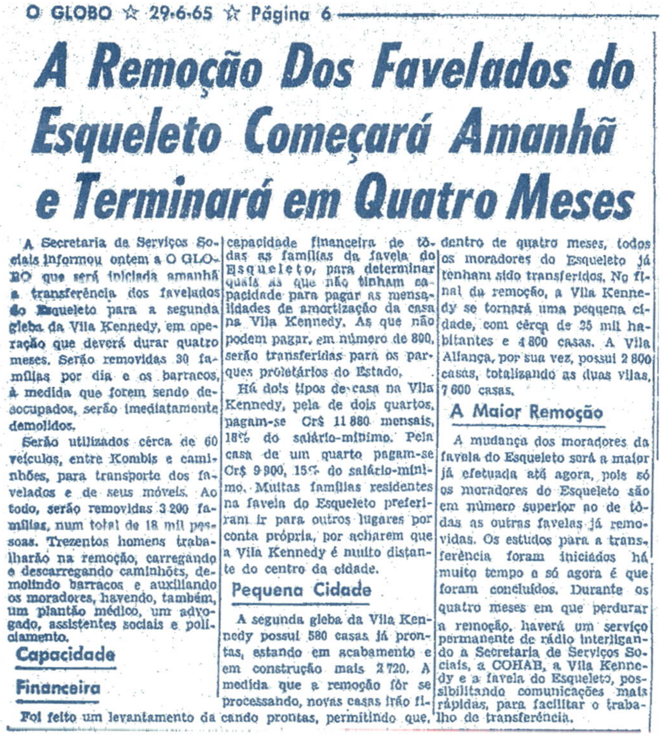

O GLOBO ☆ 29-6-65 ☆ Página 6

A Remoção Dos Favelados do Esqueleto Começará Amanhã e Terminará em Quatro Meses

A Secretaria da Serviços Sociais informou ontem a O GLOBO que será iniciada amanhã a transferência dos favelados do Esqueleto para a segunda gleba da Vila Kennedy, em operação que deverá durar quatro meses. Serão removidas 30 famílias por dia e os barracos, à medida que forem sendo desocupados, serão imediatamente demolidos.

Serão utilizados cêrca de 60 veículos, entre Kombis e caminhões, para transporte dos favelados e de seus móveis. Ao todo, serão removidas 3 200 famílias, num total de 18 mil pessoas. Trezentos homens trabalharão na remoção, carregando e descarregando caminhões, demolindo barracos e auxiliando os moradores, havendo, também, um plantão médico, um advogado, assistentes sociais e policiamento.

Capacidade Financeira

Foi feito um levantamento da capacidade financeira de tôdas as famílias da favela do Esqueleto, para determinar quais as que não tinham capacidade para pagar as mensalidades de amortização da casa na Vila Kennedy. As que não podem pagar, em número de 800, serão transferidas para os parques proletários do Estado.

Há dois tipos de casa na Vila Kennedy, pela de dois quartos, pagam-se Cr$ 11 880 mensais, 18% do salário-mínimo. Pela casa de um quarto pagam-se Cr$ 9 900, 15% do salário-mínimo. Muitas famílias residentes na favela do Esqueleto preferiram ir para outros lugares por conta própria, por acharem que a Vila Kennedy é muito distante do centro da cidade.

Pequena Cidade

A segunda gleba da Vila Kennedy possui 580 casas já prontas, estando em acabamento e em construção mais 2 720. A medida que a remoção fôr se processando, novas casas irão ficando prontas, permitindo que, dentro de quatro meses, todos os moradores do Esqueleto já tenham sido transferidos. No final da remoção, a Vila Kennedy se tornará uma pequena cidade, com cêrca de 25 mil habitantes e 4 800 casas. A Vila Aliança, por sua vez, possui 2 800 casas, totalizando as duas vilas, 7 600 casas.

A Maior Remoção

A mudança dos moradores da favela do Esqueleto será a maior já efetuada até agora, pois só os moradores do Esqueleto são em número superior ao de tôdas as outras favelas já removidas. Os estudos para a transferência foram iniciados há muito tempo e só agora é que foram concluídos. Durante os quatro meses em que perdurar a remoção, haverá um serviço permanente de rádio interligando a Secretaria de Serviços Sociais, a COHAB, a Vila Kennedy e a favela do Esqueleto, possibilitando comunicações mais rápidas, para facilitar o trabalho de transferência.

As famílias residentes nas favelas perderam suas referências de mundo com as remoções promovidas pelo Estado, principalmente porque são desfeitos os laços com seus territórios de morada. Para os grupos populares marcados pela apropriação desigual da cidade, o território é um recurso da maior importância para suas vidas. É no território que se fazem presentes seus recursos sociais (escolas, postos de saúde, associações e organizações civis, creches etc.), seus recursos simbólicos (escolas de samba, blocos de carnaval, igrejas, terreiros de umbanda e candomblé, clubes de futebol etc.) e recursos afetivos (amizades, parentescos e vizinhanças), que traduzem os laços de identidade e pertencimento que sustentam sua vida cotidiana. Portanto, as remoções de favelas não significam simplesmente a imposição de mudanças de locais de moradia de pessoas. São também atos autoritários que provocam o rompimento de enlaces de existências compartilhadas, aprofundam as desigualdades sociais uma vez que privam homens e mulheres de seus abrigos construídos ao longo de suas histórias de trabalho, afeto e de muitas lutas para viver na cidade. Em carta publicada pelo jornal *O Dia* de 15 de setembro de 1969, um morador da Favela da Catacumba exprimia sua indignação:

> Não há um único morador da Catacumba que concorde com a possível remoção forçada para a Cidade de Deus ou qualquer outro lugar distante dos locais onde trabalhamos para sustentar nossas famílias... Esta favela pode ser sanada e urbanizada. Não queremos esmolas, caridade ou doações. Com a aprovação dos poderes públicos, construiremos e pagaremos nossas próprias casas.

As remoções empurram centenas de famílias para a periferia da cidade, promovendo uma verdadeira expropriação territorial urbana. Conjuntos como os da Cidade de Deus, de Vila Kennedy, de Vila Aliança e de Vila Esperança foram criados em lugares distantes, demonstrando o conteúdo autoritário e compulsório das remoções para dar lugar aos prédios e condomínios para as classes de média e alta renda[20]. Acrescente-se, ainda, que os conjuntos habitacionais citados foram edificados sem a devida provisão de serviços básicos de qualidade e de transportes públicos, além da notória desatenção às condições ambientais. Os relatos dos moradores recém-chegados demonstram a absoluta falta de cuidado e de atenção aos direitos fundamentais que presidiu a remoção de cidadãos e cidadãs das favelas para os conjuntos habitacionais:

> A recém-criada Vila Kennedy não tinha ainda um sistema de transportes eficiente e tínhamos que conviver com apenas três linhas de ônibus: 394 (Vila Kennedy-Largo de São Francisco) e 810 (Vila Kennedy-Bangu), que eram da extinta CTC, e o 784 (Vila Kennedy-Marechal Hermes), que pertencia à Oriental. Além disso, a iluminação pública era inexistente, as ruas eram de barro e o Rio das Sardinhas era todo coberto de mato nas margens além de pontes medonhas de se atravessar.
> [RAYMUNDO FERREIRA. PORTAL VILA KENNEDY ON LINE]

> Nós nos sentíamos no meio do nada: mato por todo lado, mosquito. A casa era pequena, de 44 metros quadrados e um quarto, para meus pais e cinco irmãos. Era comum ver móveis na rua porque não cabiam nas casas. Quando chovia, alagava e perdíamos tudo.
> [ANA MARIA BARBOSA, CUJA FAMÍLIA FOI REMOVIDA DE RAMOS PARA A VILA KENNEDY][21]

---

20 Vila Aliança, em Bangu, com 2.187 casas, Vila Kennedy, em Senador Camará, com 4.751, Vila Esperança, em Vigário Geral, com 464 e Cidade de Deus, com 6.658, totalizavam 14.060 unidades a cargo da Cohab e com participação da recursos da Aliança para o Progresso — projeto liderado pelos EUA e dedicado à América Latina para financiar ações sociais para evitar a expansão do comunismo.

21 Disponível em <https://oglobo.globo.com/rio/favelas>, acesso em set. 2019.

A promessa sobre o local era grande, mas ao chegar vi que não era nada do que prometeram. Vivíamos no escuro e a rua era barro puro. Lá para baixo (perto da parte central da Cidade de Deus) de barro até o joelho. Quando chovia a gente para entrar aqui tirava o sapato, levantava a saia (...). A distância para ir trabalhar quando vim morar na Cidade de Deus era muito grande. Simplesmente não tinha condução. Só passava, à época, o cata mendigo, como o pessoal chamava. Passava um de manhã e outro à noite, levando e recolhendo os moradores que trabalhavam.

[ENTREVISTA COM DAYSE LARA. PROJETO FAVELA TEM MEMÓRIA][22]

Não era a Cidade de Deus. Era a cidade do inferno. O poder público nos largou aqui. Se a solução é a remoção, tudo bem. Mas que se remova oferecendo infraestrutura às pessoas. Não como fizeram aqui. Hoje, o meu Macedo Sobrinho virou casa de bacana; e a Cidade de Deus, um câncer para eles. Ninguém imaginaria que aqui valorizaria tanto. Hoje estamos perto de tudo, de algumas das áreas mais nobres do Rio. O pessoal teme agora que nos tirem daqui. É o trauma da remoção.

[MANUEL SEVERINO DE JESUS, DE 59 ANOS, REMOVIDO DA FAVELA MACEDO SOBRINHO, NO HUMAITÁ][23]

Na reportagem "Nem mesmo na Catacumba eles tinham tantos problemas", publicada pelo jornal *Correio da Manhã* de 21 de janeiro de 1971, observa-se muitas das razões pelas quais a política de remoções fracassou:

Eram 2.230 famílias ocupando 98 mil metros quadrados do Morro da Catacumba. Não pagavam aluguel, nem condomínio, nem taxas, nem água — que carregavam na cabeça em grandes latas. Também não pagavam condução. Muitos tinham três empregos e ainda estudavam à noite para melhorar de vida. Aí veio a CHISAM e acabou com a favela, prometendo casa própria para os que pudessem pagar durante 18 anos mensalidades que variam em torno de 100 cruzeiros. E nos três primeiros meses as taxas seriam por conta do Estado. Agora, passados quatro meses, a maioria não conseguirá pagar: a mensalidade, 60 cruzeiros de luz, 95 de taxas, 10 cruzeiros de condomínio, conta de água, rateio para o conserto de instalações defeituosas do prédio e mais uma porção de despesas, sem falar na condução para o trabalho. Tudo somado fica mais caro que o aluguel de um apartamento médio localizado em Ipanema, perto da praia. Quem não pode pagar vai ter que sair. E ninguém sabe para onde. Para os que conseguirem ficar, será um péssimo negócio: os apartamentos não valem nada; não há acabamento nem área para as crianças brincarem. O prédio do Conjunto do Guaporé foi feito às pressas e está rachado. Para

22 Disponível em <http//www.favelatemmemória.com.br>, acesso em set. 2019.

23 Disponível em <https://oglobo.globo.com/rio/favelas>, acesso em set. 2019.

> os moradores, a única diferença entre o prédio novo e os velhos barracos é que não precisam mais carregar água. Agora eles têm água até de sobra: quando chove, fica tudo inundado, e se lavam o assoalho, o teto do apartamento de baixo vira um chuveiro[24].

A inadimplência era simultaneamente condição e resposta de muitos moradores que não tinham possibilidades econômicas de pagar as mensalidades e taxas que lhes eram cobradas. No livro *Passa-se uma Casa*, Lícia Valladares (1978) apresenta as imensas dificuldades vividas pelos moradores dos conjuntos habitacionais e, principalmente, como são premidos a venderem suas casas e, como alternativa, retornar às favelas para garantir seus empregos e acesso a serviços básicos. Retornar à favela significa, portanto, um ato de reconstrução das suas vidas na cidade. Ou melhor, retomar a cidade como um direito à moradia digna.

Os moradores dos conjuntos habitacionais, diante das condições urbanas precarizadas, precisaram reinventar suas vidas. Mobilizações sociais para implantação e melhoria de serviços básicos de fornecimento de água, esgoto, pavimentação e iluminação de ruas estiveram associadas às reivindicações de escolas, postos de saúde e linhas de ônibus, assim como reconstruir suas entidades representativas como as associações de moradores.

Vindos de comunidades populares de diferentes bairros da cidade, eles também precisaram construir relações de convivência para os necessários enlaces de pertencimentos. Blocos de carnaval, escolas de samba e times de futebol ganharam importância decisiva para encontros entre adultos, jovens e crianças anteriormente desconhecidos entre si, mas que a partir deles passaram a construir as identidades próprias para as lutas de direitos fundamentais para sua existência na cidade. Este rico e complexo processo pode ser denominado, com inspiração na canção de Gilberto Gil, de *re-favelização*, justamente no sentido da invenção compartilhada dos recursos sociais, afetivos e simbólicos dos territórios que configuravam suas moradas.

> **A REFAVELA**
>
> / Revela aquela/ Que desce o morro e vem transar
> O ambiente/ Efervescente/ De uma cidade a cintilar (...)
> A refavela/ Revela o salto/ Que o preto pobre tenta dar
> Quando se arranca/ Do seu barraco/ Prum bloco do BNH (...)

---

[24] Nesse enfoque do conservador jornal, caracterizado pelo discurso criminalizante das classes populares no início do século, há uma mudança de foco. No caso, os moradores deixam de ser vistos como a escória da sociedade e são reconhecidos como sujeitos desrespeitados em seu direito de viver com dignidade. Todavia, de culpados passaram a vítimas indefesas.

As décadas de 1960 e 1970 também marcam a expansão urbana da Zona Norte da cidade, compreendendo, à época, os bairros da Tijuca, do Méier, de Madureira, de Anchieta, de Irajá — bairros servidos pela Linha Ferroviária Leopoldina — e da Ilha do Governador. Esse crescimento também se fazia acompanhar pelas favelas, sobretudo devido à remoção de favelas dos bairros mais valorizados. Para Abreu,

> A intensificação do processo de concentração de renda, viabilizada pela política de arrocho salarial pós 1964, levou a dois efeitos significativos sobre a evolução da forma urbana. Em primeiro lugar, resultou num processo drástico de remoção de favelas dos locais mais valorizados da zona sul, para que aí fossem construídas habitações de luxo (símbolos dessa mesma concentração), ou para que os morros fossem mantidos livres e "desembaraçados", condição necessária para a sua venda, pela empresa imobiliária como "áreas verdes" (...). Em segundo lugar, levou a um processo intenso de especulação imobiliária que, logrando êxito, determinou a expansão horizontal da parte rica da cidade em direção a São Conrado e Barra da Tijuca, contando, para isso, com a ajuda decisiva do Estado. (2011, p. 145)

As favelas se expandiram e se consolidaram nos mais diferentes bairros da cidade do Rio de Janeiro. A geografia das favelas cariocas não se limitou às encostas dos morros. Planícies, baixadas, margens de rios e lagoas — geralmente desvalorizados (tanto do ponto de vista econômico como simbólico) por sua localização na cidade e/ou por suas condições físico-ambientais — foram também sítios de construção da vida social de homens e mulheres. Em todas elas foram constituídas relações de sociabilidade, formas de trabalho e de geração de renda, criações artísticas e práticas culturais produtoras de identidades entre seus moradores. Apesar de todas as dificuldades enfrentadas no seu cotidiano mais local e na sua inserção mais global na cidade, as favelas sempre foram uma expressão de afirmação do direito à permanência dos grupos populares na cidade.

A redemocratização amplia a presença física e imaginária das favelas no Rio de Janeiro

A expansão das favelas nas metrópoles brasileiras

A década de 1970 marca o início da expansão territorial das favelas na cidade do Rio de Janeiro, mesmo período em que dispara o crescimento da população urbana no Brasil. Pela primeira vez na história demográfica do país, a população rural é ultrapassada quantitativamente pelos residentes em cidades. As favelas na cidade do Rio de Janeiro cresciam pelo tecido urbano e o expandiam, acompanhando o processo mais amplo da escalada da urbanização do território brasileiro.

O Brasil apresentou velozes taxas de urbanização no século XX. A população urbana, que era de 36% da população total em 1950, salta para 56% em 1970. De um país de características populacionais agrárias, o Brasil se torna dominantemente urbano no curso de cinco décadas, alcançando 81% em 2000 e 84,35% em 2010, de acordo com o Censo 2010 do IBGE.

Toda essa mudança implicou novas dimensões para a questão da habitação, especialmente para as grandes cidades, que cresciam com a concentração de empresas privadas e estatais, equipamentos de produção e consumo, serviços públicos e, consequentemente, com o aumento populacional. Nesse processo se destacam as metrópoles da região Sudeste (São Paulo, Rio de Janeiro e Belo Horizonte), onde o crescimento de favelas e periferias urbanas se tornou mais contundente e expressivo.

A urbanização veloz e igualmente discricionária colocou a habitação, especialmente dos grupos populares, como uma das questões centrais da sociedade brasileira, porém tratada sem o devido reconhecimento no campo da cidadania. Os investimentos em infraestrutura e serviços urbanos empreendidos pelo Estado foram amplos em espaços de interesse de empresas, indústrias, imobiliárias e bancos, beneficiando diretamente as classes de maior renda e propriedade, em detrimento da maioria dos trabalhadores que se multiplicam em nossas cidades. Nesse quadro, a reiteração de desigualdades implicou o crescimento igualmente assimétrico das condições de urbanidade, deixando grupos sociais com reduzido acesso a direitos fundamentais como habitação e saneamento básico, assim como aos serviços e equipamentos de educação, saúde e cultura.

A modernização urbana em curso não era só seletiva em termos de seus beneficiados e privilegiados pelo Estado, confessando a reprodução do patrimonialismo característico da formação social brasileira, como era também um negócio vinculado à produção de uma nova fisionomia urbana e, sem dúvida, de outro significado para as cidades como espaço de reprodução de riqueza privada.

Tudo isso estava intimamente relacionado aos interesses dos agentes hegemônicos na produção do urbano, e não somente aos descompromissos do Estado com os grupos populares. Podemos afirmar que o capital industrial, associado ao imobiliário e ao bancário, assumiu um papel decisivo na conformação das nossas cidades, pois foram os seus interesses que conduziram a estruturação urbana com a localização e distribuição de empresas, serviços e equipamentos, assim como com a distribuição residencial das classes sociais.

De modo mais particular, a atuação concentradora e especulativa do capital imobiliário, retendo áreas centrais urbanizadas e terras urbanizáveis em compasso de valorização, implicou na constituição de um mercado praticamente inacessível aos assalariados e, no seu limite, empurrou os trabalhadores mais pobres à ocupação de sítios geomorfológicos com fragilidades consideráveis (encostas íngremes, margens de rios, planícies inundáveis, manguezais), de lotes e áreas urbanas destituídas de serviços básicos e, no limite extremo, nas franjas urbano-rurais, sem qualquer infraestrutura básica, inclusive as de saneamento. Explica-se porque as favelas passaram a se multiplicar no movimento acelerado da urbanização desigual do território.

Para os grupos sociais mais profundamente marcados pela desigualdade social, o exercício do direito de habitar a cidade implicava na construção de suas moradas com seus próprios recursos, sobretudo diante da insuficiência das políticas estatais de habitação e do desinteresse do mercado formal face às demandas das populações de baixa renda, incapazes de pagar com seus salários as prestações de lotes e imóveis edificados.

Aqui cabe mais uma contribuição crítica a esse processo, pois não se trata apenas de relações puramente econômicas dominadas pelos interesses do mercado, é preciso acrescentar a própria composição racial da sociedade brasileira nas desigualdades da produção do urbano.

A histórica posição de superioridade material e simbólica de homens brancos reproduz relações racializadas de poder em nosso país, submetendo negros a condições de inferioridade e subalternidade quando se trata de empregos, escolaridade, saúde, segurança e, evidentemente, da habitação da cidade. A vida urbana e tudo que ela traz de inovação e modernização de sociabilidades não foi capaz de promover a superação de relações mais explícitas — ou mesmo veladas — de racismo como distinção corpórea-territorial de direitos[25]. Esta é fortemente reveladora da injustiça social e racial que vigora no país, portanto não é surpresa que as favelas sejam majoritariamente um território de maior concentração de pretos e pardos — segundo a classificação do IBGE, embora sejam, em nossa opinião, negros em sua totalidade histórica. É neste processo mais complexo que a favela se tornou decisivamente uma solução inventada pelos grupos populares pardos e pretos para a questão da habitação urbana.

Ao ressaltar que as favelas são expressões mais profundas da desigualdade da sociedade urbana em sua configuração socioespacial, queremos enfatizar esse processo como contradição: a favela é também expressão do legítimo direito de habitar a cidade por parte de pessoas trabalhadoras mais marcadas pela distinção de direitos. É preciso ressaltar como decisivo em todo esse processo a afirmação dos grupos populares em nossas metrópoles, as múltiplas estratégias e táticas advindas daquilo que denominamos de saberes territoriais, uma vez que as favelas emergem das possibilidades de ocupação de terras nas brechas deixadas pelo mercado, ou mesmo provocando fissuras e rupturas com sua presença, associadas às oportunidades de trabalho, à oferta de serviços urbanos e à disponibilidade de equipamentos sociais, mesmo que se façam precários e limitados às exigências da preservação e garantia da dignidade humana.

Podemos dizer que as sabedorias territoriais dos grupos populares estabelecem formas de apropriação e modos de usos das cidades que enfrentam, burlam e fissuram a ordem hegemônica da propriedade privada, do domínio dos interesses exclusivistas do capital e dos privilégios patrimonialistas advindos da posição e relação de classes e grupos sociais nas agências do Estado e na hierarquia racial da sociedade brasileira.

É assim que encostas de morros, manguezais, várzeas e ribeiras de rios são ocupadas pelos grupos populares, inventando chão firme de suas existências em solos com declividades acentuadas, em locais inundados de águas de rios, em terrenos cobertos por bancos de lama de manguezais e em terraços sujeitos a desmoronamentos. Há moradas populares que também estão em localizações valorizadas nas cidades e que persistem diante das ações mais ou menos agressivas dos interesses das empresas financeiras, da construção civil e imobiliárias, muitas vezes amparados ou antecedidos por agências e agentes do Estado (o judiciário e a polícia já protagonizaram uma longa história de violações

---

[25] Devemos enfatizar o racismo institucional nas relações desiguais substancializadas pelo não reconhecimento de direitos de negros e negras em organizações do Estado e empresas privadas. Relações inscritas em processos seletivos hierarquizados por fenótipos, constrangimentos corpóreos no exercício de funções e discriminação racial negativa no atendimento ou prestação de serviços a pessoas negras. O racismo institucional também se faz presente nas distinções hierárquicas de etnias e pessoas de outras nacionalidades.

territoriais de direitos com mandados e força bruta contra as favelas). Casas de madeira e alvenaria, em palafitas ou rente ao solo. Residências subindo andares. Arruamentos, passagens e canalizações de água e esgoto sendo construídas em mutirões, mesmo os mais efêmeros, foram invenções e produtos de mobilizações sociais que elaboraram significados de pertencer a um mesmo território. Porém, a habitação em si não basta. É também necessário o trabalho formal ou mesmo informal, o posto de saúde, a escola, o transporte público. É preciso encontrar tudo isso o mais próximo possível de suas moradas, ou então buscar juntá-las reivindicando ao Estado a sua instalação e implementação. E mesmo que incompletos e/ou precários, esses serviços e equipamentos em territórios populares foram conquistas fundamentais de direitos e, inclusive, uma tática de permanência da favela nas cidades com o mínimo de respeito à vida humana.

É nesse sentido que para os pobres o espaço urbano é vivido como ocupação e morada além do local da residência, principalmente como uma experiência de transitar em busca de recursos sociais, de estabelecer laços afetivos e de solidariedade para dar sentido coletivo aos usos do território e construir referências socioculturais de construção de identidades. É isso que conceituamos de saberes territoriais, essa práticas empregadas pelos grupos populares no seu exercício de viver a cidade.

Podemos concluir dizendo que as favelas são expressões estruturais do processo econômico, social e racial discricionário que caracteriza a urbanização do território brasileiro. É importante sublinhar que não se limitaram, em seu crescimento e expansão, a um fenômeno que se faz presente nas metrópoles do Sudeste urbanizado, ou de uma realidade exclusiva de metrópoles nacionais e regionais. As favelas passaram a se fazer presentes como um fenômeno da urbanização do território brasileiro, inclusive marcando sua presença em diversas cidades médias com um crescimento recente (vide Censo do IBGE para os anos de 2000) mais expressivo do que o observado nas capitais de seus respectivos estados, em especial as da região Sudeste do país. O que queremos afirmar é que as favelas se fazem presentes em processos de urbanização concentrada, assim como em processos considerados como expressões da urbanização difusa[26]. Embora assumam nomeações locais e regionais como favelas, alagados, vilas, invasões, ocupações, mocambos, entre tantos outros, a verdade é que os territórios dos grupos populares se tornaram referências de lutas, sejam estas mais ruidosas ou mais silenciosas, porém cotidianas e permanentes, pelo direito à cidade.

---

26 Em 2000, 139 cidades médias brasileiras (entre 100.001 e 500 mil habitantes) apresentavam a ocorrência ou proliferação de diversos desses tipos de "assentamentos irregulares" (favelas, loteamentos informais, ocupações, entre outras). Dois anos mais tarde, 52 cidades respondiam por 3.773 aglomerações com 532 mil moradores (Pesquisa de Informações Básicas Municipais — IBGE, 2000).

A expansão das favelas e seu cotidiano de luta pelo direito à cidade

Os estudos do crescimento e da expansão de favelas no Rio de Janeiro devem, necessariamente, ser compreendidos no quadro mais geral e contraditório da urbanização brasileira. Porém, não podemos perder de vista a análise das suas condições específicas, inclusive as de dimensões políticas, econômicas e sociais em interação no território.

De início, para entender as complexas condições de crescimento e expansão das favelas na cidade do Rio de Janeiro, é preciso reportar às mobilizações de permanência das favelas no espaço urbano carioca, sobretudo diante das ameaças e atos recorrentes de despejos e remoções dos anos 1960 e 1970.

Estas lutas heroicas tiveram, em pleno período político da ditadura civil-militar e de governos conservadores na cidade, uma decisiva participação de moradores, organizações locais de favelas, partidos políticos e, sem dúvida, da mobilização ampla liderada pela Federação das Associações de Favelas do Estado da Guanabara, fundada em 1963, envolvendo diversas organizações representativas de moradores de favelas na defesa de seus territórios na cidade, no período mais agressivo das remoções (1962-1975), quando foram removidas pelo menos 150 mil pessoas.

Ao considerar as lutas pelos direitos à permanência na cidade como decisivas para a expansão e crescimento das favelas, é importante lembramos da emblemática mobilização dos moradores do Vidigal diante das ameaças concretas de remoção com as quais se defrontaram no ano de 1977.

Localizada no Leblon, um dos bairros de maior valorização econômica e simbólica da cidade, a favela do Vidigal esteve ameaçada de remoção por parte da prefeitura, em associação com empresas imobiliárias, para a construção de um luxuoso hotel na Avenida Niemeyer. Houve uma forte mobilização dos moradores para construir ações de luta pela permanência da favela em seu território, com a participação organizada por meio da associação local, acrescida de articulação com a Pastoral de Favelas da igreja católica e partidos políticos. Além da solidariedade de outras associações de moradores de favelas, muitos artistas, jornalistas, intelectuais e importantes figuras públicas da cidade e do Brasil estiveram presentes em muitas atividades de defesa dos moradores do Vidigal, como passeatas, comícios e shows. Deve-se também destacar a emblemática visita do Papa João Paulo II, em julho de 1980, consolidando o reconhecimento político da permanência da favela do Vidigal na cidade.

É importante destacar que a década de 1980 também inaugurava o período denominado de redemocratização do país, com eleições diretas para cargos de governador e, subsequentemente, de prefeitos, reestabelecendo relações entre governados e governantes por meio do voto. É justamente neste período que o Estado do Rio de Janeiro passa a ser governado por Leonel Brizola, do Partido Democrático Trabalhista (PDT), e, por nomeação do mesmo partido, Marcello Alencar (1983/1986) assume a prefeitura da cidade do Rio de Janeiro. Tais mudanças político-institucionais trouxeram outros compromissos dos governos estadual e municipal com as favelas, contribuindo para a suspensão das ações de remoção e passando a reconhecer as associações de moradores como interlocutores das demandas de direitos das favelas.

Ao mesmo tempo em que sopraram novos ventos políticos na cidade do Rio de Janeiro, o Banco Nacional de Habitação (BNH), responsável pela construção de conjuntos habitacionais, atravessava um momento grave de falta de recursos e, em seguida, era fechado. Ou seja, um dos principais instrumentos de operações de remoções urbanas do governo federal entrava em colapso. Desprovidos do poder de construir moradias seriadas localizadas em periferias urbanas, a política de transferência geográfica de grupos sociais acaba perdendo sua magnitude, sobretudo no que dizia respeito à remoção de favelas.

No caso do Rio de Janeiro, a produção de conjuntos habitacionais, apesar de reduzir seus impactos com a crise do Banco Nacional de Habitação, não foi um modelo dado como superado. A Companhia Estadual de Habitação (Cehab) daria continuidade ao seu currículo de construção de conjuntos habitacionais e remoções arbitrárias, seguindo os expedientes com os quais edificou 32 conjuntos habitacionais, num total de 40.277 unidades, com mais de 215.000 pessoas removidas no período de 1964 a 1980.

Entretanto, crescia na cidade do Rio de Janeiro, assim como em outras capitais do país, fortes movimentos de protesto às remoções associados a reivindicações sobre as condições limitadas de urbanidade (ofertas de saneamento, energia e luz, pavimentação de ruas, transporte) em favelas e loteamentos da periferia, pressionando os governos estaduais e municipais a assumirem suas obrigações com os grupos sociais populares. Outro quadro político se anunciava e com este os moradores das favelas assumiam outro lugar no contexto da política urbana, uma vez que estava em disputa a construção da cidade como direito e não mais de conjuntos habitacionais como "cargueiros de exílio".

> Amigo, eu moro na favela, sim, senhor.
> Não tenho vergonha de lá viver.
> Nós somos pobres, mas também temos direito.
> De ser um povo satisfeito e sem sofrer.
>
> [RAP DA FAVELA, RENATO E NALDINHO]

As favelas começavam a fazer valer sua presença na cidade com um crescimento contínuo de seus habitantes. Na década de 1970, o crescimento de 13,3% em relação ao conjunto da população da cidade já indicava o processo de sua expansão urbana. Em 1980, atingindo 376 registros territoriais de ocupação com 722.424 moradores (14,19% da população total do município), as favelas se faziam presentes nos mais distintos bairros da cidade.

QUADRO 3 | Crescimento da população total e favelada. Município do Rio de Janeiro — 1950/1991

ANOS	POPULAÇÃO DO MUNICÍPIO (A)	POPULAÇÃO FAVELADA (B)	CRESCIMENTO POPULACIONAL A.A (%)		B/A (%)
			MUNICÍPIO	FAVELAS	
1950	2.375.280	169.305	–	–	7.13
1960	3.300.431	335.063	3.34	7.06	10.15
1970	4.251.918	565.135	2.57	5.37	13.29
1980	5.090.723	722.424	1.82	2.49	14.19
1991	5.480.768	962.793	0.67	2.65	17.57

FONTE: Fundação IBGE. Censos Demográficos; Iplanrio, 1991.

Podemos verificar, a partir do quadro 3, o crescimento contínuo de residentes em favelas no município do Rio de Janeiro, traduzindo o sentido estrutural das habitações populares como resposta às desigualdades de apropriação e uso da cidade. E mais, pode-se observar que a década de 1980 é o momento decisivo de crescimento do percentual de moradores em favelas em relação ao conjunto populacional da cidade. Este crescimento de população das favelas se faz presente no início dos anos 1990 com 962.793 habitantes, representando 17,57% dos moradores da cidade.

Inicialmente localizadas nos bairros próximos ao Centro da cidade e na Zona Sul — sobretudo pela possibilidade de acesso ao trabalho, a serviços e a equipamentos sociais —, as favelas emergiram e se consolidaram na expansão da fronteira urbana da cidade, como as da Zona Norte e as dos subúrbios dos ramais ferroviários da Leopoldina e da Central do Brasil, e até mesmo constituindo a própria expansão urbana, a exemplo das favelas de parte da Zona Oeste — de Jacarepaguá e da Barra da Tijuca.

O crescimento das favelas no Rio de Janeiro se deu por processos sociais e territoriais diferenciados e tensionados pela própria estrutura de produção do espaço urbano metropolitano. Por exemplo, as favelas já consolidadas, especialmente as localizadas na Zona Sul e no Centro, ganharam crescimento do número de moradores e residências, sobretudo pelo forte adensamento no período que vai de 1970 a 1990. A verticalização das moradias com construção de pavimentos significou uma garantia de abrigo aos membros da própria família, ou mesmo o aumento da renda familiar com aluguéis e vendas de imóveis, inclusive de lajes[27]. Favelas como as da Rocinha, Vidigal e Santa Marta são exemplares deste movimento de verticalização/densificação das favelas na Zona Sul, enquanto as favelas da Providência e do São Carlos se tornam representativas do mesmo processo no Centro.

A favela da Rocinha, localizada entre os bairros da Gávea e de São Conrado, teve sua área triplicada entre 1999 e 2004, passando de 519 mil m² para 905 mil m² — uma expansão de 74%. FOTO: Francisco Valdean/Imagens do Povo.

---

27 O crescimento de aluguéis nas favelas também se deve à informalidade e à instabilidade do mercado de trabalho. Essa situação faz com que parte dos moradores em favelas promova a expansão ou subdivisão de sua própria residência para alugá-la. As ofertas de um só cômodo para aluguel respondem por 70% da locação das favelas do Rio de Janeiro. Estas se originam da subdivisão das próprias residências e/ou da construção vertical de várias quitinetes (Abramo, 2009).

Por sua vez, as favelas da Zona Norte e dos subúrbios combinaram o adensamento verticalizado e a expansão sobre os morros e terrenos planos ao seu redor. Podemos falar, então, de um crescimento que combina a densidade e a extensão territorial como forma de consolidação e crescimento, bastante comum às favelas da Maré, do Alemão, da Penha e de Vigário Geral.

Quando tomamos como referência as áreas de expansão da cidade das décadas de 1980 e 1990 — Zona Oeste, Jacarepaguá e Barra da Tijuca —, embora os perfis sociais de urbanização sejam distintos, podemos verificar que as taxas de crescimento da população em favelas foi bem maior para a Zona Oeste (3,9% de 1991 a 1996) do que as calculadas para os bairros considerados como formais (1,6% no mesmo período). É interessante sublinhar que a Zona Oeste, na década de 1990, já apresentava o maior incremento absoluto de população residente em favelas, como é demonstrado na tabela a seguir:

QUADRO 4 | População residente em favelas e fora de favelas. Município do Rio de Janeiro — 1991/1996

GRANDES ZONAS	CRESCIMENTO ABSOLUTO		CRESCIMENTO ANUAL (%)		POPULAÇÃO FAVELADA/ POPULAÇÃO TOTAL 1991 (%)	POPULAÇÃO FAVELADA/ POPULAÇÃO TOTAL 1996 (%)
	FAVELA	NÃO-FAVELA	FAVELA	NÃO-FAVELA		
Total do Município	71.089	842	1.6	0.0	16.1	17.2
Centro Zona Sul	16.110	-27.035	2.4	0.8	14.9	17.0
Barra / Jacarepaguá	13.523	29.364	3.9	1.6	15.0	16.6
Zona Norte	-2.636	-23.123	-1.1	-1.4	12.6	12.7
Subúrbio	21.367	-57.672	-0.6	-0.6	20.6	21.8
Zona Oeste	22.725	79.308	1.3	1.3	9.6	10.5

FONTE: Fundação IBGE. Censo Demográfico 1991 e Contagem da População 1996.

A migração de outras regiões do país para a cidade do Rio de Janeiro também deve ser levada em consideração no crescimento e expansão das favelas. Embora a migração regional para a cidade nas décadas de 1980 e 1990 tenha apresentado um volume menor do que o verificado para o período 1950-1970, é fato que houve um incremento importante de migrantes de fora do munícipio, sobretudo de nordestinos (paraibanos, cearenses e pernambucanos, notadamente). Muitos dos recém-chegados passaram a viver em favelas a partir da acolhida de familiares e de amigos. Na Zona Sul, por exemplo, cerca de 40% do incremento da população em favelas, na década de 1990, era composto por migrantes do Nordeste. Entretanto, muitos desses migrantes tinham recursos materiais bem menores para viver nas condições de desigualdade da cidade do que as pessoas igualmente pobres, mas já residentes em favelas. As favelas dos subúrbios e da periferia urbana/rural (Zona Oeste e Jacarepaguá) passaram então, além das redes familiares e de amizade, a compor a sua estratégia territorial de permanência na cidade[28]. O crescimento de moradores em favelas como as da Maré e de Rio das Pedras são exemplares desse processo, sobretudo por conta da notória presença de paraibanos e cearenses na sua construção e expansão territorial.

Acolhidos nas favelas da cidade, muitos desses migrantes e seus descendentes precisaram reinventar suas vidas em condições limitadas de ingresso no mercado urbano de força de trabalho. Para além da construção civil, na qual muitos homens encontraram ocupação, podemos citar o trabalho em serviços de limpeza, no comércio ambulante, como garçons e cozinheiros em restaurantes e lanchonetes, em portarias e serviços gerais de edifícios, enfim, em formas de trabalho geralmente de baixa remuneração e de relações contratuais precarizadas. Para as mulheres, sobretudo as de menor escolaridade, o serviço doméstico era a principal atividade de trabalho, apesar das situações recorrentes de humilhação, baixos salários e longas jornadas de trabalho impostas.

A migração de nordestinos para o Rio de Janeiro, apesar de mais consistente durante o período de 1970 a 1990, acontece ainda nos dias de hoje. Entre 2010 e 2013, por exemplo, 50% dos imigrantes que chegaram ao Estado do Rio de Janeiro eram nordestinos, acrescentando pelo menos 1,25 milhão de novos residentes no estado[29]. Porém, a migração nordestina não pode ser exclusivamente responsabilizada pelo crescimento e expansão de favelas, como reclama o senso comum conservador. Embora tenham contribuído com sua presença em territórios populares consolidados e participando da formação de outros,

---

28 As redes sociais compostas por familiares e amigos eram fundamentais para os migrantes no que concerne ao acesso à moradia e à inserção na vida urbana. Por sua vez, a localização de favelas nos subúrbios e na Zona Oeste, justamente nas proximidades de bairros com demandas por trabalho de baixa qualificação nos setores de serviços e construção civil, permitiu a maior inserção dos recém-chegados à moradia e ao trabalho na cidade.

29 Anuário Estatístico do Estado do Rio de 2013; Pesquisa Nacional por Amostra de Domicílios (Pnad) de 2011. Entre os estados nordestinos, a Paraíba liderou a migração (352 mil), sendo seguida pelo Ceará (210 mil), Pernambuco (196 mil), Bahia (185 mil), Maranhão (92 mil), Rio Grande do Norte (71 mil) Alagoas (53 mil), Sergipe (37 mil) e Piauí (32 mil).

não foram os únicos. Migrantes de outras regiões do país e da própria região Sudeste, oriundos de áreas rurais e de pequenas cidades de Minas Gerais e do Espírito Santo, também chegaram ao Rio de Janeiro e já encontraram uma cidade demarcada, fragmentada e estruturada pela lógica capitalista de mercado e pelo controle da propriedade privada do solo e dos imóveis urbanos, o que significou imensas restrições e constrangimentos para construir ou adquirir uma moradia na cidade. As favelas se tornaram, então, seu recurso e abrigo na cidade.

Por outro lado, não devemos separar o crescimento das favelas da política econômica de produção do espaço urbano, uma vez que a localização residencial da população está diretamente vinculada à distribuição geográfica dos investimentos públicos e privados, principalmente de serviços e bens urbanos, assim como das vias de transportes. É importante registrar que, no período de crescimento da população residente em favelas, grande parte dos investimentos imobiliários estava localizada na Zona Sul, na Barra da Tijuca, na Zona Norte e no Centro. Cerca de 73% dos lançamentos imobiliários da cidade nos anos 1980 foram destinados para a classe média e, na década de 1990, essa concentração ainda aumentou, principalmente na Barra da Tijuca e em Jacarepaguá, onde foram lançados 50% dos empreendimentos imobiliários.

Como podemos perceber, os investimentos imobiliários privados, associados direta ou indiretamente ao Estado, respondem aos privilégios concedidos ao mercado das classes médias em detrimento dos direitos de grupos populares, fazendo da cidade uma máquina de reprodução de desigualdades sociais.

Pensar processos mais amplos de produção do espaço urbano ganha o sentido de buscar desnaturalizar a multiplicação das favelas na cidade. As favelas não saíram da pobreza inerente a pessoas de baixa escolaridade, ou de uma população marginal aos valores civilizados, muito menos de vítimas inertes e passivas do capitalismo. As favelas se expandem movidas pela compressão da produção do espaço, fazendo com que os grupos populares inventem no seu cotidiano as possibilidades de ocupar a cidade, tornando-se também agentes da produção do espaço urbano e não meras "vítimas" ou "resistentes" diante das imposições do Estado e do mercado.

O crescimento das favelas colocava renovadas reivindicações sociais e exigia outra agenda de governo, em termos da dotação de equipamentos e serviços públicos na cidade, sobretudo uma que atendesse minimamente às condições dignas de vida dos moradores em territórios populares. Como resultante desse movimento de exigências de direitos é instituído, entre 1983 e 1985, o Programa de Favelas da Cedae (à época uma empresa estatal), responsável pela implantação de serviços de água e esgoto em 60 favelas cariocas. Outros órgãos públicos também se fizeram presentes em favelas para atender às legítimas demandas dos seus moradores: como a Companhia de Limpeza Urbana (Comlurb), para atendimento de coleta de lixo; a Light, com o "Programa de Eletrificação de Interesse Social", ampliando a rede de iluminação e energia para 400 favelas; e a Secretaria de Estado do Trabalho e da Habitação, com o programa "Cada família um lote".

Embora os serviços implantados não tivessem respondido pela qualidade e efetividade reclamada e merecida pelos cidadãos residentes nas favelas, não se pode negar a sua importância em termos das conquistas populares por uma vida urbana digna especialmente porque contribuíram para o reconhecimento de direitos fundamentais dos moradores de favelas, assim como para a consolidação territorial das mesmas na cidade.

O programa "Favela Bairro" deve ser também considerado como relevante iniciativa governamental no período de crescimento e expansão de favelas, sobretudo porque viria a se constituir na contracorrente das proposições governamentais de remoção de favelas ainda vigentes. Elaborado e executado pelo poder público municipal, com recursos do Banco Internacional para Reconstrução e Desenvolvimento (Bird) para o período de 1994-2008[30], o "Favela Bairro" cumpria um programa de urbanização dedicado a "integrar a favela à cidade formal", com ações prioritariamente voltadas ao saneamento, à pavimentação de ruas, criação e melhoramento de praças e quadras esportivas, qualificação e regularização de acessos em logradouros e implementação de ações de caráter social, como creches, programas de geração de renda e capacitação profissional, além de atividades esportivas, culturais e de lazer.

Com a duração de 20 anos — de 1988 a 2008 —, o "Favela Bairro", mesmo com algumas variações em termos de recursos e obras realizadas, alcançou um número expressivo de favelas na cidade (34 em sua primeira fase e 68 num segundo momento). O programa executou melhorias em infraestrutura de saneamento, ampliou serviços sociais, atuou na regulamentação urbanística nas favelas que integraram o projeto, sendo coerente com seu objetivo de "intervir em espaços públicos".

É importante registrar que as favelas atendidas pelo "Favela Bairro" foram as classificadas como médias, entre 500 e 2.500 moradias, representando em seu conjunto cerca de 40% dos moradores de favelas em toda a cidade[31]. Nestas, foram

30 O contrato assinado em 1995 com o Bird ofereceu 180 milhões de dólares, acompanhados por mais 120 milhões de dólares do governo do estado, considerando a primeira fase do projeto prevista até o ano 2000.

31 Favelas com número de habitações inferior a 500 foram beneficiadas por um programa paralelo denominado "Favela Bairrinho".

identificadas e classificadas áreas para intervenção, e projetos de arquitetura e engenharia civil foram selecionados em concursos públicos com participação do governo municipal e do Instituto de Arquitetos do Brasil (IAB).

A retomada de intervenções urbanas do Estado em favelas da cidade do Rio de Janeiro ganha maior expressão com o advento do Programa de Aceleração do Crescimento — PAC, criado no segundo governo do presidente Luiz Inácio Lula da Silva (2007-10), com continuidade no governo Dilma Rousseff (2010-14)[32].

O Programa de Aceleração do Crescimento definia como seu objetivo mais geral a promoção do crescimento econômico e do desenvolvimento social por meio de investimentos em infraestrutura de transporte (rodovias e ferrovias), de recursos hídricos, de energia e de instalações portuárias. E, em função das desiguais condições urbanas do país, o PAC também incluiu em sua agenda de ações e recursos obras de saneamento e de provisão de habitação popular, originando o que foi denominado como PAC das Favelas.

Por tratar-se de uma política pública de caráter nacional, o PAC abrigava um complexo arranjo institucional envolvendo governos (federal, estadual e municipal) e agências governamentais em sua gestão e financiamento, porém com uma previsão muito restrita à participação da sociedade civil organizada. O mesmo pode ser dito em relação ao controle e à aplicação de recursos de financiamento, uma vez que estes se traduziram em contratos entre governos e grandes empresas para realização de obras de grande e médio porte, notadamente as da construção civil.

É sempre bom lembrar que o Programa de Aceleração de Crescimento surge em um período de relativo crescimento econômico no país, possibilitando um volume considerável de recursos do governo federal com desdobramentos técnicos, econômicos e sociais importantes no território nacional. No caso do PAC das Favelas, muitas metrópoles e cidades foram contempladas pelos investimentos, demonstrando a escala nacional de abrangência do projeto de urbanização de territórios populares. Todavia, sua realização demonstrou uma concentração pronunciada nas cidades localizadas na região Sudeste (Rio de Janeiro, São Paulo e Belo Horizonte), seguida das localizadas no Nordeste (Recife, Fortaleza, Salvador), justamente onde a presença de pessoas residindo em favelas era mais expressiva.

---

32 O PAC 2, previsto para o período de 2011 a 2014, incorporou muito mais ações de infraestrutura social e urbana para enfrentar os problemas das grandes cidades brasileiras, com maiores investimentos para urbanização de favelas e saneamento ambiental.

Em sua realização no Rio de Janeiro, o PAC das Favelas envolveu o governo do estado do Rio de Janeiro, o Ministério das Cidades e a Caixa Econômica Federal, que se tornaram gestores principais do PAC e os principais contratantes de empresas para realização de obras, com um orçamento em torno de 3 bilhões de reais.

O PAC das Favelas acompanhava a diretriz política de "urbanização de assentamentos precários" como superação das remoções arbitrárias e violentas, de certo modo inaugurada com o Favela Bairro. Todavia, a diferença entre esses dois programas estava na seleção prioritária dos investimentos para grandes conjuntos de favelas situados em localizações estratégicas na cidade, como a Rocinha, Manguinhos e Alemão.

QUADRO 5 | Favelas e recursos do PAC no Rio de Janeiro / Área de Planejamento

ÁREA DE PLANEJAMENTO	% POPULAÇÃO EM FAVELA DA CIDADE	CRESCIMENTO POPULAÇÃO EM FAVELA ENTRE 2000 E 2010	% RECURSO INVESTIDO PELO PAC	FAVELAS ATENDIDAS
Centro e Região Portuária (AP1)	7%	28%	8%	São Carlos, Azevedo Lima, Santos Rodrigues, Turano, Parque Alegria, Morro da Coroa, Morro da Providência
Zona Sul e Grande Tijuca (AP2)	12%	15%	20%	Cantagalo, Pavão-Pavãozinho, Babilônia, Chapéu-Mangueira, Borel, Morro da Formiga, Tijuaçu, Mata Machado, Parque João Paulo II, Rocinha
Zona Norte (AP3)	45%	11%	64%	Manguinhos, Alemão, Chico Mendes, Fernão Cardim, Guarabu, Vila Rica de Irajá, Vila Esperança.
Barra da Tijuca e Jacarepaguá (AP4)	16%	53%	7%	Colônia Juliano Moreira, Jardim do Amanhã 2
Zona Oeste (AP5)	19%	15%	1%	Vila Catiri, Areal, Vila João Lopes

FONTE: Cavalieri e Vial (2012); Ministério das Cidades (2018); Adauto et al. (2018).

Considerando o conjunto de investimentos do PAC das Favelas, a cidade do Rio de Janeiro recebeu o maior volume em relação aos demais municípios do estado e os da própria Região Metropolitana, especialmente da Baixada Fluminense. Todavia, como podemos perceber com as informações do Quadro 5, os investimentos foram concentrados na Zona Norte (AP 3), sobretudo com a seleção do conjunto de favelas do Alemão e de Manguinhos como principais territórios de intervenções urbanas[33], seguido pela Rocinha (AP 2).

Enquanto nas favelas menores as intervenções foram de caráter mais pontual, nas três maiores — Manguinhos, Rocinha e Alemão — foram realizadas obras de maior envergadura, como a construção de estruturas de abastecimento de água e esgotamento sanitário, drenagem de águas pluviais, iluminação pública, além de alargamento e pavimentação de ruas, construção de novas unidades habitacionais e reformas nas existentes, e ainda a construção de importantes equipamentos públicos (escolas, unidades de pronto atendimento à saúde — UPA, bibliotecas, esporte e lazer) e de ações de regularização fundiária[34].

MAPA 3 | Favelas com intervenção do PAC

[33] Houve contratações também na Baixada Fluminense e no Leste Metropolitano, mas os valores contratados ficaram muito abaixo do registrado pela capital do estado.

[34] Favelas incluídas no PAC receberam a implantação de Unidades de Polícia Pacificadora (UPP), durante ou após as obras. É o caso das três maiores (Rocinha, Manguinhos e Alemão). Ou seja, no conjunto de intervenções urbanísticas do PAC estavam incluídas ações no âmbito da segurança policial em favelas.

Uma das questões mais sensíveis das obras do PAC nas favelas era a das remoções de famílias cujas moradias fossem classificadas como "precárias" e / ou localizadas em áreas de "risco ambiental", e que deveriam obedecer, quando realizadas, aos compromissos definidos pelo próprio Programa de serem alocadas em habitações no entorno ou próximas às suas favelas de origem.

No que se refere à mobilidade interna das favelas e desta com o sistema viário mais amplo da cidade, direito reclamado pelos seus moradores, o PAC das Favelas privilegiou o alargamento e pavimentação de ruas locais sem estender maiores conexões com a rede viária urbana. Todavia, foi justamente com o selo de intervenções de mobilidade que se realizaram os maiores impactos de divulgação do Programa destinado às favelas. Trata-se da construção do Teleférico do Alemão[35], da Elevação da Via Férrea de Manguinhos e da Passarela Niemeyer (sobre a estrada Lagoa Barra) na Rocinha, consideradas como "obras emblemáticas" pelos idealizadores do Programa, devido à sua visibilidade na cidade.

Passarela Niemeyer, na entrada da favela da Rocinha.
FOTO: Francisco Valdean/Imagens do Povo.

---

[35] Com um percurso de quase 3,5 km e conectando 6 estações (Bonsucesso, Morro do Adeus, Baiana, Alemão, Itararé e Palmeiras), o Teleférico do Alemão possui uma evidente referência nas obras realizadas em comunas populares de Medellín, Colômbia.

Os recursos de financiamento do PAC das Favelas foram significativos, porém os seus impactos para a melhoria das condições urbanas dos territórios que fizeram parte de suas intervenções foram difusos e pouco contribuíram para a redução das desigualdade presentes entre as favelas e a cidade. Remoções de famílias de locais considerados como "áreas de risco ou destinados a obras de acessibilidade"[36] não contemplaram diagnósticos mais precisos e, sobretudo, não respeitaram as relações de proximidade entre vizinhos e lugares quando as famílias foram realocadas, além de colocar as pessoas em apartamentos padronizados e de dimensões diminutas. Podemos exemplificar essa situação com as famílias removidas de suas moradas de origem no conjunto de favelas do Alemão que foram realocadas em quatro grandes conjuntos habitacionais financiados com recursos do PAC e do Programa de Arrendamento Residencial (PAR) nas vizinhanças daquele conjunto de favelas[37].

Houve — e ainda há — muitas críticas dos moradores das favelas em relação à qualidade das obras de saneamento e às escolhas de alargamento de vielas e becos para dar lugar a ruas pavimentadas. Até mesmo as chamadas obras emblemáticas do PAC das Favelas apresentaram seus limites com muita rapidez. O Teleférico do Alemão, que sempre foi criticado pelo seu trajeto e sobre a sua oportunidade de construção (as reivindicações de moradores e organizações locais sempre deram preferência a creches, escolas e bibliotecas) desde outubro de 2016 está inoperante por conta da falta de pagamento ao consórcio por parte do estado e ao desgaste de um dos cabos de tração, sem previsão para a retomada da operação do sistema. O mesmo pode-se dizer sobre a elevação da Via Férrea em Manguinhos, que deixou espaços em abandono e cujo recurso poderia ser empregado na melhoria do saneamento e mobilidade urbana. Na Rocinha, enquanto os moradores demandavam ampliação e melhorias no saneamento básico, ganharam uma passarela de estilo modernista. Para não dizer que tudo foi perdido, devemos afirmar a importância da construção de Bibliotecas Parque (na Rocinha e em Manguinhos), assim como a construção de equipamentos de esporte e lazer (na Rocinha), como experiências muito bem-sucedidas para afirmação de direitos à educação e à cultura.

---

36 No Alemão, foram removidas 2.000 famílias para a implantação dos 24 pilares do Teleférico (ver: IZAGA, Fabiana e PEREIRA, Margareth da Silva. A mobilidade urbana na urbanização das favelas no Rio de Janeiro. Cadernos do Desenvolvimento Fluminense, Rio de Janeiro, n. 4, mai. 2014)

37 Foram edificados dois grandes conjuntos na Estrada Itararé. O primeiro, com 352 apartamentos distribuídos em 22 blocos no terreno anteriormente ocupado pela fábrica Poesi, e o segundo com 160 apartamentos, no antigo terreno da empresa Heliogás (recursos do PAC). Os outros dois conjuntos foram construídos no terreno da antiga fábrica da Coca-Cola, com 582 moradias (recursos do PAC).

Um dos motivos do PAC das Favelas ter sido uma grande oportunidade perdida de se tornar referência para a *urbanização de favelas* foi a limitada escuta e envolvimento dos moradores na elaboração e execução de projetos em seus próprios territórios de morada. As empresas contratadas e as agências governamentais diretamente envolvidas nas obras acabaram decidindo sobre o seu planejamento e sua execução sem maior atenção a consultas e ao acompanhamento dos moradores em questões que afetavam diretamente as suas vidas sociais, comunitárias e afetivas.

Apesar do discurso de boas intenções e obras urbanísticas importantes em muitas favelas, a abordagem recorrente nos territórios populares como algo que precisa virar bairro, ou mesmo uma comunidade urbanizada, já pressupõe a favela como um fenômeno que precisa ser erradicado ou ser integrado às formas dominantes da paisagem urbana. Ora, assim como existem bairros, existem favelas nas cidades. Da mesma forma que os bairros são diferentes entre si, as favelas vivenciaram processos distintos de urbanização. Ambos são expressões de modos diferenciados de fazer e viver a cidade, portanto suas individualidades e fisionomias precisam ser reconhecidas como invenções legítimas. A favela não pode ser identificada e tratada como uma expressão de "menos cidade", onde se precisa intervir, diante da sua "escassez de ruas e equipamentos da urbe", como se isto pudesse "levar a cidade" até às favelas.

É claro que as desigualdades devem ser superadas em todos os seus sentidos, inclusive das condições de urbanidade da vida e moradia das pessoas. No entanto, as diferenças socioculturais precisam ser valorizadas e consideradas nas políticas urbanas para assegurar que não sejam impostos padrões e normas que suprimam vivências plurais e usos comuns do território.

Carlos Nelson Ferreira dos Santos (1984), urbanista de imensa sensibilidade humanística e compromisso político com a democratização da cidade, definia as favelas como espaços de invenção de "arquiteturas vernaculares". Em outras palavras, o mestre Carlos Nelson afirmava que as favelas possuíam modos e recursos construtivos próprios, com boas soluções técnicas para as condições dos sítios onde implantavam suas moradas, insistindo que essa experiência era um patrimônio vivo e dinâmico que deveria ser respeitado e compreendido como alternativa viável aos padrões urbanísticos hegemônicos.

Para além de ser um território de invenção do patrimônio cultural e artístico da cidade, as favelas são invenções de processos construtivos muito particulares — com suas formas, funcionalidades e estéticas próprias —, bastante diferentes dos padrões da cidade dita formal. Acrescente-se que, embora seja predominante o uso para moradia nestes territórios, as atividades de trabalho e geração de renda também se fazem presentes na forma de comércio e serviços variados geralmente

Favela Santa Marta, no bairro de Botafogo, na Zona Sul do Rio. Inventividades construtivas em encostas íngremes. FOTO: Francisco César/Imagens do Povo.

de origem familiar. As favelas se tornam soluções para questões fundamentais dos grupos populares: moradia e trabalho.

Viver na cidade implicava inventar "sabedorias territoriais" como estratégias de apropriação e uso do espaço urbano. A moradia destacava-se entre estas, uma vez que assegurava as condições fundamentais da produção do seu cotidiano por parte dos grupos sociais populares. Entretanto, as reivindicações cidadãs dos moradores das favelas não estavam limitadas aos serviços de água, esgoto e luz para assegurar qualidade e permanência de suas moradas. Outras demandas se colocavam no horizonte das lutas, como os investimentos em educação básica, em serviços de saúde, em bens culturais e no acesso ao transporte coletivo. Os moradores e moradoras das favelas estavam mergulhados na vida cultural, econômica e estética da sociedade urbana e, por piores que fossem suas condições materiais, os desejos e sonhos não cessavam com as limitações impostas ao seu cotidiano e, teimosamente, inventavam uma cidade plural.

As favelas como recurso e abrigo de grupos populares

Favela que me viu nascer
Só quem te conhece por dentro
Pode te entender.

Como é que essa gente tão boa
É vista como marginal
Eu acho que a sociedade
Tá enxergando mal
Entendo esse mundo complexo
Favela é a minha raiz

[FAVELA, ARLINDO CRUZ]

Para entender aquele mundo complexo constituído pelas favelas e nele intervir enxergando melhor, era preciso desenvolver estudos e pesquisas. Uma das principais instituições de pesquisa do país, o Instituto Brasileiro de Geografia e Estatística (IBGE), assumiu estudos globais e periódicos sobre as favelas como sua atribuição. Um dos elementos fundantes desse movimento foi a criação, em 1987, do conceito de "aglomerado subnormal", que passou a orientar a pesquisa censitária para todos os territórios populares no Brasil[38].

Embora a atenção do IBGE para o fenômeno possa ter sido ampliada, o aglomerado subnormal[39] se tornou um conceito obstáculo, incapaz de sintetizar a favela como fenômeno urbano. Em primeiro lugar, destacamos o número de 51 unidades habitacionais, uma medida caracteristicamente arbitrária; em segundo, porque já estabelece juízo de valor (abaixo do normal) sem se referir ao que seria normal (algo difícil quando se trata das cidades brasileiras com suas irregularidades e improvisações construtivas, inclusive por parte do próprio poder público); e, terceiro, a concepção de aglomerado é largamente inadequada,

---

38 Favelas, mocambos, vilas, alagados, loteamentos da periferia e até mesmo territórios originados de comunidades de pescadores passaram a ser tratados indistintamente como "aglomerados subnormais", uma vez que foram considerados como uma "decorrência à forte especulação imobiliária e fundiária e ao decorrente espraiamento territorial do tecido urbano, à carência de infraestruturas as mais diversas, incluindo de transporte e, por fim, à periferização da população, principalmente pela migração campo x cidade" (ver IBGE, Aglomerados Subnormais Informações Territoriais, disponível em <www.ibge.gov.br>).

39 É definido como o conjunto constituído por 51 ou mais unidades habitacionais caracterizadas por ausência de título de propriedade e que possua irregularidade das vias de circulação e do tamanho e forma dos lotes e/ou carência de serviços públicos essenciais (como coleta de lixo, rede de esgoto, rede de água, energia elétrica e iluminação pública).

uma vez que remete a pedaços disformes que são juntados por critérios alheios às vontades sociais e humanas.

É nesse sentido que podemos dizer que o conceito de favela do IBGE possui uma "matriz sociocêntrica" (Silva, 2012), mais preocupada em afirmar o que a favela não possui em relação aos padrões idealizados de cidade, geralmente construídos a partir de referenciais socioculturais de grupos hegemônicos, do que efetivamente conhecer a realidade do local em sua complexidade e oferecer visibilidade à autoria de outros sujeitos na construção do urbano.

Apesar das críticas ao conceito de aglomerado subnormal, o seu emprego na construção de metodologias censitárias em territórios populares produziu uma série de informações que orientaram o desenvolvimento de estudos, diagnósticos e prognósticos com maior ou menor precisão de qualidade sobre as favelas. Portanto, não fazemos a negação das pesquisas realizadas pelo IBGE, apenas nos colocamos criticamente na perspectiva de mudanças conceituais e metodológicas de estudos e análises das favelas[40].

No caso do Rio de Janeiro, há um empenho de mapeamento cognitivo por parte do Instituto Pereira Passos (IPP)[41], de localização dos dados censitários de população do IBGE segundo as Áreas de Planejamento do Município[42]. Através desta cartografia de informações, é possível observar a distribuição quantitativa das favelas na cidade e, evidentemente, buscar interpretar os processos que originam sua constituição territorial.

Para começar a nossa análise a partir dos estudos do Instituto Pereira Passos, é importante sublinhar que o arranjo urbano em que se deu o crescimento e expansão das favelas no Rio de Janeiro da década de 1970 à década de 1990 vai ganhar sua consolidação no raiar do século XXI[43].

---

[40] A Redes de Desenvolvimento da Maré e o Observatório de Favelas desenvolvem, desde 2002, pesquisas censitárias no conjunto de favelas da Maré, a partir de conceituações e metodologias inovadoras que, para além dos estudos como subsídios de políticas públicas, também permitem contribuir para a construção conceitual e de critérios metodológicos mais aproximados da realidade contemporânea das favelas.

[41] O Instituto Pereira Passos (IPP) é um órgão de pesquisa e assessoria técnica do município do Rio de Janeiro.

[42] As Áreas de Planejamento do Município foram instituídas em 1992, com a elaboração do Primeiro Plano Diretor do Município do Rio de Janeiro. Acrescente-se que neste mesmo Plano Diretor as favelas são consideradas como integrantes da cidade, portanto vedando a remoção das mesmas e de seus moradores.

[43] É um fenômeno urbano que se faz acompanhar em outras metrópoles do país. Segundo os dados do IBGE, a população de aglomerados subnormais cresceu de 4.482.637, em 1991, para 6.535.634 em 2000. Enquanto a taxa geométrica de crescimento populacional anual foi de 1,6% no país, os "aglomerados subnormais" alcançaram 4,3%. São Paulo (1.548), Rio de Janeiro (811) e Minas Gerais (256) lideraram o ranking dos estados da federação com a maior presença de favelas no ano de 2000.

QUADRO 6 | População e número de favelas no município do Rio de Janeiro (1980-2000)

ÁREAS DE PLANEJAMENTO	POPULAÇÃO EM 1988	POPULAÇÃO EM 1991	POPULAÇÃO EM 2000	Nº DE FAVELAS EM 1980	Nº DE FAVELAS EM 1991	Nº DE FAVELAS EM 2000
Centro	92.119	85.588	77.245	45	42	58
Sul / Norte	114.638	127.561	146.380	48	47	53
Subúrbio	417.268	479.661	545.011	196	184	242
Barra da Tijuca / Jacarepaguá	26.548	72.182	144.298	39	86	113
Oeste	70.644	117.491	179.849	46	81	108
TOTAL	**721.217**	**882.483**	**1.092.783**	**374**	**440**	**574**

FONTES: IBGE, 1998 e 2000; Instituto Pereira Passos, 2001.

As favelas localizadas no Centro da cidade cresceram no período entre 1988 e 2000, porém conheceram uma redução contínua de moradores. Estas, a rigor, ainda permanecem como territórios importantes para o uso de moradias e, especialmente no núcleo central da cidade, notoriamente ocupadas por empresas comerciais, bancárias e de serviços. Portanto, continuam sendo, de fato, como possibilidade concreta de grupos populares de se fazer presentes nas proximidades do centro da cidade, área de maior concentração de oferta de trabalho formal e dotado de serviços, além de equipamentos públicos e privados de saúde, educação e cultura.

Embora guardem profundas distinções em suas configurações socioespaciais, a área de planejamento agregando Zona Sul e Zona Norte apresenta em seu conjunto um crescimento contínuo de moradores, inclusive houve em suas favelas um pequeno acréscimo no número de habitantes, passando de 12.923 moradores em 1980 para 18.819 na década de 1990. Contudo, é preciso reconhecer as especificidades qualitativas e diferenciadoras nesta mesma Área de Planejamento.

Na chamada Zona Sul, os bairros se conformavam a partir de empreendimentos imobiliários iniciados na década de 1930 e que ganhariam expansão ao longo das décadas seguintes, em especial para o consumo de grupos sociais de alta renda, configurando um mercado de elite econômica. Apesar das remoções compulsórias de favelas como da Praia do Pinto e do Pasmado, outros territórios populares conseguiram permanecer e mais, cresceram e se expandiram, notadamente as localizadas em morros, a exemplo da Rocinha (Gávea), Pavão-Pavãozinho e

Cantagalo (Copacabana), Santa Marta (Botafogo) e Vidigal (Ipanema). Todas essas favelas já existiam antes da expansão mais vigorosa do capital imobiliário na Zona Sul e conheceram um processo significativo de verticalização de suas construções residenciais (principalmente a Rocinha), demonstrando a força de um mercado popular e socialmente necessário em contraponto ao perfil e à demanda social da ocupação dessa "elite do dinheiro".

MAPA 4 | Expansão das favelas (2004-2009)

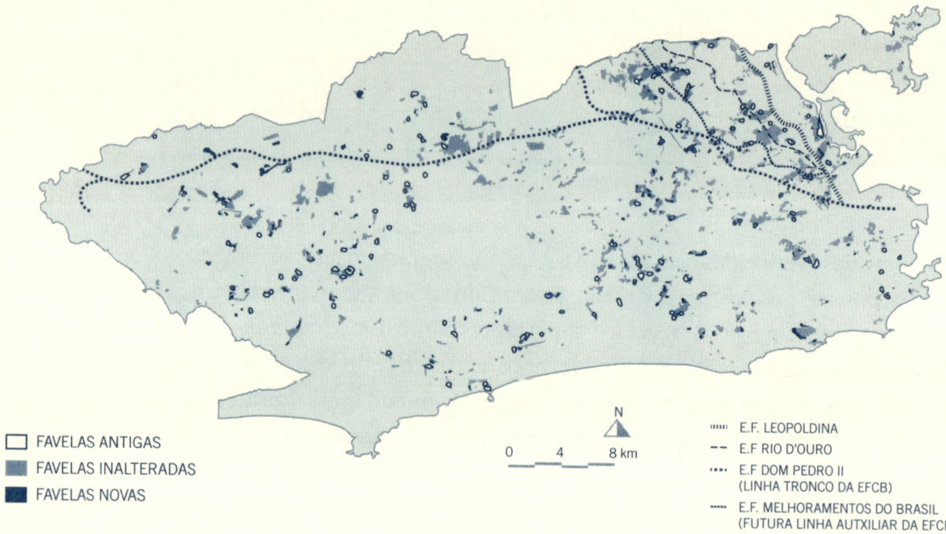

É nesta trama espacial complexa que as favelas da Zona Norte se inserem. Essa denominação genérica "subúrbios" para o conjunto de bairros da região não reflete as distinções específicas entre eles, já que não leva em conta suas particularidades. Por exemplo, as características da Tijuca e de Vila Isabel são muito distintas da Ilha do Governador. Na Tijuca e Vila Isabel, as favelas têm suas origens propriamente urbanas, como as do Salgueiro, Formiga e Borel, assim como a que se formou no Morro dos Macacos. Estas gravaram a presença de grupos populares em bairros tradicionais de classes médias da cidade. Já na Ilha do Governador, as favelas se fizeram presentes, sobretudo a partir do final da década de 1970, acompanhando a ocupação imobiliária e residencial e a própria duplicação da Avenida Brasil. As favelas do Morro do Dendê e do Barbante são testemunhas dessa geografia popular em um bairro insular de moradia de classes médias.

O crescimento efetivamente contínuo de favelas também pode ser identificado nos bairros suburbanos no que diz respeito ao número de moradores. Embora o registro do número de favelas tenha reduzido de 196 para 184 entre 1980 e 1990, sua expansão é retomada entre 1991 e 2000 e, como veremos, se consolida em 2010, quando os inventários da população residente em favelas dos subúrbios passam a ser identificados como Área de Planejamento 3 (Zona Norte).

Apesar do crescimento dos subúrbios cariocas serem demarcados com ênfase na relação ferrovia-fábrica-classe operária, esta sempre foi uma conotação mais ideológica do que de fato. Na formação dos bairros suburbanos, também se fizeram presentes outros grupos sociais (comerciantes, funcionários públicos, militares, entre outros), constituindo uma ocupação mais complexa, tanto do ponto de vista social como cultural, além dos serviços e equipamentos públicos e privados ali instalados (escolas, postos de saúde, cinemas e, evidentemente, uma ativa e variada atividade comercial varejista). Por outro lado, conjuntos habitacionais criados por agências governamentais também ganharam lugar em bairros como os da Penha e de Bonsucesso.

É possível observar que o processo de crescimento das favelas nos subúrbios ganha mais evidência com as limitações impostas à moradia popular na Zona Sul e no Centro, mas também quando se criam possibilidades de deslocamento através dos ramais ferroviários (Central e Leopoldina) e de vias de transporte por ônibus. Destacam-se também as oportunidades de empregos locais em atividades industriais, comerciais, de serviços e, principalmente, na construção civil em expansão nos bairros da Zona Norte.

Notável foi, sem dúvida, o crescimento de população e favelas na Barra da Tijuca e Jacarepaguá, na Zona Oeste, onde praticamente foi duplicado o número de favelas e favelados em duas décadas. Se tomarmos como referência as 149 novas favelas oficialmente cadastradas em 2006 pelo Instituto Pereira Passos, mais da metade estavam localizadas naquelas duas Áreas de Planejamento.

A localização das novas favelas oficialmente registradas na cidade aponta para a Barra da Tijuca, Jacarepaguá e Zona Oeste (Campo Grande, Santa Cruz, Guaratiba e Bangu) como seus espaços de maior incidência. Este processo mais recente de expansão de favelas na cidade do Rio de Janeiro é revelador do que denominamos de "periferização" de moradias populares, acompanhando o processo de urbanização do território. Essa mudança resulta de três processos em curso: o crescimento da produção de lotes populares (precários e clandestinos); a ação de novos agentes imobiliários (inclusive clandestinos e ilegais), atuando para uma demanda de habitação para famílias de menor renda; e a valorização dos imóveis nas favelas consolidadas nas áreas centrais e da Zona Sul, conduzindo ao deslocamento de famílias para conjuntos habitacionais em processos de favelização e à criação de novas favelas nessas áreas da cidade.

MAPA 5 | As 149 últimas favelas no município (2003)

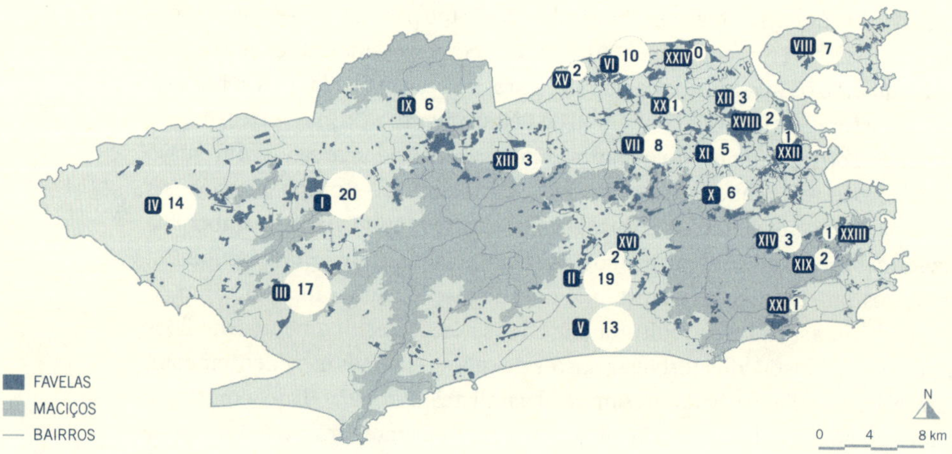

I. CAMPO GRANDE = 20
II. JACARÉPAGUÁ = 19
III. GUARATIBA = 17
IV. SANTA CRUZ = 14
V. BARRA DA TIJUCA = 13
VI. PAVUNA = 10

VII. MADUREIRA = 08
VIII. ILHA DO GOVERNADOR = 07
IX. BANGU = 06
X. MÉIER = 06
XI. INHAÚMA = 05
XII. PENHA = 03

XIII. REALENGO = 03
XIV. TIJUCA = 03
XV. ANCHIETA = 02
XVI. CIDADE DE DEUS = 02
XVII. PAQUETÁ= 02
XVIII. RAMOS = 02

XIX. SANTA TERESA = 02
XX. IRAJÁ = 01
XXI. JARDIM BOTÂNICO = 01
XXII. MARÉ = 01
XXIII. RIO COMPRIDO = 01
XXIV. VIGÁRIO GERAL = 0

Destacamos, portanto, que para além das novas favelas que surgiram na Zona Oeste e Jacarepaguá, deve-se acrescentar o processo de favelização (ou melhor, de "refavelalização", como já aludimos) de conjuntos habitacionais criados com as remoções no período de 1962 a 1975 como os da Cidade de Deus, Vila Aliança, Vila Esperança, Cidade Alta e Vila Kennedy, assim como conjuntos mais recentes como o conjunto Cesarão (Conjunto Habitacional Otacílio Câmara, porém batizado popularmente por estar localizado às margens da Avenida Cesário de Melo, no bairro de Santa Cruz) criado em 1980 com seis mil habitações. Em todos eles, novas habitações foram criadas e outras ampliadas para abrigar novas gerações das famílias e novos moradores em busca de abrigo e recursos para o exercício da vida urbana.

Trata-se, portanto, de um empenho social de afirmação de grupos sociais na produção do espaço urbano em condições profundas de desigualdade. Embora tenha a habitação como uso predominante, as favelas são territórios de invenção de trabalho e renda. O comércio varejista (armazéns, bares, restaurantes, depósitos de bebidas, lojas de materiais de construção) e a prestação de serviços (salões de beleza, oficinas mecânicas, marcenarias, vidraçarias, borracharias, *lan houses*) tornaram-se importantes no desenvolvimento de atividades econômicas, geralmente originadas ou nucleadas em famílias, configurando mercados socialmente necessários às favelas e até mesmo aos bairros vizinhos. Há, portanto, uma combinação decisiva entre moradia e trabalho nas favelas, e isto também as torna duplamente importantes para os grupos populares na cidade. De certo modo, esta agregação é também um dos elementos do crescimento de favelas na cidade[44].

Por outro lado, quando tomamos como referência o trabalho e a renda, podemos explicitar os largos abismos de condições sociais se compararmos as cinco maiores favelas e os cinco bairros com maior concentração de renda na cidade do Rio de Janeiro, conforme é apresentado nos quadros 7 e 8:

QUADRO 7 | Renda e emprego nos cinco bairros com maior renda no Rio de Janeiro

BAIRROS	RENDIMENTO MÉDIO MENSAL	TAXA DE DESEMPREGO (%)	TAXA DE FORMALIDADE (%)
Lagoa	R$ 2.766	8,7	75,2
Barra da Tijuca	R$ 2.664	10,4	70,4
Botafogo	R$1.913	9,2	76,5
Copacabana	R$ 1.761	10,3	72,9
Tijuca	R$ 1.631	11,4	76,7
MÉDIA	**R$ 2.145**	**9,9**	**64,5**

FONTE: Fundação Getúlio Vargas, 2004. Censo Demográfico 2000, IBGE.

QUADRO 8 | Renda e emprego nas cinco maiores favelas do Rio de Janeiro

FAVELAS	RENDIMENTO MÉDIO MENSAL	TAXA DE DESEMPREGO(%)	TAXA DE FORMALIDADE (%)
Jacarezinho	R$ 368	21,5	67,8
Maré	R$ 395	18,2	67,8
Alemão	R$ 396	19,5	65,8
Rocinha	R$ 434	17,2	73,6
Cidade de Deus	R$ 440	22,3	71,3
MÉDIA	**R$ 405**	**19,1**	**68,9**

FONTE: Fundação Getúlio Vargas, 2004. Censo Demográfico 2000, IBGE.

---

44 As grandes favelas são exemplares no que concerne à multiplicação de pequenos e médios empreendimentos econômicos familiares. A Maré (Zona Norte) e a Rocinha (Zona Sul) abrigavam 3.200 e 6.000 empreendimentos, respectivamente (ver Censo de Empreendimentos Maré, 2014; Fundação Getúlio Vargas, 2011).

Podemos observar que as distâncias sociais são imensas na cidade, sobretudo quando consideramos as condições básicas da vida urbana que são o trabalho e a renda de seus habitantes. Os moradores de favelas, em geral, trabalham muito e recebem bem menos, enfrentam ocupações de elevada informalidade e ainda sofrem discriminação quando estão em busca de trabalho. Muitos residentes de favelas ainda precisam ocultar seu endereço em entrevistas de emprego. Pardos e pretos (negros, portanto) em sua maioria, os moradores de favelas estão inscritos nas relações radicalizadas e estruturantes das desigualdades na sociedade brasileira. As informações sobre renda e emprego confirmam mais do que hipóteses teóricas, mas também a realidade historicamente construída e reproduzida sem disfarces em pleno século XXI, conjugando raça e território no processo de reprodução da desigualdade social.

Essas distâncias territoriais socialmente construídas fazem com que um residente da Lagoa ganhe, em média, 180% mais do que quem mora na Rocinha. O mesmo podemos falar em termos de anos de estudo formal, por demais importante para conseguir bons empregos, uma vez que em média o morador de favelas tem quase a metade (6,2) dos anos de estudo dos moradores dos bairros das classes médias da cidade (11,9) (Censo 2000, IBGE). A informalidade e a baixa escolaridade, juntas, expõem os grupos populares das favelas aos limites do necessário em seu cotidiano, situação agravada quando não dispõem de equipamentos e serviços públicos em seus territórios de morada ou em sua proximidade.

Daí que levantamos a importância de "políticas de polis" para a garantia, efetivação e indivisibilidade de direitos, tendo o território como um dos seus pilares conceituais e práticos para a superação de desigualdades corporificadas na geografia da cidade.

O processo de crescimento demográfico e expansão territorial das favelas, inclusive com a emergência de novas favelas, originou um conjunto de ações por parte da prefeitura.

O já citado programa "Favela Bairro" tem a sua continuidade e expansão efetivada com o propósito da urbanização dos territórios populares, mas para isso era preciso implementar também o programa "Eco Limites", uma ação de contenção da expansão das favelas para áreas verdes da cidade. Com isso, alimentava-se mais um aspecto negativo às favelas: o desmatamento de encostas e a degradação do meio ambiente.

Implementado em favelas localizadas na Zona Sul, os "ecolimites" foram se constituindo com a "criação de muros de concreto e a organização de mutirões de reflorestamento, saneamento e coleta de lixo". Em entrevista concedida ao Jornal O *Globo* em 20 de abril de 2003, o então secretário de Urbanismo, Luiz Paulo Conde, afirmava: "Com esse projeto, geramos renda para os moradores de comunidades carentes e os transformamos em aliados, que nos ajudam a impedir que as favelas ampliem seu espaço".

O projeto de controle da expansão territorial das favelas, por parte do poder municipal, passa a partir da década de 1990 a ser apoiado também em um discurso ambientalista politicamente conservador[45]. Embora preocupado com as matas secundárias sobreviventes dos morros da Zona Sul, não continha em sua proposta a promoção de ações consistentes de produção de moradia popular que, de fato, resolvesse a demanda social historicamente acumulada. Por outro lado, a própria opção da ênfase em implantar barreiras de contenção em favelas localizadas no Itanhangá (Morro do Banco), Gávea (Rocinha), Leme (Babilônia), Copacabana (Ladeira dos Tabajaras), Laranjeiras (Pereirão), Botafogo (Santa Marta) e Catete (Tavares Bastos) com o objetivo de "preservar o verde", além de estar fortemente influenciada pelas Associações de Moradores de classe média daqueles bairros, era uma ação incoerente no sentido de que não eram estas as favelas que mais cresciam na cidade. Ou seja, se havia algum impacto de sua expansão na cobertura vegetal, este era pouco significativo, especialmente quando comparado aos empreendimentos imobiliários realizados na orla oceânica e nas encostas.

É importante sublinhar que o crescimento e a expansão das favelas também envolvem questões socioambientais significativas para seus moradores, já vivenciadas nestes territórios e recorrentes na cidade, como saneamento básico, desde a coleta de lixo ao tratamento de resíduos, do desperdício de recursos hídricos pela poluição de rios e instalações inadequadas de distribuição de água até a poluição atmosférica pela circulação excessiva de automóveis e despejos fabris.

Apesar de ações de controle e ordenações urbanas implementadas pelas agências governamentais, o crescimento da população residente em favelas — atestado com a comparação dos inventários censitários do período de 2000 a 2010 — ganhou consolidação e efetivou sua complexa distribuição geográfica, já anunciada no final da década de 1990. Nesse sentido, é possível evidenciar a consolidação da distribuição espacial dos residentes em favelas (por área de planejamento) no munícipio do Rio de Janeiro.

45 O governo municipal na gestão Eduardo Paes (2008-2011 e 2012-2015) também retomaria a proposta de barreiras ecológicas de contenção para 50 favelas cariocas, inclusive associando essa intervenção com a implantação das Unidades de Polícia Pacificadora (UPPs). O Programa de Aceleração do Crescimento (PAC das Favelas) do governo federal também se responsabilizou por erguer muros de contenção na Rocinha e no Alemão.

QUADRO 9 | População de favelas por Área de Planejamento — município do Rio de Janeiro/2010

ÁREA DE PLANEJAMENTO	CIDADE	FAVELA	% DE MORADORES EM FAVELAS
AP 1 | Centro	297.976	103.296	35%
AP 2 | Zona Sul	1009.170	174.149	17%
AP 3 | Zona Norte	2.399.159	654.755	27%
AP 4 | Barra da Tijuca/Jacarepaguá	909.368	236.834	26%
AP 5 | Zona Oeste	1.704.773	274.739	16%
TOTAL	**6.3320.446**	**1443.773**	**23%**

FONTE: IBGE, Censo 2010; Instituto Pereira Passos, 2012.

O crescimento de residentes em favelas se tornou contínuo e cada vez mais expressivo em relação aos demais bairros da cidade do Rio de Janeiro. Apesar de mudanças na metodologia, o Censo do IBGE de 2010 classificou 1.443.773 pessoas morando em favelas. Esse número representava 23% do conjunto da população carioca para o mesmo período (6.3320.446), tornando o Rio de Janeiro a cidade com mais pessoas residindo em favelas do Brasil, seguida bem de perto por São Paulo (1,3 milhões), Salvador (882 mil) e Belém (758 mil).

Para além dos dados absolutos, o referido Censo do IBGE demonstrou inclusive que a população residente em favelas conheceu um crescimento contínuo maior (27,5%) do que os "espaços formalizados" na cidade (3,4%), significando uma diferença de crescimento de população em torno de oito vezes superior nas favelas em relação aos demais bairros do Rio de Janeiro. Entretanto, a expansão em termos de área no período alcançou apenas 7% do território da cidade, um aumento de três milhões de metros quadrados, ou o equivalente a um bairro do tamanho de Ipanema. Há um crescimento de moradores em favelas absolutamente desproporcional ao tamanho da área horizontal ocupada. Para sermos ainda mais incisivos, 218 novas favelas surgiram e muitas cresceram no período de 1999 a 2008 (IPP, 2009), porém o que foi ocupado em sua extensão é o equivalente a um único bairro, Ipanema, que hoje possui 23.018 domicílios e ocupa o 46º lugar em termos de população no conjunto dos bairros da cidade. Há, portanto, um movimento significativo de "densificação territorial" dos moradores de favela a partir da verticalização das construções, e as grandes favelas como Maré, Rocinha, Alemão e Rio das Pedras apresentam essa fisionomia com muita expressividade em suas paisagens.

O cenário de crescimento das favelas por densidade e por extensão territorial anunciado nos anos 1990 ganha sua confirmação na década seguinte, como podemos identificar no mapa a seguir:

MAPA 6 | Proporção de território de favelas por RA – 2010 (%)

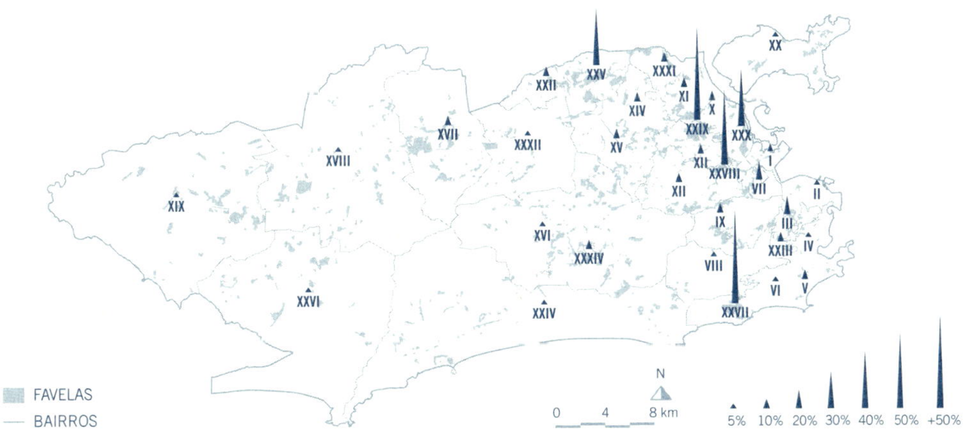

I.PORTUÁRIA	5,1%	IX. VILA ISABEL	5% A 10%	XVII. BANGU	6,0%	XXV. PAVUNA	20,3%
II. CENTRO	0,0%	X. RAMOS	8,8%	XVIII. CAMPO GRANDE	2,4%	XXVI. GUARATIBA	1,4%
III. RIO COMPRIDO	13,3%	XI. PENHA	8,1%	XIX. SANTA CRUZ	2,4%	XXVII. ROCINHA	60,2%
IV. BOTAFOGO	2,2%	XII. INHAÚMA	6,2%	XX. ILHA DO GOVERNADOR	3,9%	XXVIII. JACAREZINHO	46,3%
V. COPACABANA	5,6%	XIII. MÉIER	6,8%	XXI. PAQUETÁ	0,0%	XXIX. ALEMÃO	60,0%
VI.LAGOA	2,1%	XIV. IRAJÁ	5% A 10%	XXII. ANCHIETA	5% A 10%	XXX. MARÉ	23,3%
VII. SÃO CRISTÓVÃO	10,8%	XV. MADUREIRA	6,8%	XXIII. SANTA TERESA	6,3%	XXXI. VIGÁRIO GERAL	9,0%
VIII. TIJUCA	2,9%	XVI. JACAREPAGUÁ	4,1%	XXIV. BARRA DA TIJUCA	1,0%	XXXII. REALENGO	1,7%

A distribuição das favelas por Áreas de Planejamento apresenta configurações espaciais particulares. A AP 1 — Centro apresenta a maior proporção de pessoas residindo em favelas (35%) em relação às moradias formais para o conjunto das áreas de planejamento, embora esse dado possa ser relativizado pela concentração de atividades comerciais, financeiras e de serviços com sua população fixa no horário de trabalho ali presentes. O decréscimo de moradores nas favelas das décadas anteriores (1980-2000) foi substituído por um incremento rápido e significativo de pessoas, em torno de 28%. É importante registrar que as particularidades econômicas e de urbanidade se tornaram fortes atrativos para o crescimento populacional nas favelas.

Na AP 1 estão localizadas algumas das mais emblemáticas favelas da história de lutas pela permanência na cidade, como as da Providência (4.354 moradores), de São Carlos (8.180 moradores), da Mangueira (13.908 moradores), da Vila Arará (8.789 moradores), do Tuiuti (5.718 moradores), do Turano (10.569 moradores) e do Catumbi (6.796 moradores). Todavia, o recorte espacial denominado como Centro, em termos de números absolutos de população em favelas, se apresenta relativamente menor quando comparado às populações de favelas localizadas nas demais Áreas de Planejamento.

A Zona Norte (agora incluindo o subúrbio) permanece como espacialidade de localização das maiores favelas da cidade: Maré (64.094 moradores, segundo o IBGE, e 140.000 moradores, segundo o Censo Maré)[46], Alemão (60.583 moradores), Penha (36.862 moradores), Jacarezinho (34.603 moradores), Manguinhos (20.039 moradores), Vigário Geral (20.570 moradores), Acari (21.999 moradores), Bairro da Pedreira (20.515 moradores). Podemos acrescentar Morro do Dendê, na Ilha do Governador (17.210 moradores), e a favela do Chapadão, na Pavuna (15.561 moradores). Todas elas possuem distintas qualidades e quantidades de ofertas de serviços e presença de equipamentos públicos para seus moradores, geralmente muito aquém das legítimas demandas sociais.

Conjunto de favelas do Alemão. Em primeiro plano, o teleférico construído com recursos do Programa Aceleração do Crescimento (PAC das Favelas). Sua construção recebeu diversas críticas de lideranças do conjunto de favelas do Alemão, sobretudo diante de outras prioridades sociais identificadas pelos moradores. Eles entraram em operação em julho de 2011, mas desde outubro de 2016 estão inoperantes. FOTO: Francisco Valdean/Imagens do Povo.

---

46 O primeiro número se origina da contagem realizada pelo IBGE, com base no conceito de aglomerado subnormal e sua consequente metodologia. O segundo, 140 mil, diz respeito à contagem realizada pelo Censo Maré (Redes de Desenvolvimento da Maré e Observatório de Favelas). A principal diferença empírica das contagens deve-se ao fato do Censo Maré ter incorporado conjuntos habitacionais na sua metodologia de identificação de favela.

O crescimento da população aferido pelo Censo de 2010 alcançou 11% em relação a 2000 nesta Área de Planejamento, confirmando a maior concentração de pessoas morando em favelas (654.755) e demonstrando que as favelas da Zona Norte (e dos subúrbios) são ainda importantes soluções para os pobres viverem a cidade, tanto no sentido da posse de uma moradia como também das oportunidades de trabalho, dentro ou fora das favelas.

MAPA 7 | Favelas Zona Norte (2010)

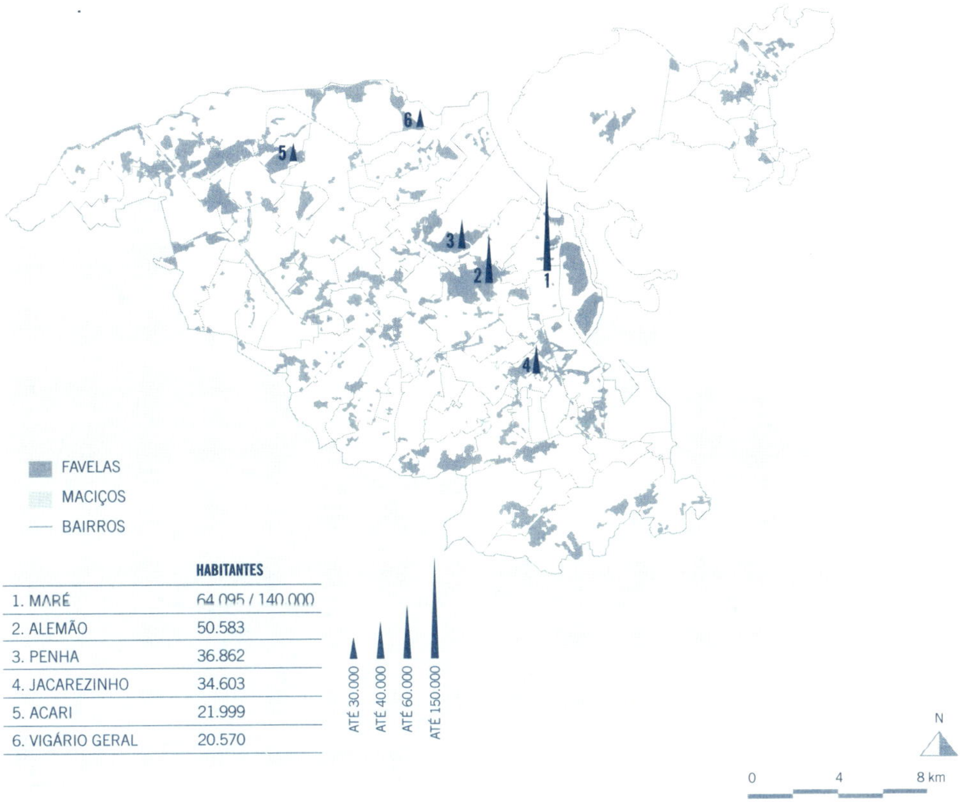

	HABITANTES
1. MARÉ	64.095 / 140.000
2. ALEMÃO	50.583
3. PENHA	36.862
4. JACAREZINHO	34.603
5. ACARI	21.999
6. VIGÁRIO GERAL	20.570

A denominada Área de Planejamento 2 atualmente é constituída por bairros da Zona Sul, Tijuca e Vila Isabel. A não contiguidade espacial da AP 2 é um complicador para uma análise mais detalhada das informações quantitativas sobre as favelas. Todavia, podemos de imediato recordar que nesta Área de Planejamento localizam-se os bairros onde as remoções de favelas foram praticamente concentradas em função da retomada dos territórios urbanos para empreendimentos imobiliários ou mesmo para "limpeza da paisagem". A valorização dos imóveis, a densidade de ocupação estabelecida e a concentração da propriedade privada atuam como barreiras ao crescimento das favelas, configurando por isso um dos mais baixos percentuais de residentes de favelas (17%) entre as demais AP estabelecidas pelo município. Ainda assim houve um crescimento expressivo de pessoas residindo em favelas (15%) comparado com o ano 2000. O curioso é que o mercado formal ou o crescimento de moradores fora da favela decresceu (-1%) no mesmo período. Deve-se, evidentemente, creditar o crescimento de moradores em favelas na AP 2 — Zona Sul especialmente em função do crescimento dos domicílios na Rocinha, que passaram de 16.999 em 2000 para 23.404 em 2010, abrigando um aumento de 23% em sua população residente, taxa que é quase quatro vezes a média de crescimento da cidade como um todo (7,9%) (Censo IBGE, 2000 e 2010).

MAPA 8 I Favelas Zona Sul (2010)

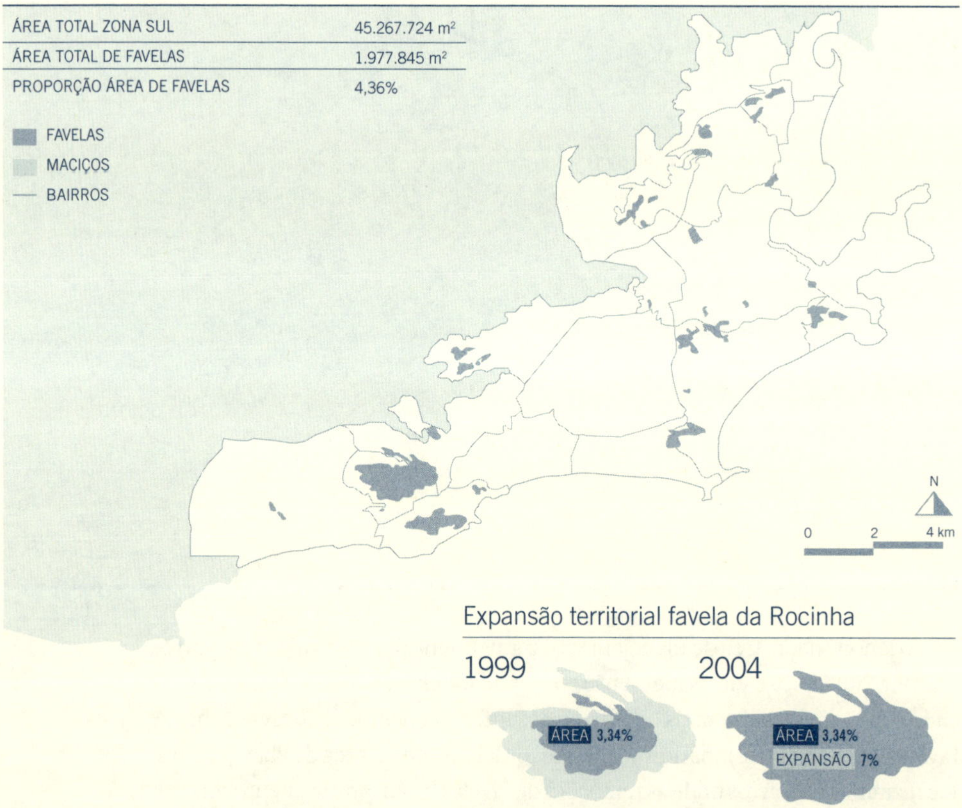

As favelas na Barra da Tijuca e Jacarepaguá apresentaram 26% da população do conjunto da AP 4 — Barra da Tijuca/Jacarepaguá, inclusive superando a média geral da cidade (23%). No conjunto deste recorte geográfico, as proporções dos residentes em favelas acabam por se concentrar fortemente em Jacarepaguá (31%), na Barra da Tijuca (18%) e na Cidade de Deus (13%).

Deve-se levar em conta que os empreendimentos imobiliários em Jacarepaguá e, principalmente, na Barra da Tijuca assumiram o modelo de condomínios verticais e horizontais fechados, como se fossem arquipélagos de conforto, segurança e riqueza para ser desfrutada exclusivamente entre pessoas de igual visão de mundo, padrões de consumo e de renda similares. Formaram-se verdadeiros guetos protegidos como fortalezas e rodeados de shoppings centers, clubes, centros comerciais, praias e lagoas, que conduziram a uma valorização de mais 150% do solo e dos imóveis na Barra da Tijuca.

É interessante destacar que entre os dois censos — 2000 e 2010 — a cidade ganhou 210 mil novos moradores em favelas. Desses, pelo menos um terço se faz hoje presente na Barra da Tijuca e Jacarepaguá (que possuem juntos apenas 12% da população total da cidade). Observando o Cadastro de Favelas do Instituto Pereira Passos veremos que favelas na AP 4 assumiram recentemente um maior crescimento por extensão e densidade (vertical) em comparação com as favelas já consolidadas em outras áreas de planejamento. Nesse quesito, destaca-se a favela de Rio das Pedras.

Na AP 4 as taxas de crescimento foram igualmente altas para a "cidade formal", apresentado um crescimento de 1,7% para Jacarepaguá e 6% ao ano para a Barra da Tijuca, situação inversa da registrada para AP 3 — Zona Sul, acompanhando a forte concentração de empreendimentos imobiliários[47]. Mesmo assim o crescimento de pessoas morando em favelas foi muito mais rápido, com taxas de 7,5% ao ano em Jacarepaguá e de 10% na Barra da Tijuca[48].

Os arquipélagos de guetos urbanos de classes médias têm como vizinha a pioneira Cidade de Deus e Rio das Pedras, e, na sua expansão nos anos 1990 a 2010, a construção de favelas novas como Vila Autódromo, Arroio Pavuna, Asa Branca e Vila União. A AP 4 — Barra da Tijuca/Jacarepaguá foi configurada como uma fronteira "urbana em expansão" do mercado imobiliário. Mas o arquipélago recebeu outras ilhas, habitadas por pessoas mobilizadas para o trabalho, para

47 Segundo a Associação de Dirigentes de Empresas do Mercado Imobiliário (Ademi), 68,5% de todas as unidades habitacionais lançadas na cidade entre 2005 e 2010 estavam concentradas em quatro bairros: Barra da Tijuca, Jacarepaguá, Recreio e Campo Grande.

48 Ver Sistema de Informações sobre Assentamentos de Baixa Renda (DIG-IPP), disponível em <www.armazemdedados.rio.rj.gov.br>.

o acesso a equipamentos e serviços urbanos disponíveis e a possibilidade de construir sua morada contando com os seus esforços pessoais, de familiares e de parcerias solidárias. Muitas delas precisaram enfrentar ações de remoção movidas por interesses de empreiteiras e pelos governos municipal e estadual, sendo as operações contra a Vila Autódromo uma das de maior visibilidade[49].

MAPA 9 | Favelas Zona Oeste (2010)

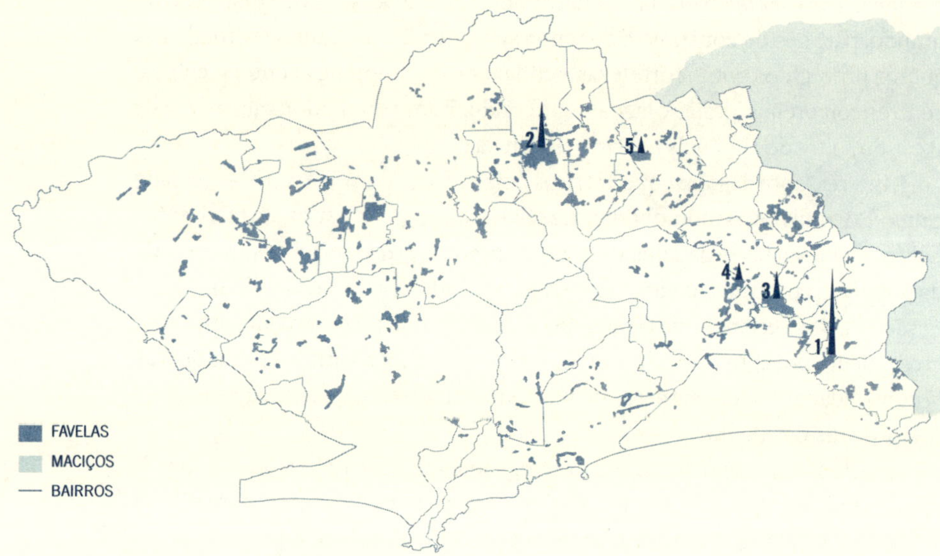

	POPULAÇÃO (HAB)
1. RIO DAS PEDRAS	63.484
2. FAZENDA COQUEIRO	45.415
3. CIDADE DE DEUS	36.515
4. COLÔNIA JULIANO MOREIRA	15.474
5. VILA DO VINTÉM	15.298

[49] Vila Autódromo se tornou referência no Rio de Janeiro ao se tornar símbolo de resistência contra a política de remoções associada aos megaeventos esportivos. Situada ao lado do Parque Olímpico, coração dos Jogos Olímpicos de 2016, a comunidade foi e é um dos principais alvos dessa política. Desde 2014, com parte dos moradores cedendo às pressões, as demolições começaram e os moradores que permaneceram continuam sem o título de posse de terra prometido pelo ex-prefeito Eduardo Paes (em 2016) após a realização do projeto de urbanização. Além disso, a prefeitura ainda não honrou com a construção de uma quadra poliesportiva, nem com a reconstrução da Associação de Moradores e do parquinho infantil, ambos demolidos durante o processo de remoção.

A expansão das favelas na AP 5 — Zona Oeste se inscreve no movimento de urbanização ampliada, evidentemente vinculado à disponibilidade de terras urbanizáveis de preços relativamente mais baixos do que as da Barra da Tijuca e de Jacarepaguá, o que fez com que ela se tornasse objeto de empreendimentos imobiliários de mercados formais e clandestinos, incluindo ações violentas de grileiros e milicianos para o controle, ocupação e venda de lotes[50].

A AP 5 é a mais populosa da cidade, alcançando um milhão e setecentos mil habitantes, embora seja uma das menores em termos de população vivendo em favelas (12%). Loteamentos populares criados nos seus bairros se fizeram próximos e passaram a conviver com as Vilas (Aliança, Esperança e Kennedy). Estas, por sua vez, conheceram a multiplicação de residências em seu entorno por meio de ocupações, assumindo características de favelas. Outros conjuntos, como os do Cesarão (Santa Cruz) e de Jaime Câmara (Padre Miguel), também passam por processos semelhantes de favelização em seu núcleo urbano original com as "puxadas" e os "puxadinhos", além das construções de moradas em seu entorno.

Registre-se, ainda, que das 149 favelas recentemente cadastradas oficialmente pelo Instituto Pereira Passos, 60 estavam na Zona Oeste: Campo Grande (20), Guaratiba (17), Santa Cruz (14), Bangu (06) e Realengo (03). Todas elas surgem com limitações de serviços e equipamentos urbanos, exigindo a construção de redes de fornecimento de água e de coleta de esgoto, obras de drenagem, calçamento e pavimentação. Além de outras demandas de direitos básicos como escolas, postos de saúde e transporte coletivo.

De acordo com o Censo IBGE de 2010, do total de 1.984.512 residentes, 274 mil pessoas estavam em favelas. Guaratiba (25%) e Bangu (22%) se destacam como os bairros com maiores percentuais de pessoas vivendo em favelas, seguidos de Campo Grande (12%), Realengo (12%) e Santa Cruz (15%). Delas ganham destaque: Fazenda Coqueiro, localizada em Senador Camará, com 45.415 moradores; Vila Vintém, em Realengo, com 15,298; e Nova Cidade, com 14.193 residentes.

É indispensável acrescentar ao crescimento urbano na AP 5 os recentes empreendimentos do programa "Minha Casa Minha Vida", responsável pela construção de 2.709 imóveis, com cerca de dez mil habitantes, em 11 conjuntos habitacionais em Campo Grande, Cosmos e Realengo.

50 A questão da milícia será tratada no capítulo correspondente à segurança pública.

As transformações provocadas pela expansão urbana contraditória e desigual na Barra da Tijuca e Jacarepaguá, assim como no conjunto de bairros localizados no recorte geográfico denominado como Zona Oeste, atualizam condições estruturantes da produção da cidade do Rio de Janeiro. Há, sem dúvida, um projeto hegemônico de cidade em curso que não é acolhedor dos grupos populares. Entretanto, eles se fazem presentes ou mesmo se antecipam à urbanização extensiva e discricionária daquela região da cidade, demonstrando como é desigualmente estrutural a produção do espaço urbano no Rio de Janeiro em mais de um século contado.

A dinâmica da produção do urbano nas Áreas de Planejamento nos remete ao processo complexo e contraditório do qual as favelas estão inscritas e se inscrevem como territórios em expansão e em consolidação, constituindo-se simultaneamente como uma marca inapagável da história do Rio de Janeiro e como uma matriz para a construção de uma cidade justa e generosa.

As favelas são inventivas, audaciosas e diferentes

As favelas sempre foram consideradas, nos discursos hegemônicos, como territórios da ausência da civilidade, de diminuta presença de serviços e irregularidades fundiárias urbanísticas. "Aglomerados subnormais" sem tirar nem pôr. Percebe-se que as condições físicas de muitas habitações nas favelas foram sempre tomadas como medida dominante para construir narrativas preconceituosas e apressadas, generalizando as expressões de carência e ausência como definidoras das condições de vida dos grupos populares. Tais pressupostos reduziram as favelas à condição de territórios precários, ilegais, inacabados, desordenados e inseguros. As favelas eram configuradas como o avesso da cidade. Eram territórios cuja presença na cidade era considerada como ilegítima. E, por extensão, os seus moradores passam a ser considerados como pessoas incapazes de mudar as suas condições de existência, uma vez que estariam imersos nos "ciclos viciosos da pobreza e da violência".

No senso comum cada vez mais desprovido de senso de realidade, as favelas são tomadas como se fossem todas iguais, recebendo inclusive propostas urbanísticas padronizadas para resolver os "problemas causados pelas habitações irregulares e para conter sua expansão indevida". O que temos buscado demonstrar é que as favelas possuem suas histórias, fisionomias e inserção diferenciadas na cidade. Para além das particularidades de sua morfologia, localização e histórias de formação, há também uma composição diferenciada de formas de trabalho, níveis de renda, de inserção ao consumo de bens e de acesso aos serviços públicos, formas de uso de espaços de convivência como ruas, praças e demais equipamentos em comum, além de modos de organização de suas representações associativas e comunitárias.

Quando superamos os estereótipos e os estigmas que marcam o universo da vida das moradas criadas e recriadas pelos grupos populares, identificamos que há acordos, regras e normas instituídas nas vivências de seus habitantes. São invenções que nada se assemelham ao caos ou desordem absolutos que lhes são invariavelmente atribuídos, embora seu cotidiano não seja isento de contradições envolvendo distintos interesses, usos e ações de indivíduos e grupos.

Para a existência e a persistência das moradias populares nas cidades, foram fundamentais as relações de parentesco, de amizade e de vizinhança na construção de relações de solidariedade que, embora não desprovidas de conflitos, permitiram constituir as possibilidades de existir diante das condições de desigualdade urbana. Da construção e ampliação de suas casas ao calçamento de ruas, das mobilizações por serviços e equipamentos públicos à luta pela permanência diante das ameaças de remoção, foram (e ainda são) expressões de lutas compartilhadas que fizeram das relações de proximidade um trunfo social para garantia de direitos fundamentais para habitação da cidade.

É importante também reconhecer como as habitações populares da cidade, a exemplo das favelas, se tornaram "mercados socialmente necessários" de moradia diante da reduzida e insuficiente provisão de unidades residenciais por meio de políticas públicas governamentais. Tanto no sentido da produção familiar e intergeracional da moradia própria como no sentido de produção para a venda ou aluguel de imóveis ou de parte dele, como as "lajes" nas favelas e as "puxadas" nos conjuntos habitacionais. Afinal, são estes territórios estigmatizados que respondem às demandas de moradia dos pobres das cidades e metrópoles brasileiras, apesar de toda a insegurança fundiária de seus imóveis e a limitada qualidade de serviços urbanos fundamentais.

Ao enunciar as suas especificidades, as favelas também revelam a sua inserção na vida da sociedade urbana como um todo. Podemos afirmar, inclusive, que os "aglomerados subnormais" ou mesmo as "comunidades urbanizadas ou não urbanizadas" representam a maximização das possibilidades econômicas, culturais e sociais realizada pelos pobres nos seus mais legítimos esforços para habitar a cidade.

Ao colocarmos em causa a habitação urbana de grupos populares, não estamos nos referindo simplesmente a um abrigo individual e familiar. Falamos da morada como recurso de existências. Falamos de uma experiência complexa fundada pela proximidade de valores, práticas, vivências, memórias e posição social construídas nas relações entre indivíduos, famílias e grupos sociais em "residências da vida". Nesse sentido, ao reportarmos o direito de habitar a cidade não podemos nos reduzir ao acesso a uma unidade residencial em um bloco de apartamentos ou em um conjunto habitacional produzido em série pela racionalidade estatal e privada.

Aqui ganha sentido a concepção de morada, de local onde as pessoas constroem suas relações de pertencimento tangíveis e intangíveis para estabelecer horizontes sociais do território em uso. Essa morada reúne os recursos sociais (escolas, postos de saúde, creches), os recursos afetivos (amores, paixões, parentescos, amizades) e os recursos simbólicos (igrejas, bares, blocos de carnaval, escolas de samba, campos de futebol, terreiros de umbanda e de candomblé) que são mobilizados e compartilhados por indivíduos, famílias e grupos sociais no processo de atribuir significado às suas existências e de sua luta tenaz de permanência na cidade. Portanto, é preciso valorizar experiências mais ricas de habitação em curso na cidade, elevando-as à condição de direito. Por isso se faz indispensável a regularização fundiária que garanta, proteja e dê segurança a esse patrimônio social e cultural que é a favela.

Apesar de defendermos o reconhecimento das favelas como uma legítima experiência popular de produzir a cidade, a realidade social vivida por seus moradores está imersa em condições profundas de desigualdade com imensas implicações na subjetividade de indivíduos e grupos populares.

É assim que a imposição dominante de valores construídos em termos de posições sociais faz com que os moradores de favelas não apenas se sintam constrangidos, mas impelidos a se sentirem inferiores, a terem vergonha de seus locais de morada, a desprezar suas histórias familiares, recusar suas experiências afetivas e suas próprias lutas afirmadas no cotidiano. Tudo isto significa desconsiderar as potências e não reconhecer os atos de construção de saberes e fazeres do território que concebe a vida individual e coletiva na favela e na cidade.

A pretensa anomia que caracterizaria a vida das e nas favelas significa uma negação das práticas plurais que configuram as lutas populares para habitar as cidades. Como vimos, os moradores das favelas possuem histórias de enfretamento contra desapropriações e remoções, conjugam estratégias diversas para conquistas de equipamentos e serviços urbanos (mesmo que precários e insuficientes) e inventam formas particulares de proteção e solidariedade.

Esses esforços conjugados de construir abrigos para si e suas famílias, realizados pelos trabalhadores subalternizados da cidade, nunca foram devidamente reconhecidos pela sociedade, em geral, e pelo próprio Estado. Suas obras territorializadas sempre foram interpretadas e tratadas como ilegais, irregulares, informais, subnormais, precárias e clandestinas por não obedecerem aos padrões racionais de edificação, por terem se constituído sem o crivo do controle governamental, por não possuírem documentação escriturada de propriedade e, sobretudo, pela origem social e racial de seus habitantes[51]. Esse conjunto de condições é uma marcação territorial da desigualdade que afeta a vida cotidiana dos moradores das favelas desde a impossibilidade de receber uma simples correspondência porque a rua em que mora não tem nome ou número oficial, até o tratamento violento e arbitrário das forças de segurança do Estado. Nesse sentido, a favela precisa entrar definitivamente no mapa social e político da cidade para o reconhecimento da sua legitimidade como morada popular[52].

A habitação na favela não se resume ao uso exclusivamente residencial. A casa no cotidiano dos espaços populares tem funções muito mais amplas do que uma simples residência. Uma delas está vinculada às oportunidades de geração de trabalho e renda. O uso para a habitação pode ser combinado a uma pequena mercearia, um bar ou um salão de beleza. É assim que se multiplicam as oficinas mecânicas, os depósitos de bebidas, as borracharias, as biroscas, as lojas de roupas e as antigas *lan houses*: atividades socioeconômicas familiares intimamente associadas à habitação. São pequenos negócios de origem familiar que se mantêm graças ao mercado local constituído na própria favela.

Por outro lado, não há apenas atividades econômicas de pequeno porte nas favelas. Em muitas delas se fazem presentes as farmácias e padarias, os supermercados e as imobiliárias, lojas de eletrodomésticos e de equipamentos de informática, sobretudo nas grandes favelas como Maré, Rocinha, Alemão e Rio das Pedras.

---

51 A lei complementar nº 111 de 1/2/2011 (Plano Diretor de Desenvolvimento Urbano Sustentável do Município do Rio de Janeiro) estabelece no artigo 234 a seguinte definição de favela: "área predominantemente habitacional, caracterizada por ocupação clandestina e de baixa renda, precariedade da infraestrutura urbana e de serviços públicos, vias estreitas e alinhamento irregular, ausência de parcelamento formal e vínculos de propriedade e construções não licenciadas, em desacordo com os padrões legais vigentes".

52 A Redes de Desenvolvimento da Maré em parceria com o Observatório de Favelas desenvolve cartografias aplicadas às fisionomias das favelas. O objetivo é contribuir com a visibilidade territorial das favelas na cidade, além de demarcar e nomear ruas em um sentido prático de afirmação da cidadania e identidade social dos moradores e de suas moradas. Ver Guia de Ruas da Maré, 2012.

A diversidade de empreendimentos econômicos nas favelas demonstra como os moradores dos espaços populares respondem aos baixos salários, à reduzida oferta de empregos formais, à discriminação racial e, sobretudo, inventam, a seu modo, um mercado socialmente necessário de produção e consumo de bens e de serviços.

As favelas também se tornaram mercados de consumo de bens duráveis. Há muito tempo que geladeiras, aparelhos de TV e ar condicionado povoam muitas casas das favelas, em outras inclusive se fazem presentes computadores e *tablets*. Além disso, muitos moradores e moradoras possuem diferentes modelos de celulares. Embora seja descabida a generalização do acesso mercantil ao consumo nas favelas, isto também significa dizer que não podemos tratar as favelas como territórios de penúrias, pois mesmo que a compra de objetos de consumo se realize em diversas prestações, há um mercado urbano dos mais significativos nas favelas.

Mesmo nas mais precárias de suas configurações de habitação e serviços básicos, das condições limitadas de equipamentos disponíveis e das situações de violência que as atingem, as favelas são territórios onde os pobres afirmaram sua presença no espaço urbano. Podemos dizer que a favela é uma das mais importantes experiências de enfrentar as desigualdades que marcam a vida em sociedade em nosso país, em especial nas grandes cidades como o Rio de Janeiro.

Mas são justamente esses territórios os mais fragilizados diante das limitações e incompletudes das políticas sociais governamentais, da notória concentração de renda e propriedade urbanas, dos interesses particularizados do mercado e da criminalidade violenta. E, contraditoriamente, são expressões da invenção cotidiana do viver e do inventar a cidade como obra humana plural e compartilhada. Portanto, a vitória das favelas será sempre uma vitória da cidade.

Rua Teixeira Ribeiro, um ponto de comércio bastante ativo no conjunto de favelas da Maré. FOTO: Bira Carvalho/Imagens do Povo.

TEMAS CENTRAIS
DAS FAVELAS CARIOCAS

Impressões e representações das favelas

Um primeiro limite a ser superado na interpretação da vida cotidiana nas favelas, em particular quando pensamos nas suas formas de regulação, diz respeito ao conceito hegemônico de "ordem", que domina a sociedade brasileira e se manifesta nas práticas dos órgãos estatais — e seu pretenso contraponto, o de "caos". De fato, o caráter elitista, patrimonialista e autoritário do Estado nacional gerou uma percepção do "caos urbano" que influenciou a forma de se representar, definir e intervir nas favelas, dentre outros territórios. Na crítica a essa formulação, Jorge Barbosa (2012) já apontava que

> da arte contemporânea aos meios de comunicação de massa, o caos como *imago urbis* aflora e se reproduz, demonstrando o seu vigor para hegemonizar formas de representação e, sem dúvida, conferindo certo poder de sedução às interpretações 'científicas' das contradições da cidade contemporânea. Contudo, não se trata apenas de jogo de cartas marcadas, ou melhor, de imagens marcadas por certo tipo de discurso ou textualidade niilista pós-moderno(a). A imagem do caos vem assumindo um papel significativo na condução de práticas sociais de reordenamento territorial e paisagístico das cidades.
>
> Podemos identificar duas linhagens que fazem do caos o fundamento de suas leituras da cidade, e cujas consequências últimas, apenas aparentemente diferenciadas, encontram-se num mesmo leito comum: a linhagem da simulação e a da dissimilação. A primeira linhagem se constitui a partir do tratamento do caos como sinônimo corrente da crise urbana. Essa leitura apoia-se em evidências bastante concretas das condições histórico-geográficas atuais da cidade. A violência, o banditismo social, a degradação ambiental, a saturação das vias de transporte, a insuficiência dos serviços de saúde e habitação são expressões recorrentes e instrumentalizadoras do caráter pletórico das representações que fixam, limitam e remetem o nosso imaginário à superfície das "questões sociais" advindas da falência da cidade.
>
> Geralmente constituídas a partir do isolamento dos elementos de seu conjunto mais amplo, as representações do caos tratam as questões de ordem mais complexa e tensa como problemas do crescimento urbano 'desordenado'. No entanto, é através de sua banal inocência que se configuram e se difundem leituras ideológicas de vitimização dos 'citadinos' e,

no seu limite, de satanização da cidade. Contrapor-se às representações banalizadas da cidade desordenada (portanto, caótica) não significa negar que vivemos em um período marcado pelo aguçamento das contradições e conflitos sociopolíticos e, até mesmo, de desconstrução de práticas e valores que edificaram o nosso modo de ser e estar urbano no mundo. No entanto, é preciso estar atento às leituras correntes da cidade a partir da imagem caos, como desordem e fragmentação. (...) A imagem do caos como representação da cidade reitera a rigorosa correspondência entre a hierarquia social e a morfologia espacial urbana e, sobretudo, mascara a radicalidade das desigualdades sociais nas cidades. Por outro lado, os apelos à normatização da cidade diante do caótico vêm orientando práticas de vigilância e disciplinarização de corpos indesejáveis (migrantes pobres, população de rua, *lumpem proletários*), como também as de isolamento e de contenção de territórios considerados perigosos. Práticas discricionárias que se amparam no objetivo, sempre pretenso, de defender o cidadão-consumidor da 'barbárie' instaurada pela desintegração do tecido social; e que, notoriamente, se apoiam na violência policial do Estado e em corporações privadas de segurança para garantir a 'civilidade' local e privada na cidade (p. 190-1).

O texto nos alerta para que não aceitemos sem juízo crítico uma formulação de caos e de ordem que tenham como referência a negação da construção de práticas democráticas de convivência na cidade. Isso fica patente na instalação dos "choques de ordem" tentados por diversas gestões que ocuparam a prefeitura do Rio de Janeiro desde a década de 1990, os quais pressupunham que cabe apenas ao Estado regular as formas de ocupação e organização do espaço público. Regulação sempre feita de forma hierarquizada, na qual os cidadãos são vistos como seres que precisam ser "disciplinarizados", nos termos da teoria social de Michel Foucault, sem que tenham qualquer papel na definição das práticas reguladoras e ordenadoras do seu próprio território.

Dito isso, consideramos inadequada a representação de que não exista ordem nas favelas; ali se forjou, na ausência reguladora do Estado, práticas cotidianas de convivência que foram permitindo a construção de um rico conjunto de códigos e sociabilidades. Esses códigos não são definidos de forma absoluta pelos grupos criminosos, como é comum se acreditar. Na verdade, em muitos aspectos, os agentes desses grupos se ajustam a esses, ou, no caso dos grupos de traficantes, já os têm incorporados, visto terem construído sua história de vida, em geral, naqueles territórios ou similares.

Outro aspecto relevante a ser destacado sobre as práticas cotidianas nas favelas diz respeito às características identitárias — dinâmica de produção das subjetividades — dos moradores das favelas cariocas em relação ao conjunto dos habitantes do Rio de Janeiro. Quando pensamos nos cariocas, paulistas, mineiros ou paraibanos, dentre tantos outros, estamos situando pessoas que, em suas múltiplas diferenças, têm identidades comuns em termos de pratos específicos, bebidas, times de futebol, música e mesmos juízos sobre a ação da polícia ou outros sujeitos sociais. O que os distingue, portanto, não são características de matriz étnico-racial ou cultural, fundamentalmente. Os perfis identitários dos moradores das favelas se configuram a partir de referências derivadas das condições sociais de inserção na cidade, suas condições objetivas de vida e formas como se veem e são representados pelo "outros", no âmbito de suas "identidades sociais".

Uma enquete realizada com 50 pessoas[53] — moradores e ex-moradores de favelas, além de residentes em outros territórios urbanos da cidade que frequentam as favelas — revela o impacto das experiências de vivência cotidiana na favela na construção da identidade do local e de seus moradores: para todos os entrevistados, destaca-se na favela, como afirma um deles, "a convivência das pessoas sem a intermediação de cercas, grades ou quintais. Nesses espaços populares, as relações de vizinhança se dão de um modo mais espontâneo e, quase sempre, caloroso".

Na mesma direção, outro sintetiza o juízo comum: "o que me chama atenção, e que não identifico de igual maneira em outros lugares da cidade, é o caráter, na maioria das vezes, comunitário das práticas cotidianas. Do trabalho ao lazer, passando por práticas religiosas, por exemplo, o morador da favela está rodeado de interlocuções". Essas "interlocuções" e expressões solidárias são vistas como um novo paradigma para outra entrevistada, também oriunda dos setores médios e que trabalha há longo tempo na favela:

> a característica que sempre chamou mais a atenção em relação às práticas cotidianas na favela foi a solidariedade entre moradores. A ideia de civilização dos grandes centros (muito inspirada no modelo europeu, eu acho) nos ensina que respeitar o vizinho e o espaço público é sinônimo de sermos quase invisíveis uns para os outros. Na favela essa regra simplesmente não existe. Respeitar o vizinho é chamá-lo para o churrasco que fecha a rua; é ajudá-lo no mutirão; é apoiar quando a casa alaga; cumprimentá-lo na rua; conhecer a família; chamar para tomar sol na laje etc.

---

53 A questão apresentada para todos os entrevistados foi: "Qual a principal diferença que você identifica nas práticas cotidianas dos moradores das favelas em relação ao conjunto da cidade? O que mais te chama atenção, o que você não vê igual em outros lugares da cidade, em geral?" (Observatório de Favelas, 2016)

Podemos formular a hipótese de que o fato de a favela ter se constituído a partir de ações coletivas, visando ao acesso a serviços fundamentais no espaço urbano, tais como energia, água, esgoto e vias de circulação, ampliou as condições de convivência entre as pessoas. Com isso, ampliaram-se as possibilidades de contato. O que não traz apenas reflexos positivos, como sinaliza outra entrevistada:

> Da minha experiência como moradora de Nova Holanda, o que mais me chamava atenção era a falta de privacidade. É a aplicação literal do termo comunidade, ou seja, sua vida é pública, todos sabem o que você faz, inclusive o que se passa dentro da sua casa. Por exemplo: certa vez eu estava em casa sozinha tomando banho. Alguém me chamou no portão de entrada e a vizinha respondeu para a pessoa: "ela está tomando banho". Ou seja, ela ouviu o barulho do meu chuveiro e já deduziu que eu estava tomando banho. Um diferencial positivo é a solidariedade. Numa comunidade você encontra pessoas que sempre pode contar quando precisar, seja em qualquer situação.

As ambiguidades a respeito dessa proximidade também são destacadas por outra entrevistada, que frequenta a favela como trabalhadora:

> Vejo as pessoas mais prontificadas em ajudar na hora da necessidade, em caso de doença, morte na família etc. Percebo também, de forma negativa, muita fofoca, muita atenção à vida alheia (não sei se isso é característica da favela ou de lugares onde as pessoas vivem de forma muito próxima).

Outro entrevistado, que morou décadas na favela, também frisa as aparentes contradições:

> Como ex-morador e frequentador da Maré, o que me incomoda é a quantidade, a variedade e o volume das músicas que são executadas a qualquer hora. O que acho muito legal é que até hoje conheço quase todos os meus ex-vizinhos, inclusive pelos nomes. Onde moro atualmente, embora ali esteja há 10 anos, tenho 3 vizinhos: não sei o nome de todos e só nos falamos quando nos vemos no elevador ou no corredor.

O caráter hospitaleiro, que rompe com a representação da favela como área fechada, isolada e agressiva, é ressaltado por outro entrevistado, com uma longa história de convivência com as favelas e oriundo de uma cidade do interior do Estado:

O que mais me impacta é a receptividade. A forma como se é recebido é bastante díspar em comparação a outros espaços da cidade. Há uma intenção de agradar, de receber bem. Esse desejo de agradar também acontece em outros espaços, mas na favela me parece diferente. É mais natural: mesmo que não estejam esperando "visita", a receptividade é a mesma. É menos formal, há uma preocupação em deixar a pessoa à vontade. Outra coisa que considero relevante nessa diferenciação é a solidariedade. Talvez essa solidariedade não seja instantânea, mas por conta de minha relação cotidiana e afetiva com algumas favelas (especialmente Maré e Alemão), percebia uma relação de afeto, de preocupação com o outro, diferente de espaços mais abastados. É algo que em alguma medida me lembra Valença (onde vivi até os 18 anos), uma cidade pequena, onde as pessoas se conhecem e se solidarizam. Por exemplo: o cara que tem carro na rua leva no hospital, o que tem cisterna cede água para os outros quando o abastecimento não dá conta etc. O problema de um afeta o próximo.

Outro aspecto singular na favela é a intensidade da presença humana. A alta densidade demográfica, os espaços reduzidos e a forte presença de pessoas, de variadas faixas etárias, no cotidiano do território geram uma inversão profunda das relações entre, por exemplo, carros e pedestres, como assinala uma entrevistada com pouco tempo de Rio de janeiro e de frequência nas favelas:

Não conheço tantas favelas no Rio. Mas uma coisa que me chama muito a atenção quando vou à Maré é a quantidade de pessoas nas ruas. É como se elas se apropriassem de "toda" a rua. Para andar de carro, é quase preciso pedir licença, pois as pessoas — inclusive crianças — circulam, zanzam e andam no meio da rua. É preciso esperar que elas "percebam" os carros e se afastem lentamente. Confesso que achei isso muito estranho nas primeiras vezes que fui à Maré, mas adoro esta inversão de valores. Hoje os carros têm absoluta prioridade nas ruas, espaços públicos e até nas casas das pessoas. Circular em um território onde toda esta lógica está invertida me agrada muito. Assim que saio da Avenida Brasil e entro na Maré já mudo a minha postura de "motorista" que tem prioridade na vida pública, reduzo totalmente a velocidade, quadruplico minha atenção (sempre tem alguma criança correndo atrás de uma bola ou uma pipa, totalmente alheia ao vai e vem dos carros) e fico quase envergonhada de estar passando por ali de carro, estorvando a vida dos pedestres. Sinto isso, em outra medida, quando vou à Santa Marta também. Lá os carros não transitam como na Maré, até pela geografia do lugar. Mas sempre tem muita gente nas vielas, ruelas e praças, sentada na porta das casas, quase como a cidade do interior que meus pais moram. Confesso que, como moradora do blasé Jardim Botânico, sinto muita falta desta força pulsante nas ruas, de uma vizinhança mais unida e integrada, de dar bom

> dia, boa tarde e boa noite para os moradores e não apenas para os porteiros e seguranças da rua. Gosto desta prática que percebo nos moradores das favelas, seja lá por que motivos forem.

Logo, é visível que a forma de lidar com o espaço público pode ser muito distinta nas favelas e nos espaços urbanos onde as ações de regulação e os serviços públicos oferecidos pelo Estado são universalizados. Nesse sentido, a favela rompe com a analogia criada pelo antropólogo Roberto Damatta entre a "casa e a rua", em seu sentido mais primário. Em sua leitura sobre o mundo urbano brasileiro, o autor considera que a "casa" é o espaço da privacidade, da intimidade, da relação familiar e da confiança. A "rua" seria o espaço da formalidade, das relações convencionais, da sociabilidade profissional, das disputas e terreno de construção de códigos objetivos, sem espaço para as expressões subjetivas[54]. Ora, as experiências vivenciadas nas favelas, em grande medida, rompem essas fronteiras e fazem com que os limites do mundo privado se espraiem para a "rua", tornando as relações complexas e ambíguas no que diz respeito aos vínculos, nos territórios, entre as dimensões objetivas e subjetivas, pública e privada, social e individual[55].

Por fim, cabe ressaltar outra forma de percepção, feita por um ex-morador da favela, que não desconsidera as características anteriores, mas se centra na forma dos moradores lidarem com a violência cotidiana:

> O que mais me impacta é o convívio com a violência, essa encenação de que é tranquilo ver as pessoas armadas nas bocas, nas motos ou de morar ao lado de uma boca de fumo, a truculência da polícia e do Estado e, mais especialmente, a presença das "fronteiras" entre as comunidades dominadas pelas facções.

Na mesma direção, outro ex-morador, até hoje comerciante na favela, afirma que "a indiferença com a violência e a passividade com a falta do Estado" são posturas inexplicáveis para ele.

Por fim, outro aspecto central nas práticas cotidianas de muitos moradores das favelas é o que denominamos de particularização da existência[56]: são experiências de vida reduzidas a um território específico, que funciona como ponto de

---

54 Cabe destacar que Damatta relativiza essas definições de acordo com as escalas espaciais.

55 Nesse sentido, as favelas retomam tradições históricas, anteriores ao processo de ampliação da regulação do público sobre o privado — do Estado sobre a sociedade, assinalado por H. Arendt no livro *A Condição Humana*, 2005.

56 Cf. J. Silva e J. Barbosa, 2005.

partida e de chegada. Nesse caso, o nível de circulação e mobilidade do indivíduo é limitado ao seu território de moradia e, em geral, também de trabalho. Apesar disso, de acordo com um jovem morador de uma grande favela carioca:

> O jovem de origem popular está dominando alguns recursos que antes eram restritos ao jovem de classe média. O acesso a meios expressivos e de produção de discursos, resultado da aproximação destes jovens com movimentos sociais e o acesso à universidade, tem possibilitado a materialização de um olhar com os traços da experiência vivida nas favelas e periferia carioca, que podemos observar com o surgimento de coletivos, que buscam, na cidade, imprimir seu posicionamento crítico sobre o que discutimos de política pública e social. Na classe média, este reconhecimento do jovem como sujeito que interfere em sua própria realidade era ativado através do movimento estudantil e, muitas vezes, na aproximação com partidos políticos e grupos de estudos. Os coletivos são movimentos que se articulam, se interagem e propõem novos espaços de discursos na cidade. Através destes coletivos, os jovens de favelas têm ampliado seus repertórios sobre o "outro" na cidade e, com os avanços da tecnologia, interagem e se articulam na cidade. Esta conexão resulta na produção de símbolos que evidenciam suas decisões a partir de suas experiências.

Essa ênfase na relação entre as trajetórias dos jovens das favelas e periferias e suas vinculações com instituições e coletivos criados de forma autônoma tem sentido pelo fato de que só é possível entender a emergência dos diversos movimentos políticos, culturais e educacionais nos territórios populares a partir das suas expressões coletivas. Por outro lado, esses coletivos e instituições cumprem um papel central na contribuição para aumentar o repertório desses jovens e sua capacidade de circular na cidade, assim como sua capacidade de conviver com a diferença de forma empoderada, como conclui nosso jovem entrevistado:

> Como jovem de favela e fotógrafo, busco uma maior compreensão sobre o que discutimos na cidade e quais meios foram usados para pautar esta discussão. A hierarquização do discurso tem impossibilitado ao jovem de favela demonstrar seu potencial, e acredito que podemos pautar as discussões da cidade como sujeitos que reconhecem sua trajetória de vida e que sabem o espaço que ocupam nesta disputa. Este processo é muito recente e necessita de avanços e maior domínio sobre a teoria e prática que motiva um jovem de favela a se expressar e se articular na cidade, pois o seu olhar já se entremeia com o conjunto de ideais que, de certa forma, o jovem de classe média também domina. Pra mim é uma apropriação tardia dos meios expressivos, porém necessária para radicalizar a ideia de Democracia na cidade.

As considerações sobre os aspectos identitários dos moradores das favelas, sobre suas práticas cotidianas e representações da favela, da cidade e do Estado, dentre outras, demonstram a importância assumida pela regulação estatal do espaço público, seja na ausência ou na presença. No que concerne a esse fenômeno, três elementos ganham destaque como hegemônicos nos códigos de ordenação do espaço cotidiano das favelas. Em primeiro lugar, destacamos as práticas de resistência, ou desprezo, às normas estatais. Os moradores, por exemplo, ignoram as normas públicas para construção de suas moradias e empreendimentos, assim como para o gerenciamento de suas atividades econômicas. O sentimento generalizado é de que o Estado existe para punir e arrecadar recursos da população, não se interessa pelos moradores locais e só se faz presente através de seus agentes políticos, nos momentos eleitorais, ou através da força desmedida da polícia. Assim, não há o reconhecimento do Estado como ente de fato republicano e universalizador de direitos, capaz de atender às demandas do morador e de considerá-lo como um sujeito de direitos. O resultado desse déficit de reconhecimento do lugar e papel do Estado é, por sua vez, a ausência de uma postura de responsabilidade pessoal com a preservação do espaço público. Nesse caso, duas noções aparentemente opostas são hegemônicas: a de que o espaço público é de "ninguém" ou de que ele é de "todos" — e, nesse caso, ele também é do indivíduo, que se sente com plenos direitos sobre ele.

De fato, uma das diferenças mais evidentes entre a favela e outros espaços da cidade se dá pela irrestrita ocupação privada do espaço público (ruas, calçadas, praças etc.) por comerciantes, igrejas e outros moradores, produzindo um ordenamento espacial que priva o conjunto dos moradores de direitos como o de caminhar pela calçada, utilizar a praça pública para lazer etc. A inação histórica do Estado, que gerou a privatização da regulação do espaço público pelos grupos criminosos, faz com que algumas pessoas solicitem a estes autorização para a ocupação de espaços e/ou equipamentos públicos pra fins privados. Como os "chefes", em geral, concordam — tendo em vista que a iniciativa tem como objetivo desenvolver uma atividade que gere renda ou garantir uma moradia, muitas áreas que seriam consideradas comuns nos bairros formais são, na favela, apropriadas de forma privada.

Assim, tornou-se comum nas favelas a construção de uma concepção de espaço público em que este pode ser utilizado de acordo com interesses particulares e circunstanciais. Levando em conta Roberto Damatta, esse tipo de juízo vai além dos moradores das favelas; ele seria uma forma do brasileiro médio se colocar no espaço público:

> Na rua, a vergonha da desordem não é mais nossa, mas do Estado. Limpamos ritualmente a casa e sujamos a rua sem cerimônia ou pejo... Não somos efetivamente capazes de projetar a casa na rua de modo sistemático e coerente, a não ser quando recriamos no espaço público o mesmo ambiente caseiro e familiar. (Damatta, 1997)

Nesse caso, a diferença fundamental seria a presença, nas ruas dos bairros, de um poder regulador do Estado passível de ser acionado, o que tornaria mais fácil o controle sobre esse tipo de prática. Além da questão objetiva de falta, historicamente, de limpeza das ruas das favelas e conservação dos equipamentos nelas existentes. O melhor exemplo da importância da conservação para garantir determinado comportamento é um famoso exemplo sobre as práticas dos frequentadores dos trens da Central do Brasil e do Metrô da Central serem absolutamente distintas nesses equipamentos: os primeiros eram dominados pela sujeira e degradação dos equipamentos, o segundo, limpo e sem danos. A limpeza dos trens melhorou e, no processo, também melhorou o comportamento dos usuários. Logo, não é possível apenas responsabilizar o cidadão pela ação em relação ao espaço público, mas também as instituições estatais que são diretamente responsáveis por sua conservação.

De fato, a leniência do Estado provocou, por um lado, uma necessária mobilização de muitos moradores para garantir a oferta de determinados serviços que deveriam ser obrigações estatais — como energia, água e esgoto, coleta de lixo, asfaltamento, telefonia, creches, escolas e postos de saúde. Por outro lado, ela também está por trás da naturalização do ato de jogar um papel no chão, embora não seja, obviamente, a única razão[57].

O excesso de barulho, em suas variadas modalidades, também parte da mesma premissa: sendo o espaço público passível de ser privatizado, não há limites, muitas vezes, para a música, propagandas e programas de TV em decibéis bem acima do que seriam padrões aceitáveis em termos de civilidade. Os bailes funk — caracterizados por durarem toda a noite e com níveis acústicos bem acima dos permitidos nos bairros — se inserem nesse caldo de cultura.

Outro aspecto concernente à relação da maioria da população das favelas com o Estado e com as concessionárias de serviço público tem como referência

---

57 Esse tipo de prática é provocado, por sua vez, pela absoluta ausência de papeleiras — cestas de coleta de papéis e resíduos análogos — na imensa maioria das favelas, por um lado; e por outro, por uma percepção minoritária, mas real, de que "se não houver lixo no chão, o varredor de rua vai ficar sem ter o que fazer, não cumprindo sua função profissional". O fato revelaria uma consciência "organicista" do mundo social, no qual cada pessoa/categoria social teria uma função específica.

a noção de que órgãos públicos e concessionários existem para atender aos interesses unilaterais dos que precisam dispor de seus serviços. Nesse sentido, a imensa maioria naturaliza o ato de receber os serviços de água e esgoto da Cedae de forma gratuita e/ou fazer uma ligação irregular de energia e/ou de TV a cabo. Os argumentos para isso são de que o morador não teria recursos para pagar esses serviços; de que "todo mundo faz"; ou de que "asfalto é asfalto e favela é favela"[58]. O não pagamento de IPTU, por sua vez, assim como a não formalização do empreendimento comercial, se apoiam em argumentos tais como o de que o Estado não faz nada pelo morador da favela ou de que o pagamento de impostos inviabilizaria o negócio.

Uma terceira experiência singular às favelas cariocas diz respeito ao poder de justiça e cumprimento de suas normas. Com efeito, como já foi citado, o Estado abriu mão de cumprir qualquer papel, historicamente, em termos de regulação das relações de convivência dos moradores. De forma mais extrema, isso também se expressa na falta de investigação de crimes cometidos nas favelas, mesmo o homicídio, o mais grave de todos. Assim, a necessidade de se construir mecanismos de regulação das relações sociais sempre foi uma demanda central nesses territórios. Durante longo tempo, muitas favelas contaram com as "polícias mineiras", grupos de moradores — alguns pertencentes ou ligados às forças de segurança — que cumpriam, voluntariamente e sem obter ganho monetário em troca, o papel de "justiceiros" e repressores de práticas criminosas no território local[59].

A partir do final da década de 1970 e início dos anos 1980, os grupos de traficantes de drogas foram substituindo esses moradores e passaram a deter o monopólio da violência. Diante da ausência de investigação e julgamento dos crimes locais pelos órgãos estatais, os "tribunais" do tráfico e das milícias tornaram-se os instrumentos de distribuição da "justiça" na favela, de forma autocrática, sem participação dos moradores nas decisões. Há, todavia, uma identidade de sentidos, no cotidiano, entre os diferentes sujeitos: a partir do pressuposto de que o crime não pode ser tolerado, pois não haveria como recorrer ao Estado para resolver o

---

58 Muitas pessoas dos setores médios, dominadas pela crítica radical à desigualdade urbana, afirmam que essas práticas são formas de distribuição de renda; e, mesmo algumas práticas criminosas, como o furto, entrariam nesse tipo de classificação.

59 A experiência das milícias, em certa medida, se legitima através dessas práticas históricas e, por isso, acentua muito o enfrentamento com os grupos de traficantes de drogas. Essa também era a razão pela qual autoridades públicas e integrantes dos setores médios apoiaram, até o meado da última década, esse tipo de grupo criminoso, inclusive denominando-o como Grupo de Autodefesa Comunitária, como o fazia o ex-prefeito César Maia. A partir do recrudescimento do enfrentamento da polícia às facções de traficantes de drogas, esse tipo de juízo volta a circular na cidade.

conflito, percebe-se a lógica bárbara do tráfico e da milícia como "inevitáveis" para se impedir determinados crimes nas favelas. Eliana Sousa Silva, em seu livro *Testemunhos da Maré*, faz um relato que demonstra essa situação sofrida e dúplice:

> Na vida, há alguns episódios que ficam marcados na alma; eles permitem o estabelecimento de uma reflexão sobre os valores, sobre o próprio sentido do existir. O que narro a seguir foi um deles. No cotidiano da favela, não é estranho ver, ocasionalmente, alguém sofrer um castigo, porque deixou de cumprir com alguma obrigação acordada a partir da lógica do grupo criminoso que domina o lugar. Assim, o ocorrido parecia uma brincadeira, mas era um drama; o que ele tinha de mais impactante era o fato de estar despido de dramaticidade, de catarse, pelo menos para nós, moradores da Maré.
>
> O dia poderia ser qualquer um da semana, do mês ou do ano. Nesse caso, era uma quarta-feira do mês de junho, ano de 2003. Dirigíamo-nos, eu e uma amiga que recentemente trabalhava na Maré, para uma pensão, da Galega, a fim de almoçar. Enquanto comíamos percebemos um silêncio enorme dentro do local, o que chamou significativamente a nossa atenção, já que uma das características da favela é um enorme barulho causado pelas músicas altas vindas dos bares e das casas, assim como dos carros com seus alto-falantes anunciando os mais variados serviços. Ao olharmos para fora da pensão, fomos surpreendidas por um grupo de jovens, com armas em punho, que passaram na rua, em frente de nós, empurrando um carrinho de madeira, modelo *carro-de-feira*, em que levavam um jovem amarrado. Era visível o alto grau de excitação dos jovens e adolescentes envolvidos com a cena. Muitos moradores saíram às suas portas e janelas para assistir o fato, como um desfile de carnaval ou cívico, na rua principal da favela.
>
> Ao ver aquele tumulto que, cada vez maior, se formava em torno daquele grupo, a fim de identificar quem estaria sendo levado no carrinho, minha amiga perguntou-me, com tom de espanto, o que acontecia naquele momento. Respondi de pronto: "— O adolescente amarrado será assassinado. Provavelmente, deixou de prestar contas de alguma coisa na 'boca de fumo', ou roubou aqui na favela". Minha amiga, a essa altura já assustada, arregalando os olhos, disse: "— Eliana, sobre o que você está falando? Como você pode me dizer com tanta naturalidade que alguém está sendo levado para ser assassinado dessa maneira? Em qual século e sociedade nós estamos?" Ao ver sua reação, entendi que apenas ela não sabia o que aconteceria, ali, naquele momento; ela era o Outro, o diferente. Diante da indagação de seu rosto, pensei no quanto ela tinha razão e como, de fato, era espantoso que fatos como aquele pudessem ser "aceitos" como parte de uma determinada realidade. Senti, então, uma tristeza enorme, por entender claramente o que ela apontava. Percebi, de maneira profunda,

os efeitos da banalidade da violência em mim e nas pessoas com quem há tanto tempo vivo e como essa visão estava impregnada em muitas das relações ali estabelecidas. (...)

O fato evidencia como a violência cotidiana supera, inclusive, os crivos ideológicos e, de forma ampla, éticos. Ali, entendi — em sua radicalidade e com vergonha — o conceito de *banalização do mal* de Arendt (1963). Para ela, o mal se torna banal, trivial, quando uma determinada sociedade ou grupo social se torna condescendente com o sofrimento, a tortura e a própria prática do mal a outro ser, seja este o Mesmo, seja este — o que é mais comum — o Outro. A proposição da pensadora judia foi construída a partir da experiência vivenciada no julgamento, realizado pelo Estado de Israel, de Adolf Eichman, o formulador e operador da solução final — o processo de extermínio radical dos judeus. Arendt considera que Eichman acreditava, de fato, na versão que criou para justificar sua atitude: ele apenas teria cumprido ordens, considerando que seria desonesto se não executasse o trabalho que lhe foi dado por seus superiores — o extermínio quase que completo de um povo. Arendt aponta, então, para a complexidade da natureza humana e para a falta de sustentação da ideia de que haveria uma essencialidade no comportamento (seja ele mal ou bom). A única forma de evitar a repetição de fenômenos como o holocausto, ela defendeu, seria através da permanente vigilância, individual e social, para garantir a defesa e preservação da liberdade e, no limite, a construção de uma postura moral cotidiana.

O limite na sugestão de Arendt é que, no processo de identificação e análise do fenômeno, ela reconhece a importância da estrutura social na construção do comportamento individual. Em sua proposta de prevenção do problema, todavia, ela valoriza, sobremaneira, a dimensão moral, por isso individual, como base no comportamento. Nesse caso, ela ignora, em certa medida, que a construção da moral individual é, também, um processo de tensão que envolve a incorporação de práticas sociais legitimamente aceitas, a partir da inserção do sujeito em realidades específicas. Logo, a maior parte da população alemã do período nazista foi convencida, moral e racionalmente, de que a perseguição aos judeus fazia parte de um processo natural e necessário de defesa da sociedade germânica como um todo. O processo experimentado durante a ocasião do assassinato daquele jovem pelos traficantes da Maré é fruto — levando em conta as devidas especificidades — das mesmas referências em termos de razão e moral. (2012, p. 59-65)

A principal razão para o desenvolvimento das práticas narradas é o sentimento de abandono pelo Estado e, ao mesmo tempo, de impunidade em relação a ele. De fato, se a luta histórica pela oferta de serviços e equipamentos urbanos permitiu a instalação de uma série de instituições públicas, ela não chegou ao campo da segurança pública e à criação de mecanismos regulares de controle das práticas consideradas criminosas. A devida compreensão dessa duplicidade e de seus desdobramentos cotidianos é central para a apreensão das favelas e para ampliar sua inserção plena ao conjunto da polis.

Diante do quadro exposto e a título de ilustração, apresentamos uma classificação superficial de diferentes tipos de práticas afirmadas pelos residentes nas favelas cariocas, levando em conta seus níveis de relação com o Estado e com os parâmetros de exercício da cidadania institucional:

GRUPO 1 Formados pelos moradores que, tendo como referência os pressupostos do exercício da cidadania, recorrem, em geral, aos meios legais para resolver seus problemas e cumprem seus compromissos levando em conta as normas sociais dominantes. Nesse caso, eles pagam regularmente seus impostos e taxas, mantêm os filhos na escola e com a carteira de vacinação em dia, quando é o caso, além de possuírem os documentos formais.

GRUPO 2 Esse grupo é formado por aqueles moradores que, em geral, têm um comportamento centrado na obediência aos direitos e deveres decorrentes do exercício da cidadania: têm documentos, mantêm os filhos na escola, frequentam os postos de saúde e outras práticas análogas. No entanto, assumem, diante de algumas situações, uma lógica centrada no "jeitinho"[60] para enfrentar determinadas questões do cotidiano, postura que gera a prática eventual de atos irregulares, tendo em vista a crença na impunidade: atos como ligações irregulares de energia, compra eventual de objetos que sabem ser roubados, não pagamento de taxas e impostos etc. Esses moradores apresentam, comumente, certa incapacidade de buscar seus direitos nas instituições legais — a relação distanciada com os profissionais das unidades escolares, a incapacidade de protestar, em algumas situações, são práticas decorrentes dessa limitação da perspectiva cidadã. Isso faz com que se sintam, muitas vezes, distanciados dos poderes públicos e assemelhados em suas demandas cotidianas. Esse é o grupo que reúne o maior número de moradores.

60 Termo que caracterizaria práticas que se colocam fora do campo da legalidade e de uma determinada ética pública almejada. Deve ser utilizada com reserva em decorrência do alto grau de estereotipia e estigmatização vinculado ao termo.

GRUPO 3 Nele, temos os moradores que assumem, nos mais variados níveis de sua vida, a lógica do "jeitinho": valorizam pouco os conceitos de cidadania formal; recorrem, em algumas ocasiões, aos grupos criminosos locais para resolver conflitos cotidianos e assumem a compreensão de que "na favela, as regras são diferentes e têm que se saber viver". Mas são pessoas que, em geral, vivem de um trabalho legal — mesmo que no mercado informal — e optam por viver na sociedade formal, em geral. Suas fontes de renda são fluidas, dirigem a maior parte da energia para a vivência presente, investindo pouco em projetos prolongados, seja na escolarização ou nos cuidados regulares e/ou preventivos no campo da saúde; normalmente, não possuem todos os documentos para a inserção adequada no mercado de trabalho.

GRUPO 4 Por fim, há os moradores que vivem nas redes sociais informais da cidade e da comunidade, distantes das redes sociais "cidadãs"[61]. Reunindo o menor número de moradores, nesse grupo se inclui aqueles que, em geral, não têm compromisso com a realização de suas obrigações formais, nos mais diferentes níveis — seja o pagamento de impostos e taxas, a posse de documentos (mesmo a Certidão de Nascimento), o encaminhamento dos filhos para a escola ou para os postos de saúde. Vivendo o imediato, com rendas irregulares, constituem o "lumpesinato"[62], estando, em geral, voltados para a mendicância ou atividades marginais, tais como tráfico de drogas, prostituição e/ou roubo.

Cabe assinalar que esses tipos padrões de comportamento são apenas referenciais. Na realidade, eles costumam se expressar, nas práticas singulares dos agentes, com graus variados de entrelaçamento. De qualquer forma, essa classificação permite uma razoável visualização dos tipos comportamentais mais comuns nos territórios das favelas.

---

61 A ação das Igrejas neopentecostais — das quais a mais conhecida é a Universal do Reino de Deus — tem esse público como um dos seus alvos prediletos, tendo em vista, dentre outras coisas, o forte potencial *exemplificador* desse tipo de conversão. De qualquer forma, a inserção no campo religioso abre a possibilidade para a inserção em redes sociais e econômicas *formais* desse agente, com suas devidas consequências.

62 Definição utilizada por K. Marx para designar o conjunto de pessoas que viviam à margem das relações econômicas e sociais capitalistas formais. O juízo é não apenas econômico e social, mas caracterizado por uma forte carga moral.

As atividades comerciais nas favelas

Um dos aspectos mais impressionantes na paisagem das favelas cariocas é a presença abrangente das atividades comerciais. Tocando os negócios mais diversos, com múltiplos produtos e os mais diversos tamanhos, entre os comerciantes estão os moradores com as melhores condições sociais e econômicas das favelas. E cresce de forma acelerada o número de empreendedores que, mesmo não morando na favela, optam por nela montar seu negócio, seja em função da concentração de consumidores, seja por, paradoxalmente, sentirem-se mais seguros do ponto de vista patrimonial e/ou pelo pagamento de menos impostos.

A maioria dos comerciantes que tem seu negócio na favela está enquadrada no mercado informal. De acordo com a Organização Internacional do Trabalho (OIT), a informalidade se caracteriza pela produção em pequena escala, pelo reduzido emprego de técnicas e pela quase inexistente separação entre o capital e o trabalho. Tais unidades também se caracterizariam pela baixa capacidade de acumulação de capital e por oferecerem empregos instáveis e reduzidas rendas. De forma particular no que concerne ao nosso estudo, ele se caracteriza pela falta de registro formal e pela ausência de regulação do Estado.

O trabalho informal nas favelas abriga uma vasta gama de atividades, mas o comércio é o seu principal ramo de concentração. Os dados sobre a informalidade no trabalho revelam um setor econômico marcado pela heterogeneidade, pelo dinamismo e pela ausência de intervenção do poder público. Alguns analistas identificam os que nele trabalham como a parcela ativa do exército industrial constituída pelos "sem trabalho". A precariedade, em geral, seria o registro balizador das definições do trabalho informal na perspectiva apresentada. Assim, ele passa a ser interpretado como um problema a ser solucionado, sobretudo quando se tem como modelo de comparação as formas que caracterizam a economia formalizada.

Na verdade, na ampla diversidade de razões que impulsionaram os trabalhadores cariocas para a informalidade, destaca-se a busca de independência e de melhoria dos seus rendimentos. Além disso, encontram-se alegações que se situam no campo da tradição familiar, na experiência profissional adquirida, no desejo de escapar do "relógio-de-ponto" etc. Alguns analistas abordam o trabalho informal pela sua positividade, ou seja, o trabalho informal seria visto como uma expressão de resistência dos agentes econômicos diante das ações reguladoras do Estado. Os atores envolvidos no setor informal seriam "heróis" que teriam o mercado como a instância reguladora da economia. Cria-se, assim, um ser abstrato, ignorando-se as limitações, competições e conflitos intrínsecos ao mundo econômico.

Um olhar sobre o trabalho informal que escapa à lógica da precarização ou de uma liberdade mitificada do sujeito social é oferecido pelo geógrafo Milton Santos (1979). Ele identifica a existência, nos países subdesenvolvidos industrializados, de um circuito inferior da economia alimentado por formas não convencionais do capitalismo moderno. Para Santos, o circuito inferior se caracterizaria pelo emprego do trabalho intensivo, pela escassez de capital, por pequenos lucros em relação ao volume de negócios e por relações diretas e pessoais entre empregados e empregadores e/ou usuários e consumidores. Santos também destaca as reduzidas relações com instituições financeiras e a quase nula presença governamental no apoio ou estímulo às atividades no circuito inferior.

Numa perspectiva relacional, contudo, o circuito inferior representaria, para o geógrafo brasileiro, um subsistema da economia urbana. Nesse caso, seu entendimento só é possível com o reconhecimento de seus múltiplos entrelaçamentos com o circuito moderno capitalista (o circuito superior). Assim, o "sistema simples" de produção de bens e prestação de serviços vincula-se à divisão técnica e territorial do trabalho. Vislumbra-se, na formulação de Santos, uma leitura do trabalho informal e, portanto, do comércio nas favelas cariocas, de uma forma que não o classifica simplesmente como precário nem o idealiza. Ele reconhece sua existência concreta, suas relações e atos, desejos e forças de pessoas reais na busca por construir alternativas para suas vidas.

A complexidade e a força do comércio nas favelas cariocas, assim, é um dos aspectos mais significativos e, contraditoriamente, desconhecidos da cidade. Como já foi sinalizado, o que a realidade demonstra é que as favelas são formadas por diversas redes sociais, nas quais se fazem presentes diversas práticas e representações. É o grau de pertencimento e de interesse em garantir ou melhorar sua posição nas redes que orientará as ações das diferentes pessoas, inclusive em sua atividade profissional. Assim, realizamos a seguir, em analogia com a classificação apresentada no item anterior sobre os perfis dos moradores das favelas, uma classificação superficial dos diferentes tipos de comportamento dos seus comerciantes, levando em conta seus níveis de relação com o Estado e com os parâmetros de exercício da cidadania institucional. Cabe assinalar, como já afirmamos em relação aos perfis dos moradores, que os tipos padrão de comportamento são apenas referenciais. Na realidade, eles costumam se expressar com graus variados de entrelaçamento.

GRUPO 1 Formado pelos comerciantes que, tendo como referência os pressupostos do exercício da cidadania, recorrem, em geral, aos meios legais para resolver seus problemas e cumprem seus compromissos levando em conta as normas sociais dos espaços formais. No caso, eles legalizam os seus empreendimentos, pagam regularmente seus impostos e taxas e evitam o uso de práticas ilegais.

GRUPO 2 Esse grupo é formado por aqueles comerciantes que, em geral, têm um comportamento centrado na obediência aos direitos e deveres decorrentes do exercício da cidadania. No entanto, assumem, diante de algumas situações, uma lógica centrada no "jeitinho" para enfrentar determinadas questões do cotidiano, postura que gera a prática eventual de atos irregulares, tendo em vista a crença na impunidade: atos como ligações irregulares de energia, não regularização do negócio, não pagamento de taxas e impostos, ocupação de espaços públicos etc. estão presentes nas suas práticas. Também se caracterizam pelo fato de não buscar ampliar seu empreendimento e se contentar com o seu negócio presente. Eles se sentem, em geral, ignorados pelos poderes públicos em suas demandas, já que este se manifesta apenas através da tentativa de fiscalizar e da criação de mecanismos formais que dificultam o exercício de suas atividades.

GRUPO 3 Nele temos os comerciantes que assumem, nos mais variados níveis de sua vida, a lógica do "jeitinho": não valorizam os conceitos de cidadania formal e a ideia de espaço público; utilizam, com naturalidade, formas ilegais em seu cotidiano, seja a ligação clandestina de energia, conhecida como "gato", a receptação de objetos roubados, a ocupação do espaço público, a parceria em atividades ilegais e/ou monopolísticas com os grupos criminosos etc.

O que a classificação revela é que as dezenas de milhares de comerciantes das favelas e outros territórios populares são pessoas voltadas, em geral, para a conquista de uma melhor condição social, independente dos juízos que se possam fazer sobre algumas delas. Os comerciantes tornam-se, no processo, atores fundamentais para a melhoria da qualidade de vida nas favelas cariocas. Por isso, eles precisam ser mais (re)conhecidos, e se faz necessário identificar suas demandas e projetos. Desse modo será possível criar condições para que os profissionais responsáveis pelas mais importantes atividades econômicas das favelas cumpram um papel ainda mais significativo em seu desenvolvimento e na melhoria da qualidade de vida do conjunto de seus moradores.

Território de inventividades

A cidade do Rio de Janeiro é celebrada por sua legenda de "cidade maravilhosa". As belezas de suas praias e montanhas reforçam permanentemente este imaginário. Ipanema, Copacabana, Corcovado e Pão de Açúcar são tomados como seus objetos mais difundidos pelo mercado turístico global. Todavia, não é possível dissociar a cultura da construção de legendas imaginárias. No caso de nossa cidade destacam-se o samba e o carnaval como suas expressões culturais maiores e, como todos sabemos, intimamente associadas aos territórios populares, especialmente às favelas, que os transbordam para criar o destaque nacional e internacional do Rio de Janeiro.

Embora reúna expressões valiosas e significativas da cultura carioca, as favelas são tratadas com ambiguidades perversas. Suas criações culturais são conhecidas, porém pouco reconhecidas em seus valores estéticos próprios e singulares. Não lhes faltam considerações que variam do folclórico ao ingênuo, do exótico ao marginal e, não raras vezes, têm suas práticas culturais criminalizadas. Segundo essas leituras, "as favelas até fazem cultura", mas estão longe de criação artística de qualidade, devido à ausência de bases conceituais e refinamentos estilísticos. Todos esses adjetivos pouco elogiosos à produção presente nas favelas servem não só para deslegitimar suas experiências culturais e artísticas, mas a própria vida social que se reúne em torno delas e, de modo mais contundente, significam o não reconhecimento da pluralidade cultural da própria cidade em que vivemos.

Tudo isso ainda acontece, de forma mais declarada ou sutil, porque continua a prevalecer em relação às favelas uma representação dominada por pressupostos centrados na pretensa carência de saberes e de fazeres, associada à visão dominantemente preconceituosa sobre seus moradores e, para não sermos exaustivos, o predomínio da lógica produtivista de mercado, que instrumentaliza as ações culturais à sua pretensa utilidade no campo da geração de renda ou, no limite, como prevenção ao pressuposto potencial criminoso dos jovens das favelas.

Apesar dos estigmas, é impossível negar que cidade do Rio de Janeiro sempre teve como sua marca as culturas criadas e recriadas em territórios populares. O samba, emblema maior da identidade cultural do Rio de Janeiro (além de ser tomado, de modo controverso, como ícone da "identidade nacional brasileira") e o seu "maior espetáculo da terra", o carnaval, tem uma de suas mais contadas origens nas casas de candomblé das tias baianas da Gamboa, da Saúde e do Santo Cristo, bairros da área portuária, também conhecidos em seu conjunto como

Pequena África, devido à massiva presença de negros e negras como seus moradores e trabalhadores diários. Foi por lá que o samba começou a ser abençoado pelos Orixás, embora já encontrassem o afoxé, o maxixe e o lundu fazendo sua fé na cidade. O samba nascia na encruzilhada de culturas da diáspora de etnias da África. É desse encontro inédito que ele surge como uma cultura de terreiro da cidade. E não só como música, mas como dança, como poesia, como comida e bebida, enfim, um modo de ser em um amplo e complexo sistema cultural urbano.

Sambistas também se faziam presentes na Cidade Nova e no Estácio, espaços de forte presença de negros e negras na cidade. A Praça Onze era seu lugar maior de celebração, pois juntava as "Pequenas Áfricas" com sua centralidade na cidade[63]. É lá que surgem os primeiros desfiles de escolas de samba. As andanças das gingas também chegaram ao Morro de São Carlos, da Mangueira e do Salgueiro, fazendo vibrar os batuques nos primeiros blocos de carnaval e escolas de samba da cidade. O samba, suas escolas e o carnaval agora tinham um território próprio de encontro de criação: as favelas. É muito interessante o nome de uma das primeiras escolas de samba da cidade, "Deixa Falar" (1928), uma resposta irônica aos que negavam o samba como cultura. Os sambistas da "Deixa Falar" faziam seus batuques ao lado de uma escola pública do bairro do Estácio e, para responder algumas reclamações, conta-se que um dos fundadores, Ismael Silva, assim respondia: "Deixa falar, nós também somos mestres. Somos uma escola de samba!". Outras Pequenas Áfricas também começariam a surgir nas primeiras décadas do século XX com a ocupação dos morros nas redondezas do centro da cidade, inclusive criando extensos territórios culturais do samba, envolvendo São Carlos, Escondidinho, Turano, Catumbi, Querosene, Coroa e Prazeres. "Afinal, o morro foi feito de samba, de samba pra gente sambar"[64].

As diásporas urbanas de grupos populares, marcantemente envolvendo negros e negras dos bairros centrais da cidade, iniciada com a Reforma Passos (1904) e, posterirormente, com a abertura da Avenida Presidente Vargas (1944), contraditoriamente fizeram com que as casas de santo e as de batuque fossem para os subúrbios em torno das linhas de trem da Central do Brasil e da Leopoldina. E, por lá, passam a surgir outros blocos de carnaval e outras escolas de samba. A cidade se expandia e com ela a cultura popular plantava sementes geradoras de frutos como o bloco carnavalesco "As Baianinhas", de Oswaldo Cruz, depois escola de samba "Vai como pode" e, oficialmente, "Portela", em 1923. As rodas

---

63 A Praça Onze ficava no centro de uma região que reunia o morro da Favela, o morro do São Carlos, o Rio Comprido, o Catumbi, a Cidade Nova, o Estácio de Sá, a Saúde, a Gamboa, o Santo Cristo etc., bairros ocupados pela comunidade negra carioca. Para os moradores dos subúrbios e das favelas da Zona Norte, a praça também oferecia fácil acesso, pois ficava ao lado da Central do Brasil (Moura, 2004, p. 59).

64 "Não deixe o samba morrer", de Edson da Conceição e Aloísio Silva.

de samba plantadas no quilombo do Morro da Serrinha, junto com o jongo e as macumbas, fizeram nascer o "Prazer da Serrinha" (1930), e desta já surgiu coroado o "Império Serrano" (1947). E lá se vão muitas histórias de encontros do samba — suas escolas e seus blocos — e das favelas, fazendo do Rio de Janeiro uma cidade onde a cultura fincava suas raízes plurais em territórios populares.

Tudo isso acontecia diante de um Estado sempre disposto a controlar e, no limite, reprimir as culturas de matriz africana: terreiros de omolokô, candomblé e umbanda precisavam obter permissão para funcionar na Delegacia da Polícia de Costumes, Tóxicos e Mistificações[65], assim como as escolas de samba precisavam ali ser registradas como "grêmios recreativos". Sambistas também eram perseguidos e criminalizados como "desocupados" e "malandros" (qualquer semelhança ao tratamento dado ao funk e aos funkeiros não é coincidência). Foi preciso muitas giras e gingas, além de negociações políticas, para que o samba e as escolas de samba ganhassem aceitação na sociedade carioca e brasileira[66].

Apesar de muitas mudanças vivenciadas pelas escolas de samba e do próprio carnaval, não podemos negar a sua forte construção identitária com as favelas até os dias de hoje. E, é claro, como poderíamos imaginar a própria cidade do Rio de Janeiro sem o samba, o carnaval e... a favela?

Com as remoções de favelas das décadas 1960 e 1970 — mais uma diáspora dos grupos populares na cidade — as pessoas perderam suas casas e viam seus amigos e vizinhos serem dispersados como folhas e galhos sem suas árvores na correnteza de um rio bravio. Havia outras perdas além de seus abrigos e locais de trabalho. Bares e biroscas, blocos de carnaval e times de futebol, esquinas de partido alto e becos das rodas de samba, terreiros e igrejas também desapareciam. Espaços de encontros geradores de sociabilidades plurais eram sumariamente destruídos. Não é sem razão que umas das principais preocupações demonstradas pelos moradores das favelas diante das ameaças de remoção era a perda de seus recursos simbólicos, impressos em seus territórios de morada. A cultura era tão importante como a casa e o trabalho para a vida dos grupos populares.

Vale destacar a importância dos saberes e fazeres culturais na reconstrução das vidas esfaceladas com as remoções de favelas. Depoimentos dos primeiros moradores dos conjuntos habitacionais apresentam a importância de times de futebol e, principalmente, de blocos de carnaval para construir enlaces de

---

[65] Muitos dos objetos sagrados de terreiros foram apreendidos por policiais como provas de bruxaria ou de desobediência à lei de costumes. É por isso que até hoje o Museu da Polícia Civil guarda, indevidamente, objetos sagrados de religiões afro-brasileiras.

[66] Não podemos esquecer que as primeiras escolas de samba surgem no período dominado pela política de Estado de "branqueamento do povo brasileiro" que acompanhava a modernização capitalista do início do século XX, com o ingresso de europeus e a desvalorização social e simbólica da população negra e indígena.

pertencimento entre pessoas que vieram de favelas diferentes e de distintos bairros da cidade. É assim que o bloco carnavalesco "Mataram meu Gato", em Nova Holanda (Maré), trouxe encontros entre vizinhos que pouco se conheciam e, a partir daí, começaram a atuar mais próximos para reivindicar seus direitos. Os blocos de carnaval da Vila Aliança, Vila Kennedy e Cidade Deus foram igualmente fundamentais para a aproximação entre desconhecidos e construção de pertenças para mobilizações sociais. Mesmo porque nos espaços de música e de dança de blocos e escolas de samba as pessoas também se juntavam para fazer e saborear feijoadas e angus à baiana em almoços regados com cervejas, purinhas e caipirinhas. A festa era possível, significava celebrar a vida em comum para enfrentar desafios cotidianos. Essas relações de sociabilidade provocadas pela cultura sempre se fizeram muito fortes, assim como são intensas e inseparáveis as inventividades culturais das vivências das pessoas em seus territórios. Como seria possível afirmar a potência criativa da escola de samba "Mocidade Independente de Padre Miguel", criada em 1955, sem incorporar o seu vizinho, o Conjunto Jaime Câmara (construído em 1969), cujos moradores passaram a alimentar o seu elenco de compositores, músicos, passistas, mestres-salas e porta-bandeiras?

As Vilas e Conjuntos recriavam a cultura para construir convivências plurais nas condições urbanas precárias a que estavam submetidos e, ao mesmo tempo, se construíam como territórios de invenções sensíveis de viver o cotidiano. Se diásporas urbanas eram dispositivos utilizados pelos "donos da cidade" para a dispersão e banimento de grupos populares de áreas valorizadas e em valorização econômica, havia uma contrapartida: fazer da própria diáspora o reencontro, a religação e o refazer de sociabilidades de sujeitos em (re)territorialização de suas existências. Lembrando o samba enredo da Mocidade em 1990: "Ah vira virou, vira virou. Virando nas viradas dessa vida".

A presença de culturas de matriz africana na cidade do Rio de Janeiro é muito significativa (é importante relembrar que a nossa cidade foi um dos maiores portos de destino de etnias africanas escravizadas), embora tenha o samba como a sua referência mais conhecida, esta nunca foi exclusiva. Capoeiras, jongos, reisados, tambores de crioula e maracatus também fazem parte desse universo cultural recriado da diáspora africana em muitas de nossas favelas durante os seus mais de 100 anos de existência na cidade. Grupos negros chegaram à cidade do Rio de Janeiro vindos de espaços rurais do próprio estado e de Minas Gerais e Espírito Santo, trazendo em suas memórias e corpos suas cantigas, batucadas e danças, tornando as favelas seus territórios de confluência de narrativas estéticas.

Essas culturas negras seculares ainda enfrentam muitos preconceitos sociais e forte discriminação racial para continuar existindo. E, embora algumas delas sejam classificadas como patrimônios simbólicos, ainda aguardam maior e melhor acolhida nas políticas públicas oficiais de cultura. Todavia, se a espera é difícil, não é possível ficar só esperando e esperando só. Muitas dessas culturas de tradição afro-brasileira, como geralmente são conhecidas, encontram nas favelas o seu território de continuidade e de afirmação. Para além da Serrinha, que se tornou o baluarte de culturas de tradição, como o jongo, atualmente encontramos em favelas como Rocinha, Santa Marta, Mangueira, São Carlos, Salgueiro, Alemão, Formiga e Borel, apenas citando algumas de uma lista extensa, abrigos de recepção e reinvenção das culturas de tradição afro-brasileira em convivência com outras práticas culturais de história mais recente.

> Meu passado é africano
> Teu passado também é
> Nossa cor é tão escura
> Quanto o chão de massapé.
>
> [JONGO DO IRMÃO CAFÉ, WILSON MOREIRA E NEI LOPES]

Aqui não estamos advogando uma identidade historicamente fixa e imutável que se faz presente nas favelas como um depósito de memória africana autêntica. Longe disso. A identidade é uma obra criada e recriada pelas partilhas simbólicas tornadas comuns e pelo reconhecimento das diferenças corpóreo-culturais que, no caso das favelas, se realiza em condições de profundas desigualdades sociais e raciais territorializadas na cidade. Por outro lado, o destaque aqui dado às culturas negras não é somente por causa de sua representatividade na formação histórica da nossa sociedade, mas sobretudo porque são expressões culturais complexas e sofisticadas das alegrias e dores profundamente humanas de um povo.

Podemos afirmar, sem nenhum exagero, que os territórios populares passaram a exprimir e a proteger o patrimônio cultural negro em situação extremamente fragilizada no Brasil. É justamente nas favelas que sabores, rezas, danças e cantares de nossas tradições culturais negras ganham abrigo para continuar existindo. São as residências dos angus e maracatus, do camarão com quiabo e dos lundus, das peixadas com leite de coco e dos maculelês, dos mucunzás e dos frevos, das canjicas e das folias de reis, das cachaças com canela e do tambor de crioula, das feijoadas e dos jongos, entre tantas tradições que renascem da própria cidade e de espaços rurais, que são retraduzidas e rememoradas em favelas. Seus autores são geralmente grupos familiares que preservam cultivos e cultos de ancestralidades revividas e de suas origens geográficas. Também se fazem presentes as pessoas jovens que tomam para si a construção criativa de tradições culturais de seus pais e avós, embora curtam e façam funk, pagode, hip-hop, sertanejo, forró, rock etc. Falamos, então, da construção de identidades negociadas para a afirmação simbólica de sujeitos em seus territórios de existência. A favela é, portanto, uma encruzilhada de narrativas estéticas que se atualizam na dinâmica da cultura urbana.

Folia de Reis na Cidade de Deus, exemplo de como a favela é um território de recriação de tradições culturais. FOTO Francisco Valdean/Imagens do Povo.

Às culturas negras vieram se juntar a riqueza das sonoridades, danças, comidas e festas nordestinas no Rio de Janeiro. A migração trouxe famílias de diferentes regiões e cidades do Nordeste, sobretudo nas décadas de 1960 e 1970. Elas não eram apenas a força de trabalho para fazer mover a cidade, pois chegavam com seus alforjes e suas malas carregados de imaginários culturais e narrativas estéticas — vale lembrar que Luiz Gonzaga, um dos maiores cantores e compositores da música popular brasileira, morou por muitos anos na favela do São Carlos. Forrós começaram a surgir com seus baiões, xaxados, xotes e cocos nos acordes das sanfonas, triângulos e zabumbas. E mais, também têm carne de sol, buchadas, baião de dois. A festa começava mais cedo na favela para virar noite com "luares do sertão".

A recriação da vida cultural como sociabilidade foi fundamental para os nordestinos que aqui chegavam, uma vez que o migrante é um "deslocado" que sofre com a perda de referências sociais e simbólicas e com o sentimento de não pertencer ao espaço social de destino, que lhe é estranho e muitas vezes hostil. Muitas das incertezas, desconfianças e preconceitos puderam ser aliviados e superados nos festejos que aproximavam os recém-chegados e os moradores mais antigos. Hoje, nas favelas cariocas, principalmente nas maiores e mais recentes — Rocinha, Alemão, Maré e Rio das Pedras –, estão as constelações de sabores, cantares, fazeres "nordestinamente cariocas", para relembrar separações e comemorar a continuidade da vida.

Cartaz de divulgação do Baile de Forró na Praça do Parque União, na Maré, que acontece há mais de 30 anos, como uma das territorialidades mais importantes da cultura nordestina na cidade do Rio de Janeiro.

As práticas culturais, institucionalizadas ou não, individuais ou coletivas, autônomas ou vinculadas a grupos, são formas de manifestação de sujeitos concretos, que buscam significar suas vidas e suas formas de lidar com o cotidiano a partir de linguagens múltiplas. A cultura como uma experiência de viver com o outro, com o diferente, de caráter relacional, corpóreo e intersubjetivo, e por isso constantemente atualizada e transformada no cotidiano, já que exprime percursos individuais, memórias sociais, valores coletivos e projetos de vida.

Grafite no Morro da Providência, zona portuária do Rio de Janeiro. As narrativas pictóricas também se dispõem nas paredes e nos muros relembrando histórias condenadas ao esquecimento pelas demolições, no caso a provocada pelo Projeto Morar Carioca.
FOTO: Francisco Cesar/Imagens do Povo.

São nesses sentidos complexos, generosos e até conflitivos de cultura que as favelas se inscrevem na vida urbana contemporânea. O samba, a capoeira e o choro combinaram a dança e a música na gestualidade estética carioca. O funk, o hip-hop, o forró e o passinho atualizaram as marcas do mundo vivido de seus moradores. A recente produção no campo das artes visuais como o grafite, a fotografia e o audiovisual inventam representações inovadoras do território e retraduzem os pertencimentos entre indivíduos e grupos das favelas. Por tudo isso a favela é um território de experimentações, de diferenças e de desafios colocados ao sentido hegemônico da cultura urbana.

No entanto, quando olhamos para favelas, não registramos equipamentos monumentais que geralmente identificam o valor da cultura na cidade, como museus, cinemas, bibliotecas, teatros. Não há prédios grandiosos, nem prédios mais simples ilustram a paisagem. Em muitas favelas, como as da Zona Norte e da Zona Oeste, os edifícios sequer estão próximos. Quem atravessar a Avenida Brasil, via com 58 quilômetros de extensão e com muitas favelas em suas margens, certamente não encontrará equipamentos de cultura e de arte públicos ou privados. Estamos diante de uma desigual distribuição geográfica dos investimentos públicos e privados na cultura e arte, hoje fortemente concentrados no Centro da cidade e nos bairros da Zona Sul.

MAPA 10 | Distribuição de equipamentos culturais e de arte por área de planejamento na cidade do Rio de Janeiro

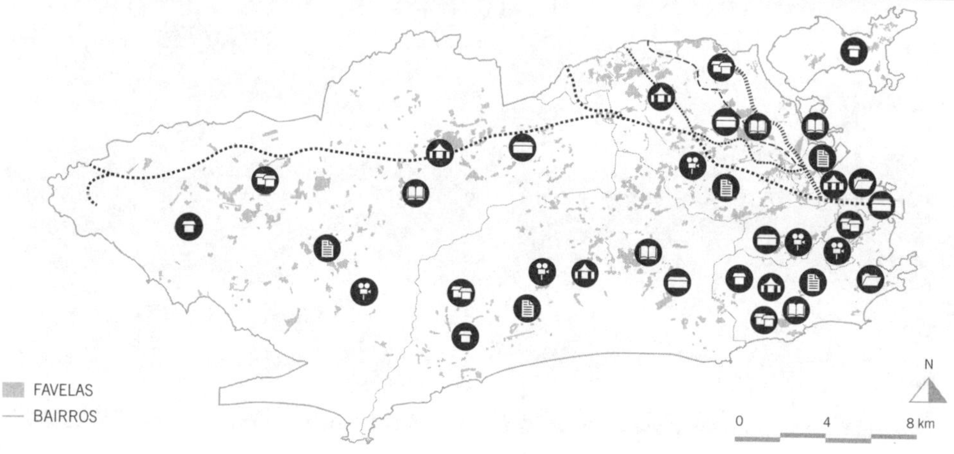

	AP1	AP2	AP3	AP4	AP5
ARQUIVO	1	1	0	0	0
BIBLIOTECA	30	23	13	1	3
TEATROS/ARENAS	30	52	14	9	5
CINEMAS	8	22	10	9	2
CENTROS CULTURAIS	28	30	4	3	1
MUSEUS	41	34	11	2	6
PONTOS CULTURA	22	29	21	7	6
PONTOS DE LEITURA	3	6	4	1	1

E.F. LEOPOLDINA
E.F DOM PEDRO II (LINHA TRONCO DA EFCB)
E.F RIO D'OURO
E.F. MELHORAMENTOS DO BRASIL (FUTURA LINHA AUTXILIAR DA EFCB)

Os grandes equipamentos de arte e cultura não estão nas favelas, por mais que tenhamos favelas na cidade bem maiores, em termos de população, que 90% dos municípios brasileiros. Isto não significa dizer que as favelas não sejam territórios de vivências culturais e criações artísticas. Suas escolas de samba, seus blocos de carnaval, seus salões de forró transbordam repertórios culturais tanto quanto as suas ruas, praças, becos e esquinas. É isso, na favela o universo do fazer e do viver a cultura é diverso e plural. Não fica entre quatro paredes. Desfila. Comunica. Abraça. É presença no cotidiano. Por isso a favela é polifônica. É uma mistura de sons que vêm dos botecos e bares, das janelas das casas e do alto das lajes, do trailer da esquina, das rodas de rima e de pagode, dos bailes funk e dos bailões sertanejos. Dessa mistura de sons podem ser identificado estilos de dançar, cantar e estar junto com o outro. Essa experiência da cultura em territórios populares produz também valores distintivos e pertenças específicas em grupos sociais que emergem em seus ritos, bailes, festas — assim como nas roupas, nos gestos, nos hinos –, não isentas de conflitos a exigir mediações simbólicas e sociais de apaziguamento e reconhecimento mútuo de suas existências.

Ao considerar as práticas culturais populares, é um grande equívoco pensar a experiência de criação cultural e vivência estética tendo exclusivamente os equipamentos e instituições formais, como museus, teatros e galerias como referência, embora sejam inegavelmente importantes para a criação e a vivência da arte e da cultura. A ênfase em objetos e espaços físicos muitas vezes ignora territórios e sujeitos criativos que resgatam e afirmam experiências de sensibilidades, emoções e afetividades do ato artístico e cultural. É o que acontece comumente com os territórios populares, geralmente tratados como carentes e miseráveis, sem o devido reconhecimento de suas potências de construção de repertórios e práticas culturais e artísticas.

É na construção de repertórios estético-corpóreos em territórios populares que as fachadas das casas e esquinas se cobrem de poesias ao abrigar grafites e saraus. Sinos, microfones e tambores das igrejas chamam seus adeptos para orações. Rádios comunitárias e carros de som convocam seus ouvintes com músicas, serviços e propagandas dos mercados locais. De um lado da calçada, os salões de beleza esculpem penteados afro para afirmação de pertencimentos a ancestralidades nagô, banto, keto. Em frente, estão as *lan houses* para desafiar encontros dos fluxos virtuais entre distantes e a presença do cotidiano no perambular das pessoas pelas ruas e dos traçados dos moto-táxis. Pizzarias, barracas de tapiocas e fogareiros de churrasquinhos no palito completam o cardápio. Enquanto tudo isso acontece, as rodas de rima das praças e esquinas trazem múltiplas estéticas, geralmente convocadas pelas redes sociais, como Facebook, Instagram, Twitter e Whatsapp. São encontros, percursos e invenções múltiplas que fazem o devir da cultura urbana ganhar renovação, sentido e vida. Ou seja, mesmo desprovidos de equipamentos públicos culturais, há múltiplas linguagens, estilos, tradições e inovações nos territórios populares como riqueza cultural da própria cidade[67].

O sentido da inventividade das práticas culturais populares faz de campos e quadras de futebol, praças, ruas, becos, muros e escadarias suas territorialidades de representações visuais de desejos, promessas e memórias e, ao mesmo tempo, o seu abrigo de socialização em jogos, festejos, brincadeiras ou simplesmente o ócio. As lajes tanto podem ser um espaço para o churrasco de fim de semana como para uma encenação teatral, a exibição de filmes pode se dar numa praça e uma exposição fotográfica no pátio de uma escola. A rara presença de equipamentos de arte e cultura públicos e/ou privados em favelas, associada à baixa mobilidade urbana de seus jovens e adultos na cidade[68], faz com que os grupos culturais inventem modos de apropriação de territórios, em sua dimensão comum, para suas performances estilísticas. Isto foi constatado na pesquisa realizada pelo projeto Solos Culturais, do Observatório de Favelas. Ao entrevistar 2.000 jovens sobre espaços de usos culturais em cinco dos mais importantes territórios populares da cidade foi possível verificar a importância da construção do comum para os saberes e os fazeres da arte e da cultura, como apresentado no quadro seguinte:

67 É preciso citar que alguns equipamentos foram construídos em favelas e/ou em suas proximidades, como é o caso das Lonas Culturais e, mais recentemente, das Arenas. Além de recursos de custeio modestos, principalmente no que se refere às Lonas, a estrutura física de ambos os projetos é orientada sobretudo para exibição cultural, pouco levando em conta a possibilidade de ser um espaço de criação. Estamos diante da reprodução da concepção que os territórios populares não são geradores de arte e que seria preciso levar cultura para os "carentes".

68 A reduzida mobilidade urbana de jovens residentes em territórios populares não se deve apenas a razões vinculadas às desigualdades econômicas. Os constrangimentos simbólicos e a discriminação racial sofridos por jovens de favelas e periferias implicam severas restrições à presença destes em distintos lugares da cidade.

QUADRO 10 | Espaços compartilhados de práticas culturais em cinco favelas cariocas

ESPAÇOS COMPARTILHADOS	ALEMÃO (%)	CIDADE DE DEUS (%)	ROCINHA (%)	MANGUINHOS (%)	PENHA (%)
Escolas	16,6	20	13	23,7	28,5
Organização da Sociedade Civil	5,7	6,7	6,3	1,3	10,7
Escola de Samba / Blocos Carnavalescos	8,7	22,4	7,2	23,9	19,8
Igrejas	17,1	24,4	11,9	23,1	28,6
Associações de Moradores	5,2	5,4	4,1	10	8,9
Clubes Esportivos	7,3	7,5	12	9,9	13,9
Ruas	33,2	35,9	27	33,6	37,5
Organizações Governamentais	4	5,7	2,8	6,4	6,9
Praças	27	28,2	17,8	27,7	36,3
Quadras	24,5	30,5	16,3	29,4	32,8
Outros	5,9	7,0	5,4	12	3,5

FONTE: Observatório de Favelas, Projeto Solos Culturais, 2013.

São nesses espaços compartilhados para a realização e multiplicação de práticas criativas que estão os brincantes do Nós do Morro (no Vidigal) e do Teatro da Laje (na Vila Cruzeiro), dois grupos com mais de 15 anos de existência e atuação contínua na cidade do Rio de Janeiro. É de onde despontam os poetas e escritores da Festa Literária das Periferias (Flup) e os MCs animando bailes e rodas de rima ao disparar seus questionamentos às desigualdades e às violências sociais. É também onde surgem bandas de rock e jovens realizadores de artes visuais — como os jovens fotógrafos do Imagens do Povo, traduzindo com suas fotos os reconhecimentos de suas humanidades. Podemos falar ainda de jovens que realizam produções audiovisuais nas redes digitais e da incrível força e beleza estética dos *Slams* promovidos por jovens mulheres, fazendo florir poéticas de sonhar e de fazer liberdades. Todas essas e milhares de outras são experiências de mobilização contínua de relações de intersubjetividade, de invenção de pertenças para afrontar os estigmas e estereótipos impostos às favelas, sobretudo em relação às pessoas jovens em suas práticas culturais[69].

69 A grande mídia de massa se tornou um instrumento de vinculação da violência às culturas de jovens de territórios populares, particularmente em relação ao funk e ao hip hop. Para além de enfrentar as cargas simbólicas negativas, os jovens de favelas e periferias também precisam enfrentar proibições e, no seu limite, a repressão policial e de milícias para realizar suas celebrações estéticas.

Além desses espaços compartilhados, é preciso enfatizar o empenho de organizações da sociedade civil na construção, gestão e funcionamento de equipamentos culturais em favelas. Em alguns territórios despontam espaços criados para formação, produção e fruição em diferentes linguagens artísticas, na busca por construir outras centralidades de produção de narrativas estéticas e provocar tensionamentos de imaginários sobre os significados da favela e da cidade. Podemos citar como exemplos o Centro de Artes Visuais Galpão Bela Maré, o Centro de Artes da Maré, o Espaço Cultural Os Arteiros (Cidade de Deus), o Centro Cultural Waly Salomão (Vigário Geral), o Centro de Educação Multicultural (Penha) e tantos outros que começam a surgir como equipamentos culturais construídos e geridos pela sociedade civil de referência para a cidade e não só para favelas onde se localizam.

Apresentação de grupo de rock no Espaço Pontilhão, na Maré. Diversos estilos e gêneros musicais estão presentes na favela, para além do funk e do forró. FOTO: Francisco Valdean/Imagens do Povo.

O Centro de Artes Visuais Galpão Bela Maré, gerido pelo Observatório de Favelas, é um dos centros culturais em favelas com o objetivo de mobilizar a produção, a difusão e a comunicação de artes na cidade. FOTO: IMJA/Márcia Farias.

A apropriação cultural nas favelas

Se há distâncias e distinções sociais entre os territórios populares e o conjunto da cidade, não se pode dizer que o mercado de consumo de bens, imagens e sensações desprezou as favelas. A expansão do consumo também adentra as favelas e não só com bens e gêneros de primeira necessidade, mas também os produtos mais sofisticados e de maior preço como computadores, celulares, cremes naturais, roupas e calçados de marca[70]. A própria imagem dos territórios populares se

---

70 Diversas empresas definem táticas de marketing e de vendas para os moradores de favelas (e periferias urbanas), inclusive criando postos de venda ou contatando vendedores para atuar no varejo de bens e serviços simbólicos. Empresas de bens eletrônicos (televisores, computadores, tabletes, celulares) e empresas de cosméticos (incluindo cremes, shampoos, maquiagens) e de serviços já fazem parte da investida de conquista por "consumidores mais sofisticados" nas favelas.

tornou um produto de consumo para os mercados, seja através da música (com o rap e o funk inseridos na indústria fonográfica), das produções audiovisuais (por exemplo, os filmes Cidade de Deus e Tropa de Elite 1 e 2), ou mesmo para fins turísticos (com os *hostels* e restaurantes), como ocorre em favelas da Zona Sul, por exemplo, Vidigal e Rocinha.

Tratada muitas vezes como celeiro de talentos (descartáveis) e fonte de culturas extraordinárias (uma versão atualizada do "exótico"), as favelas se tornaram indispensáveis para renovar o mercado de consumo de bens simbólicos. É a lógica do mercado em sua busca incessante de se apropriar das potências criativas dos territórios populares e transformá-las em *commodities* de consumo de massa.

No entanto, os objetos e as imagens de consumo são muitas vezes retraduzidos e reinventados em seus usos, sendo tomados como dispositivos de produção estética de autorrepresentação visual e sonora por parte dos jovens moradores de favelas.

A apropriação de novas tecnologias como dispositivos de produção simbólica — celulares e câmeras digitais especialmente — impulsionou a construção de repertórios estéticos para além das experimentações artísticas mais comuns em favelas como a música e a dança, constituindo novas modalidades de produção de representações, de narrativas e de imagens que dispensam seus "notórios dublês do asfalto". Filmes documentários e de ficção, clipes musicais e a produção fotográfica artística e documental foram modalidades apropriadas pela juventude favelada, traduzindo a afirmação da estética popular no cenário cultural das artes visuais, um dos campos artísticos mais elitizados da sociedade (tanto em função da distribuição dos recursos de financiamento como dos recortes raciais e de gênero de acesso às condições de produção).

Os jovens passam a fazer seus bailados do "passinho foda" e gravá-los em celulares ou câmeras digitais, disponibilizando o resultado no Youtube e nas redes sociais e, com isso, ampliando a visibilidade para outras favelas e jovens de classe média moradores de condomínios e prédios luxuosos. Estamos diante de um jogo complexo de disposições sociais entre o mercado de consumo de signos culturais e a criação e produção de estéticas populares. Essa inovação da comunicação e de sua transmissão só se faz possível devido aos sujeitos que criam culturas a partir de seus territórios de existência, mobilizando experiências inscritas no cotidiano de construção de seus atos simbólico-existenciais, reunindo o "real" e o "virtual" como narrativa de vivências e percepções que lhes são próprias. O sentido de "dentro da cultura" deve ser traduzido como corporeidade estética que vibra em encontros presenciais e virtuais de criação e afirmação de pertenças, cujo fundamento é a apropriação e uso do território. É nesta direção que esses conteúdos podem ser tomados como materiais fundamentais para compreender os repertórios desses jovens moradores de espaços populares, suas vontades de potência na cena pública e sua condição de ser no/do mundo. A partir desses repertórios afetivos, existenciais e estéticos configuram-se novas visões de mundo, novas versões de fatos e novas linguagens poéticas. Vozes e sotaques de diferentes territórios ganham destaque a partir de dispositivos de comunicação (Costa e Barbosa, 2016) alcançando milhares de pessoas e mobilizando diferentes territorialidades culturais para a redefinição de usos da cidade, mesmo que sejam efêmeros e fulgazes.

As mídias virtuais assumem a condição contraditória de provocar espetáculos de sensações para o consumo e de serem apropriadas por jovens que exercitam suas inventividades de narração de seus desejos, alegrias e frustações. É a partir destes cenários de conflitividades que adentramos no debate da cultura e das suas relações com sujeitos e territórios, especialmente com os jovens de favelas e periferias urbanas brasileiras. Atos da juventude periférica emergem como dispositivos de afirmação de seu protagonismo na elaboração de uma agenda renovada de direitos, a partir da visibilidade de suas diferenças — raciais, étnicas, sexuais, etárias e de gênero.

Apesar da pluralidade de seus modos narrativos e de meios inovadores de suas invenções, os criadores de cultura dos territórios populares enfrentam desafios permanentes para sua afirmação na cena estética urbana, principalmente em relação à profunda desigualdade da repartição de financiamentos de criação e produção de indivíduos, grupos e instituições dedicadas à arte e à cultura. Muitas organizações, coletivos e indivíduos dedicados à produção de culturas artísticas sobrevivem com seus próprios recursos e com o apoio do público local. Ou seja, a favela é o recurso da cultura na favela.

Cartaz de "A Batalha do Passinho: o filme", de Emílio Domingos.

Afinal, recortes classificatórios orientados pelo consumo e pelo status de mercado não oferecem condições competitivas como apregoam os "leiloeiros" públicos e privados da cultura. Se a cultura não deve ser dirigida pelo Estado, isto não significa que será acolhida pelo mercado em condições de igualdade e reconhecimento de seu papel social. Até mesmo quando se trata dos editais públicos, que trabalham com a ideia de “democracia competitiva”, e/ou da responsabilidade social de empresas, há limitações significativas para participação dos coletivos e indivíduos fazedores de cultura nas favelas. As dificuldades vão desde a falta de um alvará de funcionamento do coletivo a certidões que atestem a existência de suas práticas artísticas. Para além da limitação de recursos de financiamento, públicos e privados, muitas práticas culturais são fragilizadas pelas burocracias de agências de fomento governamental, absolutamente apegadas a normas de fiscalização e de controle genéricas e distantes da realidade dos fazeres da cultura nas favelas. Essas condições dificultam o acesso de pequenos grupos a financiamentos e acabam siginificando para as favelas a imposição de um mercado cultural de baixos investimentos (e de baixos rendimentos) associado às concepções discricionárias de arte e cultura.

Instalação artística do Grupo Morrinhos, exposta no Museu de Arte do Rio de Janeiro (MAR). A construção de representações de si e de suas moradas, por parte de jovens residentes em favelas, explicita os enfrentamentos simbólicos aos estereótipos de carência e os estigmas de violência que marcam os territórios populares. FOTO: Jorge Barbosa.

Apesar dessas dificuldades impostas e dos estigmas da pobreza e da violência que ainda marcam as favelas, é inegável o reconhecimento da riqueza de suas expressões estéticas e modos significativos de representar e afirmar a sua pluralidade cultural. Mesmo não marcadas por uma elaboração dos padrões dominantes de cultura, as riquezas dos universos culturais elaborados nas favelas geram produções subjetivas e coletivas que permitem a construção de pertencimentos em complexas redes de sociabilidade inscritas nesses territórios. As favelas constituem patrimônios materiais e imateriais que, embora não consagrados e pouco ou nada reconhecidos, são representativos de práticas culturais que inventam, integram e renovam experiências estéticas urbanas.

Culturas transbordando das favelas

A escolha de ruas, praças, viadutos, campos e quadras de futebol como territorialidades de celebração da cultura nas favelas não significa uma escolha precária, não é algo que "sobrou para os pobres". É, acima de tudo, uma atitude política de marcação corpóreo-estética de encontros que buscam a superação dos estigmas de violência que cercam os territórios populares e de apropriação do espaço público. Estamos diante da mobilização de estratégias que afirmam estilos de ser no mundo, tendo como recurso a força de imaginários que atuam na construção permanente de sociabilidades. Nenhuma identidade ou pertença social, seja ela individual ou coletiva, pode ser construída fora de sua cultura de referência.

As favelas abrigam diversos encontros mediados pela cultura. Os bailes funk são experiências de forte adesão cultural de jovens das favelas, dos subúrbios e de periferias. Arrastando milhares de adeptos, o chamado "funk carioca" se tornou uma indústria cultural popular. Equipes de som, dançarinas e dançarinos, DJs e MCs constroem enredos amplificados em pequenas montanhas de caixas de som. Em torno deles, o comércio local ganha força, solidificando uma economia informal de pequenos comerciantes.

> É o som do funk invadindo
> Toda a sua mente
> Libere seu sorriso lindo
> Esse é o funk da gente...
> Esse é o funk do morro
> É o funk do povão
> É o funk da favela
> É o funk do mundão
>
> [FUNK DA GENTE, ANDINHO E GELEIA]

Os bailes funk possuem vínculos com os "bailes soul" que ganharam a cena carioca da década 1970. Nestes, jovens negros e negras da cidade se encontravam para dançar a "música do James Brown" em clubes, quadras de blocos de carnaval e até mesmo em escolas de samba, sempre animados por equipes de som. Precursores dos bailes funk, esses bailes "black" reuniam milhares de jovens em diversos bairros dos subúrbios e favelas cariocas. No seu auge, a cidade do Rio Janeiro tinha pelo menos 60 eventos por final de semana, sendo que alguns deles chegavam a reunir mais de 4 mil pessoas. A repressão política da ditadura civil-militar também atingiu violentamente esses bailes, então considerados como "ameaça à segurança nacional", uma vez que eram associados aos movimentos de direitos civis dos negros americanos e até mesmo a uma possível influência dos Panteras Negras na juventude negra carioca.

Na verdade, o inconcebível era a presença de negros e negras se encontrando, dançando e afirmando sua visibilidade corpórea na cidade, daí a campanha contra os bailes nos jornais mais conservadores, a repressão policial (agressões físicas, destruição de equipamentos e prisões) e a perseguição política aos seus promotores. Por conta disso os bailes foram buscar asilo nas favelas para sobreviver e se reinventar como cultura e prática de sociabilidade.

É dessa cultura de resistência que surge o funk. Ao mesmo tempo que é uma reapropriação dos bailes "black", é também novidade, não só porque está em outro tempo-espaço, mas seus modos de afirmação como estilo cultural, narrativa estética e seus territórios de acontecimento são diferentes. Seu início foi importando músicas norte-americanas que eram tocadas nos bailes nos anos 1980 e 1990, mas começaram a ganhar suas próprias batidas melódicas e letras inspiradas nas vivências de seus autores nas favelas e na cidade. Os bailes funk ganharam escolas de samba e clubes próximos ou dentro das favelas, com modos de organização simples e eficientes, mobilizando equipamentos de som mais simples de transportar e montar em distintos lugares, inclusive chegando nas ruas como "espaço aberto" de celebração. Para lá corriam multidões de jovens pobres de favelas e periferias ávidos por lazer e entretenimento que não acessavam na cidade ou nos bairros mais próximos a suas moradas.

Já na década de 1990 eram, pelo menos, trezentos eventos por semana. Os bailes atraíam tantas pessoas quanto as praias em sábados e domingos de sol (Vianna, 1996). Multiplicavam-se pelas favelas, pelos bairros da cidade e municípios da região metropolitana. O "Endereço dos Bailes" dos MCs Junior e Leonardo nos mostra essa expansão do funk:

É que de sexta a domingo na Rocinha o morro enche de gatinha
Que vem pro baile curtir
Ouvindo charme, rap, melody ou montagem,
É funk em cima, é funk embaixo,
Que eu não sei pra onde ir
O Vidigal também não fica de fora (...)
A galera animada faz do baile um festival
Tem outro baile que a galera toda treme
É lá no baile do Leme, lá no Morro do Chapéu
Tem na Tijuca um baile que é sem bagunça
A galera fica maluca lá no Morro do Borel
(...) O endereço dos bailes eu vou falar pra você
em Clube Íris, vem Trindade, Pavunense,
Vasquinho de Morro Agudo
e o baile Holly Dance Pan de Pillar
eu sei que a galera gosta Signos, Nova Iguaçu, Apollo, Coelho da Rocha, é...
Vem Mesquitão, Pavuna, Vila Rosário
Vem o Cassino Bangu e União de Vigário (...)
Vem Coleginho e a quadra da Mangueira
Chama essa gente maneira
Para o baile do Mauá
O Country Clube fica lá Praça Seca
(...) Peço paz para agitar,
Eu agora vou falar o que você quer escutar
Ê ê ê ê! Se liga que eu quero ver
O endereço dos bailes eu vou falar pra você
Tem muitos clubes e favelas que falei
Muitas vezes eu curti, me diverti e cantei,
Mas isso é pouco, vamos juntos fazer paz
Se não fosse a violência o baile funk era demais.

A força espetacular do funk provocava a juventude a sair de seus recantos nas favelas e subúrbios para frequentar bailes em diversos bairros da cidade. A presença de jovens pela cidade logo atrairia atenção negativa e de responsabilização dos mesmos por atos antissociais, como brigas e roubos em ruas, ônibus e lojas[71]. Muitos dos estigmas que mobilizam ações repressivas vinham das imagens amplamente difundidas dos bailes de corredor, onde as "galeras de amigos e de alemães" se defrontavam (algumas delas envolviam também torcidas organizadas de times de futebol). A repressão e o fechamento dos espaços de celebração do

[71] Em 19 de julho de 1995, o editorial do jornal *O Dia* assim abordava o tema: "os bailes funks são um caso de polícia e deveriam ser combatidos em nome da paz social". O mesmo jornal persistia, em 23 de julho de 2002, em denunciar os bailes funk "com todo seu ritual de violência e barbárie".

funk com "fins de controle da violência urbana" se generalizaram em clubes do "asfalto" e obrigaram seus criadores e frequentadores a assumir estratégias que privilegiaram a sua localização em favelas. Por outro lado, os preconceitos raciais e a criminalização da prática cultural acabaram oferecendo os bailes funk à utilização e controle de grupos armados ligados ao tráfico de drogas em algumas favelas. É na década de 1990 que surge os chamados "funks proibidões", que se tornaram hinos de facções criminosas e que reforçaram estigmas que validavam ações agressivas contra as galeras de funkeiros e ao próprio funk como prática cultural, agora vinculado pelo senso comum aos "donos do morro" e ao "consumo de drogas", incluindo a difusão de estereótipos visuais que associavam jovens ao crime — uso de bonés, bermudas, cordões e tênis comuns aos jovens frequentadores dos bailes.

Baile funk na Favela Nova Holanda, na Maré. A celebração de música e dança cria relações de pertença ao território. FOTO: Francisco Valdean/Imagens do Povo.

Mas o funk não se limitava aos territórios favelados, ele transbordava essas fronteiras. MCs passam a ter sucesso na indústria cultural, demonstrando o mercado simbólico e econômico cada vez mais abrangente do funk, inclusive entre os jovens de classe média. Mas este sucesso fora das favelas, contraditoriamente, não impediu a proibição de bailes em favelas, mesmo sem a suposta presença de traficantes, como foi o caso das favelas onde foram instaladas as Unidades de Polícia Pacificadora. Até nessas localidades, de modo autoritário, foi proibida a realização dos bailes com amparo na Resolução nº 13, de 2005, do então prefeito Eduardo Paes, que dispunha sobre o controle e autorização de eventos em favelas.

É bem verdade que a apologia à violência e, principalmente, as narrativas machistas que envolviam e envolvem o funk não lhes são exclusivas — outros gêneros musicais, com maior ou menor explicitação, têm suas canções machistas —, mas é importante dizer que estão sendo questionadas dentro do próprio estilo, sobretudo com a ascensão de MCs mulheres, como Carol, Valeska Popozuda e Tati Quebra Barraco. Elas expressam o funk como linguagem de liberdade de desejos e de corpos, reafirmando os direitos das mulheres em uma cultura autoritária como a brasileira[72].

Com suas variações estilísticas — dos clássicos *miami bass*, *freestyle*, passando pelo *melody*, batidão, ostentação e pop —, o funk abriga repertórios que traduzem demandas, frustações e desejos da juventude preta das favelas e periferias que, a seu modo, anseia por seu protagonismo social e cultural. É o funk uma importante mediação para a visibilidade de direitos de jovens, sobretudo dos que são marcados pelos estigmas de violência.

Os bailes de charme também podem ser considerados da linhagem da cena da *black music* carioca, inclusive muitos de seus DJs passaram a animar os eventos charme quando o *soul* se tornou alvo da repressão policial e dos órgãos da ditadura civil-militar. De natureza propriamente carioca, o charme criou um estilo próprio de apresentação e sonoridade, navegando entre o funk e o hip-hop em um compasso mais lento de dançar[73].

---

72 "69, frango assado, de ladinho a gente gosta/ se tu não tá aguentando/ para um pouquinho/ tá ardendo? assopra", música de Tati Quebra Barraco.

73 O DJ Michell, um dos fundadores do Baile Charme do Viaduto de Madureira, explica que o termo charme foi cunhado pelo DJ Corello, entre 1979 e 1980, em um baile que acontecia no clube Mackenzie. Segundo ele, no momento de música lenta, Corello anunciava para a plateia: "chegou a hora do charminho, transe seu corpinho bem devagarinho".

Em tardes e noites de sábado no bairro de Madureira, no Rio de Janeiro, jovens negros se apresentam no viaduto em seus bailes de charme e suas batalhas de hip-hop. Eles marcam sua territorialidade urbana com danças, cantos e grafites. As inesperadas gestualidades de seus corpos desafiam a funcionalidade imposta ao espaço urbano. FOTO: Márcia Farias/ Imagens do Povo.

Outra cena cultural importante que avança nas favelas e extrapola suas fronteiras é a construída pelo hip-hop, em especial em suas rodas de rima. Com maior destaque a partir de 2010 (Alves, 2016), as rodas de rima originaram diversos coletivos organizados e mais de uma centena de rodas hoje mapeadas na cidade. Suas origens mais próximas estão nas batalhas de *rappers* e na dança do *break*, que ganharam sua presença na cidade através de "posses" que reuniam grupos de MCs, dançarinos e grafiteiros. É importante sublinhar que a Cidade de Deus foi o território de emergência de um dos principais grupos de hip-hop do Rio de Janeiro. Liderado por MV Bill, esse movimento demonstrou a centralidade das favelas na cultura urbana contemporânea. Apesar de o funk ser a cultura de maior apelo de público, o hip-hop se tornou um movimento sociopolítico importante, apoiado em uma narrativa estética de crítica aguda às contradições da sociedade brasileira e com forte sentido identitário de grupo:

> Tamo junto!
> O bonde ta formado, eu sou um elo da corrente que é ruim de quebrar
> Tamo junto!
> Se quer subtrair, fique por aí se não tiver a fim de somar
> Tamo junto e misturado, é lado a lado
>
> [JUNTO E MISTURADO, MV BILL]

Jovens das favelas envolvidos na cultura hip-hop criaram formas muito particulares de circular pelas cidades. Primeiro pelas posses, depois pelos clubes, quadras de blocos de carnaval e de escolas de samba, chegando às praças dos bairros próximos de seus territórios de morada.

Praças, ruas, viadutos, muros e paredes são tomados por músicas, rimas, danças e grafites para a apresentação de jovens de favelas e periferias. A disputa de imaginário sobre o significado da cidade ganha força com a presença da cultura hip-hop em rimas e cores de visibilidade da juventude negra. É o que vem traduzindo os recentes eventos das rodas de rima (também chamadas de rodas culturais) na cidade, inclusive mobilizando outros grupos não necessariamente envolvidos com a cultura hip-hop, com a intenção de criar movimentos de afirmação de seus direitos à cidade. Como aponta o jovem Júlio César da Costa, integrante da Roda Cultural do Terreirão, em Vargem Grande, em entrevista concedida em julho de 2017 aos autores, esse é um movimento

> muito relevante para a cidade, para recuperação da autoestima dessa juventude. Os jovens que são os protagonistas dessas rodas são jovens de favelas, de periferias, são jovens que basicamente não tem voz, não tem canais de se expressar, então as rodas são formas dos jovens se expressarem, sua poesia, a realidade das suas quebradas. Então o papel das rodas hoje na ressignificação do espaço público é gigantesco.

Apesar de ainda serem efêmeras e encontrarem limitações para acontecer em espaços comuns da cidade[74], as rodas de rimas são fissuras para o fazer da cultura juntando pertenças poéticas e gestuais que ganham expressão corpórea na cidade, alimentando encontros de jovens — moradores e não moradores de favelas. Podemos tomar como exemplo a Roda Cultural de Olaria, na Zona Norte carioca. O evento promove a valorização do espaço público, junta diferentes grupos e repertórios estéticos, assim como mobiliza tanto aqueles que moram no local como os que frequentam o bairro.

Panfleto de divulgação da Roda Cultural de Olaria, com a participação de MCs e grafiteiros.

---

74 Apesar da Lei do Artista de Rua declarar que as festas na rua prescindem de autorização dos órgãos públicos — desde que gratuitas, com duração máxima de quatro horas, dispensem palco e respeitem os decibéis definidos —, observa-se a exigência de autorizações por parte de agências do governo municipal que inviabilizam, cancelam e proíbem atividades artísticas e culturais, mesmo quando estas estão abrigadas no escopo da lei.

Nesse sentido, territorialidades virtuais se *transcodificam* em territorialidades corporificadas, fazendo emergir ocupações de visibilidade de jovens nas ruas, praças e viadutos de nossas metrópoles.

As culturas em reinvenção nas favelas não se configuram como situações extremadas de "submissão" ou "resistência" à globalização da produção e do consumo cultural urbano. Elas estão para além das simplificações ideológicas e/ou românticas de luta contra o capitalismo, uma vez que significam um modo de produção da cultura que se afirma pela existência de pertencimentos ao território, porém com investimentos em relações mais amplas de produção e comunicação com o conjunto da cidade. Fanzines eletrônicos, romances e poesias impressas inventam seus mercados editoriais e seus jovens leitores, enquanto a produção audiovisual circula por espaços nunca antes navegados pelos autores, chegando a museus e galerias internacionais. Skatistas saltam em pistas das favelas para celebrar suas gingas de liberdade urbana. Jovens mulheres recriam imaginários poéticos nas cenas de Slam para dizer quem são por si mesmas. Enquanto tudo isso acontece, clipes com performances de rappers e MCs seguem alcançando milhares de visualizações no Youtube. Bailes funk, de charme e forró levam suas galeras às ruas, aos viadutos e aos clubes. Rodas de hip-hop mobilizam seus poetas e bailarinos ganhando visibilidade nas praças da cidade e sonoridade em programas de canais de televisão. São expressões contundentes de uma cultura de massas que emerge em territórios populares, mas os transbordam, para misturas de alegrias, dramas, frustações, paixões e protestos em perspectivas de apropriação estética do espaço urbano e de exigir seus direitos à cidade.

Encontro de jovens skatistas na Maré.
FOTO: Bira Carvalho/Imagens do Povo.

As juventudes das favelas na conquista da cidade

A juventude é inquietante, atrativa, mobilizadora. São visíveis e são potentes. Mas seria apenas uma palavra, conforme assinalou Pierre Bourdieu (1983), caso não pensemos em seus diferentes contextos de vida. Isto é, ser, estar e viver a juventude são experiências muito particulares. Mais singular ainda é refletir sobre esses sujeitos a partir das suas diversas e intensas trajetórias na cidade. Aqui fazemos essa reflexão atravessados por duas categorias: a desigualdade e a diferença.

Especialmente a respeito dos jovens que residem nas favelas cariocas, são necessárias novas abordagens que permitam tratar estes sujeitos para além dos esquemas modulares de juventude — de recorte etário e biológico — e das clássicas identidades culturais juvenis. Assim como as favelas são diferentes sítios urbanos, com configurações espaciais e temporais distintas, é indispensável considerar os jovens das favelas como diversos e reconhecer as desigualdades que atravessam suas vidas. Essa desigualdade se expressa no espaço da cidade, que não garante o acesso ao conjunto de direitos para parte de sua população. Mas também se expressa pela produção de uma subjetividade extremamente cruel e promotora de estereotipias e discriminações. O discurso do "menor" ou do "pivete" e a recorrente tradução na mídia como marginais ou coniventes com o "tráfico" são apenas expressões pontuais e cotidianas de um discurso centrado no medo, aquilo que Coimbra (2003) chama de mito da periculosidade dos jovens pobres. Esses "meninos" e "meninas" são ameaçadores, como reporta Cerbino (2006) sobre os grupos de origem popular nas periferias da capital equatoriana, classificados como biopsicologicamente perigosos.

Jovens de favelas são sistematicamente objetos de uma estetização perversa e discriminatória. Suas práticas sociais e culturais são associadas ao vulgar, ao violento e ao imoral. Basta observarmos o olhar crítico e severo sobre sua música, suas roupas, as marcas identitárias corporais. A experiência de ser jovem negro, pobre, morador de favela, de circular em espaços periféricos da cidade, impõe a este sujeito uma condição subalternizada e, no limite, desumana. Não é difícil recolher relatos do receio de um simples trabalho de campo da escola. Afinal, entrar num museu ou qualquer outro espaço cultural vestindo o uniforme da escola pública pode ser uma experiência constrangedora. As duas "peles" — a negra sobreposta pela de estudante da rede pública —, enfrentam as estereotipias que mencionamos. Alguns estudantes relatam a postura dos seguranças destes espaços quando visitam tais equipamentos e este quadro pode ser estendido a outros que relatam situações de racismo institucionalizado.

Por outro lado, a juventude também carrega consigo a marca da possibilidade. Derrubando progressivamente a noção teleológica de que suas vidas são apontadas para um futuro ainda não materializável, vêm tecendo novas estratégias de visibilidade como sujeitos políticos, alçando a partir de múltiplas ferramentas uma condição mais potente no que concerne ao tempo e ao espaço que constroem. Aquela velha ideia de que são o "futuro" configura-se muito mais como um discurso de quem defende um presente inquestionavelmente adulto, que se deveria prolongar, mas que não coloca em questão alguns padrões sociais.

É a partir destas duas dimensões que construímos nossa narrativa sobre juventudes de favelas, encarando as dores e alegrias desta condição.

A experiência da desigualdade

Num simples giro pela condição juvenil no Brasil e, especialmente, no Rio de Janeiro, nos deparamos com realidades suficientemente desiguais a partir da origem, da classe social, da condição de gênero, da etnia, do local de moradia, entre outros.

Os jovens residem numa cidade onde a marca da distinção territorial de direitos é uma experiência cotidiana e extremamente massacrante. Eles residem em favelas, em zonas periféricas da cidade, onde o déficit de investimentos públicos e privados se perpetua em nome da acumulação flexível e dos novos ordenamentos do capital em sua escala mais global. A grande maioria convive há muito tempo com as consequências mais trágicas da pobreza, do desemprego e da violência.

Em pesquisa realizada em 2013 pela Secretaria Nacional da Juventude sobre o perfil dos jovens brasileiros e sua opinião sobre pontos relevantes de sua vida, ao serem questionados sobre os problemas que mais os preocupam, os entrevistados citaram em primeiro lugar a violência, seguida pela questão do emprego ou profissão. Mas a própria pesquisa revela que, na medida em que aumenta a renda dos entrevistados, também aumenta a preocupação com a violência. Já em relação aos jovens de menor renda, a relação é inversa: os grupos populares se mostram mais preocupados com emprego. Em resumo, são percepções que evidenciam as desiguais condições de vida. Como aponta Novaes (2006), o contexto vivido por frações significativas da juventude é do enfrentamento do medo de morrer e do medo de "sobrar", isto é, de não conseguir construir uma vida profissional que lhe garanta sustento e uma vida digna.

Tais desafios são mais agudos quando nos referimos ao contingente que reside nas favelas. Estes ingressam mais cedo no mercado de trabalho face às estratégias de reprodução da vida social que assumem nos contextos familiares ou domésticos. Não é difícil deduzir que o ingresso precoce no mercado de trabalho implica, geralmente, na experimentação de trabalhos subalternos e precários e, consequentemente, com remunerações menores. Por outro lado, muitos acabam tornando-se chefes de família precocemente.

Outro componente implacável da desigualdade da condição juvenil reside na questão da escolaridade. O ingresso mais cedo no mundo do trabalho associado aos números da evasão escolar, da distorção de idade e ano de escolaridade e os elevados índices de repetência culminam numa diminuição significativa dos anos de escolaridade. Determinados estudos com viés economicista acionam a terminologia do "nem-nem", isto é, que nem estudam nem trabalham, na caracterização de segmentos juvenis de origem popular. Isto acentua a concepção de que o fracasso escolar é uma realidade que graça entre as famílias que residem nas favelas e ainda reforça os estigmas sobre estes indivíduos, aniquilando sua condição de sujeito ao supor que suas escolhas são, inevitavelmente, marcadas pelo descompromisso com um projeto de vida. Este estigma de "nem-nem" muitas vezes é reproduzido em perversos discursos travados no campo da sociologia da educação.

A desigualdade também pode ser identificada nos enfrentamentos cotidianos que travam em uma sociedade atravessada pelo racismo e seus mais diversos arranjos de injustiça racial. Como dizia a frase emblemática que já rodou campanhas antirracistas: "pele escura, estrada dura!". Com taxas assustadoras de homicídio, a metrópole fluminense amarga uma elevada taxa de mortes de jovens negros. As representações hegemônicas sobre as favelas como território inimigo e de seus moradores como ameaçadores é reeditada diariamente sobre corpos de negros e negras na cidade, vítimas da discriminação e da violência racial. São pontos da materialidade da desigualdade que entendemos como fundamentais e que demonstram quais são as condições objetivas a partir das quais estes sujeitos, individual e coletivamente, inventam suas diferenças.

Algumas amostragens e levantamentos específicos que penetram em extratos da população e fazem recortes numa escala intracidade são reveladores de que os jovens que mais são atingidos por estas questões residem em favelas e outros espaços populares urbanos. Uma simples pesquisa sobre localização e mapeamento de equipamentos de lazer e cultura na cidade atesta essa desigualdade.

Encontramos áreas extremamente densas e desprovidas deste tipo de equipamento, enquanto verificamos uma densidade considerável de opções em algumas partes específicas da cidade. O entorno da Avenida Brasil, o principal eixo viário da cidade do Rio de Janeiro, que risca seu território desde a região portuária até os limites da Zona Oeste, ou seja, uma área extensa e margeada por vários bairros periféricos, apresenta pouquíssimos equipamentos culturais de qualidade, excetuando-se talvez um ou outro centro comercial como shopping center que pode abrigar cinemas e teatros. Oposto a isso, tomando como referência o trecho da orla oceânica da cidade que vai do Leme ao Leblon, os bairros deste trecho são dotados de uma variedade de instalações culturais e de opções de lazer. Objetivamente, a relação em termos proporcionais é extremamente discrepante, trazendo implicações inegáveis para a vida na cidade.

Mas não é apenas a distribuição desigual de grandes equipamentos que comprova tais contradições. Espaços públicos para encontros, trocas, produção de subjetividades, convivência e construção de identidades culturais plurais são também restritos a determinados pontos da cidade. Instrumentos de democratização do acesso à cultura, o que permitiria aos jovens traçar horizontes comuns, partilhar experiências e construir laços, ainda estão longe de serem alcançados. Bairros inteiros dispõem exclusivamente da rua e da capacidade inventiva dos seus moradores de dar significado à sua existência.

Estas distâncias físicas ganham significado e produzem distâncias simbólicas. Constrangimento e medo emergem facilmente na fala de muitos jovens dos mais diferentes territórios populares quando se trata de circular na cidade. Eles se veem limitados, é como se não dominassem os códigos que lhes permite comportar-se tranquilamente nestes lugares, ou seja, como se vestem, como falam, o que consomem, o que olham, o que valorizam. Ir ou não a um shopping, frequentar ou não um cinema, andar ou não na praia, são experiências perpassadas pela condição de apropriação desta recheada simbologia presente na vida urbana. Os deslocamentos, portanto, são ampliados ou reduzidos conforme a capacidade de cada um para fazer uma leitura dos indiscutíveis sinais para se apropriar da cidade. São como códigos de acesso que abrem ou não as portas para acessar direitos e realizar desejos.

Os serviços de transporte podem ser precários e dispendiosos, os gastos com o lazer podem incidir cruelmente sobre a renda, as distâncias físicas podem se constituir como um obstáculo, mas a questão mesmo é que, além dos impedimentos concretos, se não temos a cidade como nossa, ou seja, se não nos apropriamos dela como se fizesse parte de nós, é como se ela se apresentasse como algo inalcançável. Os códigos não são lidos e, portanto, não aproximam, não abrem os caminhos para a convivência. Ao contrário, se colocam como mecanismos extremamente inibidores, que geram afastamento. Esta combinação entre as distâncias física e simbólica dificultam o acesso a oportunidades de trabalho, lazer, cultura e outros direitos, além de produzirem estereótipos, dificultando a possibilidade de encontros e novas sociabilidades.

Em outras palavras, esta distinção territorial de direitos acaba por reduzir o sentimento de pertencimento à cidade para a meninada que vive em favelas e outros espaços populares da cidade. É como se não fizessem parte deste conjunto. Fisicamente próximos ou não, não se reconhecem como sujeitos que podem se apropriar da riqueza que a cidade tem a oferecer.

Em certa ocasião, um rapaz do conjunto de favelas do Alemão, na Zona Norte da cidade, nos disse que "poder escolher onde quer ir é fundamental. Se você faz escolhas, vai e se sente à vontade. Você não precisa gostar de tudo, apenas ter a liberdade para fazer a escolha sem constrangimentos". Onde há constrangimento, provavelmente se promove limites quanto à mobilidade, criam-se interditos no uso e apropriação dos equipamentos da cidade, diminuindo o trânsito que deveria ser culturalmente frequente.

Por que a cidade se descortina para uns e se apresenta enigmaticamente para outros? Se o que motiva o jovem de classe média a uma circulação restrita na cidade é o medo do "outro", um medo que se alimenta por uma mídia que sensacionaliza, tipifica e amplifica a violência urbana, isso também opera para restringir a mobilidade dos moradores de origem popular, colocado sob interrogação, sob o desconhecimento e atravessado pelo constrangimento de uma sociedade hierarquizada. O medo e o constrangimento são recíprocos e reveladores de que sem superação de distinções territoriais não avançaremos para o direito ao convívio, experiência fundamental para derrubar as distâncias simbólicas e incidir sobre as políticas que podem alterar as desigualdades concretas no território.

Em tese, a cidade transforma a vida numa experiência de encontros, de sociabilidades. A circulação corresponde ao encontro, à visibilidade, a ser visto e reconhecido. Mas, quando a circulação está regida por uma regulação que prescreve, distingue e discrimina os sujeitos, que cidade podemos apreender? Como é possível superar experiências tão desiguais e produtoras de distinção de direitos?

Certamente o primeiro passo é colocar em suspeição o modelo de cidade que estamos construindo há tempos e pensar em como esta grande obra pode se tornar mais plural e acolhedora. Não se trata simplesmente de transformações estruturais, mas principalmente de uma cultura a favor da convivência e da justiça social e territorial. Uma agenda propositiva neste sentido é o caminho a ser seguido. Indagações relevantes e estruturantes devem embasá-la, e práticas inventivas em curso podem nos ajudar a encontrar caminhos a serem replicados.

Entre os próprios jovens há um processo gradual e difuso de manifestações que abala estruturas arcaicas e tipologias padronizadas e estereotipadas sobre si e sobre a cidade que vivem. Dialogar com estas práticas é fundamental, caso contrário o futuro estará, fatalmente, ultrapassado.

A potência da juventude

É instigante pensar os jovens pela diferença. E ainda mais pensar a diferença como uma produção espacializada. Uma representação hegemônica das parcelas juvenis de origem popular está marcada pelas noções de marginalidade, de ausência de perspectiva e de carência. Essencialmente sustentada nas condições de vida das classes médias e altas, tende-se a hierarquizar modos de vida distintos. A vida de um jovem pobre, morto numa daquelas desastrosas operações policiais em favelas da metrópole carioca, vale menos que um jovem de classe média que é vitimado na Zona Sul. E o primeiro caso é muito mais expressivo em números do que o segundo. Lógico que isso não significa que ambas as vidas não sejam prioritárias.

Estas representações, em parte difundidas pelos grandes meios de comunicação, colaboram para disseminar práticas discricionárias, que tendem a atingir de modo cabal as sociabilidades na cidade, já que os estigmas da violência e da marginalidade atribuídas aos jovens de origem popular os traduzem numa ameaça permanente à ordem e a determinado padrão de civilidade.

Se por um lado são identificados como ameaçadores, por outro o discurso da carência justifica um olhar de vitimizados. "Carentes" de tudo, demandam atendimento e controle das políticas públicas e da sociedade. Consequentemente, parafraseando a poética advinda da vida de São Francisco de Assis, "onde houver ódio que eu leve o amor", o pressuposto é que onde não há nada de bom é preciso preencher. Mas quem define o que preencher? E o que se pretende inserir? Se estão ociosos, ocupe-se o tempo destes indivíduos. Se há violência, constitua-se a disciplina, a ordenação dos corpos. De um recorte biológico e psicológico assentado na visão dos ciclos da vida que traduzem a condição juvenil pela imaturidade, reserve-se uma escola adestradora, impermeável a suas questões ou um projeto ou política para dizer-lhes o que devem fazer. Mais atroz ainda, com as traduções da marginalidade, aceita-se, tacitamente, o aumento progressivo da letalidade de jovens pobres, negros, residentes em periferias dos grandes centros urbanos como o Rio de Janeiro.

Cabe, então, nos indagar sobre estas vivências tecidas à luz da diferença sem apagar as condições de desigualdade enfrentadas no cotidiano. Como esta juventude que reside nas favelas tem construído em seus territórios experiências de superação e de subversão destas representações negativas? Porque é a partir destas condições objetivas, marcadas pela desigualdade, que eles se expressam e inventam suas diferenças. Quem empobrece tais contextos de vida, por vezes desconhece a riqueza de significados e possibilidades que lhes configura.

Se para começar é preciso reconhecer que os territórios populares não são anômicos, terras sem lei, marcados pela ausência de civilidade, os jovens destes espaços também não são. E muitos têm conseguido enxergar isso e enxergar-se como sujeitos de direitos. Olhando ao nosso redor, percebemos que a metrópole não é feita apenas por alguns e disponível apenas para estes. A metrópole é uma grande experiência de encontros e de produção simbólica. Com um giro considerável no nosso olhar, podemos pensar fora da órbita convencional que vê o urbano apenas como uma produção econômica e identificar tantas outras centralidades produzidas pelos sujeitos em seu cotidiano. Talvez esse giro nos ajude a cogitar o território da cidade como espaço da multiplicidade. É preciso percorrer este espaço e reconhecer esta multiplicidade presente em cada uma de suas partes e por cada um dos seus grupos, porque é esta experiência que nos permite construir identidades mais plurais e mais acolhedoras ao diferente.

A despeito da representação negativa dos espaços populares, seus moradores vêm demonstrando uma enorme capacidade de produção de novos significados sobre o que são e onde moram, o que tem colocado em questão o que seria, em nosso ponto de vista, uma visão unilateral de cidade e das juventudes de origem popular. Um bate-papo informal com jovens de diferentes favelas da cidade do Rio de Janeiro já nos aponta para um panorama diferente do que se pensa dele e para ele. Em certa ocasião, um deles, ao ser provocado sobre o trabalho, disse: “Não aguento mais essa ideia de ter que trabalhar como vendedor, como balconista de lanchonete ou como pedreiro. Eu quero criar”. Aqui está em questão as formas de ordenamento da vida juvenil, marcadas pela ideia do comportamento e do discurso esperado, e entra em cena a construção da condição de liberdade e de ação. No contexto social dominante, o que se espera deste indivíduo é muito menos ou muito distante do que ele pretende com sua capacidade de criação e de transformação. Sobretudo em relação aos jovens de origem popular, a concepção de que devem se dirigir ao trabalho, independente do tipo de função, é quase uma crença inquestionável.

Criação e ação são demonstrações incisivas de superação do clássico paradigma da ausência. Onde a dor é traduzida pelo luto permanente e as alegrias só são veiculadas quando atravessadas por uma aparente “inclusão social” via trabalho, estes sujeitos têm produzido novas formas de se representar. É um basta à compreensão distorcida de que estes precisam ser salvos. Quando acionam outros repertórios para além do que lhes é prescrito, começam a se deparar com uma visão mais plural e se dão conta de que seus espaços de moradia compõem o mosaico tão colorido de que é feito a cidade. E isso tem alterado profundamente a visão monocromática de cidade. A novidade trazida por estes jovens é o sentimento de que fazem parte de uma comunidade, mas, ao mesmo passo, são parte integrante, pertencentes a um contexto maior.

Há uma enorme capacidade de criação de novas representações sobre seus espaços de origem. Certamente o mais positivo neste movimento é que as novas representações do espaço estão intrinsecamente vinculadas com representações mais ousadas e propositivas sobre si mesmos. "Criar algo novo" emerge como fala. Mas este movimento representa a possibilidade de superar o convencional e, consequentemente, a capacidade de provocar nos outros novos olhares sobre si. É a possibilidade de distinguir-se.

Em imagens inspiradoras, os fotógrafos, majoritariamente jovens, do Imagens do Povo, programa do Observatório de Favelas, derramam sobre a cidade um olhar mais humano sobre os contextos de vida de quem vive em espaços populares. As performances de rapazes e moças, artistas do Nós do Morro no Vidigal, valorizam o cotidiano da vida destes moradores e revelam a riqueza cultural presente nestes territórios, estabelecendo a partir de uma metodologia participativa e multiplicadora um espaço de produção de arte na vida da comunidade e para além dela. A rede de leitores e escritores produzida a partir da Festa Literária das Periferias (Flup) desde 2012 mobiliza jovens em diferentes favelas da cidade, articulando sujeitos e instituições em torno de um projeto de valorização da literatura e de seu potencial criativo e transformador. Mas não nos referimos apenas aos indivíduos que estão institucionalizados, isto é, aqueles que se aproximaram de projetos de determinadas instituições que atuam nas periferias. Muitos outros estudam, trabalham e conduzem suas vidas e projetos sem resumir-se a estereótipos e espaços pré-definidos.

Outras lentes reveladoras da pluralidade juvenil nos são apresentadas pelas ferramentas digitais, cuja capacidade de atrair esta parcela da população auxilia na ampliação do seu tempo e espaço, além de impulsionar a construção de novas territorialidades, mesmo que em ambientes virtuais. Se a possibilidade de mobilidade urbana amplia os diferentes estímulos e experiências vividas pelos meninos e meninas nas grandes cidades, para jovens de origem popular, que têm este direito limitado, o acesso a estas ferramentas pode não necessariamente criar mobilidades físicas, mas tem enorme capacidade de reduzir distâncias sociais e simbólicas.

Jogos, canais de comunicação, redes sociais e um sem número de aplicativos que atendem a demandas distintas são as motivações principais para o acesso aos computadores e às ferramentas da internet. Estes territórios virtuais são vivenciados a partir da construção de uma linguagem específica, muitas vezes resumida e fragmentada, mas ilustrada por uma infinidade de imagens sonoras e visuais, que retiram a palavra de seu patamar de instrumento principal de decodificação do mundo real. Através destas ferramentas, meninos e meninas, então periféricos e um tanto invisíveis, protagonizam uma revolução no imaginário urbano, trazendo novas representações e novas produções a partir de um universo simbólico extremamente rico e diverso.

Tais dispositivos podem criar pertenças à medida que favorecem novos modos de manifestação sobre as experiências que vivem. "Se ver" é sinônimo de reconhecimento, de visibilidade, é a manifestação corpórea diante da construção da invisibilidade política e social destes jovens. As redes sociais se constituem em meios de mobilização. É um elo de comunicação entre as pessoas, é um ambiente onde se pode buscar informações atualizadas sobre determinados temas e, por fim, constitui um espaço para trocas simbólicas, posto que as pessoas podem colocar sentimentos e estreitar laços de amizade.

A cultura digital não vem se constituindo apenas como espaço de produção cultural e de lazer. Multiplicam-se grupos que se ocupam da tarefa de produzir e difundir novos conteúdos sobre si e sobre suas realidades. Certamente, as narrativas da mídia convencional focadas no paradigma da ausência e da carência não expressam o mosaico de experiências vivenciadas por esta garotada. Em outras palavras, falamos de uma rede de comunicação alternativa extremamente potente, que se ocupa de elementos do cotidiano destas periferias urbanas e entrega à sociedade de um modo geral informações à luz das vivências destes novos interlocutores. São vários os grupos que hoje se atinam para esta disputa de narrativas. O Data Labe, um laboratório de dados e narrativas que surgiu na Maré, reúne jovens moradores de territórios populares para, com suas próprias narrativas, impactar o imaginário da cidade sobre questões referentes às favelas e seus contextos de vida. O Coletivo Papo Reto, no conjunto de favelas do Alemão, se constitui como uma agência local de notícias. Novos atores surgem como fontes de informação dentro de suas comunidades, amplificando as vozes dos moradores, questionando as políticas voltadas para as favelas e difundindo informações que antes nem chegavam ao conhecimento da população por serem omitidas pelos grandes meios de comunicação.

No contexto da cibercultura, conforme apontado por Pierre Lévy (2009), que reflete os impactos da tecnologia na produção da sociedade, individualmente e em coletivos, esta parcela da população vem se destacando. Neste sentido a garotada não se encaixa mais nos padrões formativos centrados na ideia de que estes são "assistidos", porque a tal audiência cativa, típica da experiência escolar tradicional, é arrebatada pela velocidade com que as informações são acessadas e compartilhadas, ao mesmo tempo em que num jogo de trocas simbólicas também se projetam como produtores de informação. Além de receber conteúdo e informações, meninos e meninas, nos diferentes cantos da cidade, incluindo os das periferias, produzem seu próprio conteúdo e divulgam seus pontos de vista, ou seja, pluralizam as narrativas a partir das suas distintas condições juvenis.

É inegável a capacidade que essa juventude favelada demonstra em corporificar em seus territórios tais relações virtuais. As relações travadas no campo do virtual não permitem apenas um modo novo de promover o encontro em meio às dificuldades estabelecidas nos termos de circulação e de mobilidade urbanas. Os jovens travam seus diálogos virtuais, mas também os trazem para as ruas. Se na internet podem apresentar seus gostos, seu modo de pensar, suas habilidades, estes elementos ganham as ruas das favelas através de práticas de significação territorializadas e corporificadas. No "passinho do menor", no "quero ver o baile todo", nos cortes de cabelo estilizados, na multiplicação das postagens e dos acessos a esses conteúdos produzidos por meninos e meninas de favelas, vão comunicando um corpo presente e vibrante na cena carioca.

Essa cultura digital é apropriada pelos jovens de origem popular como uma nova geografia do imaginário da cidade. Em relação a essas novas estéticas, convém destacar o encontro com um elemento do cotidiano que começa a ganhar significado, ou seja, a cultura da rua presente em seus territórios de origem. Diferentes narrativas estéticas ganharam as ruas já faz algum tempo. Rodas culturais notabilizaram-se como um movimento espontâneo de sujeitos sociais que vivem a distinção territorial de direitos, mas que, através do rap, da rima, da poesia, do grafite e outras modalidades artísticas, trazem suas vivências, suas paixões, suas dores e incidem em um imaginário mais plural de cidade. É um ato simbólico marcado por uma gama de práticas gestuais, performáticas, que delineia relações de pertencimento e demarca territorialidades corporificadas dos jovens de favelas, contrapondo-se aos discursos recorrentes onde se assentam históricas desigualdades de direitos. Essas novas cenas públicas assinalam o desafio de ruptura com as normativas do uso do espaço público urbano, sinalizando para a sociedade o desejo de que estas sociabilidades sejam valorizadas, principalmente pelo seu potencial de promoção de encontros e convivência.

A cultura aparece como uma manifestação do cotidiano e, consequentemente, como uma experiência territorializada. Os poucos espaços públicos de lazer e as dificuldades relacionadas à questão da mobilidade na cidade justificam uma experiência de vivência cultural na rua. Churrasco, futebol, conversa com vizinhos, encontros nas poucas praças existentes, namoros no portão etc. são exemplos de como as juventudes enfrentam as restrições impostas pela condição financeira e também pelas fronteiras impostas pelos grupos criminosos ligados ao comércio varejista de drogas — que estabelecem domínios sobre o território e restringem ainda mais a circulação desses jovens moradores de favelas.

Cabe reconhecer como estas redes de sociabilidade tecidas no cotidiano da rua se constituem como pilares fundamentais para a vida dos jovens. Dominar os códigos da rua da favela é algo que se inicia muito cedo. Se há indícios da dificuldade em decodificar a cidade como um todo em função dos limites de mobilidade vivenciados, nos seus territórios os jovens demonstram conhecimento dos caminhos e dos conteúdos específicos, são ambientes de segurança onde sentem-se acolhidos e protegidos.

A riqueza deste movimento nas favelas — que em certa medida encontramos em vários bairros, principalmente no subúrbio carioca — reside na urbanidade que lhe é intrínseca. O baile funk que aparece negativamente em diversos comentários é também uma demonstração da importância da rua como um universo de possibilidades culturais na vida de seus moradores. O já citado passinho do menor é uma demonstração de como a rua é o espaço por excelência da vida comunitária e da visibilidade. Logicamente que estes jovens também vão a shoppings, frequentam calçadões e praias, vão ao cinema, mas a sua principal forma de socialização está nas ruas da favela. É uma forma de dizer que a cidade lhes pertence, de reivindicar o espaço público para socialização, inclusive em outros espaços da cidade.

Muitos ressaltam a liberdade do uso da rua e se ressentem dos poucos espaços públicos para convivência. É o reconhecimento de que as sociabilidades são tecidas também fora do ambiente doméstico, do espaço de morar. É uma manifestação explícita de que não querem simplesmente habitar, circular, estudar, trabalhar. Exigem isto como direito, mas anseiam por mais. Morar não é simplesmente habitar uma unidade domiciliar. Morar é tecer uma relação com os outros que estão ao seu redor, ainda mais num contexto de proximidade e de carências estruturais. O espaço público nas favelas é uma experiência permanente de encontro. Nele as pessoas se conhecem, se relacionam, dão significado à vida porque vivenciam a mais humana de nossa condição, ou seja, a sociabilidade.

É através desta sociabilidade que os jovens se revelam ainda mais ousados. Falamos de experiências de solidariedade, trocas simbólicas, de diálogo entre os diferentes. Fazem a si mesmos neste contexto da rua. A rua é a possibilidade de criar algo novo, porque a rua é o espaço da pluralidade. Nas ruas há crianças brincando, comerciantes vendendo, serviços de circulação sendo prestados, gente dialogando nas portas, sons diversos que se cruzam, cores que se multiplicam. A rua na favela é um mosaico indescritível. A juventude se apropria e mistura todos esses signos de dentro e de fora da favela. Eles dialogam com estes signos e com isto desenvolvem uma enorme capacidade de releituras sobre a realidade. Esta apropriação é uma fonte inesgotável de criação do novo, e estes jovens transitam por estas ruas e vão coletando estes códigos e transformando-os em potência.

Estar na rua é de certo modo poder inventar um lugar para si, é a possibilidade de romper com instituídos concernentes ao ambiente doméstico. A dimensão que a rua ganha na vida dos meninos e meninas é, sem dúvida, enorme. Ela se apresenta como o lugar de possibilidades, lugar de encontros, lugar de visibilidade e não o lugar das convenções, do controle e da restrição.

Por mais visibilidade política

Diante da reduzida mobilidade urbana e dos estigmas com que convivem historicamente, os jovens vão encontrando caminhos, vão produzindo novas inserções, vão tecendo pontes para garantir o direito de ser e estar na cidade. Estes movimentos impõem novas representações de si e do mundo e trazem o lugar onde moram para o centro da discussão. As favelas, traduzidas pela paisagem e pela incivilidade, progressivamente começam a aparecer como espaços privilegiados de convivência, de produção cultural, de sociabilidades elaboradas em contexto de resistência e invenção. E os jovens se projetam como corresponsáveis e autores da cidade. Seus principais movimentos de visibilidade podem ser resumidos em "fazer" e "criar".

Reiteram a intensidade de suas vidas no fazer. As transmissões oriundas do passado e as promessas de futuro pouco impactam seu imaginário. Fazer é emocionalmente e cognitivamente muito mais excitante e significativo e está intimamente ligado ao fazer-se, que é o sentimento de poder narrar a si mesmo, da ausência de interlocutores para apresentar o seu universo. Especificamente para aqueles de origem popular, o fazer-se, ou melhor, ter a autoria de sua vida, é o maior desafio diante dos estigmas e de uma sociedade que tende a definir o que pode ou não ser considerado aceitável.

Os limites de mobilidade os impulsionam a criar alternativas em seus territórios de origem. Cultura performativa, capacidade de dar respostas inesperadas e pouco convencionais sobre elementos de sua vida, o envolvimento em espaços de trocas de informação e de conhecimento menos formais, de apropriação do conhecimento e produção de cultura — uma vez que a escola e diferentes cursos sempre os colocam no lugar de "alunos", de "beneficiários", de "clientes", de "usuários" — são iniciativas emblemáticas deste processo de criação.

Então como damos respostas a isso? Que agenda propositiva de políticas para as juventudes, em especial as que vivem nos espaços populares da cidade, devemos construir? Existem expressivas manifestações deste novo lugar. Nas escolas, nas ONGs, nas ruas, nos coletivos jovens. É preciso mapear estas manifestações. Quem são? Onde estão? Como se organizam? Quais são seus interesses? Os inventários espalhados pela cidade, geralmente realizados por distintas instituições, têm contribuído para entender o universo de questões que atravessam a vida dos meninos e meninas que residem em favelas. Contudo, que elementos valorizam nesta caracterização? Em que medida os jovens conseguem ter autoria na construção das narrativas sobre si mesmos?

Onde há espaço para trocas simbólicas e inventividade, há também jovens de variadas formações e interesses. Não seria produtivo que espaços públicos de socialização se multiplicassem na cidade, em diferentes cantos da metrópole carioca, favorecendo encontros, confrontos e novos sentidos? Certamente estes ambientes precisam ser seguros e devem dialogar com a estética dos próprios jovens e não os ver pela ótica adulta, de ordenamento e controle. Somente a experiência do convívio entre os diferentes nos permitirá construir os vínculos necessários para uma sociedade mais justa, mais solidária, mais inclusiva, que reconheça a diferença como elemento constituinte da vida social.

Diante da gama de questões que atravessam suas vidas, é fundamental reconhecermos que o sentimento de medo impacta de modo contundente o presente e o futuro dos jovens de favelas e periferias. O medo de perder a vida não é simplesmente uma sensação, já que é crescente a violência letal que afeta as juventudes, especialmente os mais pobres, os que residem em espaços populares e os negros. A prevenção desta violência que mata jovens pobres e negros residentes em periferia não está exclusivamente no âmbito da militarização.

Atualmente as disputas territoriais na cidade, em especial entre os grupos criminosos que dominam território e entre estes e o aparato policial, têm intensificado a experiência de vida dos que residem em periferias como algo marcado pela insegurança. Sair de casa e circular se torna uma atividade de risco por conta da perspectiva de guerra às drogas que historicamente orienta as ações de segurança pública do Estado, que tem nas favelas e periferias urbanas suas principais trincheiras. Aulas interrompidas, comércio fechado, circulação restrita são algumas das situações vivenciadas cotidianamente por estes moradores. Curiosamente, aquilo que é reivindicado pelo aparato policial como estratégia de segurança pública vem sendo objeto de produção de insegurança para grande parcela dos moradores da cidade que vive nestes espaços populares.

É razoável que estes espaços continuem a ser encarados como territórios inimigos e, com isso, estejam sujeitos à ação militar ostensiva e letal? É mais que necessário que cada um se pergunte onde fica o direito à segurança pública nos espaços populares e que todos entendam os impactos altamente destrutivos desta condição na vida de muitas famílias e seus jovens.

Estes questionamentos sinalizam para o desafio de uma agenda em torno de experiências positivas de educação, esporte, trabalho, lazer e cultura, com o intuito de exercer o "direito à cidade", sem cair na armadilha de que sabemos os dispositivos necessários para as diferentes juventudes urbanas. É comum para o universo adulto dizer como as coisas devem acontecer, sobretudo porque estes indivíduos são interpretados como descompromissados e inconstantes. Mas esta agenda política deveria ser um compromisso ético de todos, inclusive dos jovens.

Portanto, estas experiências devem ter os jovens como sujeitos de direitos e travar diálogo permanente com seus interesses, suas linguagens e modos de ver o mundo. Não é mais possível encará-los como ouvintes, assistidos, expectadores. É preciso alinhar o conjunto de direitos com a capacidade inventiva que, incansavelmente, eles nos apresentam a todo momento.

Não há um futuro melhor para a cidade e para as juventudes que não seja travado a partir de uma ruptura com os nossos modelos e padrões convencionais de cidade e de juventude. Quem pode pensar esta agenda? Quem pode pactuá-la se não aqueles que reinventam seu lugar a cada dia? Então, na certeza de que devemos caminhar na afirmação da igualdade, da dignidade humana e do reconhecimento da diferença que nos marca como sujeitos singulares, é que se coloca entre nós o desafio de construção de uma cidade mais plural onde os jovens possam sentir-se acolhidos, valorizados e com espaço para se projetarem. Não devemos dizer o que são e o que devem ser. Esta narrativa cabe a eles. No entanto, ousamos aqui, na alegria e na dor de conviver numa metrópole desigual como a nossa, compartilhar do caminho que fazem, estar junto, aprendendo como têm buscado trazer seus traços distintivos para a arena política. E que com isso consigamos fazer de nós mesmos algo melhor do que somos.

Favela: território de afetos

As imagens fotográficas de Bira Carvalho fazem a favela emergir como um território de múltiplos afetos. Distante das representações recorrentes de carência e violência que notoriamente marcam as moradas populares da cidade, as fotografias de Bira nos invadem com a potência criativa que pulsa e se faz presente em cada rua, esquina, beco ou viela de nossas favelas. São afetos que ganham corporeidade nas relações, nos gestos, nos sorrisos, nos abraços. Amor, alegria, coragem. Paixão, solidariedade, amizade. Solidão e tristeza. Dor, saudade, esperança. Cumplicidades e amorosidades são vividas e colhidas no cotidiano. Os afetos nos tocam, criam enlaces, enfim, nos tornam próximos e nos transformam, porque somos e compartilhamos um território comum de pertenças.

MOTO TAXI
PRINCIPAL

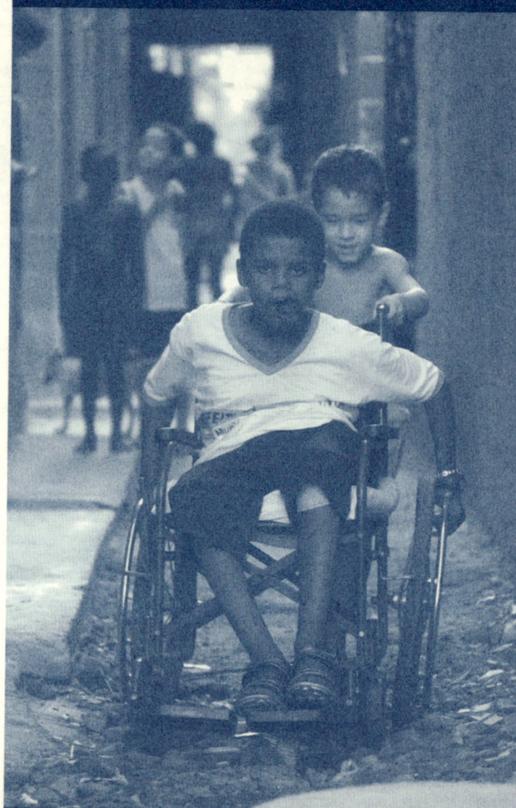

A perversidade da "guerra às drogas"

O histórico da violência urbana no Rio de Janeiro

O Observatório de Favelas, desde sua origem, tem se mobilizado a respeito das violências que vitimam as moradoras e moradores das favelas e periferias, especialmente em sua dimensão letal[75]. Nossa vivência e os estudos a respeito do tema demonstram que o principal fator para seu permanente crescimento no país decorre da forma como se estruturou o comércio de drogas nas periferias e as formas usadas pelas forças de segurança para combatê-lo — que gerou, como seu principal efeito perverso[76], a criação das milícias. As favelas cariocas foram, em seu processo histórico, ignoradas, toleradas, hostilizadas, reconhecidas e, acima de tudo, representadas pelas vozes e forças dominantes da cidade como um grande problema, em particular no âmbito da segurança pública.

Nesse contexto, os residentes das favelas tiveram de construir múltiplas ações para enfrentar o Estado no esforço coletivo para garantir seu direito à habitação e viabilizar seu acesso a equipamentos e serviços urbanos: criação de organizações e iniciativas comunitárias; pressão sobre os governantes; negociação com políticos tradicionais etc. Desse modo, as favelas venceram o confronto com as forças do Estado e do mercado interessadas em sua eliminação e se estabeleceram como um elemento central da paisagem e da vida cotidiana do Rio de Janeiro.

Ainda que vencedoras nesse confronto, o acesso à condição de urbe ficou restrito a alguns equipamentos e, de forma diferenciada entre as favelas, a serviços de infraestrutura — água, energia, asfalto, telefonia e, em menor escala, o saneamento básico. No caso dos direitos legais, nada foi estabelecido — delegacias, zoneamento urbano, estruturas do poder judiciário, em suas diferentes expressões etc. Da mesma forma, serviços essenciais do ponto de vista econômico, tais como serviços bancários, agências de correios, centros de formação profissional

---

[75] O texto desse item é uma adaptação de material publicado no Relatório final da pesquisa sobre a reconfiguração do crime no Rio de Janeiro a partir da criação das UPPs. Realizada pelo Observatório de Favelas, o estudo foi lançado em julho de 2018. Sua principal conclusão é que não há uma guerra às drogas, mas uma priorização da repressão às drogas no varejo que tem como principal consequência uma estratégia de extermínio da juventude negra das favelas e periferias do Rio de Janeiro.

[76] O "efeito perverso" ocorre quando uma pretensa solução para um determinado problema gera consequências mais negativas do que o problema em si.

e serviços tecnológicos apenas de forma excepcional chegaram às favelas — durante décadas, a única favela com agências bancárias no Rio de Janeiro foi a Rocinha, a partir do primeiro governo de Leonel Brizola (PDT), entre 1983 e 1986; depois disso, apenas o Complexo do Alemão, em 2011, teve acesso ao serviço, trivial nos bairros da cidade.

No campo da segurança pública, por sua vez, a polícia foi, historicamente, a única organização regular do Estado a entrar nas favelas. E essa ação sempre teve como foco o ataque a grupos criminosos ou o controle do território, nunca em uma perspectiva de respeito aos direitos desses moradores. As ações policiais sempre foram caracterizadas pela truculência, violência e pelo sentimento de impunidade. Esse quadro se agravou e se tornou mais complexo a partir da década de 1980. É nesse período que surgem três fenômenos que se entrelaçaram. Primeiro que, na Colômbia, cartéis se organizaram e passaram a ter capacidade de produzir e exportar a pasta de cocaína numa escala industrial. Com isso, os preços caíram de forma abrupta e aquela droga se tornou uma *commodity* de alto valor e imensa presença no mercado internacional de drogas ilícitas.

O segundo fenômeno, ainda no âmbito internacional, foi que a Organização das Nações Unidas (ONU) fortaleceu uma política repressiva em relação ao comércio de drogas ilegais, reconhecendo e universalizando uma estratégia oriunda dos EUA, do final dos anos 1960, que se tornara conhecida como "guerra às drogas". Esse caminho de repressão total às substâncias ilícitas é regulamentado no plano internacional a partir da "convenção contra o tráfico ilícito de entorpecentes e substâncias psicotrópicas", de 1988[77], proposta pela Organização das Nações Unidas. O esforço internacional continua se fazendo presente, embora tenha se revelado inócuo do ponto de vista de impedir o crescimento da produção e seu consumo; mais que isso, ele tem tido efeitos perversos de variados graus. A maior expressão do seu fracasso do ponto de vista do controle da produção é a estabilidade do preço da cocaína, em dólar, no âmbito internacional e nacional, apesar de todo o aparato repressivo construído nas últimas décadas e seus imensos custos sociais, econômicos, políticos e no campo global dos direitos individuais e coletivos. No âmbito da repressão aos usuários e vendedores, o crescimento das mortes e das prisões, que no Brasil ocorre em níveis extraordinários, são as faces mais sombrias e violentas da política repressiva.

O terceiro fato relevante na década de 1980, no âmbito da segurança pública, agora em termos de Brasil, foi a criação, em presídios do Rio de Janeiro, da facção criminosa Falange Vermelha — depois, Comando Vermelho (CV). Ela foi criada por criminosos de alto status no mundo do crime por sua condição

---

[77] Cf. <www.planalto.gov.br/ccivil_03/decreto/1990-1994/d0154.htm>.

de sequestradores, assaltantes de bancos e de carros fortes. O CV criou uma rede de solidariedade entre os criminosos presos e os que estavam "na rua", se expandiu rapidamente e dominou todos os presídios cariocas. No mesmo movimento, seus líderes perceberam o potencial financeiro do comércio de drogas, especialmente a cocaína, e passaram a controlar sua distribuição na venda a varejo no Rio de Janeiro. Para isso, passaram a utilizar as favelas como as bases centrais para o comércio ilegal. Os recursos advindos passam a ser utilizados para soltar companheiros presos, para ajudar as suas famílias, além das pessoas mais empobrecidas dos espaços populares, e para adquirir armas, usadas para realização de assaltos, sequestros, para enfrentar a polícia e dominar as favelas onde encontrassem algum tipo de resistência. A partir da criação da facção carioca e, em 1993, do surgimento do Primeiro Comando da Capital (PCC), em São Paulo, as formas organizativas em facções criminosas com um largo espectro de ações ilícitas se difundiram por todo o país, criando um quadro de disputas e violências generalizado.

No âmbito do Rio de Janeiro, o governo Brizola, ao contrário de todos os anteriores e posteriores, exigia que a polícia respeitasse os direitos legais de moradores de favelas. O reconhecimento das pessoas desses territórios como cidadãs sofreu forte resistência das forças sociais conservadoras, especialmente da grande mídia e da maior parte dos integrantes das forças de segurança. Como o processo de fortalecimento do Comando Vermelho ocorreu no mesmo período, consagrou-se o juízo comum de que a defesa dos direitos humanos da população das favelas servia como uma forma de proteção às forças criminosas. A partir de então, os sucessivos governos elegeram o enfrentamento bélico como estratégia prioritária e transformaram as favelas em verdadeiras arenas de guerra.

A eleição de Moreira Franco (PMDB) como governador para o período entre 1987 e 1990 teve como ponto central sua promessa que derrotaria o tráfico de drogas em seis meses. Eleito, desenvolveu uma forte ação repressiva contra o CV, assim como investiu na criação de novos presídios. A estratégia teve uma série de efeitos negativos, sendo os principais: uma corrida armamentista efetivada pelas forças criminosas e a polícia, com o uso crescente de armas de guerra; aumento generalizado da sensação de insegurança na cidade; aumento do efetivo de empregados no tráfico de drogas para se defender da ação policial; crescimento acelerado das mortes de criminosos, de residentes de favelas sem vínculo com o crime e de policiais; a prisão das lideranças da facção, o que fortaleceu o controle dos presídios por elas e gerou uma rotatividade na liderança das quadrilhas, que acabou por fragilizar a vinculação entre o grupo criminoso e as favelas em termos de compromisso com sua defesa, apoio financeiro aos mais vulneráveis e sentimento de pertencimento à comunidade — a condição de “cria” da favela[78]. No processo, a vinculação à facção foi se tornando mais importante do que a ligação com a favela de origem, o que fez com que a relação de dominação e exploração do território se tornasse mais importante que a preocupação com sua população.

Ainda no governo de Moreira Franco e de forma mais expressiva no segundo governo de Leonel Brizola (1991-1994), dissidências do Comando Vermelho e traficantes de drogas independentes criaram a facção batizada de Terceiro Comando (TC) como forma de se defender do poderio daquela organização, que vivia várias disputas internas entre suas lideranças. Em 1994, outra luta interna no CV provocou uma nova cisão que gerou a criação da facção Amigos dos Amigos (ADA).

O fortalecimento da estratégia de “guerra às drogas” se acentuou durante o governo de Marcelo Alencar — político oriundo do brizolismo que migrou para o PSDB e sucedeu o governo do PDT. A indicação de um general do Exército como secretário de segurança culminou numa escalada de violência que tirou o enfrentamento do tráfico de drogas do campo da segurança pública e o transformou numa guerra de extermínio, com muitas mortes nas favelas e periferias, assim como de policiais, e o uso de armas de guerra de potência ainda mais destruidora. No mesmo período, os enfrentamentos entre as três facções por controle de territórios também ganharam uma escala ampliada, ocorrendo em várias partes da cidade. Os territórios favelados e periféricos passaram a ter cada vez mais as referências concretas e simbólicas das facções, construindo-se marcas identitárias que definiam os lados não apenas das pessoas integrantes das forças criminosas, mas atingiam as moradoras e moradores que viviam nos territórios controlados por elas. As marcas se expressavam no uso de cores específicas, formas de saudação e marcas de roupas. O termo “alemão” para designar o “inimigo” se popularizou e passou a servir para designar não só o eventual membro do tráfico de drogas, mas qualquer pessoa residente no território dominado por outra facção. Essa construção disseminada gerou um sério impedimento para o direito de mobilidade entre as favelas.

Anthony Garotinho, então no PDT, sucedeu Marcelo Alencar e governou o Rio de Janeiro entre 1999 e 2002. Ele contou com o apoio do Partido dos Trabalhadores (PT), que pela primeira chegou ao poder executivo do Rio de Janeiro, através da eleição da vice, Benedita da Silva. No início do governo, Garotinho adotou uma política ambígua no campo da segurança pública, nomeando o general José Siqueira como secretário e Luiz Eduardo Soares, então vinculado ao PT, como

---

78 “Cria da favela” é a pessoa que nasceu e cresceu em uma favela específica. No caso daquela que se insere no tráfico de drogas, ela teria mais legitimidade para liderar o grupo local e, em tese, maior compromisso com a defesa dos moradores no campo da segurança pública e maior sensibilidade no trato com eles.

subsecretário, mas com um papel central na construção de uma nova estratégia de segurança pública que tinha como foco o respeito aos direitos das cidadãs e cidadãos e o uso da ciência e da tecnologia. Menos de um ano depois, o governador demite ambos e nomeia um coronel da Polícia Militar, Josias Quintal, como secretário de segurança[79].

Desse modo, a anunciada intenção de construir uma estratégia inovadora no campo da segurança pública é abandonada, e se retorna à lógica do enfrentamento bélico com as facções criminosas. Evidencia-se, entretanto, uma prioridade no combate aos territórios ocupados pelo Comando Vermelho. Com isso, há um significativo crescimento no número de favelas ocupadas pelo Terceiro Comando e pelos Amigos dos Amigos, então fortemente aliados.

Dois grandes fatos emblemáticos do período ocorreram, entretanto, no governo de Benedita da Silva, que assumiu o mandato depois da renúncia de Anthony Garotinho para disputar a Presidência da República. Um deles foi que, em junho de 2002, foi assassinado numa favela do Complexo da Penha o jornalista Tim Lopes, da Rede Globo de Televisão, a mando de Elias Maluco, importante liderança do Comando Vermelho. Ele estava filmando, sem autorização, cenas de um baile funk e foi acusado de ser X-9 (termo que designa um espião ou delator). A sua morte provocou uma imensa comoção na imprensa e gerou uma caçada humana nos conjuntos de favelas da Penha e do Alemão, caracterizada por um perigoso precedente: o uso do mandado coletivo, instrumento legal que permite a entrada da polícia em todas as casas de um determinado território. Outra consequência da morte de Tim Lopes foi a posição da grande imprensa de não mais permitir a entrada de seus jornalistas nas favelas. Com isso, eles passaram a adotar, de forma ainda mais subordinada, a perspectiva e narrativas das forças policiais sobre os recorrentes confrontos ocorridos nas favelas.

Outros fatos relevantes no campo da segurança pública no Rio de Janeiro que se articulam ocorreram em setembro de 2002. Na prisão de segurança máxima Bangu 1, os principais chefes do CV mataram o fundador e líder da ADA, Ernaldo Pinto, o Uê. Na mesma ocasião, próximo às eleições daquele ano, integrantes do Comando Vermelho atacaram edifícios públicos e forças policiais a fim de denunciarem a restrição de direitos nos presídios de segurança máxima onde estavam aprisionados os líderes da facção. Naquele contexto, o nível de violência no Rio atingiu um patamar ainda maior, disseminando-se a percepção de que a situação da segurança pública saíra do controle. Isso porque o grau de presença das facções criminosas na cidade e suas disputas passaram a fazer parte do cotidiano de grandes parcelas da população. Entretanto, em que pese a situação de

---

79 Luiz Eduardo Soares relata essa experiência em seu livro *Meu casaco de general: quinhentos dias no front da Segurança Pública do Rio de Janeiro*.

insegurança, um dado importante do período é a diminuição de mortes no Rio de Janeiro em relação ao governo de Marcelo Alencar, revertendo a tendência de crescimento provocada, especialmente, pela concessão da "gratificação faroeste", que persiste até os dias atuais, em nome da noção de "direito adquirido.

Rosinha Garotinho, esposa do ex-governador, é eleita para o quadriênio 2003-2006 pelo PSB — partido para onde ela e o marido migraram depois de conflitos com Leonel Brizola. Depois de alguns meses de gestão do antigo secretário Josias Quintal, Garotinho assume a secretaria de segurança. No período, se evidencia a aliança do TC e da ADA contra o CV, a partir da liderança de Linho — chefe da ADA que substituiu Uê[80]. Desde então surgiram várias acusações de que setores da polícia teriam feito um acordo informal com aquelas duas facções contra o CV. Várias evidências foram apresentadas, inclusive na grande imprensa, sobre essa pretensa aliança[81].

O grande escândalo do governo Rosinha no campo da segurança pública foi a descoberta do envolvimento do chefe da Polícia Civil em seu governo, Álvaro Lins, com ações criminosas. Eleito deputado estadual, ele foi cassado e preso em função da criação de uma rede de corrupção que envolvia policiais, tanto militares como civis, banqueiros do Jogo do Bicho[82] e traficantes de drogas. No livro *Elite da Tropa*, Luiz Eduardo Soares e os ex-policiais militares Rodrigo Pimentel e André Batista mostraram as engrenagens da corrupção que dominava as forças de segurança e sua associação com diferentes tipos de grupos criminosos.

Depois de um curto tempo no PSB, o casal Garotinho migrou para o PMDB, partido com uma longa história de alianças fisiológicas com os governantes eleitos desde a redemocratização. O apoio deles foi central para a eleição do candidato do partido, Sérgio Cabral, como governador do Rio de Janeiro, contando, inclusive,

---

80 Diante da posição de Linho de propor que o Terceiro Comando se fundisse com a ADA, um grupo contrário à proposta criou o Terceiro Comando Puro (TCP). No processo, este se tornou hegemônico e o TC deixou de existir.

81 Uma das acusações mais recentes diz respeito à tentativa, em 2017, de retomada da Cidade Alta, conjunto habitacional da Zona da Leopoldina, por integrantes do Comando Vermelho. Território historicamente ocupado pelo CV, o Terceiro Comando Puro o ocupou no ano de 2017. Na tentativa de invasão, a polícia prendeu 45 integrantes do CV e 37 fuzis. Nenhum integrante do TCP, por sua vez, foi preso nem arma alguma apreendida. Líderes do CV afirmaram ter pago um milhão de reais a integrantes da polícia para que eles não intervissem, mas não teriam respeitado o acordo feito. Cf. <https://g1.globo.com/rio-de-janeiro/noticia/em-depoimento-em-hospital-traficante-diz-que-deu-dinheiro-em-troca-de-protecao-de-pms-do-rio.ghtml>.

82 O "Jogo de Bicho" é um tipo de aposta existente na cidade do Rio de Janeiro desde o início do século XX; considerada ilícita, ela é controlada nos diferentes territórios da região metropolitana por contraventores que se tornaram conhecidos como "banqueiros do bicho". Além deste jogo ilícito, eles controlam também outros, tais como máquinas de apostas, bingos clandestinos etc.

com o apoio do PT no segundo turno das eleições e que também teve participação no governo eleito. Além desta eleição, o PMDB ganhou as duas seguintes e seguiu no governo estadual até o final de 2018[83].

O tema da segurança pública continuava sendo um dos mais relevantes do processo eleitoral, e os grupos defensores dos direitos humanos pressionavam os candidatos a romper com a política de guerra às drogas, simbolizada pelo uso do carro blindado utilizado pelas forças policiais e que se tornou conhecido como *caveirão*[84]. O então candidato Sérgio Cabral se comprometeu a suspender o uso desse tipo de veículo nas incursões nas favelas; porém, ao assumir o mandato, a promessa foi solenemente ignorada.

Cabral escolheu como secretário de segurança o delegado da Polícia Federal José Mariano Beltrame, que permaneceu por cerca de 10 anos no cargo, o maior tempo já experimentado por um secretário de Segurança Pública no Rio de Janeiro. Ele começou seu mandato em 2007, ano em que o Rio de Janeiro sediava os jogos Pan-americanos. Com o objetivo de, pretensamente, atingir de forma profunda o Comando Vermelho, as forças de segurança do Rio de Janeiro, com o suporte da Guarda Nacional do governo federal, invadiram o Complexo do Alemão, considerado então o entreposto daquela facção no Rio de Janeiro[85]. Ocorrida em julho de 2007, essa megaoperação, como ficou conhecida, envolveu 1.350 policiais, gerando uma carnificina, com 19 pessoas mortas, em geral sem nenhum histórico de participação no tráfico de drogas, e várias com indícios de execução sumária[86]. A violenta e arbitrária intervenção teve como efeito

---

83 Marcada por denúncias de corrupção, a gestão do partido no Rio de Janeiro terminou com os dois governadores que elegeu — Sérgio Cabral e Luis Fernando Pezão — presos, assim como seu principal dirigente e presidente de Assembleia Legislativa — Jorge Picciani —, além de outras lideranças relevantes.

84 O nome deriva da caveira usada como símbolo pelo Batalhão de Operação Policiais Especiais (Bope), força militar que se tornou uma máquina de guerra urbana, sendo acusado de múltiplas violências contra a população das favelas. O *caveirão* comporta doze policiais, que não podem ser identificados, e não há espaços para prisioneiros.

85 A favela que funciona como entreposto recebe os atacadistas de drogas, que ali vendem seus produtos para os distribuidores varejistas que atuam nas favelas dominadas por integrantes da facção.

86 Por conta das denúncias de execuções nessa operação, a Secretaria Especial dos Direitos Humanos da Presidência da República (SEDH) produziu um Relatório Técnico, onde indica que houve realmente execuções sumárias entre os 19 mortos. O Relatório afirma que várias mortes decorreram de um procedimento de execução sumária e arbitrária, baseada nos seguintes elementos: a) grande número de orifícios de entrada na região posterior do corpo; b) numerosos ferimentos nas regiões letais; c) elevada média de disparos por vítimas; d) proximidade dos disparos; e) sequenciamento de disparos de rajada; e f) armas diferentes utilizadas na mesma vítima. Outra indicação do Relatório é a ausência de indicativos de condutas destinadas à captura de vítimas e a ausência de indicadores de condutas defensivas por parte das vítimas, indicando que a polícia atirou para matar.

perverso a maior legitimação da facção local diante da população e gerou uma enxurrada de críticas no Brasil e no mundo. O então relator da Organização das Nações Unidas (ONU) para Execuções Sumárias, Arbitrárias e Extrajudiciais, Philip Alston, chegou a produziu um relatório que foi apresentado em 2008 em Genebra, durante o Conselho de Direitos Humanos da ONU, onde enfatizou sua preocupação com as "megaoperações" realizadas nas favelas do Rio. Para ele, "apesar da operação, realizada em junho de 2007 (...) ter resultado em 19 mortes, autoridades do governo do estado declaram ser esta operação um modelo para as ações futuras da polícia" (*apud* Justiça Global, 2008, p. 9). Alston também questionou os resultados dessa política de segurança e da megaoperação, por não alcançarem resultados significativos: "os mais importantes traficantes não foram presos ou mortos, e poucas drogas e armas foram apreendidas. Nenhum policial foi assassinado e poucos foram feridos, mas a 'resistência' encontrada justificaria, aparentemente, o assassinato de 19 indivíduos" (idem, p. 11).

Naquele mesmo período, o deputado estadual Marcelo Freixo, eleito a partir de uma forte mobilização de organizações da sociedade civil, apresentou uma proposta de Comissão Parlamentar de Inquérito (CPI) para investigar uma organização criminosa até então pouco visível, mas que tinha atingido um alto grau de poder em largas parcelas territoriais da cidade, especialmente na Zona Oeste: a milícia. Esse agrupamento, pulverizado em sua estrutura, tinha como inspiração um grupo clandestino dirigido por policiais que dominava a favela de Rio das Pedras, maior favela da Zona Oeste carioca, desde os anos 1970. Inicialmente conhecidos como "polícia mineira", começaram atuando como agenciadores de vendas de lotes ilegais em áreas públicas e ganham força quando passam a oferecer serviços privados de segurança para comerciantes locais e com o controle do transporte irregular de vans. O grupo criminoso, sempre dominado por membros das forças de segurança, ampliou sua atuação na cidade a partir da década de 1990, se legitimando a partir do enfrentamento do tráfico de drogas. A milícia passou a estabelecer um forte controle sobre o cotidiano dos moradores dos territórios ocupados e, a partir dos anos 2000, começa a ocupar um espaço cada vez maior nas áreas periféricas da cidade para além da Zona Oeste, o que provocou uma maior visibilidade do problema na sociedade.

A eliminação da presença do comércio de drogas fez (e faz) com que muitos políticos e setores da classe média do Rio de Janeiro definissem a milícia como "mal menor" — César Maia, que governou a cidade entre 1992 e 2008, com um curto intervalo de dois anos, as denominava como "Autodefesas Comunitárias", tendo em seu partido, o DEM, um vereador abertamente vinculado à milícia de Rio das Pedras (Nadinho), que seria assassinado justamente em uma disputa de poder daquele grupo criminoso. O então prefeito César Maia chegou a declarar, em 2006, que "a curto prazo, portanto dentro do Pan, as ADC (Autodefesas

Comunitárias) são um problema menor, muito menor, que o tráfico" (O Globo, 10/12/2006, p. 22). Um levantamento feito pela Prefeitura do Rio em 2006 mostrou que as "milícias de PMs, bombeiros e agentes penitenciários, ativos e inativos, estão expandindo os seus domínios de forma acelerada há cerca de um ano e meio, já tendo chegado a comunidades da Zona Norte" (O Globo, 22/09/2006, p. 26). O estudo listou 34 favelas controladas por milícias, e o prefeito afirmava que "essas milícias são percebidas pela população e pelo próprio poder público como muito melhores do que o tráfico de drogas. É mais fácil penetrar na organização policial, que se associa também com a polícia formal" (idem). O problema, para o prefeito, era que havia "uma irregularidade grave, uma segunda tributação cobrada dos moradores" (idem). Além da cobrança por "segurança" aos moradores das localidades controladas por milícias, eles cobravam, segundo o relatório da prefeitura, taxas sobre os botijões de gás, transporte alternativo e "gatos" de TV a cabo. O estudo estimava que, a cada 3 mil residências, esses grupos lucravam cerca de R$ 280 mil por mês. Segundo reportagem do jornal *O Globo* de 29 janeiro de 2006, as milícias já atuavam em 72 favelas, onde viviam mais de 220 mil pessoas (p. 20).

Vista como um problema menor — ou até mesmo como uma solução para o combate ao tráfico — as milícias foram ganhando espaço e força dentro da geopolítica do crime na cidade do Rio de Janeiro. O Relatório da Subsecretaria de Inteligência da Secretaria de Segurança Pública indicava que, entre 2005 e 2006, o número de comunidades dominadas por milícias saltou de 42 para 92 (Justiça Global, 2008, p. 18). Eduardo Paes, que sucederia César Maia na prefeitura, em entrevista ao telejornal RJ TV quando era candidato pelo PSDB em setembro de 2008, também defendeu as operações das milícias, dizendo que serviam de exemplo de ações de inteligência para o Estado recuperar sua soberania em áreas dominadas pelo tráfico de drogas. Paes dá como exemplo o bairro de Jacarepaguá para recuperar a soberania do estado: "Jacarepaguá é um bairro que a tal polícia mineira, formada por policiais e bombeiros, trouxe tranquilidade para a população. (...) Ou seja, com ação, com inteligência, você tem como fazer com que o estado retome a soberania nessas áreas"[87].

Assim, o pedido de CPI das Milícias foi ignorado até maio de 2008. No final daquele mês, uma equipe de reportagem do jornal *O Dia*, que investigava as atividades da milícia atuante na favela do Batan, na Zona Oeste, foi torturada

---

[87] Disponível em <https://oglobo.globo.com/brasil/eleicoes-2006/eduardo-paes-elogia-acoes-de-milicias-de-pms-em-jacarepagua-5000337>. Cabe salientar que, em 2018, quando candidato a governador, o ex-prefeito reconsiderou aquela posição, entendendo a milícia como um grave risco para a segurança pública e para o exercício da soberania do Estado. Cf. <https://oglobo.globo.com/brasil/paes-fala-em-retomar-jacarepagua-do-poder-paralelo-acao-das-milicias-muito-forte-23035582>.

por integrantes do grupo. A notícia do ocorrido teve uma grande repercussão na mídia e, a partir daquele momento, as atividades do grupo passaram a ter maior visibilidade. Então, a CPI foi instalada e centenas de integrantes foram identificados no seu relatório final. Dentre eles, três lideranças destacadas foram presas e perderam seus mandatos legislativos: os vereadores Girão, bombeiro militar, atuante na área de Jacarepaguá; Jerominho, policial civil que atuava na área de Campo Grande; e o deputado estadual Natalino, irmão de Jerominho[88].

O combate global às milícias, todavia, não avançou depois daquela ação. A obliteração foi motivada pelo processo de revisão da estratégia de segurança pública no Rio de Janeiro que gerou a implantação, em dezembro de 2008, da primeira Unidade de Polícia Pacificadora (UPP) em uma favela carioca: Santa Marta, no bairro de Botafogo, área nobre do Rio de Janeiro, foi a escolhida. A partir dali, a expansão das UPPs foi acelerada nas favelas da Zona Sul, Grande Tijuca e Leopoldina, com experiências isoladas na Zona Oeste — Batan, Cidade de Deus e Vila Kennedy. As "unidades pacificadoras" têm como referência de origem as experiências de policiamento comunitário dos EUA — sendo Boston a principal referência —, Medellín e Bogotá, dentre outras cidades que deram respostas inovadoras à questão da violência criminal.

O primeiro passo para a sua implantação era a ocupação da favela por forças do Bope. Garantida essa etapa, era estabelecida uma unidade especial, com número variável de policiais, de acordo com a população da comunidade. O comando era entregue a um capitão da Polícia Militar e os soldados eram recém-incorporados à instituição — iniciativa vista como um meio, de acordo com a cúpula da Secretaria de Segurança de então, de evitar vícios e redes de corrupção tradicionalmente existentes naquela força policial.

O sucesso das UPPs foi expressivo, tanto diante dos grupos dominantes da cidade — mídia e associações empresariais —, como dos setores médios e nas áreas populares. As críticas de setores dos movimentos sociais e de alguns grupos comunitários eram mais centradas nos conflitos derivados do relacionamento cotidiano dos policiais com moradores — em especial os jovens — do que por críticas aos objetivos gerais do programa. Outro tipo de crítica devia-se ao fato de a polícia continuar, nas outras áreas da cidade, a ter o enfrentamento bélico contra o tráfico como centro da estratégia de ação. O fato reforçava mais ainda a percepção de que a estratégia de policiamento comunitário característico das UPPs seria um caminho possível para superar a crise de segurança do Rio de Janeiro. Mais do que isso: a expectativa era de que a experiência se tornasse um modelo para os grandes centros urbanos e detivesse a crescente perda do controle de parcelas significativas do território urbano para os grupos criminosos.

---

[88] Jerônimo Guimarães Filho, Natalino José Guimarães e Cristiano Girão Matias

De fato, havia um sentimento generalizado de que as UPPs representavam a possibilidade de romper com a privatização por grupos criminosos da soberania urbana — no caso, a capacidade de regular a ordem social de territórios da cidade. No caso do tráfico de drogas, esse domínio é efetivado por jovens sem noção de limites fundamentais no sentido de respeito ao direito do outro, ao espaço público e normas básicas de civilidade. Um domínio autocrático, no qual o desejo do chefe do grupo define os limites — ou a sua ausência — das práticas sociais públicas.

A UPP era, então, a expressão do poder estatal, o sentimento de que a paz se fazia presente, tendo em vista a eliminação da lógica do confronto que a própria polícia alimentava e da disputa territorial por grupos inimigos. A eliminação do armamento ostensivo é outro fator que auxilia no sentimento de pacificação, do mesmo modo que a ampliação do direito de ir e vir dos moradores. De fato, a ocupação policial permite que as moradoras e moradores das favelas tenham acesso a um direito básico para o seu cotidiano: a segurança de que não terão o seu cotidiano invadido pela presença da morte súbita; pela violência contra suas casas e pelo poder autoritário de um criminoso. Diante do exposto, fica evidenciada a importância das UPPs no imaginário político e social carioca. Ela abriu a possibilidade para um novo caminho nas relações estabelecidas entre as forças estatais e amplos setores da cidade com os territórios favelados.

A partir de abril de 2010, a Secretaria Estadual de Assistência Social e Direitos Humanos recebeu da parte do governador do estado a responsabilidade de coordenar o processo de implantação de um conjunto de políticas de desenvolvimento nas favelas ocupadas pelas UPPs. A meta seria oferecer serviços e equipamentos básicos; criar uma melhor ambiência econômica; estabelecer canais de mediação de conflitos, de participação coletiva e de controle social da ação estatal; e construir meios que eliminassem as fronteiras simbólicas e materiais entre as favelas e o restante da cidade. Batizada de UPP Social, a iniciativa, entretanto, não pôde ser implementada, pois, após poucos meses, o secretário Ricardo Henriques e sua equipe foram demitidos, devido a lógicas políticas pouco claras. A prefeitura do Rio de Janeiro assumiu formalmente a iniciativa, mas nunca a valorizou em termos de orçamento nem conferiu ao gestor do programa o poder necessário para enfrentar os limites da máquina burocrática e ter possibilidade de negociação nas favelas. Diante disso, o programa, baseado no Instituto Pereira Passos (IPP), passou a se centrar na sistematização de reivindicações e na produção de diagnósticos que subsidiassem a ação dos órgãos municipais, sem estabelecer, todavia, canais concretos de intervenção nas políticas públicas.

Assim como preconizava a UPP Social, organizações da sociedade civil sustentavam que a ocupação militar deveria ser apenas o ponto de partida para a construção de um conjunto de ações integradas nas favelas ocupadas. Elas deveriam se sustentar em três eixos fundamentais: a construção de formas de regulação do espaço público da favela de forma pactuada entre o Estado, as instituições locais e moradores; a oferta de serviços e equipamentos urbanos que as pessoas residentes nas favelas demandavam historicamente; e a construção de um projeto integrado de desenvolvimento econômico, social, cultural e ambiental que garantisse a inserção plena da favela no conjunto da cidade. Nesse caso, a UPP se tornaria, progressivamente, uma sofisticada Unidade de Política Pública local e caberia à polícia se dedicar a cumprir seu importante papel institucional de garantir a segurança das moradoras e dos moradores das favelas. Essas pessoas, progressivamente, iriam incorporar a consciência de seus direitos nesse campo, teriam maior confiança nas forças estatais e assumiriam as novas formas de regulação, exercendo um protagonismo que impediria um novo controle criminoso do território.

No desenvolvimento da estratégia, todavia, as forças policiais, na figura de seus comandantes locais, foram assumindo um protagonismo crescente no âmbito da regulação das práticas sociais nos territórios. Esse elemento foi central para sua posterior crise e decadência. Ela começou a se evidenciar de forma mais visível a partir de 2013, através do aumento de policiais e residentes mortos, dos conflitos e revolta das pessoas e organizações diante do aumento da repressão policial e do consequente retorno da visibilidade dos grupos armados nesses territórios. Foram sendo ampliadas as críticas à ação policial militarizada, focada no controle do território e das práticas cotidianas como ponto nuclear das iniciativas presentes nas UPPs.

Um elemento objetivo que ampliou a perda de legitimidade das Unidades de Polícia Pacificadora foi a tortura e assassinato de Amarildo Dias de Souza, morador da Rocinha, por integrantes da UPP daquela favela, crime ocorrido no auge das grandes manifestações de junho de 2013 no Rio de Janeiro e no Brasil. A mobilização inédita nas redes sociais fez com que a morte de um cidadão considerado, tradicionalmente, "descartável" fosse investigada. No processo, vários policiais da UPP local foram presos, inclusive o seu comandante[89].

Vários outros equívocos se sucederam: a falta de mecanismos de mediação de conflitos em que outra pessoa que não o policial — parte fundamental do conflito — cumprisse esse papel; a percepção dos residentes como parte do problema e não da solução em relação ao direito à segurança pública; o fortalecimento das ações bélicas e a priorização do confronto por parte dos policiais da UPP após a primeira morte de uma soldado, no Complexo do Alemão, em 2012[90].

89 Cf. <https://noticias.uol.com.br/cotidiano/ultimas-noticias/2013/10/04/apos-mandado-de--prisao-pms-acusados-de-matar-amarildo-se-apresentam-no-rio.htm>.

90 A soldado Fabiana Aparecida de Souza, de 30 anos, foi morta no dia 23 de julho de 2012, com um tiro no peito, durante ataque de criminosos na sede da UPP da Nova Brasília, no conjunto de favelas do Alemão.

O equívoco mais destacado se deu pela extrapolação do papel das forças policiais; afinal, não cabe a elas resolver questões como licenciamento de motos, alvará para empreendimentos comerciais, liberação de eventos etc. Para evitar isso, a prefeitura, assim como outros órgãos do governo estadual, precisaria cumprir seus devidos papéis nesse campo. Isso nunca aconteceu.

A perda de legitimidade das Unidades de Polícia Pacificadora foi aproveitada pelos grupos criminosos, que partiram para o enfrentamento direto com elas, com destaque para as favelas de maior porte, como Rocinha, Alemão e Mangueira. As favelas onde aquelas se faziam presentes passaram, então, a viver o pior dos mundos: presença de dois grupos armados em um mesmo território e ao mesmo tempo. O fato passou a gerar tiroteios rotineiros, que não eram, como ocorria antes da ocupação, precedidos de anúncios por fogos ou outros meios. Desse modo, crianças e pessoas idosas, com mais dificuldades de escaparem da linha de tiro, passaram a ser vítimas frequentes dos enfrentamentos, assim como policiais e integrantes das facções criminosas.

Em 2015, o governador Luiz Fernando Pezão — vice de Sérgio Cabral e que assumira o governo após sua renúncia, em 2014, e se reelegera no mesmo ano — anunciou o quadro de calamidade financeira do estado. A partir daí, o poder governamental esfumou-se, e o Rio de Janeiro se viu diante da mais profunda crise de sua história. A situação de falência econômica, política e ética — simbolizada pela prisão do ex-governador e sua condenação a mais de um século de prisão por dezenas de acusações de corrupção, o mesmo acontecendo com os principais dirigentes do PMDB e aliados — culminou no agravamento ainda maior da crise na segurança pública nos anos seguintes[91].

Um dado a mais no cenário político carioca foi a eleição do senador e pastor Marcelo Crivella para a prefeitura da cidade do Rio de Janeiro, em 2016. Após anos de fortes investimentos sociais e estratégicos na cidade, nas duas gestões de Eduardo Paes, o novo prefeito assumiu afirmando que a cidade estava em forte crise financeira e que, por isso, teria de cortar investimentos e várias ações governamentais. Além disso, assumiu uma postura fortemente conservadora nos âmbitos das políticas sociais e da cultura, com censura a espetáculos, suspensão de editais de fomento e recorrentes conflitos com grupos culturais. No campo da saúde, a situação também se agravou, com o fechamento de serviços e a pressão conservadora sobre as formas usuais de atendimento a usuários de drogas, baseadas até então na redução de dano — neste caso, a pressão vinha também dos Ministérios da Justiça e da Saúde. Com isso, um ente federativo que vinha

---

91 O lado mais perverso da crise na segurança pública se revela pelo aumento, depois de um período de quedas, da violência letal na cidade e no estado do Rio de Janeiro. De fato, a partir de 2014, os números não param de crescer. Tanto os autos de resistência (mortes de civis em confrontos com a polícia) quanto a morte de policiais vêm crescendo de forma significativa.

cumprindo o papel anticíclico em tempos de crise econômica e afirmando uma inovadora perspectiva estratégica para a cidade passou a contribuir para o quadro geral de crise.

Do mesmo modo, o novo governo federal que assumiu o país após o *impeachment* da presidente Dilma Rousseff, em 2016, foi envolvido em acusações múltiplas de corrupção e perdeu a capacidade de dirigir o país. Na perspectiva de mitigar o seu desgaste, decretou, de forma improvisada, desorganizada e autoritária, a intervenção federal na área de segurança pública no Rio de Janeiro, em 16 de fevereiro de 2018. Com isso, a política de segurança passou a ser comandada por forças do Exército Brasileiro e sua militarização se tornou absoluta.

O absurdo e trágico assassinato de Marielle Franco, ocorrido em 14 de março de 2018, assinala a crescente escala de violência no estado e o fracasso das forças armadas em coibir esse processo. Vereadora oriunda da Maré, negra e dedicada historicamente ao campo dos direitos humanos, Marielle foi durante anos integrante do mandato do deputado estadual Marcelo Freixo e membro da Comissão Legislativa de Direitos Humanos. Sua morte, orquestrada por milicianos — sendo que até hoje seu mandante não foi identificado —, derivou do desejo desses de expressar poder, intimidar a sociedade civil e vingar-se das ações feitas contra a milícia no primeiro mandato de Freixo. Ao contrário do que talvez esperassem, considerando a rotina de assassinato de jovens negros e negras das favela e periferias, a morte de Marielle se tornou uma comoção nacional e internacional, e ela tornou-se um ícone da luta pela dignidade humana e pelo direito à vida de todos e todas da sociedade brasileira.

Em abril de 2018, o comando da intervenção decidiu extinguir uma série de Unidades de Polícia Pacificadora alegando a necessidade de reforçar o policiamento ostensivo nas ruas. Aquela ação nada mais foi do que o reconhecimento governamental da perda de funcionalidade do programa e sua incapacidade de dar conta do papel para o qual fora criado[92]. Com efeito, na grande maioria das favelas com UPP, os policiais perderam a capacidade de circular no território, perderam legitimidade diante da população e mesmo a capacidade de afirmarem uma postura ativa de controle do território.

Apesar do pretenso apoio do governo federal e estadual, a intervenção fracassou no que seria sua missão maior: diminuir o quadro de insegurança e violência no Rio de Janeiro. Os enfrentamentos das facções criminosas entre si e do Comando Vermelho com forças milicianas se difundiram por toda a cidade e municípios vizinhos; uma pretensa aliança entre setores da milícia e lideranças do Terceiro Comando Puro tem provocado mudanças nas formas como as relações territoriais

---

92 Cf. <https://oglobo.globo.com/rio/intervencao-anuncia-fim-de-12-upps-mudancas-em-outras-sete-unidades-22631936e>.

são estabelecidas, com a introdução da venda de drogas nas áreas ocupadas por milicianos; por fim, mas não menos relevante, o roubo de cargas como forma de financiar os grupos criminosos, embora tenha diminuído com a intervenção, continua a ser uma importante estratégia de alavancagem de recursos para as facções criminosas cariocas, o que amplia a circulação de armas de alto calibre na cidade e agrava o já precário quadro econômico do Rio de Janeiro, dentre outras práticas que aumentaram de forma expressiva o sentimento de que a barbárie dominou a cidade e suas áreas vizinhas.

O sentimento de insegurança generalizado, o desprezo às instituições políticas e a seus integrantes, a crise econômica, a falta de memória — em particular sobre os malefícios do período de ditadura civil-militar — e o atávico padrão conservador ainda hegemônico na sociedade brasileira contribuíram para que, nas eleições de 2018, as forças políticas, econômicas e sociais mais conservadoras do país fossem vitoriosas, o que já havia ocorrido nas eleições municipais de 2016. A vitória de Jair Bolsonaro decorreu de um forte sentimento antipolítico por parte da maioria dos eleitores, mas também de uma identificação, pelo menos de parte daqueles que nele votaram, com suas bandeiras homofóbicas, racistas, sexistas, machistas e sua intolerância com grupos da sociedade civil e do campo da esquerda política.

No caso do Rio de Janeiro, o resultado foi ainda mais grave: Wilson Witzel, um ex-juiz completamente desconhecido na cena pública do estado, mas apoiado pela família Bolsonaro, foi eleito governador com um discurso centrado em propostas de endurecimento da luta contra as forças criminosas do tráfico de drogas, defesa de bandeiras moralistas e o compromisso de acabar com a corrupção nas instituições públicas. Acusado de ser ligado, ou pelo menos conivente, com a milícia, dirigiu sua fala no campo da segurança pública para a necessidade de "abater" criminosos que estivessem portando armas pesadas, independente de seu uso ou não. Sem detalhar sua estratégia de superação dos quadros de violência que vive o estado, suas primeiras ações na gestão refletem as posições que defendeu na campanha eleitoral: confeccionou uma faixa para tomar posse — acessório inexistente no cerimonial; apresentou um autorretrato feito com cartuchos de bala; censurou e reprimiu uma performance artística na Casa França-Brasil, além de, sem nenhuma investigação, ter considerado que o ataque a tiros ao carro da deputada Marta Rocha — anteriormente ameaçada por um grupo de milicianos — fora uma tentativa de latrocínio. A postura apenas reforçou as impressões de sua conivência com esse grupo criminoso. O número de mortes pela polícia bateu recorde em 2019 no estado do Rio de Janeiro, contabilizando 1810 mortes, superando o índice de 2018, que chegou a 1.534 mortes pela polícia (que era o maior da história). O índice de 2019 é o maior número para o período desde 1998, quando o dado começou a ser contabilizado. Os dados são disponibilizados pelo Instituto de Segurança Pública do Rio de Janeiro (ISP-RJ).

No âmbito federal, por sua vez, uma das primeiras iniciativas do presidente eleito foi fazer um decreto liberando a posse de armas para a população adulta de todo o país. O argumento de que isso permitirá que cidadãs e cidadãos tenham maior condição de autodefesa foi questionado por especialistas de todas as áreas. O que se espera é que a decisão, além de incrementar o comércio de armas e o lucro das empresas que dominam este mercado, aumente o número de homicídios, especialmente de mulheres que sofrem agressões domésticas.

Diante do exposto, não é razoável acreditar que os atuais governos estadual e federal tenham uma política inovadora no que concerne ao tema da segurança pública. Com efeito, teremos o reforço do investimento em armas e estratégias de enfrentamento ostensivo e bélico, tendo as favelas como foco dos confrontos. De fato, a leitura das experiências dos últimos 40 anos no campo da segurança pública no Rio de Janeiro e a identificação das concepções dos seus atuais governantes nos revelam as posturas e práticas quase uniformes nas estratégias implementadas em área tão sensível para os interesses da população. Acima de tudo, chama atenção o fracasso dessas experiências tentadas até aqui: desde a década de 1980, assistimos a uma escalada das forças criminosas que tem contribuído para piorar de forma sensível a vida cotidiana do conjunto de moradoras e moradores, especialmente nos territórios populares, solapado a economia da região metropolitana e gerado um sentimento de frustração e desconfiança crescente em relação às forças políticas e ao Estado democrático, de forma geral.

Por outro lado, acreditamos que existem valores, conceitos, análises e propostas que podem servir como base para chegarmos a patamares civilizados de garantia do direito à segurança. Nosso primeiro desafio, para isso, é identificar com mais acuidade e, especialmente, comunicar de forma devida à população os malefícios provocados pela atual estratégia de segurança, baseada na lógica da "guerra às drogas". O segundo desafio é a construção e, especialmente, a difusão de narrativas e proposições inovadoras que contribuam para superar a percepção hegemônica de que a estratégia bélica em grande escala é a única possível para enfrentar o fenômeno da criminalidade; da mesma forma, faz-se necessário que se amplie o apoio a iniciativas, necessariamente integradas, alternativas em relação às atuais iniciativas das forças políticas e de segurança do Estado.

Desenvolver estratégias de segurança pública dedicadas a garantir os direitos de cidadania é uma obrigação premente das forças democráticas da sociedade civil no atual momento histórico.

Aprofundando a reflexão sobre a violência no Rio: relatos de um policial e de um comerciante varejista de drogas ilícitas

Coronel Robson Rodrigues: um policial militar carioca democrata[93]

Nasci na Zona Oeste, em 1963, mas eu passei minha infância toda praticamente na Baixada Fluminense — Nilópolis e Nova Iguaçu. Meu pai foi bancário e minha mãe, professora primária; meu pai tinha um sonho de que eu fosse militar e jogador de futebol, essa coisa bem comum. Minha mãe, como professora, me ofereceu algumas possibilidades de conhecer o mundo de uma forma mais crítica, o que me fez ter uma forte aversão ao militarismo e ao regime militar, porque minha orientação política era liberal, embora estivéssemos sob a ditadura. Minha criação em casa foi toda dentro desse espírito liberal. Mas, na época, todo mundo, pelo menos da Baixada, tinha de prestar o serviço militar. Eu tentei escapar, mas era uma dificuldade. Então, como eu tinha o segundo grau completo, me encaminharam para fazer a prova do CPOR[94]. Naquele momento, eu estava buscando ingressar na faculdade de Engenharia (depois fui para Estatística) e não queria mesmo entrar para o Exército. Fiquei três meses naquela história: meu pai na expectativa que eu passasse, e eu na expectativa enorme de não passar. No final das contas, eu sobrei! Eu fiquei esfuziante, mas meu pai ficou muito triste quando soube.

Ele também gostava de futebol, e queria que eu seguisse esse caminho — eu até jogava bem. Ele até conseguiu me levar para a escolinha do Bangu, no juvenil mas eu queria mesmo era estudar. Minha mãe disse que eu decepcionei meu pai duas vezes, não querendo ser jogador nem militar. Mas ele era bem gente

---

93 Os depoimentos do Coronel Robson foram realizados em dois encontros, no mês de junho de 2017.

94 Centro de Preparação de Oficiais da Reserva. Órgão que forma oficiais que permanecem no Exército por um curto tempo.

boa e entendeu que eu queria mesmo estudar. Assim, passei para uma faculdade particular de Engenharia; mas, como não queria onerar meu pai, terminei optando por Estatística na Ence — faculdade vinculada ao IBGE[95], que é pública. Minha vida ficou dura: tinha uns vinte anos, morava em Nilópolis, trabalhava em Nova Iguaçu e estudava à noite no Bairro de Fátima, no Centro do Rio. Estudava até sábado e não estava aguentando mais, parecia um zumbi.

Então, apareceu um concurso para oficial da Polícia Militar, que naquele momento me pareceu razoável, porque precisava trabalhar para estudar. Ali ganharia um salário para estudar, poderia ficar um tempo, fazer a universidade e depois sair. Fiz a prova sem falar com ninguém. Achei que meu pai gostaria; afinal, seria militar como ele tanto queria. Mas, quando cheguei em casa com a notícia de que tinha sido aprovado, que seria militar, mas da PM, ele não vibrou. Então pensei: "não consigo acertar uma". Ali eu vi como a polícia realmente tinha uma imagem muito negativa.

A primeira semana no CFO [Curso de Formação de Oficiais] foi uma loucura, o troço mais ideológico que já tinha vivido, insano, eu falei: "caramba, não vou ficar aqui, não dá, não vou ficar". Mas todo mundo ficou estimulando que eu ficasse por causa do emprego público, principalmente a família da namorada; mesmo assim, cada mês eu falava que ia embora, que não queria mais. Com o tempo, até meu pai aceitou — ele, inclusive, virou fã do meu trabalho: filho, né? Mesmo assim, era muito difícil para mim: eu não sabia o regulamento, eu tomava pau naquelas matérias todas de regras militares e de não sei o que lá. Minha família era relativamente humilde, classe média baixa, trabalhadora. Tinha matérias, como inglês, por exemplo, em que os caras com mais condições materiais já saíam na frente e tinha também aquelas do tipo lavagem cerebral, que eu detestava. As únicas que eu gostava e ia bem eram as de humanidades, como História, Política, que estavam fora das matérias militares, ou ainda as coisas mais informais, como esporte — por causa do futebol eu comecei a ficar popular lá dentro, consegui manter uma sobrevivência social ali; mas sempre mantendo meu espírito crítico, falando para mim: "vou ficar mais uns dois anos na polícia depois eu saio fora".

Eu não sei o que houve, mas comecei a gostar da polícia, de certos valores ali presentes. Conheci pessoas como o Roberto Sá [que foi secretário de Segurança Pública do Rio entre outubro de 2016 a fevereiro de 2018], o [Paulo] Storani [ex-instrutor do Bope e atualmente professor de Ciências Policiais], que eram daquela mesma época, pessoas de valores. Então, havia pessoas que afirmavam uma visão diferente daquela tradicional e negativa sobre a polícia; e eu comecei

---

95 Escola Nacional de Ciências Estatísticas.

a me identificar com a possibilidade de trabalhar em uma profissão que pudesse fazer o bem paras as pessoas, que fizesse sentido para mim. Depois de formado, passei a ficar satisfeito quando impedia crimes, quando ajudava pessoas, principalmente as mais humildes, com as quais me identificava socialmente e quando recuperava algum bem. Certa vez, recuperei uma kombi de frete, e o dono, um senhor muito humilde e trabalhador, ficou todo agradecido quando fui lá entregar o seu meio de sustento. Não tem preço que pague uma satisfação dessas. Aquilo foi me despertando cada vez mais para essa possibilidade de ajudar pessoas.

Em função de ter me destacado no esporte e de ser forte, me enviaram para o Batalhão de Choque. O Pinheiro Neto, que foi da mesma turma que eu e a quem fui muito ligado durante o curso, foi comigo também, mas no ano seguinte ele fez concurso para o a Cioe [Companhia Independente de Operações Especiais], que era o Bope da época. Eu brincava com ele: "não, eu vim até aqui contigo, mas eu sou civilizado, tu vai sozinho, eu não vou não". A princípio, fiquei muito apreensivo de trabalhar no Choque, porque tinha aquela imagem negativa vinculada à ditadura, tudo que eu abominava. Mas descobri que ali também tinha alguns princípios interessantes, que eu achava bem legais, como o de não utilizar a arma de fogo: lá você aprende que só deve usar a arma de fogo em última instância mesmo. Foi o Choque que ajudou a desenvolver a estratégia de usar armas não letais, por isso, era um grande laboratório para a produção de instrumentos e técnicas de contenção e controle de multidões sem uso de arma de fogo, como em jogos de futebol e grandes eventos. A gente desenvolvia princípios da não violência, da persuasão, com técnicas de argumentação e mediação de conflitos. Eu aprendi muito ali essas coisas que, depois, fui utilizar nas UPPs. Engraçado perceber que, ali, minha arma era mera figuração. Pois, embora o Choque apoiasse outros batalhões que tinham que fazer operações, até em favelas, por exemplo, eu usei poucas vezes arma de fogo na corporação, embora eu tivesse feito um curso de tiro policial de defesa, com bom aproveitamento até.

Então, veio um comandante que utilizou o Choque não como força de controle de multidão, mas também como apoio para complementar o policiamento ostensivo das ruas, em unidades onde havia muita incidência criminal e o batalhão não dava conta. Então, a gente também começou a desenvolver algumas ações preventivas no patrulhamento ostensivo, com vistas a reduzir indicadores de criminalidade nessas áreas. Além disso, lá a gente tinha a condição de ficar sempre junto com os policiais instruindo-os, treinando aqueles com quem você vai trabalhar todos os dias, fazer isso da forma correta, como você quer que eles trabalhem, formando a sua equipe. Assim, eu conhecia um pouco mais a capacidade e a índole de todos eles. Na minha carreira, já prendi muito policial e botei na rua muitos que não tinham a menor condição técnica ou moral; mas ali consegui conhecer essa humanidade desses policiais. Por tudo isso, o Choque, onde fiquei até capitão, foi realmente uma grande escola pra mim. Mas, apesar de eu ter me especializado ali e dos sucessivos comandantes quererem que eu permanecesse, eu estava me sacrificando em matéria de conhecimento da polícia, eu queria rodar mais a corporação para conhecer outras realidades. No processo, a ideia de ficar na PM amadureceu: "já que eu estou aqui, tenho que fazer o melhor".

Eu dizia para a minha filha, que ficou chocada e muito curiosa sobre minha profissão depois de assistir ao "Tropa de Elite": "Filha, não tem boa ou má profissão, quem faz a profissão somos nós; nós fazemos a profissão melhor". Ela não sabia, mas foi ela a minha consciência, meu mecanismo de controle e inspiração, assim como meu pai e toda minha família. Trabalhava sempre pensando como eles queriam que eu trabalhasse. Mas não sabia como explicar a ela toda aquela coisa chocante do filme. Então, houve uma oportunidade mágica, quando fui convidado para participar de um debate no IBMEC, exatamente sobre o filme "Tropa de Elite". Então, pedi para levarem ela, para eu poder falar para ela, a mesma coisa que eu havia preparado para dizer às pessoas. Ela ouviu minha palestra pela primeira vez; ela me ouviu falando sobre a minha profissão como eu nunca antes tinha falado pra ela. Ela viu que eu, um policial com um discurso diferente do que foi veiculado no filme, era respeitado pelas pessoas que estavam ali. Ela passou a entender melhor o que eu fazia, aí ficou orgulhosa, e eu também.

Antes, ela ficava intrigada, porque desde pequenininha não podia falar com ninguém sobre o que eu fazia, sobre minha condição profissional, mas era que isso implicava risco para ela, para nossa família, era uma exposição perigosa. Por muito tempo esse assunto foi tabu entre nós. Eu não trazia nunca informações para casa, minha esposa sabia o que acontecia, mas deixava minha filha bem afastada disso. Nós, policiais, temos uma vida muito complicada: vida social a gente perde; tem alguns que não se preocupam tanto, mas se você for ver a vitimização de policiais, muitos morrem na hora de folga por serem reconhecidos. Então, a gente tem estratégias de não se expor, de não nos comportarmos como policiais. Eu não ando armado com minha família, nunca andei, porque eu sei dos riscos que existem, não só para mim, que tenho treinamento, mas para os que estão em minha volta; eu estudava isso, os dados sobre isso.

Mas minha vida não foi fácil na instituição, eu me senti, muitas vezes, sacaneado. Por isso acabei virando especialista no RDPM [Regulamento Disciplinar da Polícia Militar], para evitar ser sacaneado: os caras falavam, e eu recorria. Fiz uma faculdade de Direito na Uerj e, no âmbito do Direito, eu conseguia me defender, mas não me promoveram, eu pensava que iria terminar minha carreira como tenente coronel; acho que fizeram isso comigo porque eu pensava diferente da maioria, sobretudo dos que comandavam: o pessoal estava naquela coisa da guerra, e eu já era muito crítico a isso. E a carreira na polícia é um processo muito individual, meio solitário. Eu não gostava de ter de estabelecer relações, *network*, por interesse, para servir de trampolim para promoção. Achava que tinha que buscar por meus méritos, trabalhando bem, fazendo um bom trabalho, com resultados, mas muitas vezes o que você acha que é "trabalhar bem" não é o que os outros acham; não tem critérios objetivos. Claro que há vários grupos e suas estratégias. Por exemplo, os evangélicos: se o cara — comandante, governador — é evangélico, muita gente vira evangélico de fachada só para tentar ser promovido por isso; é assim que funciona e eu sempre fui contra isso.

Em meu percurso na polícia, tive um especial interesse pela produção do coronel Magno Nazaré Cerqueira. Ele foi comandante da corporação e sofreu muita rejeição interna, mas ele produziu muita coisa boa, inclusive o livro do Roberto Kant de Lima, *Polícia do Rio de Janeiro: seu dilemas e paradoxos*, que ficou conhecido dentro da polícia, pela biblioteca que o coronel Cerqueira fundou — a Biblioteca da Polícia Militar. Meu contato inicial com o Kant, que viria a ser meu orientador no mestrado, foi através desse livro. O Nazaré Cerqueira publicava tudo que rolava no mundo sobre polícia, segurança pública e criminologia e possibilitou o contato com uma literatura de fora, muito interessante. Ele publicava nos boletins da PM esses artigos que eu gostava muito de ler — estava ainda na época no Choque. Eram coisas que a gente não aprendia na Academia da PM. Ele publicava muita coisa sobre criminologia, criminologia moderna — Raúl Zaffaroni, Pablo de Molina, Alessandro Barata, o que tinha de mais moderno na época, inclusive muita coisa sobre a polícia comunitária, que era o que estava mais forte naquele momento. Ele tinha uma assessora, que agora não lembro o nome, que era oriunda de um país do Leste Europeu e poliglota. Então, ela traduziu muitos desses livros pra ele publicar na PM, inclusive o livro do Kant, que tinha sido baseado em sua tese de doutorado, que ele havia feito em Harvard.

Além do Cerqueira, do Kant e da galera que conheci no mestrado, o Luiz Eduardo Soares também foi fundamental para mim: pela produção, pela reflexão e não só por ele escrever, mas pela forma como ele propunha suas ideias e por ter passado pela segurança pública do Estado. Ele foi um dos que influenciaram minha paixão pela Antropologia. Assim, quando ele chegou ao governo, em 1999, na gestão do Garotinho, eu vi uma grande oportunidade de ter uma linha de pensamento policial moderna, com a qual eu me identificava. Antes dele, havia o general Cerqueira, com o mesmo nome do coronel Carlos Magno, mas quanta diferença... O general foi secretário de Segurança, tinha uma visão militarista, muito belicista e foi ele que instituiu a famigerada "gratificação faroeste", que eu era totalmente contra. Tanto que, quando recebi um convite de um amigo pra trabalhar na Secretaria naquela época em que o general Cerqueira estava lá, eu falei: "Tu tá maluco". Eu vi o estrago que foi feito; a polícia foi deformada: os caras da polícia, os oficiais que, por baixo do coturno da PM, ainda vestiam os "meiões" verde-oliva da ditadura, se assanharam e começaram a querer mostrar serviço para o Cerqueira. Foi um horror, ele estragou a polícia, perdemos administrativamente tudo aquilo que foi construído pelo Magno Nazaré Cerqueira, tudo aquilo já não tinha mais valor, o que passou a importar foi a operacionalidade, o combate, a morte do "inimigo", aquele negócio louco.

Assim, quando o Luiz Eduardo chegou, eu pensei: "graças a Deus veio alguém que tá falando alguma coisa que faz sentido pra mim". Eu lia muito o que ele estava propondo, ele trazia novidades de Nova York — uma polícia técnica, orientada pelos dados, pela evidência e tal. E toda aquela bibliografia que estava ali na Uerj, eu tinha acesso. Só que o Luiz Eduardo capotou logo, ele foi logo detonado e retornou uma linha muito mais reativa na polícia. O Garotinho foi horrível para a corporação, fez alianças com uns caras terríveis — foram eles que me arrebentaram na corporação. Eu estava terminando o mestrado, quando o Garotinho se afastou para se candidatar a presidente e assumiu a sua vice-governadora, a Benedita da Silva, para terminar o mandato e concorrer ao governo nas eleições seguintes. Ela nomeou o coronel Braz como comandante geral da PM; mas o Garotinho deixou um monte de armadilhas para ela. O Luiz Eduardo era o seu candidato a vice-governador. Ele não assumiu cargo, mas ficou responsável por todo o projeto de segurança pública da candidata Benedita. Alguns policiais foram convidados pela equipe dele para ajudá-lo. Eu tinha um amigo no mestrado que estava contribuindo e que me chamou para ajudar também. Na época, a gente estava desenvolvendo algumas ideias sobre segurança pública, e eu pensei que seria legal contribuir com o projeto de transição do Luiz Eduardo. Tivemos aquelas reuniões e começamos a chamar a atenção, pois tanto eu quanto o Araújo estávamos com propostas interessantes. Foi aí que tive contato diretamente com o Luiz Eduardo, que convidou a mim e ao Araújo pra trabalhar no projeto. A Jacqueline Muniz estava no governo como coordenadora de Segurança Pública, e eu caí de paraquedas no setor de inteligência da Secretaria de Segurança. O Luiz Eduardo colocou na coordenação da inteligência o coronel Freire, que era um oficial trotskista e tinha sido limado da polícia. Ele chegou a coronel promovido pela Bené. Assim que assumiu, o Luiz Eduardo disse para ele: "olha, Freire, eu não gostaria que a inteligência fizesse dossiês, que são mais fofocas que outra coisa. Todo mundo faz dossiê, mas eu gostaria que ela fizesse inteligência de uma forma séria".

Foram nove meses ali. Eu tinha deixado a barba crescer porque estava numa função de inteligência, e não mais no serviço ostensivo da polícia. Mas paguei um preço por isso: numa corporação conservadora como a minha, eu estava com barba e trabalhando para um governo do PT, logo, eu era de esquerda e petista. Então, depois daqueles nove meses, a Benedita perdeu as eleições, a Rosinha ganhou, e eu voltei pra polícia. Assim que cheguei, fui detonado, me bicaram. O único que me deu alguma guarida, depois, foi o Mário Sérgio, que me convidou para trabalhar com ele na Academia de Polícia Militar. Só que o comandante era o Hudson, que era do Garotinho e estava fazendo conchavo com todo mundo.

Na época, eu era major e já no tempo de ser promovido a tenente coronel. O Mário Sérgio foi bicado da APM e transferido para o Batalhão da Maré, eu decidi ir com ele para lá; ninguém queria trabalhar ali, mas eu fui, primeiro por solidariedade ao Mário, mas também porque achei que seria um baita desafio profissional, onde eu poderia mostrar minha capacidade. Eu falei para ele: "eu vou contigo porque sou seu amigo e, lá, também vou ter oportunidade e visibilidade, alguém vai ver meu trabalho, terei mais chance de ser promovido". Ledo engano: eu fui, fiquei lá, Mário Sérgio foi embora e, como ninguém quis assumir aquele comando, eu fiquei como comandante interino por um bom tempo e ainda continuei major: um absurdo. Só mais tarde cheguei a tenente coronel, pois a promoção, nesse caso, é duas por uma: duas por merecimento e uma por antiguidade. Várias vezes em que eu estava chegando me tiravam da lista de merecimento e promoviam alguém mais moderno, mas uma hora eu teria de chegar. Eu só fui promovido por antiguidade, com 45 anos, quando não tinha mais jeito. Por essas dificuldades e decepções, aceitei o convite para trabalhar fora da polícia, no Instituto de Segurança Pública.

Eu tinha acabado de ser promovido a tenente coronel, mas só fui depois de toda minha turma, mesmo tendo ficado entre os dez primeiros no Curso de Formação de Oficiais e sido o zero dois no Curso Superior de Polícia. Ali, no ISP, eu reencontrei o Mário Sérgio. Então, quando ele assumiu o comando da polícia, estávamos juntos no ISP, aí eu fui com ele para a polícia também. Acabei sendo promovido a coronel no comando dele, por merecimento, pois a coronel só se chega por merecimento, não há antiguidade. Tirei o atraso. Ele queria que eu ficasse no ISP, dizia que eu poderia ser o presidente, mas eu queria muito ter uma função de comando, isso era central na compreensão do meu papel como policial. Era a minha profissão. Eu tinha várias diferenças com o Mário Sérgio, mas ele tem uma grande qualidade que é ouvir. Assim, ele me atendeu e logo depois me promoveu.

De qualquer forma, fica evidente que eu tinha mais reconhecimento fora da instituição que dentro dela. A questão da Maré, por exemplo, era uma loucura: todos dentro da Maré e do entorno sofrendo em matéria de segurança pública, a população local e do entorno largada e o batalhão fazendo guerra. Aí, eu cheguei e falei: "Mário, a gente está fazendo a coisa errada". A gente não é Exército, não tem de fazer guerra. Mas a cabeça desses caras é assim, vai nessa direção enquanto a população fica desassistida em relação aos problemas da segurança pública. Eles vivenciaram o momento em que o Exército era a grande referência. Cláudia, minha esposa, fala sempre: "esses caras vestem o azul da PM, mas na verdade debaixo do coturno tá lá uma meia verde-oliva". O Mário Sérgio tinha uma boa relação comigo porque, na Maré, eu dei um sustentáculo pra ele do caramba, em todos esses problemas. Os policiais davam problema, mas foi um momento que a gente começou a ter algum diálogo com a comunidade, de começar a ver os problemas pelo viés policial, das evidências, das estatísticas criminais. Ele não acreditava muito nisso, mas eu insistia.

Duas coisas me foram fundamentais dentro da corporação. A primeira foi a compreensão de que o Direito é completamente desconectado da realidade, é uma coisa normativa, que não tem muito a ver com o mundo real. Já na graduação, eu falei: "isso não funciona pra mim, isso não me diz nada quanto a minha profissão, quanto à realidade com que me deparo, no máximo facilita algumas coisas, na dimensão técnica, e mesmo assim muito pouco". Então me convenci que tinha de fazer o mestrado — mas não em Direito, me tornei crítico demais a ele. Lembro quando, certa vez, em 1992 e 1994, teve uma ação chamada Operação Rio; foi um sofrimento, muitas mortes e, quando chegava na sala, estava lá o professor de Direito Constitucional dizendo: "não existe pena de morte no Brasil, só em caso de guerra declarada". Um troço totalmente teórico, desconectado da realidade. Enquanto isso, gente morrendo, gente matando. Eu pensava: "meu Deus, isso não tem nada a ver comigo, vou fazer outra coisa".

Assim, a segunda questão central foi decidir fazer mestrado em Ciência Política. Comecei a buscar isso, mas todos os mestrados que eu via estavam muito caros, eu não tinha como pagar. Eu ainda era major e estava comandando o corpo de alunos da academia. Mas aquilo me fazia ver de forma muito crítica aquela formação, que também era completamente desconectada da realidade e das necessidades policiais, tanto como o Direito. Eu pensava: "tem alguma coisa errada, eu quero pesquisar isso". Eu estava pensando em buscar uma bolsa na Cândido Mendes — por sugestão do [coronel] Ubiratan, quando minha irmã, que fazia um mestrado na Uerj, me falou do Roberto Kant de Lima, da UFF, e do seu curso de especialização para policiais, que contava com apoio da Fundação Ford. Eu já tinha lido o livro dele e decidi, então, tentar estudar lá. Só que eu era "moderno" demais, eu era major e o curso era só pra tenente coronel. Então, fui pedindo pra Deus e o mundo, para vários coronéis e terminei entrado na última vaga. Era uma especialização foda, só tinha gente fera dando aula, era uma especialização com caráter de mestrado. Lá, tive contato com a Simoni Guedes, com o Melo, que é antropólogo, o próprio Luiz Eduardo deu aulas lá, e então decidi que não queria mais fazer mestrado em Ciências Política, mas em Antropologia, que me fez mais sentido para resolver as minhas indagações.

Algo que me impressionou, então, foi o preconceito contra o policial na academia, soube de algumas ironias pelo fato de um policial estar tentando o mestrado. Ainda bem que contei com o Kant. Ele foi meu orientador e muito generoso, sempre me deu muita força. Eu já tinha um olhar muito crítico quanto à nossa formação, e o mestrado ajudou me dando mais ferramentas pra eu fazer essa crítica. Eu escolhi fazer uma etnografia sobre a formação dos policiais na Academia de Polícia Militar, através dos rituais militares.

Eu fiz o campo, qualifiquei, estava chegando ao final, mas foi naquela época em que fui com o Mário Sérgio para o 22º [Batalhão da Maré]. Isso foi entre 2003 e 2004. O comandante anterior tinha criado uma situação insustentável de confronto na Maré, muita troca de tiro, muitas mortes, policiais sendo mortos, eu estava super envolvido no processo de tentar resolver aqueles problemas. Além disso, no plano pessoal, estava passando por uma separação e as coisas estavam se acumulando na minha cabeça e, acima de tudo, eu queria ser promovido. Então, acabei não defendendo o mestrado, na época; não entreguei a tempo. Fiquei com vergonha de falar com o Kant que não tinha conseguido fechar a dissertação. Havia, então, umas colegas do curso que falavam para eu não desistir, que minha dissertação, minha discussão, era boa. De tanto elas insistirem, fiz novamente a prova e ingressei outra vez, quatro anos depois. O Kant gostou do trabalho e o publicou; eu fiquei muito orgulhoso disso.

Nessa época, eu já tinha voltado para a polícia, depois da experiência no ISP; eu estava me preparando pra fazer o doutorado, e o Mário Sérgio tinha me proposto criar um centro de pesquisa de análise criminal. Isso iria ajudar no meu doutorado. Então, surgiu o convite do Beltrame para assumir o comando das UPPs, contrariando inclusive o Mário Sérgio, que queria outro nome. Então, falei com Kant: "Olha só a coincidência: na data da prova para o doutorado eu tenho uma audiência com o secretário para apresentar o plano para comandar as UPPs, vai ser uma sabatina". Ele me disse para ir e deixar o doutorado para depois. Aí, eu apresentei para o Beltrame e sua equipe o plano que tinha elaborado, ele foi aprovado, assumi o comando e avancei na minha reflexão sobre as UPPs.

De fato, por coincidência ou não, eu tinha pedido ao Mário Sérgio para coordenar uma pesquisa sobre a UPP quando a gente ainda estava no Instituto de Segurança Pública, pois eu achava o projeto fantástico, uma outra forma de fazer polícia, diferente daquela "guerra" tradicional. Eu tinha sido coordenador dos Conselhos Comunitários no ISP e tinha começado a pesquisar sobre polícia comunitária e ações do tipo. Então, eu estava vendo ali, na UPP, uma grande possibilidade da polícia modernizar suas práticas, com as técnicas de mediação e articulação comunitária. Logo, quando fui chamado para comandar as UPPs, eu já tinha pensado nelas lá trás, já tinha refletido algo sobre elas. Mário Sérgio me deu essa oportunidade: a gente começou a fazer algumas pesquisas e vi grandes possibilidades, mas ele não gostava dessas questões de policiamento comunitário. Eu dizia para ele: "cara, você não está vendo que nisso aqui está o futuro da corporação? Isso aqui é uma possibilidade de mudança, dependendo do que nós vamos fazer com isso". Havia apenas duas ou três UPPs, e o Mário Sérgio tinha acabado de assumir o comando geral.

Até ali, cada batalhão tinha sua UPP. Então, eu e o Pinheiro Neto, que também era muito amigo do Mário, desenhamos rapidamente um plano de reuni-las sob o cuidado do Estado maior e criar uma coordenadoria de polícia pacificadora. Eu não a assumi, pois ainda era tenente coronel. Só depois de ser promovido me convidaram, mas sei porque isso aconteceu. Tenho uma intuição que o Mário Sérgio queria outro nome; ele é muito formal, queria um coronel mais antigo. Acho que me escolheram por ser antropólogo e ter contato com a academia — naquela época a academia estava muito crítica ao projeto. Eles quiseram alguém que tivesse interlocução com a academia. Só que eu não queria fazer esse papel. Então, eu falei: "já que vão me pôr ali, vamos refletir sobre isso". Logicamente eu não falava isso pra fora — só depois que eu me desvinculei que eu comecei a falar. Mas, para dentro, eu criticava muito a forma como o processo estava sendo conduzido, tanto que quiseram tirar as UPPs da corporação e levar pra Secretaria de Segurança, eu falei: "Não vai dar certo, vocês vão criar duas polícias. A PM vai ficar rachada e vocês vão investir só nas UPPs". Eu botei pé firme. Só que a polícia também não via a UPP como um projeto dela, não entendia que aquilo seria um grande capital para ela. A PM resistiu no projeto, e eu acabei ficando no meio dessa briga entre a Secretaria e a polícia, tentando desenvolver o projeto.

Foi quando eu trouxe, como experiência, a leitura que já tinha, as pesquisas; também trouxe as experiências do Batalhão de Choque de mediação de conflito, oralidade, verbalização, uso gradativo da força, todas essas técnicas e mais a minha experiência nos Conselhos Comunitários. Eu entendia que não deveria ser um policiamento comunitário nos moldes que vinham lá de fora, era necessário fazer as adaptações, levar em conta o contexto local, mas, se fosse algo próximo de uma polícia moderna, com potencial para modernizar a corporação, já estava de bom tamanho.

Uma característica dos policiamentos comunitários praticados e importados para o Brasil é o viés referencial que acabam tendo das Ações Cívico Social [Aciso], muito comuns no Exército. Geralmente elas são implementadas quando a instituição está com uma imagem muito deteriorada. Por exemplo: na minha infância, eu me lembro que nas praças lá onde eu morava eu ia para aquelas confraternizações que o Exército fazia, onde tinha oficial médico, oficial dentista. Mais tarde, entendi que tudo aquilo era ação cívico social. Quando eu entrei para a Polícia Militar ainda tinha um resíduo muito grande dessa ideologia herdada do Exército — no CFO eu tinha matérias que falavam o que era a Aciso. Quando eu fui entrevistar alguns policiais antigos que participaram das primeiras ações de policiamento comunitário, ainda com o Nazaré Cerqueira, como o Cipoc [Centro Integrado de Policiamento Comunitário da Cidade de Deus], a referência que eles tinham era a Aciso. A preocupação maior era melhorar as relações deterioradas, melhorar uma imagem. Você não se preocupa com a redução da violência, com a redução da letalidade policial, mas sim com as críticas que a instituição sofre; a imagem é mais importante que a eficiência da estratégia policial, aquela coisa de conquistar mentes e corações. Não que a legitimidade e, por consequência, a imagem não seja importante, mas só melhorar a imagem não sustenta uma mudança postural séria.

Vale lembrar que a experiência do Cipoc foi anterior ao Brizola, que assumiu em 1983. Ele nomeou o coronel Nazaré Cerqueira para comandante da PM, quando ele ainda era o chefe do Estado Maior no governo do Chagas Freitas. Um negro, progressista, impressionante; mas ele enfrentou uma grande resistência interna. Foi ali, no Estado Maior, que ele começou a desenvolver a ideia do Cipoc, mas ainda não estava bem delineada uma ideia policial, as referências que as pessoas da época tinham eram a partir das Aciso. A intenção era levar cidadania e policiamento com sensibilidade social, uma grande sacada do Cerqueira, bem inovadora, mas que precisava ser burilada, embora a Polícia Militar também já tivesse algumas ações interessantes nesse sentido, como o Cosme e Damião [sistema de policiamento de uma região por dois policiais], que tinha uma boa receptividade da população e funcionava como policiamento preventivo.

Na UPP, eu acreditava que a gente tinha de fazer algo diferente. Tínhamos que partir do conhecimento respeitoso das particularidades da favela, do ambiente, das pessoas, buscar produzir ações que nos permitissem ganhar legitimidade e, ao mesmo tempo, tentar reduzir a violência. Ali, comecei a tratar com os meus oficiais de temas mais reflexivos, não só reprodutivos, mas reflexivos, começamos a colocar vários questionamentos: "para que serve a UPP?", "para que ela foi criada?". A UPP surgiu inicialmente muito mais preocupada com a questão do controle do território do que com a redução da violência. Só que, depois, ocorreu esse efeito positivo, que não estava previsto na origem do programa, que nem fazia parte do sistema de metas.

Então, começamos a desenhar uma coisa diferente, embora o que propúnhamos dialogasse com as experiências anteriores, que estavam na memória da instituição. De fato, as atividades sociais da UPP lembram as Aciso, por exemplo, mas incluindo temas mais atuais de polícia. Outra coisa comum entre a experiência da Cipoc e da UPP é que ambas não foram decorrentes de um projeto, um plano elaborado. Havia a intenção do Nazareth Cerqueira, mas não havia um plano institucional formal; o mesmo ocorreu com a UPP: na verdade a ação nasceu antes do plano, o que de tudo não foi ruim, mas ambas não foram institucionalizadas. Não tinham objetivos, indicadores, tudo isso que a gente criticava.

No caso do policiamento comunitário, os policiais usavam as referências que tinham. A principal delas foi o GPAE [Grupo de Policiamento de Áreas Especiais][96]. Mas havia, na verdade, uma miscelânea de referências, e nenhuma delas tinha uma conexão muito plena com a realidade, que é muito dinâmica. Eu defendia que tínhamos que ter muita clareza dela e construir o planejamento a partir disso. Assim, eu tinha muitas dúvidas e críticas construtivas também; até mesmo ao termo policiamento comunitário, que eu achava ruim, pois parecia que era um policiamento exclusivo para a favela, ou seja, para a "comunidade", que aqui soa como um eufemismo para se falar de algo feio, que, no caso, é a favela: a pessoa não quer falar favela, fala comunidade, mas, a pessoa tem que falar favela mesmo, para valorizá-la, como vocês do Observatório de Favelas sempre fizeram, aprendi isso com vocês. Temos que valorizar a favela, isso nos ajuda a construir relações de confiança e a reconhecer a heterogeneidade; se há uma parte realmente criminosa e violenta, você precisa distinguir, diferenciar, pois assim ganha confiança e legitimidade da população.

Então, o policiamento que a gente queria foi sendo construído teoricamente, aos poucos, e o restabelecimento de relações deterioradas de confiança era central para reduzir a violência: a legitimidade como meio e a redução da violência como fim. E o que arrebenta com a legitimidade? A violência e a corrupção. Esses são os maiores dilapidadores do patrimônio simbólico de uma instituição policial, que é a sua credibilidade, a sua legitimidade; sem ela você não consegue fazer valer a sua autoridade. Assim, a ordem que você está querendo propor só se afirma por meio de uma força cada vez maior que gera violência, abusos, saindo de um círculo virtuoso para entrar num círculo vicioso de violência. Essa reflexão nos fez querer chegar a um conceito de "polícia de proximidade". Trouxemos esse conceito de fora, da Europa, mas buscando adaptá-lo à nossa realidade. Essa estratégia nos permitiria construir legitimidade e garantir a confiança da população, criando-se os meios para mantê-las em níveis altos, afirmando um pacto,

---

96 Estratégia de policiamento iniciada pelo, à época, major Carballo, nas favelas Pavão-Pavãozinho e Cantagalo, que se tornou conhecido por afirmar três elementos centrais: não permitir a circulação de armas; não permitir que crianças trabalhassem no tráfico de drogas; e não permitir corrupção ou violência policial.

um círculo virtuoso que nos permitisse reduzir os níveis de violência, junto com os moradores, de forma razoável e civilizada.

Isso era central, pois a gente entendeu que logo logo a UPP se esgotaria, pois ela não se sustentaria sem uma mudança da PM, uma modernização; por isso havia na UPP uma grande fragilidade, a começar pela fase inicial do programa, marcada pela falta de planejamento e indicadores. Você ia meio que cego para essas questões, mas o programa foi crescendo de forma tão acelerada — em função do imenso apelo político — que fomos perdendo o controle. Naquele contexto, a chance de se cometerem atos de violência e corrupção, o que geraria uma perda lamentável de legitimidade para o projeto, era grande. Por isso, fui abrindo portas, buscando fazer contato com todas as organizações — desde o governo, através do Ricardo Henriques [então secretário Estadual de Assistência Social e Direitos Humanos, que elaborou a UPP Social] até a Cufa e muitas outras organizações que, vamos dizer assim, possuem mais legitimidade dentro das favelas, visando criar uma rede de controle informal. Esse diálogo era aberto, sem preconceitos e, de certa maneira, pagamos uma conta alta, dentro da corporação, por isso. Mas eu não me preocupava, já estava num momento da minha carreira que tinha mais autonomia e achava que era o que tinha de fazer, que era o mais importante para o projeto. Isso tudo aconteceu em 2010.

O maior problema era a velocidade de implantação: a cada mês se abria uma unidade, uma loucura, era impossível construir o conceito e o planejamento, cumprindo aquele calendário. Então, eu solicitei ao secretário que contratasse o Ignácio Cano e a Jacqueline Muniz pra construir o programa, para que a gente não continuasse avançando no escuro, o que era muito perigoso. Isso implicava ter objetivos claros, com indicadores e metodologia. Afinal, precisávamos saber o que fazer, muito mais do que somente ocupar: ocupa e faz o que lá? Eu tinha essas preocupações e o foco permanente em manter a confiança da população e dos policiais, a legitimidade sem perder do horizonte a redução da violência, inclusive a violência policial, o que significa não perder o controle sobre a polícia e a criminalidade.

No processo de construção dos canais de interlocução com a população, orientava a não a desqualificar. Assim, ela reconheceria nossa legitimidade, aumentando a chance de denúncias, o que ajudaria nos nossos objetivos. Acontecia uma coisa muito interessante, que usei como um indicador e levei como experiência para tentar elaborar uma postura mais flexível para o policial da UPP; uma postura com mais autonomia, mas também com mais responsabilidade. No processo de pacificação, a prefeitura não pensou em regras de transição para as normas de regulação na favela. Assim, ficava na mão do policial resolver a questão da informalidade, e ele, muitas vezes sem orientação de como atuar, sem uma autorização formal do que deveria levar em conta, sem os protocolos adequados, seguia um padrão formal, mais por medo de ser acusado por prevaricação. Isso muitas vezes gerava conflitos com os moradores, que não aceitavam aquela atitude porque sempre agiram de um modo diferente da cidade formal e, de repente, tinham que mudar. Então, na prática, mesmo o policial sendo o mais correto, ele era cobrado e ficava no meio de um conflito que não tinha como resolver, ele não sabia como dialogar naquela situação que de repente havia mudado.

A tolerância faz parte do processo de ganho de legitimidade; e o policial, às vezes, era visto como alguém ilegítimo, um invasor impondo regras. O que ele fazia? Registrava a ocorrência, pois sabia que de um modo ou de outro responderia a seus superiores: porque ele fez merda mesmo, ou porque ele não sabia como resolver aquilo; só se desse um jeitinho, mas, com toda a visibilidade que havia em torno da UPP, sabia do risco de ser punido. Então, ele insistia, ocorria o conflito e, para se resguardar, registrava a ocorrência como "desacato" ou "desobediência à autoridade". Os números desse tipo de delito aumentavam e, então, eu comecei a fazer, de uma forma muito prática, uma correlação, pois quando havia muitos registros de desacato logo logo vinham conflitos físicos, o que possivelmente tinha a ver com alguma perda de legitimidade: ou o policial estava agindo de uma forma ilegítima, abusiva, violenta, ou a população não enxergava mesmo a autoridade nele, dando início a conflitos que resultavam até em violência. O fato é que aqueles casos, não sendo mediados preventivamente, entravam em um processo de deterioração das relações entre a polícia e os moradores. Assim, como não tinha condições de estar em todos os lugares ao mesmo tempo, comecei a cruzar os dados, buscando me antecipar a esses conflitos, como quebra de viatura, jogar pedra ou tacar fogo nas bases... Era batata, quando aquilo acontecia, sabia que teríamos problemas, típicos de uma crise de legitimidade; conflitos muitas vezes mais sérios, envolvendo até trocas de tiros.

Então, a gente conseguia se antecipar muito e, toda vez que começava um conflito, eu ia, fazia uma reunião, tentava entender, repactuar as ações, falava: "o que vocês estão querendo?" "Tal policial não pode permanecer aqui". "Tudo bem, vocês querem que eu tire esse policial, eu tiro, mas a gente tem um trato? Vocês vão segurar a onda dessa galera que tá fazendo arruaças aqui? Quebrar viatura pra quê?". Essa antecipação resolveu muito problema, mas muito problema; conseguia ver na frente; mas tinha de ser feito com toda sensibilidade, porque o capitão da UPP também achava que a autoridade era dele e que, assim, ele era desmerecido e tudo mais. Vários iam procurar o Beltrame para se queixar que, às vezes, entrava mal pra caramba na situação.

Até hoje eu recebo telefonemas de comunidade e fico frustrado por ter de falar que não tenho mais ingerência, que posso até tentar. Mas, de fato, há uma resistência muito grande em uma postura preventiva. Há um discurso, também, de baixo pra cima, que se você estiver atendendo, você está fechado com tudo que é esquema, com coisas erradas, o que intimida os policiais com mais talento para a mediação.

Tem de se fazer um esforço enorme para capacitar essa galera, os garotos tão indo muito novos; a UPP gerou uma demanda muito grande e foram formados policiais sem uma preparação adequada. Tínhamos um pleito junto à Secretaria, no sentido de buscar aprender com as boas práticas e sistematizar aquilo tudo, alimentar os bancos escolares, fazer um *feedback*, um aperfeiçoamento contínuo sobre prevenção. Mas a gente não tinha uma política de avaliação do processo de forma sistemática, isso ainda estava em processo quando saímos, em 2013.

Quando voltamos, em 2015[97], tínhamos o plano pra fazer isso, mas tivemos que segurar, porque já estava tudo muito difícil, um caos, na verdade. Os policiais bons estavam apavorados, foram desestimulados. Quando fomos chamados para voltar, os números das ocorrências já estavam piorando muito. A gente entendeu mais ou menos a dinâmica e começou a atar primeiro a sangria. Assim, os números caíram, mesmo que ainda de uma forma precária, e ficou todo mundo contente, aceitaram da boca pra fora tudo quanto é condição nossa pra voltar, recuperar os projetos, fazer a reforma no ensino, fazer a reforma da administração, tudo para salvar a UPP, não de uma forma imediatista, mas como um processo de médio e longo prazos, com ações continuadas, em um desenho ordenado. Então, desenhamos o plano para tocar o processo, para fazê-lo avançar, mas a gente viu que as pessoas não queriam, nem o governo nem a Secretaria [de Segurança]. Então, falei: vou ficar fazendo o que aqui? Dando murro em ponta de faca?". Eu entendi, naquele momento, que a gente estava sendo usado, que não havia interesse real em avançar na reestruturação da instituição como um todo.

Sabemos que a pacificação não só deve ser feita pela polícia, mas você tem que ter uma boa polícia, uma polícia moderna para ela poder sustentar suas ações de uma forma mais leve, ágil e eficaz; isso é o mínimo. E a UPP demandou muito dos recursos da polícia, que já estava anacrônica, como se fosse uma fábrica velha que recebe uma encomenda dez vezes maior do que ela pode realizar. Se não se segura essa demanda louca e não se investe na modernização da fábrica, ela quebra, não tem como dar conta com a velha estrutura. A gente saiu e os caras não atentaram pra isso, ficaram com esse negócio de quarenta UPPs; não sei de onde saiu esse número, não havia nenhum estudo, nenhuma discussão técnica para isso e queriam fazer com a fábrica velha. Eu saí da UPP antes do Alemão e da Rocinha. Ali, eu pensava: "quando chegar lá, a gente vai estar ferrado".

---

97 O coronel Robson assumiu, então, o posto de comandante do Estado Maior.

Eu fui para o Estado Maior dominado pela intenção de iniciar uma modernização na polícia, uma reforma que melhorasse a polícia e sua relação com a sociedade. Todo mundo ganha com isso, tanto a sociedade como a polícia — os policiais vocacionados, porque os corruptos, esquece, não estou falando desses; para esses é prisão e expulsão. Para modernizar, não adianta falar de desmilitarizar. É muito mais amplo que desmilitarizar, tem que ter um projeto que vá além disso. Assim, a gente começou a fazer a seguinte reflexão: o que eu preciso ter pra dar continuidade a esse processo? Que tipo de formação eu preciso construir a partir da experiência da UPP, do piloto UPP? Que ações deram certo e quais delas eu posso replicar na PM? Que estruturas terão de ser reformadas para darem sustentação a esse processo?

O que mais se demanda à polícia é um policial dialógico, não é um policial apenas treinado em tiro, em artes militares, isso não basta, mesmo que ele tenha o treinamento do Rambo. Não digo que não tenha que ter treinamento para atuar no caso de alguma emergência, para realizar um tiro policial responsável, para a tomada de decisão em momentos críticos, mas ele tem que, ser antes de tudo isso, dialógico, que é o que dá mais certo, que tem de se basear em evidências e tal, e tudo isso tem de ser introjetado já na formação. Além da formação, a polícia vai ser mais eficiente com gestão, estruturas e ferramentas modernas. O militarismo que nós temos hoje na polícia é um retrato do Exército de quarenta anos atrás, é uma foto amarelada pelo tempo, um arremedo de militarismo. Então, a modernização é uma necessidade crucial. Por isso, a gente recuperou, na ocasião da nossa posse[98], um plano estratégico para a Polícia Militar até dois mil e vinte, se eu não me engano. Isso foi uma condição central para aceitarmos assumir: um plano com diagnóstico e continuidade, centrado no conceito de "polícia de proximidade", que adaptamos para nossa realidade. Nossa intenção era que começasse, toda a polícia, não apenas a UPP, a fazer polícia de proximidade. Pode haver a filosofia da proximidade até em situações de policiamentos especiais, em dado contexto, como áreas turísticas, policiamento em estádios, UPP. Por que a polícia, como um todo, não podia fazer isso, ou seja, utilizar essa mesma linguagem? Considerava que aquela era a única forma de salvar a UPP.

Infelizmente, não tivemos apoio algum da Secretaria de Segurança, nenhum. O secretário e sua equipe achavam, por alguma razão, que o projeto de uma polícia moderna, sintetizado no conceito de Companhias de Polícia de Proximidade, para toda PM, tiraria o protagonismo da UPP, iria ofuscar o projeto, ou seja, iria bater de frente com a UPP. Então, eles não tinham motivação ou interesse algum. Então, cansei.

---

98 Na ocasião, o coronel Pinheiro Neto tomou posse como comandante-geral da Polícia Militar.

A única chance viável é uma mudança no contexto político, no governo. Esse é o primeiro passo. Precisamos de um governador com cabeça aberta para a ideia de uma polícia moderna, acessível e sensível, pra essas questões que eu coloquei. A gente tem o diagnóstico da Polícia Militar, outro deve ser feito pra Polícia Civil também para seguirmos assim nessa direção. Pois eu tenho, honestamente, a esperança de que a polícia ainda pode dar a volta por cima. Mas isso só pode ocorrer com direcionamento político, responsável, vindo de cima, pois só assim é possível enfrentar a resistência interna — que ocorre também na Secretaria e em outras partes do governo. Este só entende a questão da segurança como questão política pra angariar voto, só uso eleitoral e, aí, não tem técnico que suporte. Tem que haver um governo que entenda que se precisa de tempo para fazer o que é preciso, que tem de investir na corporação. Isso não foi feito, não se investiu nada, todos os dividendos políticos, colhidos com as ações iniciais da UPP, foram revertidos em proveito de seus próprios projetos político-partidários, nenhum para a reforma modernizadora das polícias.

Os dividendos políticos não foram revertidos como capital de transformação e modernização, nada; apenas investimentos pontuais, tal como a melhoria da alimentação do CFAP [Centro de formação de policiais] visando aumentar o número de policiais para as UPPs, expandindo e esgotando perigosamente a velha fábrica, para fabricar mais do mesmo, em um processo que caminha aos trancos e barrancos. Não houve, por exemplo, cuidado nem com o treinamento e a qualificação, nem com a saúde mental desse policial: os impactos em toda a administração causados por esse contingente que entrou a um só tempo foi tão grande que a gente vai levar mais de dez anos pra recuperar, vai ser um impacto impressionante se essas estruturas de apoio não forem reformuladas e modernizadas.

Então, quando fui para o Estado Maior Administrativo, concluímos o primeiro diagnóstico da gestão da Polícia Militar, mesmo tendo de encarar muita resistência. Ainda bem que, quando os benefícios do diagnóstico apareceram, as pessoas começaram a entender. Por exemplo, quando se fala do Batalhão de Polícia de Proximidade, está se falando de um batalhão modelo, tal como ocorreu com a Delegacia Legal, mas para atender a uma vocação originária de uma polícia democrática; um batalhão com o que haja de mais moderno para viabilizar o processo de pacificação e integrar tudo, rompendo com a divisão entre uma polícia de UPP e outra convencional. Essa era a proposta, mas os caras entenderam que isso poderia ofuscar o brilho da UPP.

Então começaram, a partir do conceito de "polícia de proximidade", a fazer ações seletivas, de menor alcance, tal como a Operação Lapa Presente, que drenava recursos materiais e humanos da polícia, mesmo com a parceria com a

Federação do Comércio [Fecomércio], que paga a gratificação do pessoal. Para isso, são escolhidos os melhores policiais, que são atraídos pela gratificação. Isto é uma forma de você interferir indiretamente no planejamento e na gestão da polícia e da segurança pública. Não deixa de ser, em certa medida, um processo de privatização da polícia. A gente estava com o foco voltado para as áreas mais violentas, com maior letalidade; a Baixada era uma das prioridades. Ali, assim como outros lugares com um quadro parecido, nós conseguimos reduzir os indicadores de violência, que ficaram muito melhores do que em 2014 e 2013. No entanto, com o Lapa Presente e outras intervenções pontuais, os indicadores foram para o espaço. Falam que o problema é econômico e, de fato, também é, mas a questão central é de gerenciamento. Temos ali uma seletividade elitista na alocação dos recursos; uma utilização política, não técnica.

Tudo isso me deixou muito chateado, eu falei: "vou sair e esperar uns dois anos para ver se um novo governo tem maior capacidade de ouvir. A gente estava experimentando, abrindo um caminho, mas perdeu-se uma oportunidade. A UPP tem muita coisa boa, e várias pesquisas mostram isso. Podemos falar que há uma boa UPP e uma UPP ruim. Essa UPP ruim, mais vulnerável, pode inclusive permitir a influência da milícia, ou do Bope, estimulando os confrontos armados. Assim, a boa UPP precisa ser sistematizada e a má tem que ser eliminada desse processo. A gente tem de criar uma teoria de policiamento a partir das boas práticas, especialmente as que tiveram algum resultado na redução da violência e no ganho de legitimidade, o caminho continua sendo esse: ganhar legitimidade e reduzir violência. Para mim, a vida está sempre em primeiro lugar: se a gente prioriza o problema dos homicídios, das armas, dos roubos, enfim, tudo aquilo que aflige mais diretamente a população, a polícia consegue ampliar sua legitimidade junto a ela.

Outro aspecto central, não podemos negar, é a corrupção. Ela precisa ser controlada, isso é fundamental, pois ela destrói a confiança da sociedade na polícia e acaba com a estabilidade emocional dos policiais. Mas, acima de tudo, eu sou entusiasta da redução da morte porque não há como continuar nessa briga insana, que não tem sentido algum, que leva à morte de policiais e de pessoas que não têm nada a ver com a questão. Isso sempre me causou muito estresse, pois cada vez que morria um policial em uma troca de tiros, ou alguém da sociedade, sem relação com o confronto, isso me impactava muito.

Minha esperança é que a massa crítica que se construiu nos últimos anos, o número de policiais formados que continuam na corporação, mais aqueles que estão fora, mas que continuam tentando mudar, consigam juntar a questão policial com a democracia, formando uma polícia verdadeiramente republicana. Embora seja uma minoria que pense assim, essa minoria tem aumentado, há uma maior sensibilidade diante da necessidade de superar esse número imenso de mortes de ambos os lados. O problema é o envolvimento emocional: quando se vai muito para o lado emocional, não se raciocina bem, vira uma lógica de guerra, de eliminação do inimigo. Mas isso não faz sentido, pois não estamos em uma guerra, não podemos ficar trabalhando com a lógica do inimigo, isso cabe numa guerra, não na segurança pública. A lógica da eliminação, da violência letal, agrava o problema ao invés de contribuir para resolvê-lo. A boa UPP apontava um caminho diferente e muito mais interessante, com melhores resultados.

Não penso que haja grandes orquestrações, uma racionalidade para se manter essa lógica dos confrontos violentos. São reproduções culturais. A questão da masculinidade, da virilidade guerreira se faz muito presente e contribui pra transformar o outro em um inimigo monstruoso, tudo isso ajuda a impactar o processo que vivemos. Então, a gente tem que, primeiro, começar a desconstruir esses dispositivos tradicionais, construir pontes, começar a construir métodos pra melhorar as relações com a sociedade e ajudar, especialmente os jovens, os homens jovens, os jovens policiais, a superar e a desconstruir essa coisa da masculinidade ali à flor da pele. Afinal, temos o jovem policial com a arma na mão que pode, sem nenhuma responsabilidade, cuidado ou controle, usá-la para uma coisa insana dessas; jovens matando jovens; jovens se matando.

Assim, quando voltamos para assumir o comando, foi muito difícil, porque estava um caos, os caras não tinham nenhuma responsabilidade, nenhum projeto para superar aquele processo de matar e morrer. Então, recuperamos o SisMatBel, um sistema de TI com o qual era possível conhecer, *online*, as saídas e os gastos de munições, para termos uma ideia do problema. Ali, justificada pela guerra, se gastavam até 3.000 munições em apenas um dia nas UPPS, por exemplo, e ninguém estranhava. Efeitos deletérios para a sociedade e também para o próprio policial estavam se produzindo. A partir do momento que nós começamos a estranhar e tomar medidas, essa coisa se reduziu um pouco. Logo, é possível começar a ter uma didática nesse sentido, mas tem que ter uma liderança política muito forte, pois a segurança pública é um problema político acima de tudo, não é um problema só de polícia. Afinal, a mesma polícia que sofreu quando o [general] Cerqueira fez aquela desgraça toda é a que faz a UPP. Fico pensando: a mesma polícia que pratica atos que emocionam, têm policiais extremamente violentos, corruptos, produz monstros. Teve pessoas que eu conheci antes de serem policiais e depois, dentro da polícia, eles se transfiguram. A instituição tem que começar a fazer bem, cuidar dos seus policiais, se humanizar e humanizar o policial, tem de melhorar suas relações, tanto para dentro quanto para fora. Precisa haver diálogo interno, pois os policiais sofrem muito, especialmente os mais vocacionais — estes querem fazer a coisa certa —, e há muita gente boa;

quando sinalizamos essa possibilidade da ascensão policial e tudo mais, muitos policiais vieram nos procurar, reagiram positivamente: um grande número de policiais se inscreveu nos cursos de gestão em segurança pública pra procurar ascensão; aí vem a questão política e detona-se a coisa toda. Por isso, não se pode esperar nada desse governo, há um vácuo que afeta muito as comunidades também, gera instabilidades. O Beltrame tinha de ter saído dois anos antes, ele perdeu o *timing* e saiu no pior momento. Falamos para ele: "Está na hora de sair, a gente vai sair, você não vai sair não?". E ele não saiu naquele momento, o que se revelou um erro. A coisa veio se degringolando e vai ser muito difícil reverter.

Dimas: um intelectual orgânico do comércio de drogas ilícitas[99]

Falar de mim sempre dá um frio na barriga, não sei porque. Bem, eu nasci em 1974 e cresci na Zona Suburbana, em um condomínio de prédios. Ali, a gente já não podia, desde criança, ir de um prédio pro outro, passar de um lugar pro outro, porque era briga de escola, briga de infância, briga de garotos mesmo; essa briga foi crescendo e continua a existir da mesma forma, só que agora ela tem nome de briga de facção, mas a rivalidade já existia desde ali.

Meu pai era zelador de um dos prédios. Quando ele perdeu o emprego — eu estava com uns dez anos — nos mudamos pra Magé. Ali não tinha nada, a gente só comia aipim, sem sal nem nada, apenas aipim. Depois fomos para São João de Meriti. Eu já estava um pouco maior, não me adaptei no início ao local e, por isso, estava sempre fugindo, voltando para onde cresci. Eu levava uma vida de criança, criança que queria comer as coisas, que pedia para comer e, quando não conseguia, roubava e corria. Andava com um grupo de nove crianças que faziam isso. A gente passava correndo entre as barracas, metia a mão, pegava comida, sentava num canto e comia. Então eu entrei nessa vida pela fome, não foi outra coisa: não tinha o que comer, sentia fome, ia pra feira carregar bolsa e ali os mais velhos não deixavam fazer as coisas, queriam nos obrigar a trabalhar pra eles. A gente se revoltava contra aquilo, tacava pedra... fomos crescendo desse modo e

---

99 Os depoimentos de Dimas foram coletados em três momentos, entre julho e agosto de 2017. Dimas é um nome fictício. De acordo com a tradição cristã, Dimas seria o nome do "bom ladrão", personagem que estava do lado direito do Cristo na derradeira hora da crucificação. Teria sido o único ser humano consagrado diretamente por Jesus, que teria lhe dito, segundo a versão bíblica: "hoje mesmo estará comigo no Paraíso". "Dimas" foi morto pela polícia no mês de julho de 2018. Uma perda que nos fez sentir muito, pois ele, verdadeiramente, cumpria o lema do Comando Vermelho de "estar do lado certo na vida errada".

nesse ambiente. Meus pais nunca souberam de nada disso. A gente sempre tem medo de contar as coisas pros pais. Meu irmão mais velho sempre desconfiava, mas nunca teve certeza. Minha vida toda foi sempre escondendo da sociedade e da minha família o que eu fazia.

Lembro quando fizemos nosso primeiro roubo, roubo mesmo. Foi uma padaria no bairro onde morava, um comércio local: nós pulamos pela telha, descemos, amarramos o padeiro e levamos balas, doces e uns pães que estavam lá. Então, os caras do *extermínio*[100] nos pegaram — era o cabo S. junto com C. e o T. Eles não mataram a gente. Eles deram uma *coça*, um monte de *moca* e fizeram a gente entregar o que tinha sobrado, pois a maior parte a gente já tinha comido, e fizeram a gente pedir desculpa. Então nos revoltamos contra o cara da padaria: "Pô, o cara *caguetou* [denunciou] a gente, a gente só queria comer". Por isso, voltamos lá de novo, mas dessa vez vasculhamos tudo. E achamos um "trinta e oito", a primeira arma que a gente teve na vida. Quando saímos dali, a gente falou: "agora a gente é bandido, a gente tem uma arma, agora a gente é bandido".

Graças à arma a gente passou a sair pra roubar e voltava, mas a arma nunca foi usada. Depois de um ano, a gente falou: "agora vamos voltar lá naquele cara da padaria que *caguetou* a gente". Voltamos lá e falamos para ele: "quem mandou você *caguetar* a gente?" Amarramos ele todinho, pegamos os doces e falamos: "agora você pode falar que a gente é bandido, temos uma arma que pegamos aqui mesmo". Foram três assaltos na mesma padaria, esse foi o último. Então, quando saímos, nos arrependemos: "pô, o cara é daqui, é nosso vizinho. Ele vai *caguetar* de novo, os caras vão matar a gente porque agora temos uma arma". Então a gente já passou a ter medo. Daí fomos parar no Jacaré, na linha do trem. Ali encontramos uns caras que também eram de São João — Q. e I. — e a proximidade ficou bem mais fácil.

Foi então que o Seu J., chefe de quadrilha do Morro do F., pensou: "pô, esses moleques não vão tomar jeito". Então chamou a gente — eu, o R. e o M. — e mandou ficar com ele. Fomos ficando, e ele foi ensinando as coisas pra gente, já não deixava mais sair pra roubar, dava um dinheiro pra gente se alimentar, fazer essas coisas e fomos ficando. Já tava mais ou menos na quinta, sexta série, por aí. Criamos o grêmio na escola, ele foi chamando uns políticos que tinha lá na época e botando a gente pra conversar com eles. Esses caras mesmos foram falando: "se vocês querem ser bandidos, vocês têm de ir roubar banco". Então,

---

100 Os grupos de extermínios, comuns na história dos municípios da Baixada Fluminense, eram, em geral, chefiados por agentes de segurança que davam proteção ao comércio local e matavam pequenos criminosos locais ou aqueles acusados de atividades ilícitas. No processo, foram sendo substituídos pelas milícias.

eles foram ensinando literalmente a gente a fazer coisas erradas, mas aquilo era pra tirar a gente do meio da rua.

Ele não deixava a gente fumar maconha, não deixava a gente fumar cigarro, não deixava a gente usar droga. Mas obrigava a gente a trazer o material de escola pra ele, tudo certinho. Só que eu não sabia que ele era analfabeto: a gente levava, mostrava pra ele, que dava os parabéns, isso e aquilo. Apenas mais tarde, quando eu fui conhecer facção, quando ele me pediu pra ler umas cartas, que eu descobri que ele não sabia ler. Fiquei bem surpreso, pois ele valorizava muito o saber. Isso já foi no final da década de 1980, início de 1990 e revela como a gente vivia em dois mundos, bem distintos.

Eu não podia chegar pra minha família e dizer o que eu tava fazendo, porque, com certeza, minha mãe ia me meter a porrada. Assim, nunca tirei muito proveito dessas coisas que a gente fazia, tudo ficava ali. Fui crescendo desse jeito e meu irmão mais velho sempre me reprimia: "por que você anda com esses meninos?", "por que você anda com essas coisas?", "esses meninos vão te levar pra coisa errada, daqui a pouco você vai tá fumando maconha e cheirando *loló* (a outra droga da época)". Eu falei: "não, D., eu não gosto dessas coisas não, eu só quero seguir o que eu acho certo".

De fato, eu nunca gostei de usar drogas, nem mesmo álcool eu gosto, nem tenho muita resistência para beber. Mas, da mesma forma, nunca achei e não acho que traficar seja errado; penso que o tráfico é uma coisa correta, apesar de ser malvisto aos olhos da sociedade. Hoje em dia é diferente, mas naquela época ninguém entrava nele com a ambição de ser rico. A ambição era ter um lugar onde morar próprio, de ter o que comer e ter o que vestir. Foi nessa perspectiva que fui crescendo, que fui vendo as coisas se transformando. Entre 84 e 89, a minha vida foi sofrendo essa transformação; saí da condição de alguém que pegava as coisas dos outros para alguém que passou a traficar.

Nunca parei com a escola. Eu tinha na cabeça que devia ser alguma coisa e apenas através da escola, estudando, eu conseguiria isso. A gente sempre ouvia aquilo e eu acreditei, por isso nunca parei na escola; independente do que fazia, o horário da escola era sagrado, procurava nunca faltar. E as pessoas com quem a gente lidava, os mais velhos da época, sempre nos ensinaram que, pra gente mudar, a gente tinha que estudar, eles mesmos não me deixavam parar de estudar. E eu gostava muito da escola: frequentava o grêmio e gostava de participar da vida política, desde pequeno. Eu gostava de panfletar, por gostar mesmo, não era em troca de dinheiro, não era em troca de nada.

Entrei pro quartel com 17 pra 18 anos, na Brigada Paraquedista. Ali conheci um pessoal do Borel e da Mangueira. Eles falavam que eu era bobo porque a gente roubava e não levava o dinheiro, que ficava todo pro Seu J. e pro pessoal de lá. Então eles levaram a gente num assalto e descobrimos que o dinheiro tinha que ser dividido igual pra todo mundo, coisa que a gente não tinha nem ideia. A gente obedecia ao Seu J. cegamente, o que ele falava pra gente fazer a gente fazia. Foi aí que tomamos a favela dele com apoio do pessoal da facção da qual sou até hoje — nunca mudei.

Esse pessoal do quartel ensinou outra coisa pra gente, ensinou uma meta, uma nova mentalidade de como agir com o dinheiro: tudo o que a gente fazia, ficava com uma parte e transferia outra pra comunidade. A gente tem que usar o dinheiro de forma que a nossa comunidade não passe fome, não passe necessidades básicas. Porque hoje se vê uma favela urbanizada, aqui pro Rio de Janeiro, que é capital, a maioria das favelas já sofreu intervenção urbana. Mas naquela época era vala aberta, tudo barro, como é ainda em São João de Meriti. Você vai lá e vê a década de oitenta fincada lá dentro, com barraco de madeira e coisas que dificilmente você vê nas favelas do Rio. Eu não conheço nenhuma favela aqui no Rio que não seja urbanizada. A partir de então, comecei a ter outra ideia sobre a importância de transformar a favela e também comecei a entrar em outras favelas, pois até então só ficava no F. A gente começou a entrar em Acari, na Vila Vintém. Comprava nossas coisas em outras favelas e vendia no F. Assim começou a minha vida, e a gente seguiu aquilo até que fui preso.

Tinha vinte anos e fui preso dentro de casa. Foi assim: os meninos iam fazer um assalto ao Banerj e eu não queria ir, disse que não iria. Eles falaram: "pô, mas só você que sabe mexer nas armas, vamos lá pelo menos consertar as armas, botar as armas prontas, pra gente poder ir". Eu falei: "tudo bem, eu vou lá, mas eu não quero mais. Quero ficar ali no morro seguindo minha vida; estou no quartel, já estou nas Forças Especiais e quero ficar ali". E eles: "tudo bem, mas vamos lá só pra gente consertar as armas". Eu tinha um salto no quartel e até falei para minha tia: "pô, tia, tive um pesadelo, não estou me sentido bem, eu tenho um salto de madrugada e eu não queria ir pra ele". Mas a situação real era que eu não queria ir com eles nisso dali, não podia falar isso pra ela, não sabia nada da minha vida. Eu fui com eles pra consertar as armas lá em Queimados; ao retornar tinha que pagar um dinheiro pros policiais que iam estar fazendo a segurança do banco — na época era a PM que fazia a segurança do Banerj, pois era um banco público. A gente ia entrar, eles iam facilitar e eles iam dar a parte dos PMs naquele assalto. Eu consertei e montei os fuzis — eram dois AR 15, municiei e preparei as armas pra eles poderem ir.

Marcamos um ponto ali em Queimados. Quando os PMs foram pegar o dinheiro, tinham outros escondidos no mato. Quando entregamos o dinheiro, eles já saíram de trás do mato dando rajada na gente. Só que a gente tava com arma; essa arma a gente puxou, matou o policial que estava dando a rajada e entramos no carro: "qual foi? Qual foi? Era um acerto e vocês fizeram isso?". Entramos no carro e fomos embora, só um de nós foi baleado, trocando tiro, trocando tiro, com a perseguição atrás da gente. Não sei dizer o que aconteceu, eles devem ter pedido reforço e foi na Dutra toda essa perseguição. Outros policiais faleceram na perseguição, além do que a gente matou, mas foi por "fogo amigo", uns mesmos atiraram nos outros. A própria balística confirmou isso: o carro que vinha atrás dava tiro, mas tinha outro carro da polícia na frente, antes do nosso carro, e eles davam tiro na direção dos próprios policiais da frente.

Tivemos que abandonar o carro, fomos embora a pé e não conseguiram nos pegar, porque eles não estavam acostumados com aquele tipo de armamento e ação lá na Baixada. Só que um menino que estava com a gente se entregou e denunciou os outros comparsas. Ele conhecia a casa de todo mundo e entregou. Eu fui preso automaticamente, mesmo sem nenhuma prova contra a gente, era a palavra dele contra a gente. Então colocaram um monte de crime nas costas da gente: latrocínio, coisas que a gente nunca admitiria. Até mesmo uma pessoa chegada à minha família que tinha raiva da gente porque estava com o tráfico, estava com essas coisas, nos acusou. Ele era policial, mas a gente sempre se via na casa da família. Quando eu fui preso, descobri que ele tinha medo da gente e falou que eu roubei o carro da irmã dele; eu falei: "pô, você vai fazer uma coisa dessa comigo? Sabe que eu nunca mexeria com a tua família, tua família é a minha família". Ele falou: "tu é bandido, tu é safado, tu vai segurar isso daí". E botou realmente a família dele pra nos acusar, e eu fui condenado nisso daí. Fui condenado no latrocínio sem nunca... sem nunca nem ter sonhado em passar perto. Não tenho ideia até hoje onde foi esse latrocínio, sei assim, pelo processo, mas o local aonde é não tenho a mínima ideia. A justiça nunca me condenou em nada que eu tivesse feito na minha vida, em nada, porque minha vida é tráfico e eu sou condenado por homicídio, sou condenado por assalto, sou condenado por um monte de coisa que eu não fiz. A única coisa que a Justiça me condenou que eu de fato fiz foi por um documento falso: quando eu evadi em 2006, eles me apanharam novamente com esse documento e me condenaram por ele. Então, a única condenação que eu tenho realmente pelo crime que cometi foi essa.

O tráfico sofre muito com essas coisas. Ele leva a responsabilidade de ser, vamos dizer assim, o comandante, o xerife de uma área. Então, tudo que acontece naquela área, o traficante do local segura a culpa. Se a gente segura essa culpa, por que não permitir que a gente controle esse local? Botando estatisticamente, as mortes em favela só acontecem quando a polícia entra, fora disso, é quase zero, ela não é zero, mas ela é quase zero, porque há muitos meios dela não acontecer. Porque uma morte na favela não é feita escondida, ela não é feita de uma forma que ninguém saiba. Se ela acontece ali é porque a pessoa não pode tomar outro meio, só acontece uma morte hoje em dia quando essa pessoa mata uma pessoa que não poderia ter morrido, só assim acontece uma morte. Se forem puxadas as estatísticas de morte nas favelas de, vamos falar assim, de 2002 pra cá, já não há mais aquela morte que a gente via antigamente, onde um matava o outro a torto e a direito.

Sobre a cadeia: ela não permite que uma pessoa que vá presa não tenha facção. Eu já tinha facção, mas as outras pessoas que não tinham, passavam a ter, ela não permite. Todo mundo que vai preso tem que escolher uma facção, o próprio local de onde você vem já faz com que te enquadrem em uma facção. Todos os presos do Rio de Janeiro são levados à facção A, B ou C, e agora tem a D, que é a milícia. No início de minha prisão, fiquei em um monte de delegacias; depois é que fui para os presídios: Ary Franco, Setor B da Frei Caneca e Bangu 3. Foram cinco anos espalhados pelas outras cadeias e doze anos em Bangu 3, que eu inaugurei.

Passei dois anos na semiaberta — na verdade, a semiaberta não tem nada de semiaberta como eles dizem, é cadeia fechada. Por que o pessoal evade? Porque ela é fechada, o pessoal fica com medo de voltar e ficar preso de novo, ela não é semiaberta, a semiaberta no Rio não existe. As pessoas falam: "botou a pulseirinha e fugiu". Claro, o cara não tem a progressão de pena. Na cadeia, eu tive que aprender Direito. Eu não tinha dinheiro pra pagar advogado e tinha que me defender de alguma forma.

Eu terminei o segundo grau na prisão. Fiz três vezes o Ensino Médio, foram nove anos nos quais eu distraí minha mente: fazia as provas do supletivo, que o governo do estado dava pra você ir matando as matérias. Fiz aquilo várias vezes também porque na cadeia não tinha o que fazer, a cadeia não dava emprego. O governo tem aquela mania de dizer assim: "os presos tão fazendo greve de fome, tão fazendo rebelião, tem que botar esses preso pra trabalhar". Mas ninguém procura saber por que houve aquela rebelião ou aquela greve de fome. Muitas vezes são para pedir emprego, pedindo pra gente sair da ociosidade, o preso não quer estar ocioso lá dentro, quer trabalhar, quer fazer alguma coisa.

E não é por causa da redução da pena. Ninguém liga pra redução de pena: eu trabalhei desde 95 até 2011 e não tenho um dia remido na minha pena. A remissão vai pra uns e pra outros não. Perdi minha remissão por causa dos "castigos", muitos inventados, sem razão. Eu acho totalmente ilegal perder a remissão por causa de castigo, são duas coisas distintas. Eu trabalhei e trabalhava mesmo, muito mais do que a carga horária que assinava.

Passei na cadeia 17 anos e quatro meses, muito tempo, minha juventude toda. A prisão não é um castigo, não deve ser. Ela deve ser uma medida educacional. Muitas pessoas vão pra lá e nem sabem que aquele crime que cometeu é um crime, precisam ser educadas. Passei ali o tempo que eu vejo como a melhor parte da vida — entre os vinte e os trinta —, que é quando você tem toda a força, o vigor físico e mental pra estar fazendo as coisas. Só que, por outro lado, também foi bom, eu não digo que foi ruim, não; ruim foi a forma que eu cheguei ali: a criança deve ter um mínimo básico que é o comer, o vestir e o dormir, uma criança tem que ter isso.

A cadeia é o lugar mais solidário que eu conheci na minha vida. Quando você chega na cadeia, se você não tem, o outro vai te dar, e não é em troca de nada; eles têm mania de dizer que é em troca de alguma coisa, não é em troca de nada: eu tenho duas camisas você não tem nenhuma, automaticamente eu estou tirando a minha e te dando: "toma aqui irmão, pô, você não vai ficar sem camisa, você não vai ficar sem roupa". Só 10% dos presos recebem visita; os outros 90% são sustentados por esses 10%, porque o governo não dá nada, o governo só cobra: você tem que ter short azul, camisa branca e chinelo branco, mas ele não dá. Quem dá isso são os presos, é o tráfico de drogas. Aqueles 10% que tão lá não têm condições de sustentar os outros 90%. É o tráfico de drogas aqui na rua que dá suporte para que aqueles 10% que têm visita ajudem o restante. Eles recebem e, automaticamente, distribuem. Então, mesmo que o governo não aceite, nós somos uma parte da sociedade, somos organizados e olhamos sempre pro lado, nós olhamos pro lado por pior que pareça, por pior que você entenda, a gente olha pro lado e dentro da cadeia isso daí fica muito claro e evidente, os próprios funcionários sabem que acontece, sabem que é necessário ter, eles entendem que isso tem que acontecer porque eles veem a miséria que é.

A alimentação que o Estado dá não é suficiente, ela é insuficiente realmente, nem vou dizer a qualidade da comida, porque todos sabem que é horrível, chega muitas vezes estragada; estou falando da quantidade: a comida deveria ser repartida durante o dia de tanto em tanto tempo, alguma coisa que realmente desse uma sustentabilidade às pessoas. Mas não é dessa forma, e isso faz com que a maioria vá sofrendo doenças, porque lá não tem um tratamento, não tem uma medicação; se aqui fora você já não tem, imagina lá dentro? Tem uma coisa que eu ouvi agora, ao levar meu sobrinho no hospital: "ah, se fosse preso seria atendido logo". Eu não sabia nem que o preso tinha prioridade para ele ser atendido, mas isso tem uma lógica: o cara tá preso, tem que levar ele e tirar dali logo. Mas pra ele chegar a ser levado pra um hospital, tem que estar desacordado, a doença tem que deixá-lo desacordado, ele tem que estar ali realmente no limite.

Como não tem tratamento lá dentro, não existe nenhum tipo de remédio, não existe nada, o que o preso faz? Ele se cura com o próprio organismo; se ele não está bem alimentado, o organismo dele não vai funcionar. Então, os próprios presos criam medicações loucas, loucas, são muitas coisas que se criam para a gente se curar: por exemplo, o álcool pra desinfeccionar quando se corta é feito de arroz estragado; a gente aprende.

No final de 95, novembro de 95, uma agente penitenciária soube da minha entrada na unidade, porque assim, entre os presos, eu tinha certa fama. Era uma mulher que deveria ter sido assistente social na verdade, não agente penitenciária: ela queria fazer de tudo pra ajudar, e todo mundo chamava ela de professora Cléia. Apesar de agente penitenciária, ninguém enxergava ela assim, porque era tão humana que chegava a brigar com os próprios agentes a respeito das coisas que ela queria. Então, ela mandou me chamar e falou: "olha, os agentes penitenciários todos querem que você morra; teve uma reunião aí onde falaram que vão arrumar um jeito de te matar. Isso porque, em um confronto que nós tivemos, tinha um agente penitenciário, nós não tínhamos a mínima ideia que tinha um agente penitenciário. O cara era de um grupo de extermínio — hoje em dia chamam de milícia, mas na época era grupo de extermínio. Como que eu vou saber a profissão do cara que tá ali me atacando? Não tem como. E realmente eu tinha participado disso, mas eu estava preso, não podia ser ameaçado por funcionários dentro da cadeia. Então, ela disse: "tenho um caminho pra você não morrer enquanto você estiver nessa cadeia aqui: você vai trabalhar aqui comigo e com o padre Bruno [Trombetta, coordenador da Pastoral Penal]". Ele é uma pessoa excepcional, muito importante na defesa dos presos.

Então, eles me levaram pra trabalhar com eles. Só que o "responsável" da cadeia falou: "não, a gente precisa de alguém pra trabalhar na enfermaria que saiba ler e escrever, então nós precisamos de você lá". Aí eu ficava na enfermaria e comecei a trabalhar na igreja católica. Minha esposa é católica e me levou para o catolicismo, eu não tinha religião nenhuma. Começamos a frequentar a igreja católica lá, e eu ia trabalhar na enfermaria, mas isso não durou nem dois meses: os funcionários não queriam que eu passasse do portão de segurança e eles me tiraram da enfermaria. Então, a Dona Cléia me levou pra trabalhar com ela; mas eles, da mesma forma, me impediam de passar pra parte da Dona Cléia.

Daí eu fiquei 100% na igreja, procurando o que fazer. Foi aí que decidimos criar um coral, uma banda de música e um jornal — o Força Jovem, que ficou circulando lá durante muito tempo. Eu escrevia muita carta pedindo as coisas e a Dona Cléia sempre ali, tomando conta pra que nada acontecesse. Mas eu estava sempre tomando castigo: o policial passava e dizia: "você, bora pro castigo". Descia e ficava lá a semana toda isolado. Aí o padre Bruno vinha, xingava todo mundo, me tirava, até que eles me mandaram pra segurança máxima, quando eu fiz vinte e um anos, que era Bangu 3. Eu fiquei lá todo o tempo, não saí nunca mais pra nada, fiquei trancado. Fiquei duas vezes no RDD [Regime Diferenciado Disciplinar] — e uma vez no R10, que é antes do RDD. Fui absolvido todas as vezes, mas tirei o castigo todo. Era trancado 24 horas por dia. Depois que passamos a ter direito de duas horas de sol, já no meu terceiro RDD. Era uma sala escura, sem visita, sem água — eles davam uma garrafa pra você beber, sem comida, sem banho. A gente que é o "frente" na cadeia, o cara que resolve as coisas, que tem capacidade de resolver um problema, acaba sofrendo mais que os outros.

Quando eu fui transferido pra esse regime, eu já conhecia a Lei de Execução Penal [LEP]. Quando cheguei em Bangu 3 tomei um castigo aleatório, por ser pego dentro da cela com um celular. Mas ter telefone não era proibido, não existia lei onde constasse que aquilo dali era proibido. Você só pode ser punido por um crime que existe. Então eles botaram que eu estava fazendo um buraco e fui condenado a trinta dias por tentativa de fuga. Eu falei: "pô, mas pelo menos tinha que aparecer o buraco que eu tava fazendo!". Aí, o que eles fizeram? Tinha um buraco em outra cela, eles me botaram junto com aqueles presos ali.

Quando cheguei em Bangu 3, 90% das pessoas que estavam ali não me conheciam, porque a gente foi vindo de várias penitenciárias, só conheciam de nome. Mas, enfim, a escolaridade maior era a minha: eu já tinha terminado o segundo grau. E fomos organizando. Não sabia mexer em computador, nunca tinha visto ou tocado em um na minha vida. E tinha uma sala de computação no Bangu 3. Eles falaram: "você, que sabe ler e escrever, vai ser professor de informática". Eu falei: "tudo bem, vou ser professor de informática", mesmo sem saber nada no início. Havia um policial responsável pela escola — o senhor Wilson. Ele sempre estava lá e era muito "caxias" [severo, dedicado], mas não deixava nada de ruim nos acontecer. "Vocês não vão entrar aqui, esse aqui é o meu setor, se vocês vão entrar aqui pra fazer alguma coisa, deixa eu tirar os preso daqui que vocês não vão encostar a mão em nenhum aqui". Eu sempre pagava o castigo.

Uma vez, ele foi com um livro, e eu com um ódio terrível. Disse que queria falar comigo, e eu xinguei ele. Ele disse: "calma cara, eu não sou seu inimigo não". Eu disse: "ah, você tem tanta culpa quanto eles, você é a mesma coisa que eles, você é igual". Ele falou: "não é assim, todo mundo é diferente. Vou te ensinar uma coisa: toma esse livro aqui e leia. Eles podem roubar tudo seu: sua liberdade, sua saúde, tudo. A única coisa que eles nunca vão roubar de você é o seu conhecimento; então, toma esse livro e comece a adquirir conhecimento". Aquilo me deu um choque, aquilo que ele falou me marcou muito. Foi onde eu realmente passei a ler, ler, ler, ler, ler...

Não lembro o nome desse primeiro livro, porque ele me deu tantos depois que eu não sei especificar, não me gravou o livro, me gravou a fala dele, talvez tenha sido *O Príncipe*, do Maquiavel. Depois daquilo, além de passar a ler muito, passei a tratar os funcionários de outra forma. Até ali, eu não tratava os funcionários bem, eu era indiferente, até hostil, tentava não falar com eles. Depois comecei a ver um por um, cada um com o seu bem e com o seu mal. Todo mundo tem seu bem e tem seu mal, passei a reparar isso daí. Comecei a me interessar pela parte social e política da coisa e comecei a pedir para ele trazer pessoas para a gente conversar, para a gente entender mais o mundo. Ele começou a levar pessoas como o Marcelo Freixo, Ignácio Cano, Chico Alencar — que nos dava ótimas aulas de História. Às vezes, a gente saía pra escola seis horas da manhã e voltava meia noite pra cela. Ninguém queria ficar na cela, queria estudar, queria trabalhar. Começamos a fazer monografia pra três universidades, uma delas era a Veiga de Almeida. Um funcionário responsável da escola vendia essas monografias, não sei por quanto, a gente não queria o dinheiro, a gente só queria ocupar a mente. A gente tinha que ler diversas coisas pra fazer a monografia porque a gente não queria fazer uma monografia igual a outra, copiar. E depois vinham os resultados dessas monografias, dava uma satisfação imensa. Da mesma forma, recebíamos visitas de estudantes, com quem conversávamos sobre os temas. Eram especialmente mulheres. Elas costumam ter um olhar mais humano para o preso, não nos viam como bichos. Elas vinham, traziam bolo, traziam coisas, eram encontros que davam para a gente o sentimento que não vivíamos à parte da sociedade.

Nesse tempo, a gente conseguiu fundar uma escola legalizada [Escola Estadual Carlos Gomes], e fiz de novo o segundo grau, já que não podia fazer faculdade. Tivemos então uma rebelião e o [João] Pinaud [secretário Estadual de Direitos Humanos no governo Rosinha Garotinho] foi na cadeia. Havia alguns reféns, e ele se ofereceu para ficar no lugar deles, confiava que não faríamos nada com ele. Depois, alguns reféns falaram para ele que eu tinha salvo eles. Eu disse: "não, quem salvou foram os próprios caras". Eu só intervi porque eles estavam nus, apanhando. Só que os "responsáveis" da cadeia não estavam vendo isso, eles estavam lá na frente negociando, e isso tava acontecendo lá trás, com um grupinho isolado. Eu disse para eles: "pô, a gente não gosta disso, então a gente vai fazer isso com eles?". Peguei uma bermuda pra cada um e falei: "veste a bermuda e eu vou ficar aqui com vocês até que acabe". Eu pude intervir porque eu tinha meu nome ali também.

O Pinaud é outro cara excepcional. Terminou sendo afastado por essa postura de defender a dignidade do preso. Ele me disse: "eu sou contra tudo isso que tá acontecendo, vocês não deveriam estar aqui, vocês estudam, eu acompanho". Ele, então, me propôs o seguinte: "vocês fazem o vestibular da Uerj; se vocês passarem, eu libero pra vocês fazerem a universidade". Eu falei: "opa, já é, tudo bem". Éramos seis que tínhamos o segundo grau. Três passaram, eu e mais dois. Eu passei para Matemática e Estatística. Só que meu diploma ainda não tinha sido liberado pelo MEC, então, não pude fazer a minha matrícula. Os outros dois foram, saíram direto do regime fechado de segurança máxima pra semiaberta por causa dos estudos. Isso repercutiu de uma forma negativa nos jornais, que pegaram o caso e deturparam tudo. O Pinaud terminou caindo. Mas esses dois meninos continuaram estudando e terminaram, não fizeram mais nada errado, um inclusive é pintor de quadros. Quando têm oportunidade, muitos presos aproveitam.

Acima de tudo, a cadeia me desenvolveu muito esse lado político e humanitário. A gente fazia muitas campanhas que as pessoas nem sabiam. Quando teve a enchente em Friburgo, a gente doou, durante um mês, os alimentos que seriam para preparar nosso jantar aos atingidos por ela. Nós mandamos mais de duas toneladas de alimentos, que nós deixamos de comer. Ninguém sabia o que a gente estava fazendo, mas a gente sempre faz. Toda vez que acontece alguma tragédia desse tipo, a gente sempre faz, um funcionário leva e entrega. A gente mesmo não liga pra fama, liga pro feito, buscar ajudar de alguma forma. Se preso pudesse doar sangue, se teria sangue suficiente, porque todos eles são voluntários a doar. Um absurdo não poder doar por ser classificado como grupo de risco, uma ignorância: se ele sai dali, no mesmo dia pode ser um doador, deixa de ser do grupo de risco.

Saí duas vezes da cadeia: a primeira saí evadido na semiaberta. Então fui recapturado e, depois, saí na condicional. E sigo na vida. Não penso mais muita coisa que achava no início, aprendi a valorizar muito o diálogo. Com ele realmente a gente consegue acabar com as guerras entre as facções do tráfico, por exemplo. Porque a maior parte das pessoas não quer essa guerra, pela maioria elas acabariam. Ninguém quer essa violência gratuita, mas o próprio Estado, através de uma mídia que às vezes é boa, mas faz coisa errada também, acaba incentivando essas coisas. Ela mexe com o ego e mexer com o ego do ser humano não é uma coisa boa. Se uma pessoa te aguça, você acaba tomando outro tipo de atitude. Somos pessoas com pouco conhecimento, que não conhecemos a vida fora da favela. Por isso, pela minha inserção, eu estou perto da facção, porque eu vejo que especialmente os mais jovens precisam de uma orientação, como um menino falou pra mim: "pô, chefe, você não deixa a gente nem dançar, eu queria dançar. Eu nunca fui à praia, eu nunca fui ao cinema, eu nunca entrei no shopping, a única coisa que eu tenho pra me divertir é o baile, deixa eu dançar".

Se você parar e olhar, a maior parte dessa juventude que tá dentro da favela, no tráfico, eles são a raiz da favela, porque eles não saem dali pra nada. E eles que cumprem um papel de mediação quando um marido briga com a mulher. Você não vê aqui na favela que marido matou a mulher a facada, isso é muito raro. Quem faz essa mediação é o traficante. Se você parar perto do líder do tráfico, você não consegue falar com ele de tanta gente que chega lá com problema: "pô, eu não tenho gás"; "acabou a minha comida"; "não tenho o dinheiro da passagem, tenho que trabalhar"; meu marido tá brigando comigo, chegou em casa bêbado"; "meu filho não me respeita". O mediador dentro da favela é o traficante, com aquele fato de que ele fala e ele é ouvido, pois ele mora na favela, ele é da favela. Ele tem poder dentro da favela, e esse poder não parte só das armas, ele se legitima pelo que ele faz, pela forma como ajuda as pessoas.

Há uma visão deturpada, totalmente deturpada, de que se coloca o adolescente no tráfico porque ele não pode ser preso. Não, se coloca o jovem no tráfico porque ele está fazendo tanta merda na rua que ele vai morrer se não colocar ele ali, é uma forma de proteger ele. Na verdade, há formas diferentes que levam os garotos para o tráfico. Tem aquele que já fica por ali e os próprios "meninos" da favela pedem: "guarda isso lá pra mim". E ele vai entrando naturalmente. Essa é uma forma comum de entrada no tráfico: o menino já começou novinho guardando as coisas e se tornou uma pessoa de confiança. Então, daqui a pouco, quando surge a vaga de uma pessoa que foi presa ou morreu no confronto com a polícia, ele já estava ali, já conhece todo o funcionamento, então entra.

E tem aqueles garotos como os que ficam roubando lá na Central. Poxa, muitos a gente conhece. Então, a gente fala: "cara, para com isso, não faz isso". Porque a gente não é a favor do assalto, não gosta do assalto, o assalto chama coisa ruim, a gente não gosta de ver ninguém perdendo o seu patrimônio, não queremos perder o nosso. Quem assalta na nossa vida, quem sequestra? São os próprios policiais. Eu canso de falar pra minha família, pra todos que me cercam: "eu não devo nada a eles, a hora que eu for sequestrado novamente — porque eu já fui três vezes sequestrado —, vocês entregam pra DAS [Divisão Antissequestro]". Não importa que eles vão me acusar disso e daquilo. Estou preparado, eu não quero mais perder nada, porque tudo que eu ganhei com essa vida eu já entreguei a eles sendo sequestrado. Não quero, não vou dar a casa dos meus filhos pra eles. Estou pronto pra morrer, mas não dou mais nada.

Voltando aos garotos: o tráfico pega eles e tira da rua, da mesma forma que faz com um menino que cometeu uma violência fora da favela. Porque dentro eles não vão cometer violência, sabem que estão sob a nossa tutela e vão deixar de ser violentos daquela forma. Muitas vezes esses moleques são considerados "sementes do mal", igual o Wagner Montes fala, "semente do mal". A gente traz eles pra cá pra eles não matarem os outros lá no Centro da cidade, pra eles não fazerem uma besteira lá. Esses que realmente têm uma índole voltada pra essas coisas, são presos a isso, começam a receber uma doutrina: no tráfico você não pode tratar os outros mal, você não pode fazer isso. Claro que eles tratam isoladamente, mas aí vem o morador e fala: "aconteceu isso comigo." "Quem foi?". "Foi fulano." E a gente vai recebendo as queixas dele, ele vai sendo tratado e muda.

Lembro de um menino que conheci numa favela. Ele era muito arrogante, muito arrogante. Porque ele ia pra rua pra roubar, se achava independente. Fazia um monte de coisa errada, xingava todo mundo, era o terror. Tinha onze, doze anos e gostava de andar com uma faca: "eu roubo mesmo, não sei o quê, não dependo de vocês pra nada". Então, uma madrugada, fui tomar um café e vi um ato dele: quando o morador foi comprar, ele empurrou o morador e disse: "não tá vendo bandido, não? Tem que me atender primeiro". Eu fui, *catuquei* ele e falei: "tu é bandido?". E ele: "sou". "Então porque que tu não respeita o morador e não espera na fila igual a todo mundo?". Ele: "rapá, não te devo nada". Eu dei uma *moca* nele, agarrei, amarrei e falei: "tu não deve nada, mas aqui quem manda somos nós". Deixei ele ali até dez horas da manhã. Então, soltei ele, o amigo foi e falou: "agora você vai ficar com nós aqui, tu não vai mais pra lá não, porque tu acha que é independente. Se é assim, não precisa morar aqui na favela, pode meter o pé". Ele ficou e hoje em dia é outro menino. Ao ser obrigado a não sair mais pra roubar, ele já não tem mais como arrumar dinheiro, então, pra arrumar, ele tem que estar ali com a gente ou ir trabalhar, mas ele não sabe nem escrever o nome dele, ele não sabe nem o que vai fazer. Ele ficou ali e mudou. Ele trafica? Trafica, mas a forma de ele lidar com as pessoas mudou, porque ele está ficando todo dia na favela, não vai mais lá pra rua, praquela adrenalina, como eles falam, sangue na veia. Ele já cortou isso, porque tá todo dia aqui, vê aquela mesma pessoa passar, conhece as pessoas, já não lida mais daquela forma impulsiva. O tráfico tem esse poder de mudar as pessoas. Por mais que se ache que a pessoa fique violenta, a pessoa não fica.

Há outro tipo de jovem que entra para o tráfico: ele cresce, começa a chegar nos seus treze, quatorze anos e quer uma roupa de marca. Por quê? Porque é dito na televisão que o cara bolado tem que ter essa roupa. É o que mostram os comerciais: o cara que pega as mulheres tem que ter essa roupa, tem que ter esse carro, tem que ter isso, não é assim que os comerciais vendem? Nós vivemos num mundo capitalista que é vendido pelo comercial. O jovem da favela, como qualquer outra pessoa, quer namorar, quer ter aquilo dali. Então, a primeira coisa que ele faz é procurar um emprego. A grande maioria. Apenas uma minoria vai direto pro tráfico. Ao procurar um emprego, ele não acha. Então, ele vem pra cá, ele confia, foi criado ao nosso lado: "tô precisando disso, tô passando por isso". No começo, eu vou dando dinheiro. Aí, ele mesmo, por orgulho, pega e fala: "mas eu quero ganhar o meu, me bota pra fazer qualquer coisa, me bota aí pra vender, ficar na frente aí, na atividade". E assim ele entra. Ele é uma mão de obra barata, entre aspas. Cada pessoa recebe pouco pra começar até alcançar um nível maior. Por isso que o jovem está ali, uma coisa muito opcional de falta de emprego. Então, de forma nenhuma a entrada das jovens no tráfico tem a ver com a ideia de que ele, o adolescente, não pode ser preso, não tem nada a ver; a gente na hora nem pensa nisso daí. Só que a gente vê tanto os outros falarem isso na televisão que a gente fica pensando: "que loucura".

Algo que me chama atenção é o fato das realidades das favelas serem muito diferentes. Basta pensarmos na Maré e no Jacarezinho, por exemplo. A Maré é totalmente atípica, não é uma favela normal. Ela é a Zona Sul de todas as favelas, as outras favelas são feitas de beco, vielas. Não têm a condição estrutural que tem ali. Por outro lado, nas outras favelas o pessoal ainda é um milhão de vezes mais unido do que dentro da Maré. Ela é uma favela aberta, na qual todos entram e saem. No Jacarezinho, não é assim. Lá todo mundo se ama, se fala. Porque é uma favela fechada, é uma favela que quase não tem rua pra você andar: só de moto, bicicleta ou a pé. Só tem três ruas pra andar de carro. Outras favelas nem isso, só tem uma rua que corta a favela, e o resto são becos e vielas em que não passa carro. Isso une as pessoas, elas vivem mais juntas, têm mais carências, mas também mais unidade.

Na Maré, o comércio vibra, é alegre. Por isso, quem vai pra lá não quer ir embora. Mas o tráfico nas outras favelas, nessas outras comunidades, é muito mais presente, é muito mais unitário, muito mais comunidade. Na Maré, a comunidade vive realmente bem, nas outras realmente não tem esse acesso à informação. A quantidade de escolas e organizações que existem lá são impressionantes, fico boquiaberto ao ver elas. Eu olho e falo: "pô, funciona. As coisas funcionam". Eu queria que isso tudo passasse pras outras comunidades, só que não passa; a única presença para ajudar dentro da grande maioria das comunidades é o tráfico, aceite o governo ou não, é o tráfico, é a pessoa que está ali que vai saber o que acontece. Nós não temos acesso à casa de ninguém, nós não violamos o lar de ninguém. Na favela não tem metade do absurdo que tem lá fora. Aqui dentro você vê o gay circulando, vê a lésbica circulando, e ninguém nunca falou nada pra eles, ninguém nunca mexeu com eles. Lá fora eles matam de porrada o gay. Aqui dentro não tem isso.

Você não vê um estupro dentro de um lugar público na favela, como acontece em outros cantos da cidade. Claro que acontecem casos dentro de casa, tudo acontece em todos os lugares, mas não é igual. Veja um exemplo: na Baixada, as pessoas vivem falando: "ah, cuidado quando passar naquela rua escura que tem estuprador, tem tarado". Você não pode ir tal hora pra rua que tem assalto, tem risco disso. Dentro da favela não tem assalto, não tem homicídio, não tem, teoricamente, estuprador — no sentido de você ter medo de passar por algum lugar por que podem te agarrar. Se te agarrar, tem que te matar e se te matar tem que fugir da favela, entende? Porque vai ser descoberto. Acontecem casos de marido matar a mulher e fugir? Acontece. Mas todo mundo já sabe o que aconteceu, não é uma coisa que fica encoberta. Ele fez, todo mundo sabe que ele fez e que fugiu. Então o caso já está solucionado, porque a favela toda sabe o que acontece um com o outro. O tráfico tem esse poder de, através da própria comunidade, receber todas as informações, o morador não tem que discar pro 190 e passar aquilo dali. O morador sabe onde vai e fala: "ó, aconteceu isso". O mediador vai chamar e vai falar: "pô cara, não faz mais isso, tá batendo na sua mulher, cara, tua mulher, respeita, isso e aquilo outro". Na favela não tem isso do cara comer a mulher do outro. Pô, se o trabalhador chegar lá e falar, a pena pra quem fez é igual a quem comer a mulher do bandido; então, ele não vai fazer. Ele pode até fazer se não souber que ela era casada. Às vezes, a mulher dá mole pra ele, ele sai com ela, mas fala: "eu não sabia que ela era casada". Ela fala: "eu não falei pra ele que era casada". Acontece, acontece, mas de qualquer forma há mediação, há mediação.

O principal: não há morte como eles alegam que aqui tem, não há morte. Para e vê: quantos são os casos de morte dentro de uma favela? Depois de criado um negócio que foi criado, isso praticamente acabou. Eu tenho mais de quatro anos numa comunidade, indo e vindo sempre, e só uma vez, uma vez ouvi falar de morte. E automaticamente o cara que matou foi expulso. Ele está preso hoje, mas ele foi expulso, não pode mais pertencer ao tráfico ali. E, se realmente houvesse a mediação do Estado, ele poderia hoje estar preso pelo crime cometido. Ele está preso porque foi recapturado — era evadido, mas ele poderia estar preso pelo crime cometido se o Estado funcionasse mesmo.

O tráfico não tem meios de resolver o problema conforme a sociedade deseja. A sociedade fala: "eles matam". A gente não tem outro meio se o caso for gravíssimo. E o caso gravíssimo é só quando você tira outra vida. Vida se paga com vida. Porque não existe outro meio pra punir aquela pessoa, se existisse um meio de punir aquela pessoa seria dar uma reeducação, não seria prisão perpétua. Todo mundo pode ser reeducado e não punido pelo que faz. Ele teria que passar pelo que esse menino tá passando: ele está excluído de tudo, não pode mais ganhar dinheiro, está sofrendo, não pode mais dar uma opinião em nada, não tem mais o que falar, ele tá lá jogado, vai receber o básico pra sobrevivência. Pra quê? Pra ele entender que não deveria ter feito aquilo. Saber que com vida não se mexe. Mesmo assim, ele foi, fez. Em outros tempos e lugares ele seria executado. Mas esse menino matou e não morreu. Então, na favela, a morte realmente só chega quando não tem mais recurso, acabou o recurso, não tem mais o que fazer, e essa pessoa já se tornou perigosa pro grupo que está ali.

Essa decisão de não se matar mais, só no limite, teve influência religiosa. Houve 50% de influência religiosa — e de todas as religiões, pra não achar que é só uma. Porque houve uma ignorância com isso daí: os cristãos sempre reagem contra uma religião denominada macumba. Tanto que, hoje em dia, até os próprios presos falam: "você não vê mais um centro de macumba dentro de uma comunidade". Na Baixada ainda tem, mas está sendo muito perseguida. E até isso daí já está tendo tipo uma volta: de onde eu sou já voltou a ter. E por quê? Porque as pessoas estavam tendo que sair da casa delas pra participar de culto em outros lugares e sofriam represálias com isso.

Nesse caso de não à morte, os pastores ajudaram bastante. Foi uma grande realidade dos anos noventa. Falam do pastor Marcos, acusam ele de milhares de coisas, a gente não se mete como dizem que a gente se mete. A gente não vai tomar partido contra a igreja, eu não vou ir contra Deus; também não vou contra alguma instituição que está ajudando os irmãos, não posso ir contra essas instituições, elas tão ajudando, de certa forma tão ajudando. Por isso, não tem como a gente se envolver. A questão da segurança do morador é importante para nós também. 90% da segurança na favela depende de quando a polícia entra, outros 10% são das guerras. A maior parte das mortes não acontece nas guerras do tráfico, são entre a polícia e o tráfico. Acabar a guerra entre traficantes é mais simples do que com a polícia. Porque se você chamar os donos de favela e dizer pra eles que a polícia não vai entrar mais naquele território pra matar eles, se coibir isso, eu não posso dar 100% de certeza, mas 99% das comunidades iriam abraçar isso. Por quê? Lembro daquela guerra lá do Santa Marta quando o Boca Mole, com um balde cheio de arma, falou pro repórter, que perguntou: “isso é pra dar tiro na polícia?”. O Boca Mole virou e falou: “não, isso é pra dar tiro no Cabeleira. Polícia é nosso amigo”. Então, sempre foi isso daí, até a década de noventa, quando a polícia ganhou fuzil. Ao ganhar fuzil, a polícia se achou com força igual ao tráfico e quis aquele dinheiro do tráfico. Porque a polícia não quer vir aqui prender ninguém, a polícia não tem o mínimo interesse em prender ninguém, só vai alguém preso quando não tem aquele dinheiro pra dar ao policial. Ela vem executar ou pegar dinheiro, não vem fazer outra coisa.

E então a guerra passou a ser contra a polícia. Pra acabar com essa violência, só o Estado. O traficante não quer tirar o direito do morador. Ele tem seu direito da sua casa, do seu lar, o morador tem direito em tudo ali. As barreiras impostas na entrada da favela são simplesmente pra aquele *caveirão* que chega não entrar de uma vez e matar todo mundo, tanto quem está ali no tráfico como inocente também. A intenção deles, acredito que sim, é matar o traficante; só que eles atiram e as casas não são blindadas. Aquele tiro de 762 vai furar as casas e atingir as pessoas.

Pode-se acabar com isso daí buscando uma forma de negociar. O governo já negociou várias vezes. Chega época de eleição e acaba havendo um consenso, da própria polícia falar: “vou deixar vocês quietos, vocês não fazem isso, não fazem aquilo”. Então, se a guerra acabar, vai todo mundo curtir, festejar. O traficante não quer ficar trocando tiro, não é interessante morrer. Para acabar a guerra entre o tráfico tem que haver uma conversa entre os líderes e permitir que eles passem essa orientação pro restante e ela vai ser obedecida cegamente. E, no caso do governo, é necessário que ele não faça mais aquela violência. Eu acho totalmente errada a forma de se combater o tráfico com a polícia. Quem traz o dinheiro pro tráfico é o próprio burguês que está lá fora, não é o pobre que dá dinheiro ao tráfico. A gente não está roubando de ninguém, está vendendo o que a pessoa vem buscar. Da mesma forma que acontecia com a bebida alcoólica nos Estados Unidos, que era proibida e depois foi legalizada. Qual a diferença?

Eles acusam o crack — do qual eu também concordo que deveria acabar — de ser uma droga barata. Ilusão: o quilo do crack custa quatorze mil reais, um quilo de cocaína custa doze e quinhentos. Cadê a droga barata? A droga barata, mais barata, no caso, é a maconha, mas não tem lógica falar que o crack é uma droga barata. Ele é uma droga suja, uma droga que realmente vicia a pessoa de uma forma errada. E isso dali também poderia ser controlado havendo uma conversa com o próprio traficante: "não, pra aquela pessoa ali você não pode vender assim porque é uma pessoa fraca, isso e aquilo outro". Ele vai entender, porque ele já não teria aquele medo de ser preso. Porque o que a gente tenta fazer dentro do tráfico? É pegar dinheiro, pegar dinheiro, pegar dinheiro, porque quando a gente for sequestrado, a gente tem que ter dinheiro, entende? E tem que comprar arma, comprar bala, coisas caras. E quem traz, quase sempre, é a própria polícia, que tem um meio de fazer isso. A gente fala: "traz lá". E eles trazem; enfim, isso não é uma coisa nova pra ninguém.

O ciclo de acabar com as armas vai ser mais complicado mesmo, vai ser complicado fazer essa reunião com quem está ali no poder em cada comunidade, via o tráfico e a própria polícia. Porque todo mundo vai querer a garantia de que a polícia não vai vir fazer covardia, não vai vir sequestrar essas pessoas depois. Porque as armas, em tese, estão ali pra poder defender, elas estão ali pra defesa e não pra ataque. Todo mundo compra arma pra se defender: "se a polícia chegar até aqui não vai me levar, porque eles também não têm peito de aço; aqui o *caveirão* não consegue chegar". Quem vai dar a garantia pro pessoal que tá ali de que eles não vão ser sequestrados? No Rio de Janeiro não existe mais sequestro, a não ser pela polícia. O medo todo é esse: você ser sequestrado pela polícia, de você ser sequestrado por um inimigo. Só que no caso de ter um pacto, já haveria esse acordo entre as facções de não ter ataque, ninguém iria atacar, porque todo mundo iria morrer de velho, no seu lugar, controlando isso daqui, sem medo e sem ambição: eu não vou atacar lá e lá não vai me atacar.

Logo, um pacto de convivência entre os traficantes eu acho possível, mas para acabar com as armas teria de se garantir esse pacto com o governo, com a polícia. Ela é o principal fator: eles que vêm aqui e sequestram, eles que aguçam até uma guerra. Se você voltar há duas décadas atrás, duas décadas e meia, o tráfico não tinha arma do jeito que você vê hoje. Você vê isso hoje porque a polícia a cada hora tá com um equipamento melhor, um equipamento mais avançado, e eles entram com esse determinado objetivo.

As armas foram entrando dentro das comunidades da seguinte forma: em 91, 92, o traficante arrumou muito fuzil. Foi muito fácil a entrada de armamento pras favelas; então, quase todas as favelas passaram a ter a partir daqueles anos. E um traficante atacava o outro. Foi se quebrando aquela regra de que a facção era dominada por assaltantes e sequestradores. Eles mesmos foram entendendo que sequestrar não era legal, porque o próprio traficante não gostava, o traficante da antiga, aquele onde boca de fumo era boca de fumo e boca de pó era boca de pó. Ele gostava do assaltante como pessoa, mas não gostava do fato ocorrido, porque a polícia ficava entrando muito na favela. O que esses traficantes fizeram? "Olha, eu já tô velho, tô cansado, vou te botar aqui pra tu me ajudar e você vai ver que não é por esse lado aí". Foram essas pessoas que ensinaram os outros a não continuar no sequestro e no assalto: "para de fazer isso, cara, o que dá dinheiro é isso, basta você investir dessa forma".

Esses traficantes novos que entraram lá somos nós hoje já velhos. Os novos que entraram uniram a boca de fumo com a boca de pó, passou a ser uma coisa só, passou a ser um dono só. Então, com isso, só havia um poder centralizado, mas ainda assim não havia as armas. Só que daí a polícia descobriu o dinheiro aqui dentro. Ao descobrir o dinheiro, ela começou a entrar; ao entrar, a gente teve que resistir pra não ser sequestrado, morto. Porque se você não pagar o dinheiro do sequestro você é morto, e eles te colocam como morto em confronto. E se começa a ter aquela resistência, vai aumentando o investimento nas armas.

Mas o traficante tem medo de dar tiro: se você parar e olhar, o traficante, quando não é enfrentamento de tráfico pra tráfico, dá o tiro pro alto e sai correndo. O policial já vira a esquina atirando, eu não estou passando a mão por cima da cabeça do traficante. Eu estou falando que as balas são quase sempre de lá pra cá. Tanto que o tráfico tem arma suficiente pra destruir um *caveirão* e nunca fez isso. Nunca teve um atingido por uma ponto cinco, por exemplo. Ela pode destruir o *caveirão*, mas a gente só vai usar numa hora que não tiver mesmo jeito. Não há o interesse de matar a pessoa que está ali, só há o interesse de não ser sequestrado, não ser capturado. Mas a polícia não sabe entrar pra outra coisa que nao seja matar ou sequestrar. Quando a PM não consegue, chama o tal da Bope — eles não gostam que fale *a* Bope. Querem que fale *o* Bope, não sei, pra mim tanto faz, o artigo usado vai determinar o gênero, mas não vai determinar a função. Eles entram ali pra matar, não tem outra função. E a sociedade bate palma pra eles, como naquele filme, o "Tropa de Elite". A sociedade gosta de ver a morte, ela só não admite, acham mais fácil acusar: "tem aquele grupo ali pra acusar, vou acusar ele". Isso que a sociedade faz.

Tirar a cultura da arma do tráfico é a coisa mais fácil: quem é que quer pagar sessenta mil pra ter um fuzil? Se eu puder, vou querer guardar os meus sessenta mil. Então, para superar a cultura das armas no tráfico, basta a pessoa não ter medo e, pra pessoa não ter medo, ela tem que ter algum tipo de garantia. "Me sequestraram". "Quem sequestrou?" "Foi a polícia." Porque só quem sequestra é a polícia, não tem outro tipo de sequestro no Rio de Janeiro, todos são cometidos pela polícia.

Falaram muito das UPPs. As duas, três primeiras que eles fizeram estavam muito boas, pra comunidade foram boas no começo. Só que eles perderam o *timing*, começaram a querer mostrar pra imprensa que eles tinham a fórmula geral de acabar com um defeito social que não é igual. O traficante e o tráfico de uma favela não são iguais aos de outra, cada lugar tem sua cultura. Cada favela foi criada por um grupo de pessoas, um grupo de famílias. Se você puxar ali na raiz da favela, os moradores mais antigos vão ter uma ligação familiar de alguma forma, vão ser do mesmo lugar no Nordeste, vão ser pretos, vão ter alguma proximidade. Isso deve ser respeitado e o tráfico sabe lidar com isso, a polícia não.

Nas áreas com UPP, eles disseram que era pra desarmar o tráfico, mas na prática foi assim? Nos primeiros projetos foi obtido êxito. Então, se eles pegassem aquilo, estudassem e fossem analisar, mediar a partir daquilo dali, poderia ter funcionado; mas não foi assim. Quem eles botaram dentro da polícia, esses policiais que foram para as UPPs? De onde eles são: Campo Grande, Santa Cruz, Pedra de Guaratiba, Mangaratiba. Puxa a área de todos os policiais que entraram pra UPP e você vai ver que a grande maioria que entrou pra UPP foram os milicianos. Então, enquanto eles não agiam em forma de milícia, a UPP atingiu seu objetivo. Mas os milicianos descobriram que aquela era a fonte e começaram a botar os "soldados" deles pra fazerem as provas. Porque, fora da favela, realmente todo mundo que estuda mais quer ser um policial, o sonho dele é ser um policial. Por quê? Perguntei isso pra um menino, de fora da favela, que queria ser policial. Ele respondeu: "eu quero ser do Bope, pra matar bandido e ficar rico. O policial lá perto de casa é rico". Eu falei: "mas como que ele é rico se ganha em média dois mil reais?" E ele falou: "ele pega os traficantes e toma o dinheiro". Isso não tem como. O cara é policial, ele ganha dois mil, não pode ter um carro de cento e quarenta mil, ele não pode ter uma casa de dois milhões, fácil de perceber de onde está vindo isso. A mentalidade de quem entra pra polícia é essa, não é outra.

Então, no caso das UPPs, botou um cara lá dentro da comunidade com essa mentalidade, sem o tráfico lá como era antes e o que ele começou a fazer? Instalar milícia. O morador que é de favela não está acostumado a pagar dez reais, ele está acostumado a receber do traficante, não a pagar. O que esse morador faz, automaticamente: "volta pra lá meu filho, volta pra lá, por favor, volta pra lá, a gente vai te dar abrigo". E dá abrigo novamente pro traficante, o tráfico volta. As moradoras não admitiram, nas UPPs, aquela opressão que estava sendo imposta. No Jacaré, por exemplo, os policiais começaram a cobrar de todos os barraqueiros e estavam começando a fazer lista de moradores pra pagarem. Então, quem é que meteu a mão nas armas e virou contra eles? As próprias pessoas que estavam lá, que eram trabalhadores e não aceitaram aquilo. Que vieram e falaram: "não vou aceitar isso, me empresta a arma". A gente vai e empresta a arma porque a gente é contra a milícia, a gente é contra aquilo ali, contra esse tipo de opressão, e eles voltaram a trocar tiro dessa forma.

O PM não está na favela para fazer patrulhamento ostensivo, eles não tão ali pra poder inibir um assalto, inibir alguma coisa, eles estão ali pra extorquir, eles vão ficar esperando aqui na porta da favela alguém sair pra poder pegar alguém, ligar pro X9 deles e propor um negócio, pedir um dinheiro. Eles não estão pra inibir, pra proteger o cidadão, para nada a não ser ganhar dinheiro. Por isso acredito que hoje a Polícia Militar e a milícia são uma instituição só; eu não consigo separar, porque quase todos os policiais que estão nela são da instituição militar, alguns são civis, que são os mais fortes. A maioria dos policiais militares integra uma organização chamada milícia e os restantes são coniventes. Então, eu não conheço nenhum policial militar honesto. Porque mesmo que ele diga pra mim: "eu não pego", eu vou provar pra ele em fatos que ao menos ele é conivente e ele, sendo policial, não pode ser. Eu generalizo exatamente pra conseguir uma discussão com quem diz "eu não pego". Eu vou começar uma discussão com ele. Com certeza, sei que tem pessoas lá que não pegam, que não se misturam, mas também não intervêm contra. Se ele falar pra mim: "se eu souber que é miliciano no meu batalhão eu vou falar". "Então, eu vou achar três pessoas no seu batalhão e você vai intervir nesses três casos". Eu vou achar, porque é a coisa mais fácil pra gente é achar o miliciano dentro dos batalhões, eles tão lá dentro firme.

A Polícia Militar tem que acabar, não deve acabar a polícia, mas deve acabar o militarismo. Não é só aqui no Rio não: em outros estados, a polícia age da mesma forma, porque eles têm o mesmo regime, o regime militar. Não que eu queira que acabe com a segurança, eu quero que acabe o militarismo dentro da segurança. Nós também somos a segurança da comunidade, mas não somos militares. Então, o nosso jeito de lidar com outra pessoa não é: "não, senhor. Sim, senhor". É: "poxa, o que houve? Por quê? Pô, tia, me conta isso". Não é a forma militar de lidar. Essa forma que deve acabar na polícia, não é acabar com o policiamento, é acabar com a Polícia Militar, com o seu militarismo: esperar todos eles se aposentarem e dali em diante formar cidadãos que vão cuidar da segurança de todos.

O uso do Exército nas favelas cai no mesmo problema. Quando ele entrou na Maré e no Alemão, por exemplo, no começo teve êxito, mas depois eles também se perderam. Porque eles são militares e lidam com as pessoas da mesma forma que os PMs: "não, senhor. Sim, senhor. Tem que me obedecer. Eu falei, agora acabou". Eles não aceitam contestação. Eles falam: "missão dada é missão cumprida". Nem sempre uma missão dada é uma missão cumprida: eu vou chegar lá, vou bater de frente com outro cenário, vou ter de voltar e falar: "o cenário tá diferente do que o senhor falou, é esse, esse, esse". E o militar não recebe essa chance; se ele não cumprir ordem, vai preso. Ele não quer ser preso, sofrer punições. E penaliza a população da favela por isso.

Os conflitos que atualmente acontecem no Rio entre as facções entre as facções são antigos, ainda de 1996, quando houve a guerra entre ADA e Comando. Esses conflitos não foram resolvidos, ficaram ali adormecidos. E de uns tempos pra cá eles ressurgiram. Para acabar com esses conflitos, é necessário esse acordo que eu já falei, com o pessoal se reunindo e falando: "olha, vamos ver isso daqui". E eles próprios chegando num entendimento. Mas, para isso, eles precisavam saber que não teria mais o risco da polícia estar ali, porque a polícia é a milícia. Então, se a gente, traficante, tira as armas, a polícia vai entrar com a milícia.

Alguns acordos são possíveis. Por exemplo: o conflito na Cruzada [São Sebastião, no Leblon], já tem um povo lá e tem outra galera querendo ocupar, mas o próprio Nem abriria mão daquilo dali, conforme já tava abrindo. Ele é um cara muito politizado, um cara muito leve pra se tratar, ele abriria mão da Cruzada porque é um lugar que realmente não pertence a ele, só foi uma retaliação. Ele fez devido às coisas que aconteceram ao longo da história entre a facção e eles, entre uma facção de coração e outra por opção, como eles dizem. O que aconteceu lá? Eles tiveram que trocar de facção porque não foi aceito o líder deles, não foi aceito dentro da outra facção, então eu acho muito fácil de resolver isso. O traficante é a melhor pessoa pra você conversar. Se você conversar e explicar: "cara, você já tem isso aqui, você vai ganhar isso aqui, isso aqui, deixa isso ali de lado". Eles vão deixar. Por quê? Porque eles não vão ter medo de perder. Os acordos nas favelas têm de ser um projeto que vai além. Claro que sempre vai ter um louco que vai fazer alguma coisa, mas aí todos iriam contra aquele louco, entendeu? De forma que seria fácil acabar com aquilo.

O único medo de perder ficaria sendo se a Polícia Militar armar a milícia pra entrar nesses territórios. Na verdade, o miliciano não tem poder de confrontar com traficante, pois ele chega na comunidade extorquindo. Ninguém quer ser extorquido: ele chega na comunidade e te cobra um percentual se você vende a sua casa, o seu bem já não é mais seu, é deles, entende? Eles tomam o seu lar e dão. Os próprios prédios que o governo fez eles estão controlando. Então, para acabar com os conflitos, essa segurança tem que ser dada de uma forma ou de outra. Ou o tráfico tem as armas só pra confrontar se houver uma invasão, por exemplo, ou essa ação é avisada ao governo da seguinte forma: "Ó, nós não vamos ter armas, vamos entregar nossas armas, vocês vão guardar, mas se a milícia vier vocês têm que agir como polícia".

A milícia está esperando esse momento, a polícia fica esperando esse momento. Eles mesmos falam: "se vocês tivessem todos juntos não tinha como a gente combater". A gente sabe que não tem como eles combaterem nesse caso, só que a gente tem sempre um pé atrás de fazer acordo com o governo, porque o governo sempre rói a corda. Ele sempre vai lá e dá pra trás naquilo que acertou. Todas essas coisas, essas represálias que acontecem foi algum acordo que o governo fez e deu pra trás, não pensa que foi de graça. A partir do momento que ele quebrou aquele acordo e falam "não vou aí", pronto! Como que a gente vai chegar lá? Manda um advogado lá, eles prendem o advogado por associação ao tráfico. A forma mais fácil de manter alguém preso é associar ele ao tráfico ou colocar como próprio traficante, que não precisa provas.

Outro problema que hoje em dia afeta as favelas do Rio é o fato de ter muitos jovens na frente do tráfico, o que gera, muitas vezes, mais violência e uma favela mais bagunçada. Por que isso acontece e como resolver isso? Deixando os líderes liderarem: eles pegaram todas as lideranças do Rio de Janeiro e afastaram, se você não tem ninguém pra te comandar, você é seu comandante. Quando fazem isso, eles não acabam com o tráfico, não tem como acabar. Eles só transferem o comando para os garotos. Essas favelas com UPP não têm mais o traficante antigo lá, são todos traficantes novos, pessoas que ninguém nunca ouviu falar.

Por isso seria tão importante um acordo geral, de todo o Rio. Se fosse possível ser feito algo parecido com isso daí, eu me incubo de ir de comunidade em comunidade conversar com cada um, ver com cada um e dali arrastar o pessoal comigo, fazer uma grande massa que tenha poder pra fazer isso, tanto nessa como em outra facção. Seria possível, mas não em um lugar só. A Maré, por exemplo, é muito grande, mas não se pode fazer algo só ali, porque colocaria todo o pessoal da Maré como os errados em muitas coisas. Se acontecesse de alguém ser, em outras palavras, assim, *xisnoveado*, *caguetado*, entregue pra polícia, achariam que foi esse pessoal, então o pessoal que tá fora atacaria o pessoal de um lugar que fizesse esse acordo sozinho. Um acordo geral, eu acho que é bem estável, mas só pra uma favela ou outra seria muito instável.

Pra cidade toda poderia ser e seria muito bem aceito. Todo mundo quer. É que falar assim parece uma utopia, mas realmente é uma realidade, o pessoal só não quer ter medo. Todas as armas que são compradas são pra gente conseguir dormir: "eu quero dormir, se acontecer alguma coisa, pelo menos eu vou escutar o barulho, vou acordar". Todas as armas compradas são pra isso. Então, se a polícia fosse controlada para não agir como age, essas facções já diminuiriam essa história das armas. Mas teria de ser um acordo assumido pelo governo, pela sociedade e lavrado por palavra entre nós.

Eu não acho que o primeiro passo é entregar arma, é um processo. A Farc, por exemplo, está em um processo de paz na Colômbia. Eles são um grupo guerrilheiro, é um grupo político, mas eu entendo que o tráfico também tem que ser entendido como grupo político. Entregar arma é a última coisa, eu acho que o problema fundamental é assumir o tráfico e criar um pacto de convivência. Mas nós ainda não somos aceitos como um grupo político. Mas eu sempre digo que nós somos uma sociedade nova, nós sabemos o nosso objetivo e onde queremos chegar. Estamos indo aos poucos, e aos poucos as pessoas tão reconhecendo. Hoje eu vejo no Supremo Tribunal eles falando sobre começar liberando a maconha, já temos três votos pra essa liberação. Nós temos um objetivo, nós sabemos o que vamos fazer.

Caminhos para a reinvenção da segurança pública no Rio de Janeiro

Um elemento que se evidencia em relação aos espaços populares é a ignorância das forças dominantes da cidade, dentre as quais as que dominam o Estado, sobre o caráter relacional entre os territórios da Urbe/Polis: a favela é cidade, suas moradoras e moradores a constituem, a integram, nela circulam, vivem e a impactam, mesmo que subalternizada. Do mesmo modo, os outros territórios e sujeitos da cidade — em suas representações e ações — impactam as favelas. Assim, a disseminação do juízo de que a violência crescente seria fruto da dinâmica de favelização urbana acelerou o processo de segregação espacial da cidade: os grandes condomínios, em particular na região da Barra, foram se tornando paradigmas de "habitação segura" e de proteção contra o "outro"; os níveis de circulação e mobilidade nas vias urbanas foram se restringindo, e a vida particularizada em seu próprio território passou a caracterizar as práticas sociais das pessoas residentes das áreas ricas da cidade — Zona Sul e Barra da Tijuca, em especial[101].

O mais grave de todo o processo assinalado é que a ação bélica das polícias nas favelas e periferias passou a ser considerada "natural"[102]. Do mesmo modo, o imenso número de mortos — de jovens identificados como criminosos, de moradores sem vínculo com o crime e de policiais — passou a ser considerado inevitável diante da política de repressão indiscriminada ao tráfico de drogas. Um imenso custo de vidas, de perdas econômicas e sociais tornou-se o legado da dita "guerra às drogas" — uma estratégia cujo resultado mais extremo é o extermínio da juventude negra das favelas e periferias. De forma especial, as cotidianas situações de violência nas favelas, especialmente a efetivada pela polícia e grupos criminosos, foram banalizadas e, portanto, invisibilizadas pela

---

101 No livro O *Novo Carioca* (Mórula, 2012) apresentamos uma perspectiva que aponta para mudanças nesse cenário urbano, no sentido de as práticas de um conjunto de sujeitos de diferentes territórios, especialmente das periferias e favelas, estarem ampliando a mobilidade social, econômica, física, cultural e simbólica na cidade, sendo essa experiência acelerada pela implantação das UPPs em algumas favelas

102 De acordo com o Instituto de Segurança Pública, em 2019 a polícia do Rio de Janeiro matou 1810 pessoas — cinco por dia — em alegados confrontos, o maior número em quatro décadas.

grande mídia, sendo apresentadas de modo tal que deixaram de impactar as pessoas com quem partilhamos nossa cidade e humanidade.

A situação descrita já é sabida. Os caminhos para sua superação, todavia, ainda estão longe de serem descortinados. Mas, no mesmo processo de implementação e consolidação da estratégia bélica contra a criminalidade e a priorização da venda de drogas no varejo como o principal ilícito a ser combatido pelas forças policiais, outras vozes, proposições e alternativas foram construídas. As duas pessoas mais importantes no Rio de Janeiro, talvez no Brasil, na formulação de propostas de segurança tendo como referência central a cidadania foram o coronel e primeiro negro comandante da Polícia Militar Carlo Magno Nazareth Cerqueira e o pesquisador, professor e gestor público Luiz Eduardo Soares.

O coronel Cerqueira foi o comandante da Polícia Militar do Rio de Janeiro nas duas gestões de Leonel Brizola — 1983-1986 e 1991-1994. Muito mais que um policial, foi um intelectual de uma polícia que conta com grande presença de pessoas oriundas dos grupos sociais populares em seu contingente, especialmente negras. Engajado na reforma da instituição, sua aspiração era que ela superasse sua histórica vinculação às lógicas repressivas, autoritárias e militarizadas e se tornasse capaz de aplicar um tipo de estratégia de policiamento com viés comunitário. Nessa perspectiva, as forças policiais se aproximariam da população, contariam com ela no desenvolvimento de sua ação, respeitariam seus direitos fundamentais e teriam muito mais um papel mediador do que repressor. Ancorado em experiências internacionais, principalmente britânicas, Cerqueira formou uma geração de policiais e pesquisadores dedicados a transformar não só a polícia militar, mas a política de segurança pública do Rio de Janeiro.

As proposições do coronel sofreram um grande repúdio da maior parte das forças militares — ainda impregnadas pela lógica repressiva da ditadura civil-militar —, da grande mídia e de outras forças sociais conservadoras locais. O argumento central era que o enfoque nos direitos humanos protegeria os bandidos e penalizaria a população em geral. A difusão dessa narrativa e representação simplista foi assumida pela maior parte da população. Assim, a gestão de Leonel Brizola e de seu vice — Nilo Batista — foi seguida pela eleição de um ex-correligionário — Marcelo Alencar. Na contramão do proposto até então, ele levou adiante uma política de segurança nos mesmos termos das combatidas pelo coronel Cerqueira, com muita proximidade com a hoje proposta pelo governador Wilson Witzel.

Em 1999, Carlo Magno Nazareth Cerqueira foi assassinado por um ex-sargento da PM, em um crime aparentemente cometido por vingança. Depois de sua morte, seu legado cresceu. Uma sucessão de trabalhos foram feitos a partir de seus legados conceitual e metodológico, sendo ele uma grande referência para o novo corpo de oficiais da Polícia Militar que esteve à frente da recuperação de proposições de policiamento que tivesse o território e a proximidade com a população como referências centrais, como bem demonstra o relato do Coronel Robson Rodrigues.

Luiz Eduardo Soares começou a se dedicar de forma mais regular ao estudo da segurança pública no final dos anos 1980. Ao final da década de 1990 teve a oportunidade de aplicar suas proposições na condição de subsecretário de segurança pública do governo de Anthony Garotinho — então no PDT, partido criado por Leonel Brizola. Naquele momento, Soares teve como objetivo modernizar os prédios, serviços, métodos e equipamentos das forças de segurança. As premissas de todas as ações era o reconhecimento da dimensão cidadã da segurança pública, a necessidade de que tivesse uma estrutura integrada e desmilitarizada — em termos de lógica hierárquica, distância da população e lógicas autoritárias. Além disso, entendia que o combate aos grupos criminosos devia reconhecer o fenômeno da desigualdade econômica como um elemento central na sua reprodução, sendo necessário, portanto, a construção de caminhos alternativos que não apenas a repressão bélica e a invasão das favelas para o seu tratamento.

Demitido após um ano de gestão por conflitos com o governador, Soares assumiu, em 2003, a direção da Secretaria Nacional de Segurança Pública — Senasp. Ali se empenhou na construção, dentre muitas ações, de um Sistema Unificado de Segurança Pública e na construção de iniciativas que contribuíssem para a reforma das polícias e de suas estruturas. Ele foi demitido em outubro de 2003, a partir da ação de setores do próprio governo incomodados com suas formulações e iniciativas republicanas e democráticas.

Desde então, Soares, que não assumiu mais cargos públicos, continuou se dedicando a construir proposições que transformem a segurança pública e permitam a redução do encarceramento, do homicídio em massa e da priorização do tráfico de drogas na agenda das forças de segurança do país.

As proposições e ações de cidadãos como Magno Cerqueira e Luiz Eduardo Soares e cidadãs como Elizabeth Leeds[103] e Julita Lemgruber[104], dentre muitas outras pessoas que têm dedicado suas vidas a contribuir para a superação da situação de barbárie que caracteriza a questão da segurança pública no Rio de Janeiro, se tornaram as referências centrais para a produção de propostas inovadoras nesse campo. De fato, construir mecanismos de policiamento que

---

103 Pesquisadora norte-americana, atuou como oficial de programa da Fundação Ford durante a década de 1990 e foi uma figura central para que setores comprometidos com a democracia colocassem na agenda o tema da segurança pública.

104 Gestora no campo da segurança pública nos anos 1990, diretora do Centro de Estudos de Segurança e Cidadania (CESeC), dedicou-se nos últimos anos a movimentos voltados à descriminalização das drogas e de políticas alternativas ao encarceramento massivo.

aproximem as e os policiais da vida cotidiana das pessoas, descriminalizar as drogas e construir uma política de desencarceramento são iniciativas-chave para a construção de uma nova dinâmica no campo da segurança pública. Essas propostas são enunciadas pelas pessoas e organizações comprometidas com a democracia e superação das desigualdades há longo tempo.

Considerando o quadro objetivo do Rio de Janeiro no atual momento, nas linhas propostas pelos pesquisadores e pelas pesquisadoras citadas, mas sem nenhuma responsabilidade deles por isso, entendemos que o uso de ações de inteligência, a construção de pactos jurídicos e comportamentais, ações participativas da população no processo de regulação dos espaços públicos e a criação de políticas de desenvolvimento socioeconômico e cultural devem também ser priorizados na construção de políticas alternativas para a superação do quadro de violência que hoje vivemos, na perspectiva que sinalizamos a seguir:

A | USO DE AÇÕES DE INTELIGÊNCIA PARA ENFRAQUECER OS GRUPOS CRIMINOSOS, ESPECIALMENTE OS MAIS VIOLENTOS E EXTORSIVOS DA POPULAÇÃO

Um dos grandes legados da presença de Luiz Eduardo Soares e técnicos com ele identificados na gestão da segurança pública do Rio de Janeiro foi a valorização do uso de metodologias e tecnologias científicas para combater a criminalidade. A partir do mapeamento de manchas criminais, por exemplo, a polícia era capaz de identificar quais os territórios com maior incidência de crimes, de que tipo e o perfil dos criminosos. Do mesmo modo, foram usados equipamentos mais sofisticados para investigação e critérios de gestão para o monitoramento, avaliação e desenvolvimento das ações. Desde então, a polícia carioca já demonstrou, em inúmeras situações, que consegue desenvolver ações de inteligência que permitem, por exemplo, capturar criminosos procurados sem disparar um tiro e sem mortes.

Mesmo assim ainda se fazem rotineiras as invasões de favelas de forma ostensiva, com uso de muitos homens, armas, *caveirões*, sem nenhum objetivo delineado de forma técnica, com o único intuito de reprimir a venda de drogas e atacar os jovens traficantes. As organizações da sociedade civil, há décadas, denunciam esse tipo de prática, mostram que ela viola de forma profunda os direitos dos moradores e moradoras das favelas, colocam em risco os policiais e só provocam a exacerbação da violência generalizada. Essas evidências de nada adiantam: mesmo com a experiência das UPPs, as forças policiais continuaram agindo nas favelas que não contavam com aquele contingente de policiais de uma forma repressiva, violenta e sem nenhuma preocupação com a vida e a segurança do conjunto de pessoas envolvidas ou atingidas nas ações nos territórios favelados. Logo, não é preciso ser oposição para reconhecer que a estratégia proposta pelo atual governador, que visa intensificar a lógica repressiva, vai caminhar na mesma direção, aumentando o número de mortes, feridos e os efeitos perversos da pretensa política de segurança.

Identificar as formas como se territorializam as ações criminosas no Rio de Janeiro, seus agentes centrais, como se organizam e seus métodos de ação, portanto, é um caminho inevitável para se melhorar os indicadores de segurança e o nível de proteção do conjunto da população. Não estará se fazendo nada diferente de experiências já realizadas no próprio Rio de Janeiro e em outros estados e países com histórico de eficiência, eficácia e efetividade no campo da segurança pública.

B | CONSTRUÇÃO DE PACTOS JURÍDICOS E COMPORTAMENTAIS PROGRESSIVOS QUE PERMITAM A RETOMADA DA SOBERANIA REPUBLICANA DOS TERRITÓRIOS HOJE CONTROLADOS E REGULADOS PELOS GRUPOS CRIMINOSOS

Não se sabe com precisão a quantidade de pessoas da região metropolitana do Rio de Janeiro que tem seu espaço público regulado por grupos criminosos. Entretanto, considerando a distribuição de centenas de grupos armados pela região, sabe-se que algumas milhões de pessoas vivem essa absurda experiência, negação completa de qualquer pacto republicano e civilizacional. Na tentativa de superar o fenômeno, algumas tentativas particulares foram feitas em grandes favelas, tanto pelas Unidades de Polícia Pacificadora, pela Força Nacional, vinculada ao governo federal, e pelas Forças Armadas. Todas, apesar do imenso dispêndio de recursos econômicos, humanos e logísticos redundaram em fracasso e, em geral, graves violações de direitos das moradoras e moradores dos territórios onde as ações foram efetivadas[105].

Várias cidades e países, na busca por reduzir as violências derivadas das ações criminosas e suas consequências — especialmente a violência letal —, buscaram caminhos alternativos para lidar com as situações que não apenas os confrontos armados[106]. Para isso, as forças policiais, instituições do sistema

---

105 O conjunto de favelas da Maré já passou por várias intervenções do tipo, assim como o Complexo do Alemão, Rocinha e dezenas de outras comunidades faveladas. Atualmente, não se pode falar que em qualquer delas os grupos criminosos tenham perdido, de fato, a capacidade de regular o território.

106 A experiência de Boston com as *gangs* nas décadas de 80 e 90, a de Nova York no sentido de coibir a corrupção policial, a de Medellin de articular presença policial com políticas de desenvolvimento e fortalecimento de práticas cidadãs são exemplos, dentre muitos, que servem de referência para a construção de formas alternativas de política de segurança.

judiciário, defensorias e promotorias desenvolveram propostas integradas para lidar com o consumo e venda de drogas e a ação dos grupos criminosos nos territórios. As experiências demonstram que a recuperação da capacidade de regular os territórios hoje dominados pelos grupos criminosos deverá ser feita de forma proativa e não reativa, como é a característica central das forças policiais. Ela deverá ser progressiva, identificando as características dos grupos existentes e de seus líderes, analisando suas práticas no território e construindo estratégias específicas de acordo com as intervenções locais.

Um conjunto de iniciativas deve ser discutida pelas forças do Estado e da sociedade civil como caminhos alternativos para enfrentar a epidemia de violência dos grupos criminosos que hoje vivemos no Rio de Janeiro e muitas outras partes do Brasil:

- Forte investida sobre os grupos que invadirem territórios rivais, priorizando-se a prisão de seus líderes e seu isolamento prisional;
- Forte repressão ao uso de armas de fogo, especialmente as de guerra, e sobre os grupos que as ostentarem, combinando-se ações de inteligência com aumento de pena e priorização da prisão dos fornecedores e compradores;
- Política especial de atendimento integral a menores de idade que sejam apreendidos exercendo atividades vinculadas a grupos criminosos armados;
- Proibição de ações ostensivas de combate entre as forças de segurança e grupos criminosos, fora de um plano integrado, que possam colocar em risco de ferimentos ou morte a população do território controlado por grupos criminosos. A prioridade deve ser sempre o uso de ações de inteligência e com o menor risco de ferimentos ou morte para os envolvidos na iniciativa;
- Anistia para todos aqueles que reconhecerem que fazem parte de grupos de traficantes de drogas ou de milícias, que se proponham a abandonar as atividades criminosas e fazer parte de atividades voltadas para a diminuição da violência;
- Ações de inteligência que localizem os mecanismos de lavagem de dinheiro dos grupos criminosos, reprimindo os grupos financeiros e empresariais que dão suporte às atividades;
- Descriminalização do consumo e porte de drogas, em quantidades devidamente estabelecidas para evitar a penalização de usuários;
- A legalização da maconha e das outras drogas ilícitas, de forma progressiva, com regulação de suas formas de produção, uso e comercialização por órgão do Estado, com participação de organizações da sociedade civil.

C | AÇÕES PARTICIPATIVAS DA POPULAÇÃO NO PROCESSO DE DESENVOLVIMENTO SUSTENTÁVEL E REGULAÇÃO DOS ESPAÇOS PÚBLICOS NAS FAVELAS

Como é sabido, os grupos criminosos só conseguem se instalar onde o Estado não cumpre seu papel republicano de garantir os direitos da população. Um dos principais fatores para isso e para a reprodução das desigualdades no Brasil é a alocação de recursos financeiros, serviços e equipamentos urbanos de forma privilegiada nas regiões mais ricas das cidades. Embora a maior parte da população resida nas partes mais empobrecidas, o Estado comumente constrói uma cidade desigual em termos de acesso a serviços essenciais para uma vida cotidiana com qualidade.

Logo, um passo central para que o fenômeno da violência seja enfrentado devidamente é a inversão de prioridades na alocação de recursos estatais, de modo a beneficiar de forma efetiva as populações e os territórios empobrecidos. Mas não bastam recursos econômicos ou humanos, como bem demonstrou a experiência das UPPs. Os investimentos nos territórios populares devem ter como ponto de partida a criação de diagnósticos ampliados sobre a realidade local. No caso do Rio de Janeiro, entidades como o Instituto Pereira Passos, além de organizações de outras instâncias sociais, têm um imenso conjunto de informações, diagnósticos e indicadores sobre os territórios favelados da cidade. Bases de dados como essas devem ser valorizadas no processo seguinte: a construção de planos de desenvolvimento sustentável, de longo prazo, integrado, envolvendo atores locais, do Estado e de outras partes da cidade.

Os planos de desenvolvimento são essenciais e devem visar à superação dos problemas centrais presentes nas favelas, em particular os considerados pelos seus moradores e suas moradoras. Em geral, mesmo com a necessidade formal que as intervenções levem em conta a participação dos residentes, o que temos é a tomada monocrática e autoritária de decisão por parte dos governantes sobre as obras. O Teleférico do Complexo do Alemão — que destruiu formas historicamente criadas pela população para enfrentar as necessidades de transporte — é o exemplo mais perverso desse tipo de investimento: caro, sem sustentabilidade, ele teve como objetivo muito mais favorecer as empreiteiras responsáveis por sua construção do que, de fato, beneficiar os moradores e moradoras. Não é casual, portanto, que logo após sua implantação, o sistema foi descontinuado. E uma demanda central no território local, no caso, o saneamento público, não foi resolvido.

Além de participativo, um Plano de Desenvolvimento Sustentável deve ser abrangente — no caso, envolver um amplo leque de ações integradas e articuladas entre os diversos entes sociais. O que significa construir meios de entrelaçar as iniciativas do Estado e das empresas privadas, em parceria com organizações da sociedade civil e lideranças locais. Ele deve ter uma perspectiva de longo prazo, superando as visões e práticas fragmentadas, provisórias e precarizadas que caracterizam as intervenções nos territórios favelados. E, especialmente, um plano digno deste nome deve levar em conta as experiências e inventividades afirmadas pelos moradores e moradoras em suas vidas cotidianas.

Para isso, um fator central, visto ser a principal potência das favelas, é reconhecer e trabalhar com a capacidade criativa da população local, que se manifesta de formas plurais. E, dentre todas as potências criativas de um espaço popular, as práticas culturais cumprem um papel decisivo. Como já assinalamos, elas funcionam como expressão das vivências cotidianas, elementos de formação e construção identitária. O estímulo às práticas culturais pode, então, ampliar as condições de interlocução entre os diversos entes sociais, fortalecer o papel dos grupos locais na construção de políticas de desenvolvimento e ampliar os vínculos entre a população e o conjunto da cidade, além de uma relação de maior confiança com um Estado que, historicamente, sonegou os direitos fundamentais dos residentes nas favelas.

Afirmar a importância da participação da população local e de suas organizações no desenvolvimento dos projetos nas favelas, em todas as suas escalas, para além do Plano de Desenvolvimento Sustentável, não é trivial e cabe insistir mais um pouco nesse caminho. Afinal, ignorar isso e concentrar a regulação do espaço público nas mãos do comandante da unidade foi, provavelmente, o maior erro das Unidades de Polícia Pacificadora. Logo, a definição da regulação do espaço público não pode ser estabelecida a partir do controle armado, seja dos líderes dos grupos criminosos ou das forças policiais. A valorização da dimensão republicana, com a garantia do protagonismo das forças locais, é uma iniciativa indispensável para que superemos o atual quadro de privatização da soberania local.

A regulação do território na perspectiva aqui proposta não pode ser capitaneada pelas forças policiais, pois seus agentes não têm a formação ou o mandato para isso. Elas devem cumprir seu papel constitucional de garantir a segurança das moradoras e moradores. Mas, considerando a importância do tema, é de fundamental importância que o comandante responsável pelas ações de segurança pública no território seja conhecido e reconhecido pelas moradoras e moradores. Esse representante das forças de segurança seria, portanto, uma figura central de um tipo de estrutura denominada Unidade de Gestão Pública (UGP), coordenada por um gestor que seja o efetivo representante do Estado no território. Nesse caso, ele deve ter o poder de acionar os serviços públicos para que atendam as demandas centrais da população local e do entorno.

Em ação integrada com a UGP, devemos avançar na criação de "ouvidorias comunitárias", constituídas por representantes locais treinados para mediar conflitos e prevenir possíveis situações que possam se tornar violentas entre os atores locais. Autônomos em relação ao Estado, mas profissionalizados, esses "ouvidores" seriam figuras centrais para a interlocução entre as forças estatais — em especial as forças policiais — e os residentes e suas organizações.

O papel da Ouvidoria Comunitária é, em primeiro lugar, garantir o "controle social" sobre a ação estatal e evitar que ela se torne um instrumento de ordenação hierarquizada, autoritária e que ignore as dinâmicas historicamente construídas pelas moradoras, moradores e organizações locais. Em segundo lugar, deve buscar criar mecanismos de arbitragem de eventuais conflitos entre as pessoas residentes que possam ir se institucionalizando, prescindindo da ação de outros poderes. Por fim, contribuir para que, em determinados territórios, o poder policial não sucumba à corrupção, por crença na impunidade, e se torne um instrumento de opressão e exploração da população local.

O elemento central da ação desses três sujeitos — comandante da Unidade Policial, coordenador da Unidade de Gestão Pública e ouvidor comunitário — é evitar que o processo de regulação do Estado nesses territórios se torne um instrumento de destruição do que há de mais rico e plural nos territórios populares: a capacidade de inventar a Polis, em suas diversas manifestações particulares. Para cumprir seu papel, os três representantes que constituem a Unidade de Gestão Pública, em suas especificidades, precisam dialogar com as forças econômicas, políticas, sociais e culturais locais, entender como elas se organizam e como podem ser dinamizadas para ampliar as condições de desenvolvimento local.

A favela na agenda de Direitos à Cidade

Já enunciamos que a favela, através de sua população, conseguiu um feito extraordinário no Rio de Janeiro: afirmou-se, depois de mais de 120 anos, como um espaço central para a identidade e a existência da cidade. E afirmou com muita propriedade, constituindo novas formas arquitetônicas, relações socioespaciais, inventividades culturais, experiências econômicas e formas de regulação e convivência no espaço público. Em geral, elas conseguiram isso muito mais apesar do Estado e do mercado do que com estes entes hegemônicos no mundo social.

No processo de constituição, numa perspectiva temporal, as populações das favelas construíram, de forma espontânea e decorrente das interlocuções e enfrentamento com as forças do Estado, três agendas para a garantia de sua consolidação e inserção plena na cidade. A primeira agenda, no início de constituição da comunidade, se organiza a partir de demandas vinculadas a serviços e equipamentos essenciais para viver no mundo urbano: água, esgoto, energia, transportes, asfalto, coleta de lixo, escola e posto de saúde. Nesse momento, há uma forte articulação entre os moradores e moradoras, surgem lideranças mobilizadoras e são estabelecidas relações com as forças do Estado que podem ser de várias ordens: conflituosas, cooptativas, republicanas, colaborativas etc.

A segunda agenda se coloca quando o território local está consolidado, com o acesso a serviços essenciais já atendidos, amplia sua população, tem características mais plurais e passam por menos ou nenhum risco de remoção. Nesse momento, surgem demandas mais sofisticadas, de variados tipos: acesso a novos equipamentos de educação — creches, escolas de ensino médio, cursos de profissionalização etc., equipamentos culturais, melhor qualidade nos serviços básicos prestados, especialmente serviços de saúde, educação e de saneamento, bibliotecas, projetos ambientais etc.

A terceira agenda se coloca quando a favela tem organizações da sociedade civil capazes de construir interlocuções com diferentes setores da cidade. Com isso, demandas de serviços continuam sendo exigidas, mas a afirmação do reconhecimento de direitos no campo da segurança pública, nas representações estabelecidas, valorização e respeito aos saberes e experiências locais, enfim, marcas de reconhecimento simbólico e material passam a ser colocados como direitos centrais: a condição de pessoa cidadã e com direito pleno à cidade e tudo o que significa nela viver.

Apesar de consolidadas em grande parte da cidade, as favelas cariocas se encontram em estágio diferenciado em relação a esse conjunto de agendas. Essa diferenciação é motivada pelo tempo de existência, pela localização e/ou características geográficas, pelas particularidades das organizações e iniciativas locais — em particular no campo da cultura —, pela presença de grupos criminosos etc.

Em que pese essas diferenciações, o que se constituiu no século XXI no Rio de Janeiro e, de forma mais localizada, em certos territórios das cidades vizinhas, foi a afirmação e ampliação progressiva do "lugar de fala" dos moradores e moradoras das favelas e outras periferias. Ele foi influenciado pelo aumento do ingresso nas universidades e o domínio de um repertório tradicionalmente possuído apenas pelos grupos sociais dominantes. Esse fator contribuiu para a construção de novos coletivos, especialmente culturais; foi gerado (e gerador) pela produção de iniciativas econômicas, políticas e educacionais em escalas ampliadas; pelo fortalecimento das lutas pela igualdade de gênero e contra as violências que atingem as mulheres; pela crítica e busca de superação de políticas de segurança pública que provocam um quadro de violência letal massiva da população negra e outros elementos afins.

Acima de tudo, os diversos grupos e sujeitos das favelas passaram a ter uma compreensão muito mais evidente de que a distinção de direitos com expressão socioterritorial assinalada possui vínculos explícitos com a racialização das relações sociais. A "democracia racial" e a "mestiçagem como emblema de nacionalidade" sempre foram apanágios ideológicos das hierarquias de superioridade racial em nossa sociedade. É verdade que nossa sociedade é mestiça por excelência, caso a consideremos em suas diferenças socioculturais. Porém, é inegável que é também profundamente marcada por distinções corpóreas de superioridade e inferioridade racial com decisivos rebatimentos na ordem territorial da sociedade e das cidades. A composição social dominada pela presença de pardos e pretos (portanto, negros) em favelas responde pelas formas de não reconhecimento pleno da cidadania urbana dos seus moradores, configurando uma combinação perversa de distinção corpórea e distinção territorial de direitos à cidade.

Para enfrentar esse quadro de distinção de direitos foram efetivadas ações que têm como ponto de partida a valorização do lugar de fala, de produção, de escuta ativa e de criação permanente derivados da produção e mobilização de múltiplas organizações e coletivos de pessoas das favelas. Com essas iniciativas, elas e eles pressionam o Estado e o mercado a mudar suas posturas no sentido da garantia e ampliação dos direitos dos cidadãos. Também evidenciam a necessidade de um Estado republicano e democrático, que se faça presente de modo contínuo e integral nas favelas.

A incompletude das ações do Estado não pode ser simplesmente traduzida como falta de recursos públicos para atender reivindicações acumuladas pelos moradores e moradoras das favelas. Mesmo porque tivemos governos mais ou menos sensíveis às demandas dos setores sociais populares. Ela deriva, acima de tudo, da distinção territorial de direitos, que faz com que cidadãos de uma mesma cidade tenham seus direitos garantidos de acordo com o território em que nela habitam. Não estamos diante de uma "cidade partida", enfatizamos. Muito menos de uma mera questão de oportunidades de acesso a serviços públicos e a bens de consumo. Trata-se, na verdade, do não reconhecimento da cidadania plena de territórios habitados por homens e mulheres marcadas pela "despossessão" histórica da cidade. Estamos falando de uma relação de "distinção" entre o que está dentro e fora da ordem urbana de direitos que é expressa nas representações hegemônicas que instituem práticas de hierarquização da cidadania em relação aos territórios populares. É nesse sentido que o processo de distinção de direitos opera o "distanciamento" de pessoas e grupos como marcação de desigualdades territoriais dos direitos plenos de viver na cidade.

Por mais de um século as comunidades populares fizeram suas histórias de lutas territorializadas. Muitas conquistas sociais e políticas foram alcançadas. Outras ainda estão por fazer. Entretanto, pode-se dizer que já há um acúmulo substancial de proposições para uma agenda afirmativa que amplie os direitos das moradoras e moradores das favelas à cidade. Entre elas, destacamos:

- Permanência das favelas em seus territórios de existência com segurança fundiária para impedir remoções individuais e coletivas;
- Qualificação física e funcional das moradias e dos espaços comuns construídos, com garantia de condições de urbanidade para uma vida social e familiar digna;
- Qualificação e ampliação dos equipamentos, bens e serviços de educação, cultura, saúde e assistência social;
- Ampliação da oferta de serviços básicos (água, esgoto, coleta de lixo), obedecendo aos critérios do saneamento ambiental, incluindo o tratamento de resíduos;
- Preservação e recuperação das condições ambientais de rios, manguezais, encostas e demais sítios onde habitam diversos grupos populares;
- Investimentos de geração de trabalho e renda que valorizem as experiências de organização econômica e sociabilidade dos moradores;
- Valorização simbólica e material das favelas com investimentos na produção, difusão e socialização das ações artísticas e culturais das favelas no âmbito da cidade como um todo;

- Políticas de mobilidade urbana que permitam a circulação dentro das favelas, incluindo formas alternativas como ciclovias, e dos moradores das favelas no conjunto da cidade.
- E, especial e urgente, a garantia de políticas de segurança com a afirmação do direito à vida.

O elenco de proposições são itens fundamentais para uma agenda renovada de direitos tendo como referência os espaços populares que se multiplicaram pela cidade. Favelas, subúrbios e periferias precisam ser efetivamente incorporados à construção da cidade que desejamos. Há, portanto, uma dimensão subjetiva fundamental para a elaboração de uma agenda de democratização da vida urbana: o reconhecimento da legitimidade política dos espaços populares como integrantes da cidade, superando as representações conservadoras de "carentes" e "vítimas da necessidade" que os estigmatizaram por mais de um século e os condenam à invisibilidade política.

A premissa do reconhecimento permitirá, sem dúvida, constituir novas práticas afirmativas de direitos, implicando necessariamente a efetivação de políticas públicas voltadas especialmente para os espaços populares. Está em causa, inclusive, a superação de ações, projetos e programas fragmentados e setoriais que sempre resultam em incompletudes da atuação do Estado.

A mudança paradigmática das políticas públicas é urgente. O caminho de construção reclama integração de ações no território que priorizem a dotação de equipamentos e serviços públicos qualificados de saneamento ambiental, educação, saúde, lazer e cultura nas favelas. Afinal, atender as demandas legítimas de moradores de espaços populares é o papel de um Estado que se quer republicano.

Esta inflexão territorial de prioridades de investimentos públicos significa também o reconhecimento de sujeitos plenos de direitos, sobretudo para atuarem na formulação, gestão e controle social de políticas públicas, sob o primado do respeito aos seus saberes acumulados e aos desejos coletivos de uma vida digna.

Localizar nas favelas a referência de políticas públicas não se limita a construir um paradigma exclusivo para estes territórios, mas orientá-lo em relação à cidade como um todo. Basta uma mirada mais atenta para os projetos urbanísticos dominantes para verificar sua obediência à lógica que trata a cidade em parcelas, em funções e em áreas individualizadas. É necessário que as políticas de Estado promovam uma integração da cidade às favelas. Ou seja, garantir os meios para que a cidade alcance, em todos os seus diferentes lugares, condições dignas de existência humana para todos. Retomar a cidade como obra humana e patrimônio da sociedade é o princípio que rege a favela na agenda de Direitos à Cidade.

INVENTÁRIO
DE PUBLICAÇÕES SOBRE FAVELAS

Nas páginas a seguir apresentamos um inventário de todas as obras — dissertações, teses, artigos e livros — disponíveis em órgãos públicos a respeito das favelas cariocas. O trabalho foi feito a partir de uma coleta de informações em diferentes fontes, reunindo informações sobre as publicações editadas no estado do Rio de Janeiro no período que se estende de 2001 a 2019.

O levantamento está organizado em dois blocos, a saber: livros e publicações acadêmicas. Neste último optou-se por focar em textos completos de dissertações de mestrado e teses de doutorado.

A pesquisa foi iniciada em 2014 e contou com o trabalho de dois pesquisadores, Flávia Gomes da Conceição e Thainã Silva Ferreira de Medeiros, colaboradores muito dedicados a quem devemos o trabalho árduo de varredura nas diferentes fontes.

Em princípio o trabalho foi iniciado nas plataformas digitais que armazenam dissertações e teses, como a plataforma Sucupira e o Catálogo de Teses e Dissertações da CAPES - Coordenação de Aperfeiçoamento de Pessoal de Nível Superior, fundação vinculada ao Ministério da Educação do Brasil que atua na expansão e consolidação da pós-graduação stricto sensu em todos os estados do país. A estas agregamos dados dos bancos digitais da UFRJ, o Minerva, os bancos digitais da UNIRIO, UERJ, UFRRJ e UFF. Consultamos ainda as bibliotecas digitais da PUC-Rio, da Fundação Getúlio Vargas e da Universidade Cândido Mendes.

Adotamos como procedimento básico a consulta a produções onde o termo *favela* configurasse no título, resumo ou em suas palavras-chaves. Algumas produções foram arroladas por incorporarem o nome específico de alguma favela a seu título.

É possível observar que algumas informações sobre as produções acadêmicas estão incompletas. Isso se deve, sobretudo, às condições de disponibilização do dado. Encontramos no Catálogo de Teses e Dissertações da CAPES informações básicas, tais como título, autor, ano, palavras-chaves, banca examinadora, área de concentração. Contudo, a informação mais completa passa a ser disponibilizada, a partir de 2014, pela própria Fundação CAPES através de uma nova ferramenta de coleta de informações, análise e avaliação com vistas a se tornar uma base de referência para o Sistema Nacional de Pós-Graduação, a denominada Plataforma Sucupira. A partir de então, começamos a ter um quadro mais preciso sobre as produções acadêmicas.

Em geral as condições de acesso aos bancos digitais de dissertação e teses das instituições federais de ensino superior apresentam lacunas que dizem respeito à própria irregularidade da inserção das informações e também no que tange a sua hospedagem na internet. Em alguns casos as pesquisas custam a rodar e podem ficar bloqueadas.

Retomando o quadro que apresentamos a seguir, aqui dispomos de 127 livros e 753 publicações de natureza acadêmica, no caso, teses e dissertações.

Sobre este universo de livros, alguns têm origem em produções acadêmico-científicas. Mas especificamente em relação às teses e dissertações, fizemos uma sistematização do que encontramos e os resultados expressam uma progressão bastante razoável de publicações que giram em torno do tema das favelas. Como exemplo podemos destacar que no ano de 2010 encontramos 35 publicações acadêmicas sobre a temática e em 2015 chegamos a um total de 81 publicações, ou seja, mais que dobrou o número.

GRÁFICO 1 | Teses e Dissertações por ano

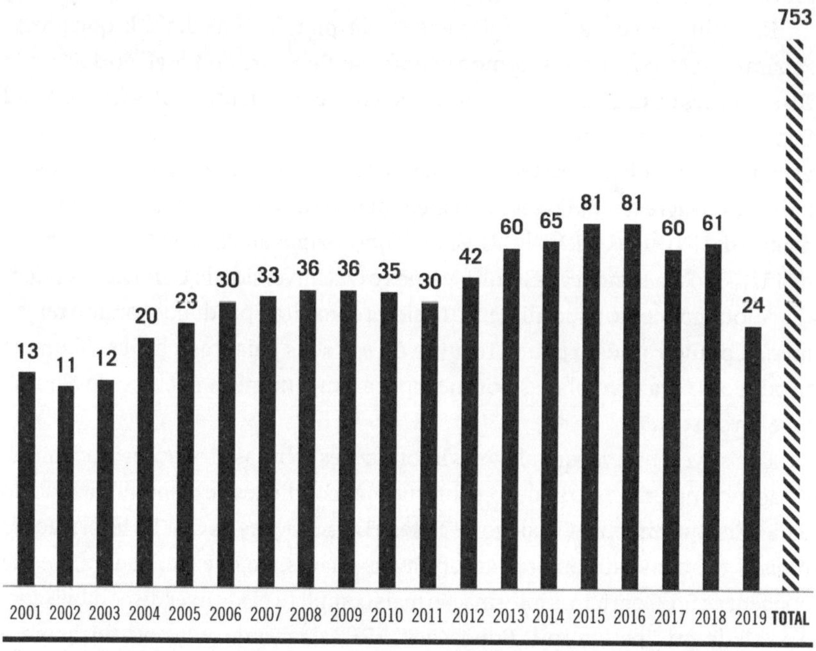

Ainda em relação a este universo de produções científicas das instituições de ensino superior do estado do Rio de Janeiro, podemos dizer que entre os temas a partir dos quais as favelas foram debatidas destacam-se quatro grandes temas, a saber: habitação/habitat (refere-se em geral ao aspecto paisagístico e aos padrões construtivos), regulação urbana (que reúne diferentes dimensões da regulação urbana, desde a urbanística, legal, jurídica aos aspectos das instituições públicas e suas atuações em favelas), segurança pública (destacando-se sobretudo o tema das Unidades de Polícia Pacificadora a partir de 2012) e produções com abordagens históricas/memórias ou que gravitam em torno de temas identitários, produção da subjetividade e das representações sociais. Faz necessário ainda assinalar o expressivo número de publicações que enxergam o tema pela lente da arte e da cultura, correspondendo a pouco mais de 10% do conjunto levantado.

GRÁFICO 2 | Produções Acadêmicas por Temática

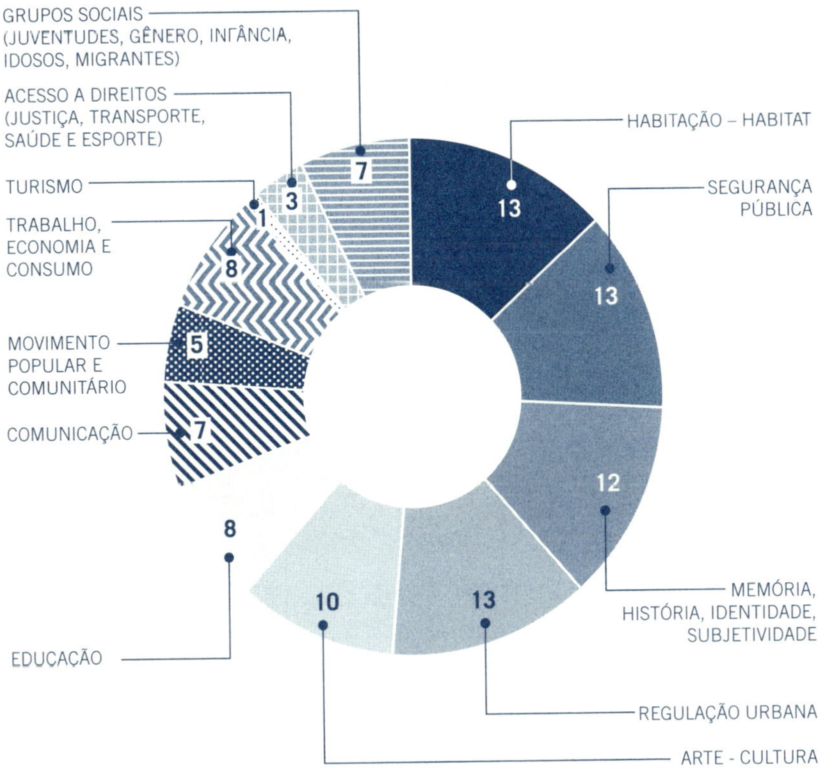

Por fim a nossa expectativa é que esta base de informações seja uma fonte para futuras pesquisas que enfatizam o tema do direito à cidade na perspectiva da incorporação do seu conjunto de territórios, em especial, das favelas e assemelhados. Esperamos que, como fonte, colabore para que novas ideias e abordagens sobre os territórios periféricos da cidade sejam produzidas e nos ajudem a construir uma cidade mais plural e fraterna.

AUTOR	TÍTULO	ANO DE PUBLICAÇÃO	LOCAL	EDITORA OU INSTITUIÇÃO	Nº DE PÁGINAS	PÓS-GRADUAÇÃO
ALMEIDA, Jorge Luiz Ferreira de	Máquina perversa: como se produz pobres políticos	2001	Rio de Janeiro, RJ	UFRJ	186	Planejamento Urbano e Regional
CAVALCANTE, Alcyr Mesquita	Samba, jogo do bicho e narcotráfico: a rede de relações que se forma na quadra de uma escola de samba em uma favela do Rio de Janeiro	2001	Niteroi, RJ	UFF	250	Antropologia
COZENZA, Francesca Odetta Santos Ribeiro	Ocupações do solo em áreas de risco problemas e soluções	2001	Rio de Janeiro, RJ	UFRJ	78	Engenharia de Produção
DRSKA, Maria Angélica Marcondes	Mudança espacial, memória e identidade: histórias de vida de imigrantes moradores de um conjunto habitacional no Complexo da Maré-RJ	2001	Rio de Janeiro, RJ	UNIRIO	150	Memória Social
GOMES, Rosângela Maria de Azevedo	O projeto favela-bairro e o acesso à moradia: o usucapião e a concessão do direito real de uso como instrumento de regularização fundiária	2001	Rio de Janeiro, RJ	UERJ	232	Direito
LEMOS, Tomas Mariani	Expansão das áreas de favela e de risco em torno do parque da tijuca, Rio de Janeiro – RJ	2001	Rio de Janeiro, RJ	PUC/RJ	101	Engenharia Urbana e Ambiental
MARQUES, Marcelo Silva Moreira	O alcance do usucapião especial urbano como instrumento de regularização fundiária	2001	Rio de Janeiro, RJ	UERJ	323	Direito Civil
MOURA, Maria Regina Mendonça	Recortes da moda: Coopa-roca um conceito de arte	2001	Rio de Janeiro, RJ	UFRJ	168	Artes Visuais
OLIVEIRA, Ana Christina de	Rocinha: Um Novo Espaço Social Frente ao Estado Democrático de Direito.	2001	Rio de Janeiro, RJ	IUPERJ	84	Sociologia
RIBEIRO, Benedito Torres	Avaliação de projetos comunitários sob a ótica do custo-impacto: subsídios para análise e monitoramento de investimentos sociais	2001	Rio de Janeiro, RJ	FGV	102	Administração Pública
SANTOS, Mariana Cavalcante Rocha dos	Demolição, batalha e paz: favelas em manchetes	2001	Rio de Janeiro, RJ	UFRJ	132	Comunicação
SOUZA, Josinaldo Aleixo de	Sociabilidades emergentes implicações da dominação de matadores na periferia e traficantes nas favelas	2001	Rio de Janeiro, RJ	UFRJ	303	Sociologia e Antropologia
VASCONCELOS, Adriana	Participação Popular, Políticas Públicas em favelas. A experiência de urbanização das favelas de Praia da Rosa e Sapucaia	2001	Rio de Janeiro, RJ	UFRJ	230	Serviço Social
ANDRADE, Luciana da Silva	Espaço público e favelas: Análise de dimensão pública dos espaços coletivos não-edificados da Rocinha	2002	Rio de Janeiro, RJ	UFRJ	287	Geografia
BITTENCOURT, Maria Augusta Silva de Moraes	Comunicação e criação de subjetividade e territórios na favela: poder do algo mais e da alegria	2002	Rio de Janeiro, RJ	UFRJ	113	Comunicação
COSTA, Maria Alice Chaves Nunes	Samba e solidariedade: capital social e parcerias coordenando as políticas sociais da Mangueira, RJ	2002	Niterói, RJ	UFF	308	Ciência Política
CUNHA, Christina Vital da	Ocupação evangélica: efeitos sociais do pentecostal na favela de Acari	2002	Rio de Janeiro, RJ	UFRJ	148	Sociologia e Antropologia

BIBLIOTECA(S) ONDE FOI LOCALIZADA A OBRA	PALAVRAS-CHAVES	ENDEREÇO ELETRÔNICO	TEMÁTICA	TERRITÓRIO ESPECÍFICO	TIPO DE DOCUMENTO
Banco de Teses da UFRJ	favelas, urbanização, Rio de Janeiro, pobreza, marginalidade urbana		Regulação Urbana		Dissertação
Biblioteca Central do Gragoatá	Não informado		Regulação Urbana		Dissertação
Biblioteca do CMA/UFRJ	engenharia de produção, construção, gerenciamento de risco		Habitação Habitat		Dissertação
UNIRIO	memória		Memória, História, Identidade, Subjetividade	Maré	Dissertação
Rede Sirius Uerj	usucapião, favelas, cidadania, direito de propriedade		Regulação Urbana		Tese
Banco de Teses Capes	favela, Parque Tijuca	http://bancodeteses.capes.gov.br/	Regulação Urbana		Dissertação
Rede Sirius UERJ	usucapião, propriedade, planejamento urbano, favelas		Regulação Urbana		Dissertação
Biblioteca da Escola de Belas Artes da UFRJ	Não informado		Mercado – Trabalho	Rocinha	Dissertação
Biblioteca do IUPERJ	Não informado		Regulação Urbana	Rocinha	Dissertação
Biblioteca da FGV	Não informado		Economia		Dissertação
Biblioteca da Escola de Comunicação da UFRJ	Não informado		Comunicação		Dissertação
Biblioteca do IFCS/UFRJ	violência, sociabilidade, favela, sociologia e antropologia		Segurança Pública		Tese
Biblioteca da UFRJ	Não informado		Movimento Popular e Comunitário	Praia do Rosa e Sapucaia	Dissertação
Biblioteca do PPGG/UFRJ	Não informado		Regulação Urbana	Rocinha	Tese
Banco de Teses da UFRJ	grupos artísticos, favelas, comunicação		Comunicação		Dissertação
Biblioteca Central do Gragoatá	Não informado		Arte e Cultura	Mangueira	Dissertação
BIFCS-UFRJ	religião, Acari		Memória, História, Identidade, Subjetividade	Acari	Dissertação

AUTOR	TÍTULO	ANO DE PUBLICAÇÃO	LOCAL	EDITORA OU INSTITUIÇÃO	Nº DE PÁGINAS	PÓS-GRADUAÇÃO
GONÇALVES, Maria Alice Rezende	A Vila Olímpica da Verde e Rosa	2002	Rio de Janeiro, RJ	UERJ	210	Saúde Pública
MEDEIROS, Lidia Alice	Atendimento à Pobreza no Rio de Janeiro durante a Era Vargas – do Albergue da Bôa Vontade aos parques proletários: a atuação do Dr. Victor Tavares de Moura (1935-1945)	2002	Rio de Janeiro, RJ	UERJ	300	Ciências Sociais
MOREIRA, Adriana Montefusco	Os olhares da favela: a realidade das favelas cariocas e a proposta de transformação e integração do Programa Favela-Bairro	2002	Rio de Janeiro, RJ	UFRJ	131	Urbanismo
RODRIGUES, Fábia dos Santos	O Programa Favela-Bairro e as experiências de urbanização das favelas Praia da Rosa e Sapucaia	2002	Rio de Janeiro, RJ	UFRJ	100	Planejamento Urbano e Regional
SIMÃO, Mário Pires	Representações sociais de favelas e sua apropriação em Niterói	2002	Niterói, RJ	UFF	142	Geografia
VERGNE, Celso Moraes	A história dos rostos esquecidos: a violência no olhar sobre os moradores de favelas cariocas	2002	Rio de Janeiro, RJ	PUC/RJ	Não informado	Psicologia Clínica
VIANNA, Andréia de Resende Barreto	Cidade e arte: uma rua de mão dupla	2002	Niterói, RJ	UFF	141	Comunicação
AMARAL, Luiz Eduardo Franco do	Vozes da favela. Representações da favela em Carolina de Jesus, Paulo Lins e Luiz Paulo Corrêa e Castro	2003	Rio de Janeiro, RJ	PUC/RJ	121	Letras
BENETTI, Angela Maria Marquardt de	Espaço em movimento no Morro da Babilônia	2003	Rio de Janeiro, RJ	UFRJ	95	Urbanismo
CEZAR, Lêda Suely Barbosa	Programa de Saúde da Família: uma nova avaliação no Morro do Borel	2003	Rio de Janeiro, RJ	UERJ	112	Saúde Coletiva
CORREIA, Fernanda Guimarães	Programa favela-bairro: cidadania e exclusão	2003	Rio de Janeiro, RJ	UFRJ	89	Ciência Política
DOURADO, Áureo Furtado.	Avaliação do risco associado a escorregamento em encostas favelizadas. Estudo de caso no Morro da Formiga – RJ	2003	Rio de Janeiro, RJ	UERJ	99	Engenharia da Computação
FERREIRA, Vanessa Alves	Obesidade e pobreza: o aparente paradoxo.	2003	Rio de Janeiro, RJ	FIOCRUZ	127	Saúde Pública
GORITA, Marcos Alan	Notícias do crime, relatos da insegurança. Os discursos da violência na cidade do Rio de Janeiro (1995-2000).	2003	Rio de Janeiro, RJ	UFRJ	146	Sociologia e Antropologia
MACEDO, Rogério	Estudo correlacional entre os estágios da maturação biológica e somatotípo em crianças da favela da Maré	2003	Rio de Janeiro, RJ	Universidade Castelo Branco	210	Ciência da Motricidade Humana
NASCIMENTO, Denise Nonato do	Favela de concreto armado: um estudo de caso sobre a organização comunitária de um conjunto habitacional	2003	Rio de Janeiro, RJ	UERJ	226	Ciências Sociais
SILVA, Geovana Tabachi	Tão perto, tão longe: etnografia sobre relações de amizade na favela da Mangueira no Rio de Janeiro	2003	Niteroi, RJ	UFF	149	Antropologia

BIBLIOTECA(S) ONDE FOI LOCALIZADA A OBRA	PALAVRAS-CHAVES	ENDEREÇO ELETRÔNICO	TEMÁTICA	TERRITÓRIO ESPECÍFICO	TIPO DE DOCUMENTO
Biblioteca CBC/ UERJ	Não informado		Direito à Saude	Mangueira	Tese
Biblioteca do PPCIS/UERJ	Não informado		Memória, História, Identidade, Subjetividade		Dissertação
Banco de Teses da UFRJ	urbanismo		Habitação Habitat		Dissertação
Banco de Teses da UFRJ	Programa Favela-Bairro, Programa Bairrinho, favelas, urbanização		Habitação Habitat	Praia do Rosa e Sapucaia	Dissertação
Biblioteca do Instituto de Geociências da UFF	favelas, representações sociais, Niterói		Memória, História, Identidade, Subjetividade	Preventório e Vale Verde	Dissertação
Biblioteca do CTCH/PUC/RJ	Não informado		Segurança Pública		Dissertação
Banco Digital de Teses e Dissertações da UFF	arte urbana, projetos, comunicação	http://www.bdtd.ndc.uff.br/tde_busca/arquivo.php?codArquivo=1577	Arte e Cultura		Dissertação
Biblioteca da PUC-Rio	Não informado		Arte e Cultura		Dissertação
Biblioteca da FAU/UFRJ	Não informado		Habitação Habitat	Babilônia	Dissertação
UERJ	Programas de saúde		Direito à Saúde	Borel	Dissertação
BIFCS-UFRJ	Cidadania, Política habtacional, Programa favela-bairro, Serviço social		Regulação Urbana		Dissertação
Biblioteca da CTC/B – UERJ	Não informado		Habitação Habitat	Formiga	Dissertação
	saúde pública, nutrição, obesidade, pobreza e práticas alimentares	http://bvs.per.paho.org/texcom/nutricion/ferreiravam.pdf	Direito à Saude		Tese
Banco de Tese da UFRJ	violência urbana, opinião pública, política de segurança, segurança pública, Rio de Janeiro (Estado)	http://www.necvu.ifcs.ufrj.br/arquivos/MarcosAlan.pdf	Comunicação		Dissertação
Biblioteca Manuel Bandeira	Não informado		Grupos Sociais – Infância	Maré	Dissertação
Biblioteca do PPCIS/UERJ	Não informado		Movimento Popular e Comunitário		Dissertação
Biblioteca Central do Gragoatá	Não informado		Memória, História, Identidade, Subjetividade	Mangueira	Dissertação

PRODUÇÃO ACADÊMICA POR ANO

AUTOR	TÍTULO	ANO DE PUBLICAÇÃO	LOCAL	EDITORA OU INSTITUIÇÃO	Nº DE PÁGINAS	PÓS-GRADUAÇÃO
SILVA, Maria Lais Pereira da	Percursos, significativos e permanência das favelas cariocas (1930-1964)	2003	Rio de Janeiro, RJ	UFRJ	206	Geografia
SIMÕES, Luiz Alberto Amarante	A utilização de mananciais locais e a urbanização do Morro da Formiga	2003	Niterói, RJ	UFF	106	Ciência Ambiental
ANDRADE, Maria Isabel de Toledo	Direitos de propriedade e renda pessoal: um estudo de caso das comunidades do Caju	2004	Rio de Janeiro, RJ	UFRJ	132	Economia da Indústria e da Tecnologia
CASTRO, Rosália de Camargo Bicudo de	Chamas urbanas: a poética do Vidigal	2004	Rio de Janeiro, RJ	UFRJ	76	Urbanismo
COELHO, Glaucineide do Nascimento	Espaço vivido favela: brincadeiras infantis nos espaços livres da Rocinha	2004	Rio de Janeiro, RJ	UFRJ	201	Arquitetura
COHEN, Simone Cynamon	Habitação saudável como caminho para a promoção da saúde	2004	Rio de Janeiro, RJ	ENSP/ Fiocroz	167	Saúde Pública
COSTA, Cândida Rosa Ferreira	O lazer e o poder na Escola de Samba Estação Primeira da Mangueira	2004	Rio de Janeiro, RJ	UERJ	150	Psicologia Social
DIAS JÚNIOR, Nêodo Noronha	Inclusão digital: o caso da Estação Futuro da Rocinha	2004	Rio de Janeiro, RJ	UFRJ	82	Sociologia e Antropologia
FARIA, Teresa Cristina	Favelas na periferia: (re)produção ou mudanças nas formas de produção e acesso à terra e moradia pelos pobres na cidade do Rio de Janeiro nos anos 90	2004	Rio de Janeiro, RJ	UFRJ	196	Planejamento Urbano e Regional
FERRAZ, Joana D´Arc	A chacina de Vigário Geral: a violência como princípio	2004	Rio de Janeiro, RJ	UERJ	250	Ciências Sociais
FONTES, Adriana Sansão	A nova forma da Esplanada de Santo Antônio: o Projeto Urbano na área central do Rio de Janeiro no século XXI	2004	Rio de Janeiro, RJ	UFRJ	206	Urbanismo
GEISLER, Adriana Ribeiro Rice	O que também se pode esperar de nossas favelas? Olho no mundo, olho no outro, olho em você?	2004	Rio de Janeiro, RJ	PUC/RJ	124	Psicologia Clínica
GUIMARÃES, Ladjane Marques	Uso de SIG para identificar áreas suscetíveis a deslizamentos e desmoronamentos: aplicação nas favelas da Serra de Santa Teresa, cidade do Rio de Janeiro	2004	Niterói, RJ	UFF	114	Ciência Ambiental
JUNIOR, Nêodo Noronha Dias	Inclusão digital: o caso da Estação Futuro da Rocinha	2004	Rio de Janeiro, RJ	UFRJ	82	Sociologia e Antropologia
LEITÃO, Gerônimo Emilio Almeida	Dos barracos de madeira aos prédios de quitinetes: uma análise do processo de produção da moradia na favela da Rocinha, ao longo de cinqüenta anos	2004	Rio de Janeiro, RJ	UFRJ	239	Geografia
MATTOS, Romulo Costa	A "Aldeia do Mal": o morro da favela e a construção social das favelas durante a Primeira República	2004	Niteroi, RJ	UFF	276	História

BIBLIOTECA(S) ONDE FOI LOCALIZADA A OBRA	PALAVRAS-CHAVES	ENDEREÇO ELETRÔNICO	TEMÁTICA	TERRITÓRIO ESPECÍFICO	TIPO DE DOCUMENTO
Banco de Teses UFRJ	favelas, Rio de Janeiro, evolução urbana, geografia histórica	http://ppegeo-local.igc.usp.br/scielo.php?script=sci_arttex-t&pid=S0101-97592003000100035&lng=es&nrm=iso	Habitação Habitat		Tese
Biblioteca do Instituto de Geociências da UFF	Não informado		Habitação Habitat	Morro da Formiga	Dissertação
Biblioteca Digital BNDES	direito de propriedae, Caju (Rio de Janeiro), favelas, condições sociais, condições econômicas, renda	http://www.bndes.gov.br/SiteBNDES/export/sites/default/bndes_pt/Galerias/Arquivos/conhecimento/revista/rev2612.pdf	Regulação Urbana		Dissertação
Banco de Teses da UFRJ	urbanismo, Gaston Bachelard (1884-1962)		Arte e Cultura	Vidigal	Dissertação
Banco de Teses UFRJ	favelas, Rocinha, brincadeiras		Grupos Sociais – Infância	Rocinha	Dissertação
ENSP/Fiocruz	habitação, qualidade de vida		Habitação Habitat		Tese
Catálogo de Teses e Dissertações da CAPES	Não informado		Arte e Cultura	Mangueira	Dissertação
Banco de Teses da UFRJ	inclusão digital, favela, Rocinha, Viva Rio, tecnologia da informação		Arte e Cultura	Rocinha	Dissertação
Banco de Teses da UFRJ	favelas, mobilidade residencial, pobres, habitações, Rio de Janeiro, solo urbano, uso	http://www.ippur.ufrj.br/download/pub/TeresaCristinaDeAlmeidaFaria.pdf	Habitação Habitat		Tese
Biblioteca do PPCIS/UERJ	Não informado		Segurança Pública	Vigário Geral	Tese
Biblioteca da FAU/UFRJ	Não informado		Memória, História, Identidade, Subjetividade		Dissertação
Biblioteca Central da PUC-Rio	Não informado		Direito à Saúde		Dissertação
Banco Digital de Teses e Dissertações da UFF	Serra de Santa Teresa (RJ), expansão urbana, movimentos de massa	http://www.bdtd.ndc.uff.br/tde_busca/arquivo.php?codArquivo=3377	Habitação Habitat	Serra – Santa Teresa	Dissertação
Biblioteca IFCS/UFRJ	Não informado		Comunicação	Rocinha	Dissertação
Biblioteca PPGG/UFRJ	Não informado		Habitação Habitat		Tese
Biblioteca Central do Gragoatá	Não informado		Memória, História, Identidade, Subjetividade	Providência	Dissertação

AUTOR	TÍTULO	ANO DE PUBLICAÇÃO	LOCAL	EDITORA OU INSTITUIÇÃO	Nº DE PÁGINAS	PÓS-GRADUAÇÃO
MELO, Marcelo Paula de	Vila Olímpica da Maré e as Políticas Públicas de Esporte em Favelas no Rio de Janeiro: novas dinâmicas da relação estado e sociedade civil em tempos neoliberais	2004	Niteroi, RJ	UFF	203	Educação
PAIVA, Valéria Teixeira de	Assentamentos espontâneos e produção do espaço urbano – estratégias e instrumentalização do espaço programa favela-bairro – uma análise crítica	2004	Rio de Janeiro, RJ	UFRJ	154	Engenharia de Produção
PEREIRA, Maria de Fátima Rodrigues	A importância do saneamento ambiental e da gestão sustentável do lixo em regiões de favelas: o caso prático do Morro do Andaraí-RJ	2004	Rio de Janeiro, RJ	UERJ	129	Engenharia
SANTIAGO, Jairo da Costa	Mídia, tráfico e violência do comércio à imagem	2004	Rio de Janeiro, RJ	UFRJ	215	Comunicação
SILVA, Aline Cristine Xavier da	A representação da favela como cenário urbano na ficção brasileira contemporânea	2004	Rio de Janeiro, RJ	UERJ	167	Letras
SOUZA, Rogério Ferreira de	Tecendo o Passado: da memória da Favela – Morro dos Macacos, Zona Norte do Rio de Janeiro	2004	Rio de Janeiro, RJ	UNIRIO	110	Memória Social
BAPTISTA, Tatiane Alves	Ideologia do consumo e juventude em mosaico: as formas de consumo dos jovens da Mangueira	2005	Rio de Janeiro, RJ	UFRJ	208	Serviço Social
BATISTA, Rachel de Aguiar	Funk, cultura e juventude carioca: um estudo no Morro da Mangueira	2005	Niterói, RJ	UFF	148	Política Social
BATISTA, Tatiane Alves	Ideologia do consumo e juventude em mosaico: as formas de consumo dos jovens moradores da Mangueira	2005	Rio de Janeiro, RJ	UFRJ	209	Serviço Social
CARMO, Marcio Lima do	O micrédito como tentativa de democratização do acesso ao crédito, no contexto da economia popular e solidária: o estudo de caso comparativo do ivacred-rocinha	2005	Rio de Janeiro, RJ	UFRJ	135	Planejamento Urbano e Regional
COUTINHO, Marina Henriques	Nós no Morro – Percurso, Impacto e Transformação. O Grupo de Teatro da Favela do Vidigal	2005	Rio de Janeiro, RJ	UNIRIO	146	Teatro
CUNHA, Marize Bastos da	Nos desencontros e fronteiras: os trabalhadores sociais das favelas do município do Rio de Janeiro	2005	Niterói, RJ	UFF	511	Educação
FARIA, Cristina Pedroza de	Corpos no ringue: encontros de dicursos e práticas, representações e imagens na experiência de participação em um "projeto social", entre jovens moradores da Maré(RJ)	2005	Rio de Janeiro, RJ	UFRJ	173	Sociologia e Antropologia
FONSECA, Natasha R. Reis da	Sobre duas rodas: O moto-táxi como invenção de mercado.	2005	Rio de Janeiro, RJ	ENCE/IBGE	111	Estudos Populacionais e pesquisas sociais
FREIRE, Letícia de Luna	Tecendo as redes do Programa Favela-bairro em Acari	2005	Rio de Janeiro, RJ	UERJ	151	Psicologia Social

BIBLIOTECA(S) ONDE FOI LOCALIZADA A OBRA	PALAVRAS-CHAVES	ENDEREÇO ELETRÔNICO	TEMÁTICA	TERRITÓRIO ESPECÍFICO	TIPO DE DOCUMENTO
Biblioteca Central do Gragoatá	Não informado		Direito Ao Esporte	Maré	Dissertação
Biblioteca do CT/UFRJ	engenharia de produção, cities and town, poor, favelas, human settlements, squatter settlements		Regulação Urbana		Tese
Rede Sirius UERJ	saneamento, lixo, educação ambiental		Habitação Habitat	Andaraí	Dissertação
Biblioteca do CFCH/UFRJ	comunicação, mídia, tráfico de drogas, violência urbana		Comunicação		Tese
Banco de Teses e Dissertaçoes da CAPES	ficção, favelas		Comunicação		Dissertação
Biblioteca Central da UNIRIO	Não informado		Memória, História, Identidade, Subjetividade	Morro dos Macados	Dissertação
Biblioteca CFCH/UFRJ	Não informado		Economia/ Consumo	Mangueira	Tese
Biblioteca Digital de Teses e Dissertação da UFF	juventude, pobrebeza, identidade, movimento funk	http://www.bdtd.ndc.uff.br/tde_busca/arquivo.php?codArquivo=1311	Arte e Cultura	Mangueira	Dissertação
Biblioteca do CFCH/UFRJ	Serviço Social, jovens pobres, consumidores, atitude, Mangueira, favelas		Economia/ Consumo	Mangueira	Tese
Biblioteca IPPUR/UFRJ	Não informado		Economia/ Consumo	Rocinha	Dissertação
Biblioteca Setoria da UNIRIO	Não informado		Arte e Cultura	Vidigal	Dissertação
Banco Ditigal de Teses e Dissertações da UFF	trabalho, social, campo, favela, Rio de Janeiro	http://www.bdtd.ndc.uff.br/tde_busca/arquivo.php?codArquivo=2078	Mercado e Trabalho		Tese
Banco de Teses da UFRJ	Maré, condições sociais, boxe, favelas, jovens, esporte		Grupos Sociais – Juventudes	Maré	Dissertação
Biblioteca da ENCE/IBGE	Não informado		Mercado – Trabalho		Dissertação
Catálogo de Teses e Dissertações da CAPES	Não informado		Habitação Habitat	Acari	Dissertação

AUTOR	TÍTULO	ANO DE PUBLICAÇÃO	LOCAL	EDITORA OU INSTITUIÇÃO	Nº DE PÁGINAS	PÓS-GRADUAÇÃO
IGNÁCIO, Jocelene de Assis	Favela uma cidade invisibilizada: memórias históricas, lutas e resitência dos moradores da Favela do Jacarezinho	2005	Rio de Janeiro, RJ	UNIRIO	200	Memória Social
JÚNIOR, Wellen Lyrio de Souza	Das Represent(ações) sobre as Favelas às Territorialidades dos Residentes da Maré: territórios e identidades na cidade do Rio de Janeiro	2005	Niteroi, RJ	UFF	155	Geografia
LAZO, María Verónica Lazo	As políticas públicas de urbanização e regularização fundiária no processo de inclusão social: o PROAP Rio de Janeiro	2005	Rio de Janeiro, RJ	FGV	145	Administração
LOURENÇO, Elizabeth Delarue de Souza	Estudo da composição gravimétrica dos resíduos sólidos urbanos domiciliares em áreas faveladas e não faveladas do município do Rio de Janeiro	2005	Rio de Janeiro, RJ	UERJ	226	Engenharia
MAIOLINO, Ana Lúcia Gonçalves	Espaço urbano e subjetividade um foco especial sobre a Favela do Canal das Tachas	2005	Rio de Janeiro, RJ	UFRJ	386	Psicologia Social
MAMEDE, Alessandra Costa	Conjunto Habitacional Antares e Favela de Dona Marta: associações de moradores e suas relações com o tráfico de drogras e o primeiro governo Brizola no Estado do Rio de Janeiro	2005	Rio de Janeiro, RJ	UFRJ	200	História Comparada
MARZULO, Eber Pires	Espaço dos pobres: identidade social e territorialidade na modernidade tardia	2005	Rio de Janeiro, RJ	UFRJ	306	Planejamento Urbano e Regional
MATTOSO, Cecília Lima de Queirós	Identidade, inserção social e acesso a serviços financeiros: um estudo na favela da Rocinha	2005	Rio de Janeiro, RJ	UFRJ	237	Administração
MENDES, Joycenea Matsuda	Tuberculose: um estudo de Epidemiologia Molecular no Complexo de Manguinhos Rio de Janeiro, 2000 – 2002	2005	Rio de Janeiro, RJ	UFRJ	122	Clínica Médica
RICHA, Ana Cristina	Orquestra de Cordas da Grota: subjetividades em concerto	2005	Niterói, RJ	UFF	122	Psicologia
SILVA, Cilene Almeida da	Políticas públicas e neoliberalismo: uma análise das políticas de habitação e segurança públicas nas favelas de Praia da Rosa e Sapucaia	2005	Rio de Janeiro, RJ	UFRJ	113	Serviço Social
SILVA, Clesirlene de Oliveira Gomes da	Ciclos de vida e integração de mulheres jovens em situação de risco em Acari	2005	Niterói, RJ	UFF	146	Política Social
SILVA, Jorge	Violência e identidade social: um estudo comparativo sobre a atuação policial em duas comunidades no Rio de Janeiro	2005	Rio de Janeiro, RJ	UERJ	430	Ciências Sociais
WEBER, Alexandre de Vasconcelos	A transmissão de patrimônio habitacional em favelas. Constituição de patrimônio material e eleição de sucessores	2005	Niterói, RJ	UFF	248	Sociologia e Antropologia

BIBLIOTECA(S) ONDE FOI LOCALIZADA A OBRA	PALAVRAS-CHAVES	ENDEREÇO ELETRÔNICO	TEMÁTICA	TERRITÓRIO ESPECÍFICO	TIPO DE DOCUMENTO
Bibilioteca Central da UNIRIO	Não informado		Identidade e Subjetividade	Jacarezinho	Dissertação
Bibilioteca do Instituto de Geociências	Não informado		Memória, História, Identidade, Subjetividade	Maré	Dissertação
Biblioteca Digital da FGV	política pública, urbanização, regularização fundiária, inclusão social, Rio de Janeiro, PROAP, assentamentos populares	http://bibliotecadigital.fgv.br/dspace/bitstream/handle/10438/3616/Dissertacao_Maria.pdf?sequence=1&isAllowed=y	Regulação Urbana		Dissertação
Rede Sirius UERJ	resíduos sólidos urbanos, favelas, engenharia ambiental, lixo urbano domiciliar		Habitação Habitat		Dissertação
Biblioteca do IPPUR/UFRJ	favela do Canal do Tachas, favelas, Programa Favela-Bairro		Memória, Historia, Identidade e Subjetividade	Canal das Tachas	Tese
Banco de Teses da UFRJ	Leonel Brizola, 1922-2004, governo, Favela Santa Marta, Tráfico de drogas, história comparada		Movimento Popular e Comunitário	Santa Marta	Dissertação
Banco de Teses da UFRJ	identidade social, classes sociais, estrutura social, territorialidade humana, pobres, favelas, segregação, favela Pavão-Pavãozinho	http://www.ippur.ufrj.br/download/pub/EberPiresMarzulo.pdf	Memória, História, Identidade, Subjetividade		Dissertação
Biblioteca da COPPEAD/UFRJ	comportamento do consumidor, instituições financeiras, pobres – finanças pessoais, administração		Mercado e Trabalho	Rocinha	Tese
Biblioteca SIBI/UFRJ	Não informado		Habitação Habitat	Manguinhos	Dissertação
Biblioteca Central do Gragoatá	Não informado		Arte e Cultura	Grota – Niteroi	Dissertação
Banco de Teses UFRJ	serviço social, segurança pública, política habitacional, favelas, urbanização, habitação		Habitação Habitat	Praia do Rosa e Sapucaia	Dissertação
Banco Digital de Teses e Dissertações da UFF	mulheres, mobilidade social, narcotráfico, proteção social	http://www.bdtd.ndc.uff.br/tde_busca/arquivo.php?codArquivo=1301	Grupos Sociais – Gênero	Acari	Dissertação
Rede Sirius Uerj	violência, favelas, polícia, racismo, relações raciais		Segurança Pública		Tese
Biblioteca do ICHF/UFF	Não informado		Habitação Habitat		Tese

AUTOR	TÍTULO	ANO DE PUBLICAÇÃO	LOCAL	EDITORA OU INSTITUIÇÃO	Nº DE PÁGINAS	PÓS-GRADUAÇÃO
AMOROSO, Mauro Henrique de Barros	Nunca é tarde para ser feliz? A imagem da favela pelas lentes do Correio da Manhã	2006	Niterói, RJ	UFF	172	História Social
ARAÚJO, Denilson de Oliveira	Territorialidades no mundo globalizado: outras leituras de cidade a partir da cultura Hip Hop na metrópole carioca	2006	Niterói, RJ	UFF	168	Geografia
ARRUDA, Ana Cristina da Conceição	Documentação Audiovisual: Instrumento de Construção da Memória da Favela do Chapéu Mangueira	2006	Rio de Janeiro, RJ	UNIRIO	84	Memória Social
BOY, Dyonne Chaves	A construção do Centro de Memória da Serrinha	2006	Rio de Janeiro, RJ	FGV	110	História, Política e Bens Culturais
BRUM, Mario Sérgio Ignácio	O povo acredita na gente: rupturas e continuidades no movimento comunitário das favelas cariocas nas décadas de 1980 e 1990	2006	Niterói, RJ	UFF	216	História
CARDOSO, Cristiane	Do espaço concebido ao espaço vivido: um estudo de caso sobre as representações espaciais e identidades na Favela da Maré, RJ	2006	Niterói, RJ	UFF	206	Geografia
CARVALHO, Michele Fernanda Oliveira de	Política de habitação e ONGs: perspectiva para ampliação da cidadania?	2006	Rio de Janeiro, RJ	UFRJ	188	Serviço Social
CARVALHO, Monique Batista	Uma Maré de Lutas: memória e mobilização popular na favela Nova Holanda, Rio de Janeiro	2006	Rio de Janeiro, RJ	UNIRIO	157	Memória Social
CERQUEIRA, Luiz Fernando Flores	Os impactos dos assentamentos informais de baixa renda nos recursos hídricos e na saúde coletiva: o caso da Bacia Hidrográfica da Baixada de Jacarepaguá	2006	Rio de Janeiro, RJ	UERJ	101	Engenharia Ambiental
FARAGE, Eblin Joseph	Um olhar sobre a escola pública na favela	2006	Rio de Janeiro, RJ	UFRJ	104	Serviço Social
FONSECA, Rodolfo Nazareth Junqueira	Uma outra cidade:imaginário ubano através de artistas de uma favela de Belo Horizonte – MG	2006	Rio de Janeiro, RJ	UFRJ	297	Planejamento Urbano e Regional
GAMA, Fabiene de Moraes Vasconcelos	A auto-representação fotográfica em favelas: Olhares do Morro	2006	Rio de Janeiro, RJ	UERJ	144	Ciências Sociais
JUNIOR, Luis Regis Coli Silva	O programa favela-bairro e as políticas habitacionais do Banco Interamericano de Desenvolvimento'	2006	Rio de Janeiro, RJ	UFRJ	105	Planejamento Urbano e Regional
MATTOS, Carla dos Santos	No ritmo neurótico: cultura funk e performances proibidas em contexto de violência no Rio de Janeiro	2006	Rio de Janeiro, RJ	UERJ	154	Ciências Sociais
MENDONÇA, Michele Fernanda Oliveira de Carvalho	Política de habitação e ongs: perspectiva para ampliação da cidadania?	2006	Rio de Janeiro, RJ	UFRJ	126	Serviço Social

BIBLIOTECA(S) ONDE FOI LOCALIZADA A OBRA	PALAVRAS-CHAVES	ENDEREÇO ELETRÔNICO	TEMÁTICA	TERRITÓRIO ESPECÍFICO	TIPO DE DOCUMENTO
Biblioteca Digital de Teses e Dissertação da UFF	favela, fotojornalismo, Correio da Manhã	http://www.bdtd.ndc.uff.br/tde_busca/arquivo.php?codArquivo=2170	Comunicação		Dissertação
Biblioteca Digital de Teses e Dissertação da UFF	Hip hop, estratégias territoriais, identidade, cultura política, arena política	http://www.bdtd.ndc.uff.br/tde_busca/arquivo.php?codArquivo=3826	Arte e Cultura		Dissertação
Biblioteca Central da UNIRIO	Não informado		Comunicação	Chapeu Mangueira	Dissertação
Biblioteca Digital da FGV	favela, Morro da Serrinha, Madureira, Rio de Janeiro, memória, Jongo da Serrinha	file:///C:/Users/mario/Downloads/DISSERTA%C3%87%C3%830%20BIBLIOTECA%20PARQUE%20ROCINHA%20JULIA%20DE%20BRITO%20PONCE%20MARANH%C3%830%20EM%20PDF.pdf	Memória, História, Identidade, Subjetividade	Serrinha	Dissertação
Biblioteca Digital de Teses e Dissertação da UFF	favela, associação de moradores, políticas públicas	http://www.bdtd.ndc.uff.br/tde_busca/arquivo.php?codArquivo=2196	Movimento Popular e Comunitário		Dissertação
	Favela da Maré, espaço público, representação política, planejamento urbano, favela, Rio de Janeiro	http://www.bdtd.ndc.uff.br/tde_busca/arquivo.php?codArquivo=3150	Memória, Historia, Identidade e Subjetividade	Maré	Tese
Biblioteca ESS/UFRJ	Não informado		Habitação Habitat		Dissertação
Biblioteca Central da UNIRIO	Não informado		Movimento Popular e Comunitário	Maré	Dissertação
Biblioteca do CTC/B-FEN-UERJ	Não informado		Habitação Habitat		Dissertação
Banco de Teses da UFRJ	serviço social escolar, escolas públicas, educação, Maré		Educação		Dissertação
Banco de Teses UFRJ	imaginação, favelas, Belo Horizonte, imaginário urbano, favelas na arte, arte e sociedade, identidade social, representações sociais		Memória, História, Identidade, Subjetividade		Dissertação
Banco de Teses UERJ	antropologia visual, favelas, fotografia	http://www.inarra.com.br/uploads/Dissertacao-ME-Fabiene-Gama.pdf	Arte e Cultura		Dissertação
Biblioteca do IPPUR/UFRJ	Não informado		Habitação Habitat		Dissertação
Banco de Teses UERJ	funk, gênero, juventude, violência, Rio de Janeiro	http://www.bdtd.uerj.br/tde_busca/index.php	Arte e Cultura		Dissertação
Banco de Teses da UFRJ	política habitacional, organizações não-governamentais	http://www.dominiopublico.gov.br/download/texto/cp019036.pdf	Habitação Habitat		Dissertação

AUTOR	TÍTULO	ANO DE PUBLICAÇÃO	LOCAL	EDITORA OU INSTITUIÇÃO	Nº DE PÁGINAS	PÓS-GRADUAÇÃO
NASCIMENTO, Sueli do	Gestão participativa?A atuação das lideranças das Associações de Moradores, co-gestoras do Programa Médico de Família, Niterói	2006	Rio de Janeiro, RJ	UERJ	252	Serviço Social
PATROCÍNIO, Paulo Roberto Tonani do	Entre o morro e o asfalto: imagens da favela nos discursos culturais brasileiros	2006	Rio de Janeiro, RJ	PUC/RJ	121	Letras
PICCOLO, Fernanda Delvalhas	Sociabilidade e conflito no morro e na rua: etnografia de um centro comunitário em Vila Isabel/RJ	2006	Rio de Janeiro, RJ	UFRJ	485	Antropologia Social
RIBEIRO, Claudio Rezende	O muro da Maré: risco e vizinhança no planejamento urbano	2006	Rio de Janeiro, RJ	UFRJ	92	Planejamento Urbano e Regional
SILVA JÚNIOR, Luis Régis Coli	O Programa Favela-Bairro e as políticas habitacionais do Banco Interamericano de Desenvolvimento	2006	Rio de Janeiro, RJ	UFRJ	105	Planejamento Urbano e Regional
SILVA, Claudia Rose Ribeiro	Maré: a invenção de um bairro	2006	Rio de Janeiro, RJ	FGV	239	História, Política e Bens Culturais
SILVA, Elionalva Sousa	Ampliando futuros: o curso pré-vestibular comunitário da Maré	2006	Rio de Janeiro, RJ	FGV	156	História, Politica e Bens Culturais
SILVA, João Gabriel Monteiro	A segregação residencial em Rio das Pedras	2006	Rio de Janeiro, RJ	UFRJ	131	Planejamento Urbano e Regional
SILVA, Renata de Castro da	A representação de paisagens da favela carioca no cinema brasileiro (de 1950-2004)	2006	Niteroi, RJ	UFF	120	Arquitetura e Urbanismo
SOUZA, Gustavo	Traficantes, justiceiros e rappers: a invasão dos setores da margem na produção nacional de documentários	2006	Rio de Janeiro, RJ	UFRJ	176	Comunicação e Cultura
SOUZA, Lucia Maria Cardoso de	Os caminhos da Maré: a turma 302 do CIEP Samora Machel e a organização social do espaço	2006	Niterói, RJ	UFF	93	Antropologia
SOUZA, Simplicio Neto Ramos de	O realismo na representação da Favela carioca: uma análise axiográfica de três documentários brasileiros	2006	Niterói, RJ	UFF	205	Comunicação Social
TEODOSIO, Taiana Santos J.	Espaço Maré: histórias, trajetórias e desafios	2006	Rio de Janeiro, RJ	ENCE/IBGE	165	Estudos Populacionais e pesquisas sociais
TORZETTO, Eliene Jomara	Relações de espaço, lugar e cultura em comunidades de baixa renda: o caso da Favela Parque da Cidade	2006	Rio de Janeiro, RJ	UFRJ	189	Ciências Sociais
TRINDADE, Cláudia Peçanha da	Entre a Favela e o Conjunto Habitacional: programa de remoção e habitação provisória	2006	Niteroi, RJ	UFF	106	História
AGUIÃO, Silvia	Aqui nem todo mundo é igual: cor, mestiçagem e homossexualidades numa favela do Rio de Janeiro	2007	Rio de Janeiro, RJ	UERJ	143	Saúde Coletiva

BIBLIOTECA(S) ONDE FOI LOCALIZADA A OBRA	PALAVRAS-CHAVES	ENDEREÇO ELETRÔNICO	TEMÁTICA	TERRITÓRIO ESPECÍFICO	TIPO DE DOCUMENTO
Banco de Teses UERJ	gestão participativa, Programa Médico de Família (Niterói, RJ), associações de moradores, serviços de saúde comunitária	http://www.bdtd.uerj.br/tde_busca/index.php	Movimento Popular e Comunitário		Dissertação
Biblioteca Central da PUC-Rio	Não informado		Arte e Cultura		Dissertação
Biblioteca do PPGAS/UFRJ	rede de relações sociais,favelas, sociabilidades, centros comunitários		Segurança Pública		Tese
Banco de Teses da UFRJ	planejamento urbano, área de risco, violência urbana, política ambiental, Maré		Habitação Habitat	Maré	Dissertação
Banco de Teses da UFRJ	Programa Favela-bairro, Banco Interamericano de Desenvolvimento, habitações populares, Banco de Desenvolvimento, planejamento urbano e regional	,	Habitação Habitat		Dissertação
Biblioteca Digital da FGV	memória, identidade, Maré, bairro, favela, CEASM	http://bibliotecadigital.fgv.br/dspace/bitstream/handle/10438/2122/CPDOC2006ClaudiaRoseRibeirodaSilva.pdf?sequence=1&isAllowed=y	Memória, História, Identidade, Subjetividade	Maré	Dissertação
Biblioteca Mario Henrique Simonsen	Não informado		Educação	Maré	Dissertação
Biblioteca do IPPUR/UFRJ	favelas, discriminação na habitação, segregação, favela Rio das Pedras	http://www.ippur.ufrj.br/download/pub/JoaoGabrielMonteiroESilva.pdf	Habitação Habitat	Rio das Pedras	Dissertação
Biblioteca da BAU/UFF	Não informado		Arte e Cultura		Dissertação
Banco de Teses da UFRJ	comunicação, documentário (cinema), marginalidade social na arte, violência urbana	http://www.dominiopublico.gov.br/download/texto/cp021499.pdf	Comunicação		Dissertação
Biblioteca Central do Gragoatá	Não informado		Educação	Maré	Dissertação
Banco Digital de Teses e Dissertações da UFF	realismo, documentário, favela, axiografia	http://www.bdtd.ndc.uff.br/tde_busca/arquivo.php?codArquivo=904	Comunicação		Dissertação
Biblioteca da ENCE/IBGE	Não informado		Memória, História, Identidade, Subjetividade	Maré	Dissertação
Banco de Teses UFRJ	espaço, favelas		Regulação Urbana	Parque da Cidade	Dissertação
Biblioteca Central do Gragoatá	Não informado		Habitação Habitat		Dissertação
Rede Sirius UERJ	homossexualismo, favelas, raças, miscigenação		Memória, História, Identidade, Subjetividade		Dissertação

AUTOR	TÍTULO	ANO DE PUBLICAÇÃO	LOCAL	EDITORA OU INSTITUIÇÃO	Nº DE PÁGINAS	PÓS-GRADUAÇÃO
ARAUJO, Fábio Alves	Do luto à luta: a experiência das Mães de Acari	2007	Rio de Janeiro, RJ	UFRJ	168	Sociologia e Antropologia
CONSTANT, Flavia Martins	Tantinho, memória em verde e rosa: estudo do processo de construção de uma memória da Favela da Mangueira	2007	Rio de Janeiro, RJ	FGV	225	História, Política e Bens Culturais
DIUANA, Jamil Coimbra	Simulação da disseminação de favelas em ambientes urbanos através de agentes reativos	2007	Rio de Janeiro, RJ	UERJ	74	Engenharia
DUARTE, Lívia Lemos	Do malandro ao bicho-solto	2007	Rio de Janeiro, RJ	UFRJ	117	Letras
FARIAS, Luiz Kleber Rodrigues	Favela de Rio das Pedras: a imagem da paz como ensejo para crescer	2007	Rio de Janeiro, RJ	UERJ	127	Ciências Sociais
GOMES, Luis Gustavo Wagner	Entre a biopolítica contemporânea e a biopotência do desenvolvimento comunitário autogestionário — fios e desafios da Aliança Solidária da Leopoldina e adjacências	2007	Rio de Janeiro, RJ	UERJ	172	Psicologia Social
GUEDES, Maurício da Silva	A música que toca é nós que manda: um estudo do funk proibido	2007	Rio de Janeiro, RJ	PUC/RJ	135	Psicologia Clínica
JÚNIOR, Edson Diniz Nóbrega	O Programa Criança Petrobras na Maré em oito escolas públicas do maior conjunto de favelas do Brasil	2007	Rio de Janeiro, RJ	PUC/RJ	120	Educação
LAGO, Ana Rosa Lattanzi de Melo	Agentes de comunicação e cultura comunitária: Meninas e Mulheres de Morro	2007	Rio de Janeiro, RJ	UERJ	115	Comunicação
LIMA, Juliana de Farias Mello e	Estratégias de visibilidade, política e movimentos sociais: reflexões sobre a luta de moradores das favelas cariocas contra a violência policial	2007	Rio de Janeiro, RJ	UERJ	135	Sociologia Urbana
MARTINS, Ana Carolina Amaral	Morar na favela: estudo das representações sociais da moradia nas favelas Nova Esperança e Vila Pereira da Silva	2007	Rio de Janeiro, RJ	UFRJ	184	Arquitetura e Urbanismo
MORAIS, Thiago Antonio Barbosa de	Morro do Dezoito: Um estudo das relações entre moradores e traficantes sob o aspecto da confiança	2007	Rio de Janeiro, RJ	UFRJ	150	Sociologia e Antropologia
PAGNONCELLI, Daniela Santos Machado	Turismo de Favela e desenvolvimento sustentável: um estudo do turismo de favela no bairro de Vila Canoa, zona sul do Rio de Janeiro	2007	Rio de Janeiro, RJ	PUC/RJ	125	Serviço Social
PEREIRA, Cristiane de Barros	Assistência social em territórios estigmatizados: um estudo dos limites e possibilidades do trabalho dos Assistentes Sociais na Fundação Leão XIII em Vila Ipiranga, Niterói	2007	Rio de Janeiro, RJ	PUC/RJ	107	Serviço Social
RAMOS, Cíntia Aparecida Almeida	Vigilância, controle e correção: análise dos discursos e práticas da assistência prestada pela Fundação Leão XIII a favelas cariocas entre 1947 e 1982	2007	Rio de Janeiro, RJ	UFRJ	238	História Comparada

BIBLIOTECA(S) ONDE FOI LOCALIZADA A OBRA	PALAVRAS-CHAVES	ENDEREÇO ELETRÔNICO	TEMÁTICA	TERRITÓRIO ESPECÍFICO	TIPO DE DOCUMENTO
Banco de Teses da UFRJ	Mães de Acari, Mães da Praça de Maio (Movimento), luto, mães e filhos, impunidade, crime contra os jovens		Grupos Sociais – Gênero	Acari	Dissertação
Biblioteca Mario Henrique Simonsen	Não informado		Memória, História, Identidade, Subjetividade	Mangueira	Dissertação
Rede Sirius UERJ	simulação (computadores), favelas, geomática, áreas subdesenvolvidas		Habitação Habitat		Dissertação
Banco de Teses da UFRJ	favelas na literatura, Cidade de Deus, criminalidade urbana, violência na literatura, malandragem na literatura		Memória, História, Identidade, Subjetividade		Dissertação
Banco de Teses UERJ	crescimento de favela, Rio das Pedras, paz, favela positiva, milícia		Segurança Pública	Babilônia	Dissertação
Rede Sirius UERJ	Não informado		Movimento Popular e Comunitário		Dissertação
Biblioteca Central da PUC-Rio	Não informado		Arte e Cultura		Dissertação
Biblioteca Central da PUC-Rio	Não informado		Educação	Maré	Dissertação
Banco de Teses UERJ	cidade, comunicação, cultura comunitária, cultura popular	http://www.bdtd.uerj.br/tde_busca/index.php	Comunicação		Dissertação
Rede Sirius UERJ	movimentos sociais, favelas		Movimento Popular e Comunitário		Dissertação
Banco de Teses da UFRJ	favelas, habitação popular	http://www.dominiopublico.gov.br/pesquisa/DetalheObraForm.do?select_action=&co_obra=68069	Habitação Habitat	Nova Esperança e Vila Pereira da Silva	Dissertação
Biblioteca IFCS/UFRJ	Não informado		Memória, História, Identidade, Subjetividade		Dissertação
Biblioteca Central da PUC-Rio	Não informado		Mercado de Trabalho	Vila Canoa	Dissertação
Biblioteca Central da PUC-Rio	Não informado		Mercado e Trabalho	Vila Ipiranga – Niteroi	Dissertação
Banco de Teses da UFRJ	Fundação Leão XIII, Rocinha, condições sociais, favelas, assistência social, serviço social de comunidades, movimentos sociais	www.dominiopublico.gov.br	Memória, História, Identidade, Subjetividade		Dissertação

AUTOR	TÍTULO	ANO DE PUBLICAÇÃO	LOCAL	EDITORA OU INSTITUIÇÃO	Nº DE PÁGINAS	PÓS-GRADUAÇÃO
RODRIGUES, Luiz Kleber	Favela de Rio das Pedras: a imagem da paz como ensejo de crescer	2007	Rio de Janeiro, RJ	UERJ	150	Ciências Sociais
RODRIGUES, Silvia Aguião	"Aqui nem todo mundo é igual": cor, mestiçagem e homossexualidades numa favela do Rio de Janeiro	2007	Rio de Janeiro, RJ	UERJ	92	Saúde Coletiva
SAMPAIO, Camila Alves Machado	Remido pelo espírito, no comando da vida: trajetória de líderes pentecostais em uma favela carioca	2007	Rio de Janeiro, RJ	UERJ	100	Ciências Sociais
SANTOS, Juliana Maria Jabor Garcia	Territórios do samba sob enfoque urbanístico: a Mangueira e sua territorialização	2007	Rio de Janeiro, RJ	UFRJ	162	Urbanismo
SANTOS, Larissa Martins Neiva	Pobreza como privação de liberdade: um estudo de caso na favela do Vidigal no Rio de Janeiro	2007	Niterói, RJ	UFF	192	Economia
SANTOS, Perla Cristina da Costa	Novos atores sociais na mediação Favela e Cidade: as organizações não-governamentais (ONGs)	2007	Rio de Janeiro, RJ	PUC/RJ	101	Serviço Social
SANTOS, Sergio Baptista dos	O sentido político do pré-vestibular comunitário da Maré: adesões e resistências	2007	Rio de Janeiro, RJ	UERJ	178	Ciências Sociais
SARNO, Maria José	Alguns recantos da Maré: uma aproximação preliminar aos seus modos de apropriação do espaço vivido	2007	Rio de Janeiro, RJ	UERJ	133	Serviço Social
SILVA, Renata Nogueira da	Rádio Brisa: ecos e sons da favela da Rocinha	2007	Rio de Janeiro, RJ	FGV	51	História, Política e Bens Culturais
SILVA, Rodrigo Torquato	Educação popular na favela: perspectivas de uma pesquisa no/do/com o cotidiano do Pré-Vestibular Comunitário da Rocinha	2007	Rio de Janeiro, RJ	UERJ	184	Educação
SILVEIRA, Liane Maria Braga da	Em busca das namoradas de fé	2007	Rio de Janeiro, RJ	UFRJ	161	Antropologia Social
SIMAS, Eduardo Nogueira Bello	Tem meio ambiente na favela? Ambientalismo na Serra da Misericórdia	2007	Rio de Janeiro, RJ	UERJ	162	Ciencias Sociais
SOUTO, Andreia Silva de	Que ambiente é esse? Percepção das condições ambientais do bairro da Maré, Rio de Janeiro/RJ, por alunos de um Curso Comunitário	2007	Rio de Janeiro, RJ	FIOCRUZ	154	Ensino em Biociências e Saúde
SOUZA, Sandra Margins	Comunid'arte, favela, arte a genese de quatro artistas de Santa Teresa	2007	Rio de Janeiro, RJ	UFRJ	127	Belas Artes
SOUZA, Silvia Ramos de	Respostas brasileiras à violência urbana no campo da segurança pública: os movimentos sociais e as organizações não-governamentais	2007	Rio de Janeiro, RJ	FIOCRUZ	137	Saúde Pública
TEPEDINO, Cristina Azeredo Lopes	Cotidiano escolar e mudança sócio-cultural: a experiência do Colégio Stella Maris	2007	Rio de Janeiro, RJ	PUC/RJ	99	Educação
VIGNE, Joana Angélica de Pereira	Beleza feminina: da academia para o trabalho – o padrão atual das mulheres da Rocinha	2007	Rio de Janeiro, RJ	UGF	65	Educação Física

BIBLIOTECA(S) ONDE FOI LOCALIZADA A OBRA	PALAVRAS-CHAVES	ENDEREÇO ELETRÔNICO	TEMÁTICA	TERRITÓRIO ESPECÍFICO	TIPO DE DOCUMENTO
Biblioteca do PPCIS/UERJ	Não informado		Memória, História, Identidade, Subjetividade	Rio das Pedras	Dissertação
Biblioteca CBC/ UERJ	Não informado		Memória, História, Identidade, Subjetividade		Dissertação
Biblioteca PPCIS/UERJ	Não informado		Movimento Popular e Comunitário		Dissertação
Banco de Teses da UFRJ	escola de samba Estação Primeira de Mangueira, samba		Arte e Cultura	Mangueira	Dissertação
Banco Digital de Teses e Dissertações da UFF	pobreza, favela, Vidigal, Armatya Sen, funcionamentos, índice de liberdade	http://www.bdtd.ndc.uff.br/tde_busca/arquivo.php?codArquivo=2173	Economia	Vidigal	Dissertação
Biblioteca Central da PUC-Rio	Não informado		Regulação Urbana		Dissertação
Banco de Teses UERJ	Pré-Vestibular, educação, reconhecimento, ciências sociais aplicadas	http://www.bdtd.uerj.br/tde_busca/index.php	Educação	Maré	Dissertação
Banco de Teses UERJ	Território, remoção, urbanização, representação, sociabilidade, espaço público	http://www.bdtd.uerj.br/tde_busca/index.php	Memória, História, Identidade, Subjetividade	Maré	Dissertação
Biblioteca Digital da FGV	rádio comunitária, favela, mídia, poder simbólico	http://bibliotecadigital.fgv.br/dspace/bitstream/handle/10438/2140/CPDOC2007RenataNogueiradaSilva.pdf?sequence=1&isAllowed=y	Comunicação	Rocinha	Dissertação
Rede Sirius UERJ	educação popular, favelas, educação de adolescentes		Educação	Rocinha	Dissertação
Biblioteca do PPGAS/UFRJ	juventude, antropologia urbana, classe média, violência, gênero, namoro, cidade		Grupos Sociais – Juventudes		Dissertação
Biblioteca do PPCIS/UERJ	Não informado		Habitação Habitat		Dissertação
Biblioteca de Manguinhos	Não informado		Habitação Habitat	Maré	Dissertação
Biblioteca da EBA/UFRJ	artistas populares, criação literária e artística		Arte e Cultura		Dissertação
Biblioteca Lincoln de Freitas Filho	Não informado		Segurança Pública		Tese
Biblioteca Central da PUC-Rio	Não informado		Educação	Vidigal	Dissertação
Biblioteca da UGF/NUTESES	Não informado		Grupos Sociais – Gênero	Rocinha	Dissertação

AUTOR	TÍTULO	ANO DE PUBLICAÇÃO	LOCAL	EDITORA OU INSTITUIÇÃO	Nº DE PÁGINAS	PÓS-GRADUAÇÃO
ALMEIDA, Gizele Avena de	Bairro, conjunto, favela: as fronteiras simbólicas e a produção do espaço em Vila Kennedy	2008	Rio de Janeiro, RJ	UERJ	174	Ciências Sociais
CARMINATI, Thiago Zanotti	Imagens da Favela, Imagens pela Favela: representações de si e do outro nas imagens do povo.	2008	Rio de Janeiro, RJ	UFRJ	167	Sociologia e Antropologia
CARTIER, Ruy Lemme	Uma proposta de operacionalização para avaliação de injustiça ambiental: o caso do distrito industrial Fazenda Botafogo, Rio de Janeiro	2008	Rio de Janeiro, RJ	FIOCRUZ	73	Saúde Pública e Meio Ambiente
CARVALHO, Solange Araujo de	Avaliação da aplicabilidade do conceito de habilidade nas moradias das favelas cariocas — o caso de Vila Canoas	2008	Rio de Janeiro, RJ	UFRJ	150	Arquitetura
FELIX, Carla Baiense	Entre discursos: mídia e subjetividade nos espaços populares	2008	Rio de Janeiro, RJ	UFRJ	148	Comunicação
FERREIRA, Nilzete	Um estudo ambiental acerca da remoção das favelas no entorno da Lagoa Rodrigo de Freitas, no Rio de Janeiro na década de 1970	2008	Niteroi, RJ	UNIPLI	120	Ensino de Ciências da Saúde e do Ambiente
FRAGOSO, Thiago dos Reis	A representação do espaço e os espaços de representação: as favelas do Rio de Janeiro	2008	Niterói, RJ	UFF	150	Geografia
GUIMARÃES, Juliana Krapp.	Narrativas da favela, narrativas da cidade: táticas de comunicação na Candelária, Morro da Mangueira	2008	Rio de Janeiro, RJ	UERJ	116	Comunicação
JUNIOR, Helton Rangel Coutinho	Agentes Comunitários de Habitação: identidade legitimadora ou identidade de projeto?	2008	Rio de Janeiro, RJ	PUC/RJ	133	Serviço Social
LENZI, Márcia de Freitas	As Invisibilidades da Dengue: um olhar sobre suas perspectivas em uma favela do Município do Rio de Janeiro – retratos de uma vulnerabilidade	2008	Rio de Janeiro, RJ	FIOCRUZ	104	Saúde Pública
LIMA, José Luiz de Souza	Empreendedorismo social: uma perspectiva de cidadania social e uma alternativa de trabalho e renda nos espaços populares	2008	Rio de Janeiro, RJ	PUC/RJ	137	Ciências Sociais
LIMA, Luiz Paulo Ribeiro	Violência escolar e mídia impressa: uma comparação entre a realidade vivida e o discurso dos jornais	2008	Niterói, RJ	UFF	228	Educação
MAGALHÃES, Alexandre Almeida de	Entre a vida e a morte: a luta! A construção da ação coletiva por moradores de favelas da cidade do Rio de Janeiro	2008	Rio de Janeiro, RJ	Instituto Universitário de Pesquisa do Rio de Janeiro	120	Sociologia
MATTOS, Anderson da Costa	Pelos pobres! As campanhas pela construção de habitações populares e o discurso sobre as favelas na primeira república	2008	Niterói, RJ	UFF	275	História
MATTOS, Beatriz Arosa de	Explicadoras na Nova Holanda: um estudo sobre processos informais de escolarização	2008	Niteroi, RJ	UFF	100	Antropologia

BIBLIOTECA(S) ONDE FOI LOCALIZADA A OBRA	PALAVRAS-CHAVES	ENDEREÇO ELETRÔNICO	TEMÁTICA	TERRITÓRIO ESPECÍFICO	TIPO DE DOCUMENTO
Banco de Teses UERJ	favela, Vila Kenedy, remoções, tráfico de drogas	http://www.bdtd.uerj.br/tde_busca/arquivo.php?codArquivo=1422	Memória, História, Identidade, Subjetividade	Vila Kennedy	Dissertação
Biblioteca IFCS/UFRJ	Não informado	http://www.livrosgratis.com.br/arquivos_livros/cp074917.pdf	Arte e Cultura		Dissertação
Biblioteca ENSP/FIOCRUZ	Não informado		Habitação Habitat	Fazenda Botafogo	Dissertação
Banco de Teses UFRJ	favelas, Vila Canoas, urbanização		Habitação Habitat	Vila Canoas	Dissertação —
Banco de Teses da UFRJ	comunicação, Maré, condições sociais, jornais comunitários, Rio de Janeiro, O Cidadão (Jornal), favelas		Comunicação		Dissertação
Biblioteca Central da UNIPLI	Não informado		Regulação Urbana		Dissertação
Biblioteca do Instituto de Geociências da UFF	Não informado		Memória, História, Identidade, Subjetividade		Dissertação
Banco de Teses UERJ	narrativas, comunicação, Morro da Mangueira	http://www.bdtd.uerj.br/tde_busca/index.php	Comunicação	Mangueira	Dissertação
Biblioteca Central da PUC-Rio	Não informado		Mercado e Trabalho		Dissertação
Biblioteca Lincoln de Freitas Filho	Não informado		Direito à Saude		Tese
Biblioteca Central da PUC-Rio	Não informado		Mercado de Trabalho		Dissertação
Banco de Teses UFRJ	mídia, violência, violência escolar	http://www.bdtd.ndc.uff.br/tde_busca/arquivo.php?codArquivo=3005	Comunicação		Dissertação
Biblioteca kalman H. Silvert	Não informado		Movimento Popular e Comunitário		Dissertação
Banco Digital de Teses e Dissertações da UFF	favela, imprensa, primeira república, habitações populares 1905 – 1921	http://www.bdtd.ndc.uff.br/tde_busca/arquivo.php?codArquivo=4283	Habitação Habitat		Tese
Biblioteca Central do Gragoatá	Não informado		Educação	Maré	Dissertação

AUTOR	TÍTULO	ANO DE PUBLICAÇÃO	LOCAL	EDITORA OU INSTITUIÇÃO	Nº DE PÁGINAS	PÓS-GRADUAÇÃO
MATTOS, Romulo Costa	Pelos pobres! A campanha pela construção de habitações populares e o discurso sobre as favelas na Primeira República	2008	Niterói, RJ	UFF	275	História
MEIRELLES, Zilah Vieira	Nas viradas da vida: jovens que romperam com o mercado do tráfico de drogas em favelas na cidade do Rio de Janeiro	2008	Rio de Janeiro, RJ	FIOCRUZ	235	Saúde Pública
MENEZES, Palloma Valle	Interseções entre novos sentidos de patrimônio, turismo e políticas públicas: um estudo de caso sobre o museu a céu aberto do Morro da Providência	2008	Rio de Janeiro, RJ	Instituto Universitário de Pesquisa do Rio de Janeiro	132	Sociologia
MIGON, Fabrício Ribeiro	Fragmentação e segregação urbana: a história de um lugar no urbano carioca	2008	São Gonçalo, RJ	UERJ	129	Geografia
MILMAN, Julia Rodrigues Valle	Uma perspectiva para a prática do psicólogo: pensando a formação humana em uma creche comunitária	2008	Rio de Janeiro, RJ	UERJ	166	Políticas Públicas e Formação Humana
NEVES, Marcia dos Passos	Envolvidos com a família, a escola e o trabalho: um estudo sobre jovens moradores de favelas	2008	Niterói, RJ	UFF	159	Educação
NUNES, André Luis da Silva	Uma escola de comunidade ou a comunidade na escola?: um estudo de caso no Rio de Janeiro	2008	Rio de Janeiro, RJ	UFRJ	122	Sociologia e Antropologia
PAIXÃO, Cláudia Míriam Telhas	O Rio de Janeiro e o morro do Castelo: populares, estratégias de vida e hierarquias sociais (1904-1922).	2008	Niterói, RJ	UFF	224	História
PAULO, Fernando Souza	Favela-Bairro: o desafio da integração de espaços segregados na metrópole carioca	2008	Rio de Janeiro, RJ	UERJ	153	Geografia
PEREIRA, Cláudia da Silva	Gisele da favela: uma análise antropológica sobre a carreira de modelo	2008	Rio de Janeiro, RJ	UFRJ	217	Sociologia e Antropologia
PEREIRA, Luiz Antônio de Souza	O prorama Favela-Bairro: dois estudos de caso	2008	Niterói, RJ	UFF	174	Geografia
PINTO, Michelle Glória Coelho	Sociedade de consumo a partir da fotografia participativa: olhares da adolescência das comunidades populares Largo do Machadinho e Pedreira, Granja Guarani, Teresópolis, RJ	2008	Rio de Janeiro, RJ	UFRJ	261	Psicossociologia de Comunidades e Ecologia Social
SILVA, Adriana Maria Soares da	Sentidos de violência para alunos de uma escola localizada em uma favela do Município do Rio de Janeiro em aulas de Educação Física	2008	Rio de Janeiro, RJ	UGF	89	Educação Física
SILVA, Midihã Ferreira da	Gênero e pobreza: um estudo de caso das mulheres chefes de domicílio das comunidades de baixa renda do Caju	2008	Niterói, RJ	UFF	98	Economia
SOUZA, José Luiz Alves de	O homem, sua saúde e o ambiente onde vive: a crise ecológica na busca por cidadania e as realidades entre saúde e o poder público no Complexo de Favelas de Acari – RJ	2008	Niteroi, RJ	UFF	100	Ciência Ambiental

BIBLIOTECA(S) ONDE FOI LOCALIZADA A OBRA	PALAVRAS-CHAVES	ENDEREÇO ELETRÔNICO	TEMÁTICA	TERRITÓRIO ESPECÍFICO	TIPO DE DOCUMENTO
Biblioteca Central do Gragoatá	Não informado		Habitação Habitat		Tese
Biblioteca Lincoln de Freitas Filho	Não informado		Grupos Sociais – Juventudes		Tese
Biblioteca Kalman H. Silvert	Não informado		Turismo	Providência	Dissertação
Rede Sirius UERJ	espaço urbano, favelas, segregação		Memória, História, Identidade, Subjetividade		Dissertação
Banco de Teses UERJ	creche comunitária, formação humana, psicologia	http://www.bdtd.uerj.br/tde_busca/index.php	Mercado e Trabalho		Dissertação
	juventude, aspecto social, Rio de Janeiro	http://www.bdtd.ndc.uff.br/tde_busca/arquivo.php?codArquivo=3010	Grupos Sociais – Juventudes		Dissertação
Banco de Teses da UFRJ	escolas públicas, organização, administração, Rio de Janeiro, violência na escola, escola e comunidade		Educação		Dissertação
	planejamento urbano – aspecto social, História do morro do Castelo (RJ)	http://www.bdtd.ndc.uff.br/tde_busca/arquivo.php?codArquivo=4140	Regulação Urbana		Dissertação
Banco de Teses da UERJ	favelas, Rio de Janeiro, política social, urbanização		Habitação Habitat		Dissertação
Biblioteca do IFCS/UFRJ	manequins – condições sociais, manequins – orientação profissional, moda, corpo humano		Mercado e Trabalho		Tese
Banco Digital de Teses e Dissertações UFF	geografia urbana, programa Favela-Bairro, favela	http://www.bdtd.ndc.uff.br/tde_busca/arquivo.php?codArquivo=3304	Habitação Habitat		Dissertação
Banco de Teses da UFRJ	adolescentes pobres, fotografia, exclusão social		Grupos Sociais – Juventudes	Largo do Machadinho, Pedreira e Granja Guarani – Teresópolos	Dissertação
Biblioteca UGF/NUTESES	Não informado		Educação		Dissertação
Banco Digital de Teses e Dissertações da UFF	gênero, pobreza, chefia feminina domiciliar, favela do Caju	http://www.bdtd.ndc.uff.br/tde_busca/arquivo.php?codArquivo=2254	Grupos Sociais – Gênero	Caju	Dissertação
Biblioteca do Instituto de Geociências da UFF	Não informado		Habitação Habitat	Acari	Dissertação

AUTOR	TÍTULO	ANO DE PUBLICAÇÃO	LOCAL	EDITORA OU INSTITUIÇÃO	Nº DE PÁGINAS	PÓS-GRADUAÇÃO
SVARTMAN, Rosane	De dentro para fora, de cima para baixo: a formação de autores e a trajetória do Núcleo de Cinema do Grupo Nós do Morro do Vidigal	2008	Rio de Janeiro, RJ	UFRJ	137	Comunicação e Cultura
TAVARES, Maria Helena de Souza	Presenças marcantes: violência e religião em programas sociais públicos	2008	Rio de Janeiro, RJ	PUC/RJ	201	Serviço Social
TELLES, Maria Sarah da Silva	Viver na pobreza: experiência e representações de moradores de uma favela carioca	2008	Rio de Janeiro, RJ	Instituto Universitário De Pesquisa Do Rio De Janeiro	233	Sociologia
VEROCAI, Álvaro Henrique Côrtes	Alternativas para recuperação de perdas da concessionária de saneamento em comunidades de baixa renda no município do Rio de Janeiro	2008	Rio de Janeiro, RJ	UFRJ	57	Engenharia Civil
VIEIRA, Antônio Carlos Pinto	Do engenho à favela, do mar ao chão, memórias da construção do espaço na Maré	2008	Rio de Janeiro, RJ	UNIRIO	229	Memória Social
VIEIRA, Juliana de Souza Reis	Intervenções do poder público municipal em favelas na cidade do Rio de Janeiro para preservação ambiental	2008	Rio de Janeiro, RJ	UERJ	205	Direito
ALBINO, Aydée Valério de Souza	Amor bandido: estudo de trajetórias de vida de jovens mulheres na Favela da Candelária – Complexo da Mangueira	2009	Rio de Janeiro, RJ	UERJ	181	Serviço Social
CASTRO, Vitor Monteiro	Circulando – diálogo e comunicações na favela: a favela em busca de cidadania	2009	Rio de Janeiro, RJ	UFRJ	140	Comunicação
CHAGAS, Viktor Henrique Carneiro de Souza	Por que é cidadão o jornalista-cidadão? História das mídias e jornalismo cidadão de base comunitária na Maré	2009	Rio de Janeiro, RJ	FGV	242	História, Politica e Bens Culturais
CHRISTOVÃO, Ana Carolina	A vizinhança importa: desigualdades e educação no Morro do Cantagalo – RJ	2009	Rio de Janeiro, RJ	UFRJ	127	Planejamento Urbano e Regional
COSTA, Antonia Gama Cardoso de Oliveira da	"Fazendo do nosso jeito": o audiovisual a serviço da "ressignificação da favela"	2009	Rio de Janeiro, RJ	PUC/RJ	163	Ciências Sociais
CUNHA, Christina Vital da	Evangélicos em ação nas favelas cariocas: um estudo sócio-antropológico sobre redes de proteção, tráfico de drogas e religião no Complexo de Acari	2009	Rio de Janeiro, RJ	UERJ	340	Ciências Sociais
CZEMARK,Sabira de Alencar	Incerta, a vida continua: a formação subjetiva no contexto da violência nas favelas cariocas	2009	Rio de Janeiro, RJ	UERJ	95	Saúde Coletiva
DIAS, Amanda de Souza Araujo	Du moukhayyam à la favela: une étude comparative entre um camp de refugies palestiniens au Liban et une favela carioca	2009	Rio de Janeiro, RJ	UERJ	371	Ciências Sociais
DUARTE, Kelly Murat	Infância e adolescência: punição, controle e o sistema de garantia de direitos	2009	Niterói, RJ	UFF	111	Política Social

BIBLIOTECA(S) ONDE FOI LOCALIZADA A OBRA	PALAVRAS-CHAVES	ENDEREÇO ELETRÔNICO	TEMÁTICA	TERRITÓRIO ESPECÍFICO	TIPO DE DOCUMENTO
Banco de Teses da UFRJ	comunicação, cinema, Vidigal, redação de textos para cinema, roteiristas cinematográficos	http://www.pos.eco.ufrj.br/publicacoes/mestrado/dissertacoes_2008.html#20	Arte e Cultura		Dissertação
Biblioteca Central da PUC-Rio	Não informado		Regulação Urbana		Tese
Biblioteca Kalman H. Silvert	Não informado		Memória, Historia, Identidade e Subjetividade		Tese
Banco de Teses da UFRJ	abastecimento de águas nas cidades, engenharia sanitária, política governamental, saneamento, serviço de água, política de preço, educação ambiental		Habitação Habitat		Dissertação
Biblioteca Central da UNIRIO	Não informado		Memória, História, Identidade, Subjetividade	Maré	Dissertação
Biblioteca CCS/ UERJ	Não informado		Regulação Urbana		Dissertação
Rede Sirius UERJ	narcotraficantes, Mangueira, relações homem-mulher, favelas	http://www.bdtd.uerj.br/tde_busca/processaPesquisa.php?pesqExecutada=1&id=1698	Grupos Sociais – Gênero	Mangueira	Dissertação
	comunicação, comunidade, organização, redes de relações sociais, Complexo do Alemão		Comunicação		Dissertação
Biblioteca da FGV	Não informado		Comunicação	Maré	Dissertação
Banco de Teses UFRJ	segregação urbana, rede de relaçoes sociais, igualdade na educação, favelas, sociologia da educação, favela Morro do Cantagalo		Educação	Cantagalo	Dissertação
Biblioteca Central da PUC-Rio	Não informado		Comunicação		Dissertação
Banco de Teses UERJ	favelas, religião, tráfico de drogas, redes de proteção, laços sociais	http://www.bdtd.uerj.br/tde_busca/arquivo.php?codArquivo=4867	Memória, Historia, Identidade e Subjetividade	Acari	Tese
Rede Sirius UERJ	psicologia do desenvolvimento, subjetividade, comportamento do apego, favelas, violência	http://www.bdtd.uerj.br/tde_busca/arquivo.php?codArquivo=4374	Memória, História, Identidade, Subjetividade		Dissertação
Banco de Teses UERJ	exclusão social, comparação, favelas, refugiados, espaços em margens, pobreza, estigma, causa nacional palestina, tráfico de drogas, militantismo, intelectuais		Habitação Habitat		Tese
Biblioteca Central do Gragoatá	adolescente, ato infracional, punição, direitos humanos	http://www.bdtd.ndc.uff.br/tde_busca/arquivo.php?codArquivo=3718	Grupos Sociais – Infância		Dissertação

PRODUÇÃO ACADÊMICA POR ANO

AUTOR	TÍTULO	ANO DE PUBLICAÇÃO	LOCAL	EDITORA OU INSTITUIÇÃO	Nº DE PÁGINAS	PÓS-GRADUAÇÃO
FARIAS, Jacira Saavedra	A forma da inFORMAlidade: uma análise da morfologia urbana da Rocinha	2009	Rio de Janeiro, RJ	UFRJ	112	Urbanismo
FERNANDES, Fernando Lannes	Violência, medo e estigma: efeitos sócio-espaciais da "atualização" do "mito da marginalidade" no Rio de Janeiro	2009	Rio de Janeiro, RJ	UFRJ	485	Geografia
FRAGA, Vivan de Almeida	Favela do Aço: pensando os dispositivos de controle da assistência social	2009	Rio de Janeiro, RJ	UERJ	118	Psicologia Social
GOMES, Jacimar Silva	Paixão em estado bruto. Movimento hip-hop: palco e projeto de uma juventude.	2009	Niterói, RJ	UFF	209	Comunicação
MAGALHÃES, Rodrigo Silva	O papel das Associações de Moradores da Maré na abertura política (1978/1985)'	2009	Rio de Janeiro, RJ	UERJ	105	Historia Social
MARANHÃO, Maria Alice Fortes de Albuquerque	Clínica nas trincheiras: sobre o atendimento clínico a crianças em uma favela do Rio de Janeiro	2009	Rio de Janeiro, RJ	PUC/RJ	120	Psicologia Clínica
MELLO, Thiago de Souza	Policiamento comunitário no Rio de Janeiro: uma estratégia de ampliação do controle social no contexto do neoliberalismo	2009	Niterói, RJ	UFF	155	Sociologia e Direito
MONTEIRO, Rodrigo de Araujo	Prevenção da violência: o caso de projetos sócio-esportivos nos subúrbios cariocas	2009	Rio de Janeiro, RJ	UERJ	163	Saúde Coletiva
OLIVEIRA, Robson Ramos	Sistema de controle gerencial em organizações internacionalizadas: os casos das escolas de samba do Grupo Especial da cidade do Rio de Janeiro	2009	Rio de Janeiro, RJ	UERJ	182	Ciências Contábeis
PALHARES, Barbara Góes	A cidade como espetáculo urbano: um estudo a partir do caso do Morro da Providência	2009	Rio de Janeiro, RJ	UFRJ	132	Serviço Social
PERES, Fabio de Faria	Lazer, juventude e sociabilidade em um conjunto de favelas cariocas	2009	Rio de Janeiro, RJ	FIOCRUZ	119	Saúde Pública
RAMOS, Raquel do Nascimento	A regularização fundiária e urbanística em favelas e o combate à violência urbana	2009	Rio de Janeiro, RJ	UERJ	106	Direito
REIS, Heloiza Beatriz Cruz dos	Nos percursos da sociabilidade: a comunicação do cotidiano na Candelária, Morro da Mangueira	2009	Rio de Janeiro, RJ	UERJ	153	Comunicação
REIS, Marcus Paulo Silva dos	"Operação Praia do Pinto" – um estudo da memória popular da remoção	2009	Rio de Janeiro, RJ	UNIRIO	180	Memória Social
ROCHA, Lia de Mattos	Uma favela diferente das outras?: rotina, silenciamento e ação coletiva na favela do Pereirão, Rio de Janeiro	2009	Rio de Janeiro, RJ	Universidade Candido Mendes	200	Sociologia
SANTOS, Andreia Cesar dos	"A realidade da vida é que o bagulho é doido": percepções de jovens moradores da Maré sobre favela, juventude e violência em diálogo com Falcão	2009	Rio de Janeiro, RJ	UERJ	114	Ciências Sociais

BIBLIOTECA(S) ONDE FOI LOCALIZADA A OBRA	PALAVRAS-CHAVES	ENDEREÇO ELETRÔNICO	TEMÁTICA	TERRITÓRIO ESPECÍFICO	TIPO DE DOCUMENTO
Banco de Teses da UFRJ	urbanismo, morfologia urbana, favela da Rocinha (Rio de Janeiro), favelas		Habitação Habitat	Rio das Pedras	Dissertação
Biblioteca da PPGG/UFRJ	favelas, segregação, exclusão social, violência		Segurança Pública		Tese
Banco de Teses e Dissertações da UERJ	Favela do Aço, assistência social, dispositivos de controle, pólo de vigilância da exclusão,	http://www.bdtd.uerj.br/tde_busca/arquivo.php?codArquivo=5852	Regulação Urbana	Favela do Aço	Dissertação
Banco Digital de Teses e Dissertações da UFF	hip-hop, consumo, indústria cultural, resistência e identidade	http://www.bdtd.ndc.uff.br/tde_busca/arquivo.php?codArquivo=3728	Arte e Cultura		Dissertação
Rede Sirius CEHD/UERJ	Não informado		Movimento Popular e Comunitário	Maré	Dissertação
Biblioteca Central da PUC-Rio	Não informado		Direito à Saúde		Dissertação
Biblioteca Central do Gragoatá	Não informado		Segurança Pública		Dissertação
Biblioteca CBC/UERJ	Não informado		Educação		Tese
Biblioteca CCS/B (UERJ)	Não informado		Arte e Cultura		Dissertação
Banco de Teses da UFRJ	política urbana, urbanização, favelas, Morro da Providência		Regulação Urbana	Providência	Dissertação
Biblioteca Lincoln de Freitas Filho	Não informado		Grupo Sociais – Juventudes		Tese
Biblioteca CCS/UERJ	Não informado		Regulação Urbana		Dissertação
Rede Sirius UERJ	Não informado		Memória, História, Identidade, Subjetividade	Mangueira	Dissertação
Biblioteca de Teses e Dissertações da UNIRIO	Não informado		Memória, História, Identidade, Subjetividade		Dissertação
Biblioteca Kalman H. Silvert	Não informado		Segurança Pública	Vila Pereira da Silva	Tese
Banco de Teses UERJ	mídia, juventude, violência, tráfico de drogas, Maré	http://www.bdtd.uerj.br/tde_busca/index.php	Grupos Sociais – Juventudes	Maré	Dissertação

AUTOR	TÍTULO	ANO DE PUBLICAÇÃO	LOCAL	EDITORA OU INSTITUIÇÃO	Nº DE PÁGINAS	PÓS-GRADUAÇÃO
SANTOS, Eladir Fátima Nascimento dos	E por falar em FAFERJ... Federação das Associações de Favelas do Estado do Rio de Janeiro (1963 – 1993) – memória e história oral	2009	Rio de Jabeiro, RJ	UNIRIO	231	Memória Social
SILVA, Eliana Sousa	O contexto das práticas policiais nas favelas da Maré: a busca de novos caminhos a partir de seus protagonistas	2009	Rio de Janeiro, RJ	PUC/RJ	279	Serviço Social
SILVA, José Nazareno	Os dois Orfeus, representações da paisagem favela no cinema: o olhar estrangeiro e o olhar de pertencimento	2009	Rio de Janeiro, RJ	UERJ	121	Geografia
SILVA, Luciane Soares da	Funk para além da festa: um estudo sobre disputas simbólicas e práticas culturais na cidade do Rio de Janeiro	2009	Rio de Janeiro, RJ	UFRJ	212	Sociologia e Antropologia
SOUZA, Rogério Ferreira de	As mudanças nas formas de representação política dos moradores de favelas: do líder comunitário aos agentes sociais	2009	Rio de Janeiro, RJ	UERJ	240	Ciências Sociais
SPAMPINATO, Elisa	Turismo em favelas cariocas e desenvolvimento situado: a possibilidade do encontro entre seis iniciativas comunitárias	2009	Rio de Janeiro, RJ	UFRJ	160	Engenharia de Produção
VALLE, Tatiana Freitas	Vulnerabilidade e uso urbano em assentamentos informais em áreas de encosta: estudo de caso: comunidade Sete Cruzes no município de São Gonçalo – RJ	2009	Rio de Janeiro, RJ	UFRJ	119	Planejamento Ambiental
VAZ, Cibele Mariano	Identidade cultural e imagem de si: construções de subjetividades no território do Centro Cultural Cartola – Mangueira/RJ	2009	Rio de Janeiro, RJ	UERJ	182	Psicologia Social
VENANCIO, Patricia Gabai	O direito à moradia digna: um novo paradigma de atuação do Ministério Público à luz da gestão democrática da cidade	2009	Rio de Janeiro, RJ	UERJ	214	Direito
VIEIRA, Marcos Vinicius	A modelagem da paisagem carioca pela violência urbana: uma investigação	2009	Rio de Janeiro, RJ	UERJ	144	Geografia
VIVES, Regina Célia Azevedo	Quem faz uma rádio comunitária? Estudo de caso de uma favela da zona oeste do Rio de Janeiro	2009	Rio de Janeiro, RJ	FGV	116	História, Política e Bens Culturais
AGIER, Isabelle A	Habilidade dos analistas de crédito e discriminação de gênero: evidências do microcrédito em favelas no Rio de Janeiro	2010	Rio de Janeiro, RJ	PUC/RJ	Não informado	Economia
ALMEIDA, Ana Carolina Canegal de	Fronteira urbana: interpretações sobre a relação entre Cruzada São Sebastião e Leblon	2010	Rio de Janeiro, RJ	PUC/RJ	Não informado	Ciências SOciais
AZEVEDO, Bruno Duarte	Análise e proposta de diretrizes para um sistema logístico de recolha e beneficiamento dos resíduos sólidos para áreas de favela em sintonia com os preceitos do GrSCM	2010	Rio de Janeiro, RJ	PUC/RJ	85	Engenharia de Produção
CARUSO, Tiago de Brito	Assaltantes, traficantes e milícias. Teoria e evidência das favelas do Rio de Janeiro	2010	Rio de Janeiro, RJ	PUC/RJ	Não informado	Economia

BIBLIOTECA(S) ONDE FOI LOCALIZADA A OBRA	PALAVRAS-CHAVES	ENDEREÇO ELETRÔNICO	TEMÁTICA	TERRITÓRIO ESPECÍFICO	TIPO DE DOCUMENTO
	FAFERJ, memória, favela, relações de poder, movimentos sociais.	http://www.memoriasocial.pro.br/documentos/Disserta%C3%A7%C3%B5es/Diss241.pdf	Movimento Popular e Comunitário		Dissertação
Biblioteca Central da PUC-Rio	Não informado		Segurança Pública	Maré	Tese
Banco de Teses UERJ	geografia cultural, paisagem, favela, cinema, cidade do Rio de Janeiro	http://www.bdtd.uerj.br/tde_busca/arquivo.php?codArquivo=3107	Arte e Cultura		Dissertação
Biblioteca do IFCS/UFRJ	funk, movimento da juventude, Rio de Janeiro		Arte e Cultura		Tese
Biblioteca do IFCH/UERJ	Não informado		Movimento Popular e Comunitário		Tese
Banco de Teses da UFRJ	turismo, favelas, nativos, ecoturismo		Mercado e Trabalho		Dissertação
Banco de Teses da UFRJ	assentamentos humanos, urbanização, São Gonçalo, favelas, crescimento urbano		Habitação Habitat	Sete Cruzes – São Gonçalo	Dissertação
Banco de Teses UERJ	território, imagem de si, identidade cultural, grupo operativo	http://www.bdtd.uerj.br/tde_busca/index.php	Memória, História, Identidade, Subjetividade	Mangueira	Dissertação
Biblioteca CCS/UERJ	Não informado		Habitação Habitat		Dissertação
Banco de Teses UERJ	geografia, paisagem, violência urbana, Rio de Janeiro	http://www.bdtd.uerj.br/tde_busca/index.php	Segurança Pública		Dissertação
Biblioteca Digital da FGV	rádio comunitária, estudo de caso, favela, Rio das Pedras, bens culturais, projetos sociais	http://bibliotecadigital.fgv.br/dspace/bitstream/handle/10438/2698/CPDOC2009ReginaCeliaAzevedoVives.pdf?sequence=1&isAllowed=y	Comunicação	Rio das Pedras	Dissertação
Biblioteca Central da PUC-Rio	Não informado		Economia/Consumo		Tese
Biblioteca Central da PUC-Rio	Não informado		Regulação Urbana	Cruzada São Sebastião	Dissertação
Biblioteca Central da PUC-Rio	Não informado		Habitação Habitat		Dissertação
Biblioteca Central da PUC-Rio	Não informado		Segurança Pública		Dissertação

PRODUÇÃO ACADÊMICA POR ANO

AUTOR	TÍTULO	ANO DE PUBLICAÇÃO	LOCAL	EDITORA OU INSTITUIÇÃO	Nº DE PÁGINAS	PÓS-GRADUAÇÃO
CARVALHO, Olivia Bandeira de Melo	"Jogar, encontrar os amigos ou espalhar o currículo por aí": uma etnografia na lan house e no telecentro	2010	Niterói, RJ	UFF	180	Comunicação
COSTA, Reginaldo Scheuermann	O Centro de Ações Solidárias na Maré (CEASM) e a nova pedagogia da hegemonia: tensões entre a militância e o ethos empresarial	2010	Rio de Janeiro, RJ	UFRJ	285	Educação
COUTINHO, Marina Henriques	A favela como palco e personagem e o desafio da comunidade-sujeito	2010	Rio de Janeiro, RJ	UNIRIO	235	Artes Cênicas
COUTO, Maria Isabel MacDowell	Trajetórias divergentes: uma revisão das teorias de criminalidade urbana	2010	Rio de Janeiro, RJ	UERJ	83	Sociologia
DEROSSI, Altayr Monton	Favela, fotografia, meio ambiente e educação ambiental: um estudo a partir da realidade da comunidade Nova Brasília – RJ'	2010	Rio de Janeiro, RJ	UNIPLI	100	Ensino de Ciências da Saúde e do Ambiente
FIGUEIREDO, Charles Barros de	O surgimento do gari comunitário: trajetórias de vida e trabalho de um novo trabalhador dentro do espaço da favela do morro do Andaraí	2010	Rio de Janeiro, RJ	UERJ	227	Serviço Social
GOES, Samantha Oliveti de	A violência urbana sob o olhar da criança: representações sociais por alunos de uma escola pública numa favela do Rio de Janeiro	2010	Rio de Janeiro, RJ	UERJ	110	Educação, Cultura e Comunicação
GOMES, Simone da Silva Ribeiro	Um estudo sobre a participação de jovens mulheres em movimentos sociais de gênero no Rio de Janeiro	2010	Rio de Janeiro, RJ	UERJ	128	Psicologia Social
JAVOSKI, Daniela Engel Aduan	Transfavela, uma análise pós-implantação	2010	Rio de Janeiro, RJ	UFRJ	118	Urbanismo
MELLO, Edir de Oliveira Teixeira de	Luz, câmera, ação: Cidade de Deus entre histórias e memórias	2010	Rio de Janeiro, RJ	UERJ	256	Ciências Sociais
MORAES, Lilian Saback de Sá	A autorrepresentação das favelas: a criação de mundos possíveis por sujeitos heterotópicos	2010	Rio de Janeiro, RJ	PUC/RJ	Não informado	Comunicação
MOREIRA,Lavínia Ferraz	O ambiente dialógico como instrumento de participação em projetos de melhorias habitacionais	2010	Rio de Janeiro, RJ	UFRJ	238	Urbanismo
MOURA, Ricardo José	Complexo: experiência, formação e comunicação na periferia	2010	Duque de Caxias, RJ	UERJ	89	Educaçao, Cultura e Comunicação em periferias urbanas
NOVAES, Patrícia Ramos	Valor social da educação e o efeito vizinhança: uma análise das famílias moradoras da Rocinha	2010	Rio de Janeiro, RJ	UFRJ	110	Planejamento Urbano e Regional
PASSOS, Carlos Eduardo Lima	Consumo de água e tarifa social em áreas de baixa renda: estudo de caso das comunidades de Santa Marta, complexo do Borel / Casa Branca e complexo da Mangueira, Rio de Janeiro, RJ	2010	Rio de Janeiro, RJ	UERJ	151	Engenharia Ambiental
PINHO, Gabriela Salomão Alves	Por que "essas mulheres" têm tantos filhos? Um estudo sobre mulher, maternidade e pobreza	2010	Rio de Janeiro, RJ	PUC/RJ	Não informado	Psicologia Clínica

BIBLIOTECA(S) ONDE FOI LOCALIZADA A OBRA	PALAVRAS-CHAVES	ENDEREÇO ELETRÔNICO	TEMÁTICA	TERRITÓRIO ESPECÍFICO	TIPO DE DOCUMENTO
Banco Digital de Teses e Dissertações da UFF	inclusão social, lan house, sociedade midiatizada, telecentro, lazer, mobilidade social, Morro do Estado (Niterói, RJ)	http://www.bdtd.ndc.uff.br/tde_busca/arquivo.php?codArquivo=4379	Arte e Cultura		Dissertação
Banco de Teses da UFRJ	Centro de Estudos e Ações Solidárias da Maré, educação, hegemonia, Maré, sociologia educacional		Movimento Popular e Comunitário	Maré	Dissertação
Biblioteca Setorial da UNIRIO	Não informado		Arte e Cultura		Tese
Banco de Teses UERJ	criminalidade, juventude, tráfico de drogas	http://www.bdtd.uerj.br/tde_busca/index.php	Segurança Pública		Dissertação
Biblioteca Central da UNIPLI	Não informado		Arte e Cultura	Nova Brasília	Dissertação
Banco de Teses UERJ	cidade, política pública, lixo, trabalho com o lixo	http://www.bdtd.uerj.br/tde_busca/index.php	Mercado e Trabalho	Andaraí	Dissertação
Rede Sirius UERJ	Não informado		Educação		Dissertação
Banco de Teses UERJ	movimentos sociais, identidade, participação política	http://www.bdtd.uerj.br/tde_busca/index.php	Grupos Sociais – Gênero		Dissertação
Banco de Teses da UFRJ	favelas, favela do Borel, espaço urbano, integração		Regulação Urbana		Dissertação
Banco de Teses UERJ	Cidade de Deus, segregação, audiovisual, trajetórias	http://www.bdtd.uerj.br/tde_busca/index.php	Arte e Cultura	Cidade de Deus	Tese
Biblioteca Central da PUC-Rio	Não informado		Memória, História, Identidade, Subjetividade		Dissertação
Banco de Teses da UFRJ	urbanismo, favela, políticas públicas, Amparo (SP)		Habitação Habitat		Dissertação
Rede Sirius UERJ	prática de ensino, professores, favelas	http://www.bdtd.uerj.br/tde_busca/arquivo.php?codArquivo=10907	Educação		Dissertação
Banco de Teses da UFRJ	igualdade na educação, redes de relações sociais, segregação urbana, Rocinha		Educação	Rocinha	Dissertação
Rede Sirius UERJ	engenharia ambiental, água, favela	http://www.bdtd.uerj.br/tde_busca/arquivo.php?codArquivo=8232	Habitação Habitat	Borel, Casa Branca, Santa Marta e Mangueira	Dissertação
Biblioteca Central da PUC-Rio	Não informado		Grupos Sociais – Gênero		Tese

AUTOR	TÍTULO	ANO DE PUBLICAÇÃO	LOCAL	EDITORA OU INSTITUIÇÃO	Nº DE PÁGINAS	PÓS-GRADUAÇÃO
PIZOTTI, Alexandre Moura	Mangueira: um simbólico lugar forjado no ritmo do samba e no passo de seus desfilantes	2010	Rio de Janeiro, RJ	UERJ	93	Geografia
ROBAINA, Igor Martins Medeiros	A favela entre a cruz e a espada: a criação da Fundação Leão XIII e o ordenamento sócio-habitacional carioca (1947-1962)	2010	Rio de Janeiro, RJ	UERJ	110	História Social
ROCHA, Daniella Guedes	Da batalha à guerra do Rio: uma abordagem espaço-temporal da representação do espaço-favela na imprensa carioca	2010	Rio de Janeiro, RJ	ENCE/IBGE	188	Estudos Populacionais e pesquisas sociais
ROCHA, Marcos Fonseca da	Políticas públicas e direito à cidade: conflitos sociais e cidadania no Rio de Janeiro	2010	Rio de Janeiro, RJ	UERJ	160	Políticas Públicas e Formação Humana
SILVA, Humberto Ferreira da	A mobilidade em Manguinhos e a efetividade social das intervenções do PAC	2010	Rio de Janeiro, RJ	UFRJ	92	Planejamento Urbano e Regional
SILVA, Humberto Salustriano da	A remoção (re)pautada na cidade do Rio de Janeiro: discursos, mídia e resistências	2010	Rio de Janeiro, RJ	UFRJ	162	Planejamento Urbano e Regional
SILVA, Marianna de Araujo e	O pós-modernismo e a cultura das favelas	2010	Rio de Janeiro, RJ	UFRJ	125	Comunicação
SILVA, Marta do Nascimento	A favela como expressão de conflitos no espaço urbano do Rio de Janeiro: o exemplo da Zona Sul carioca	2010	Rio de Janeiro, RJ	PUC/RJ	157	Geografia
SILVA, Priscila Soares da	Planejamento e projeto urbano em favelas: rupturas entre teoria e prática no desenvolvimento local da favela da Rocinha	2010	Niterói, RJ	UFF	176	Arquitetura e Urbanismo
SILVA, Rodrigo Torquato	Escola-favela e favela-escola: esse menino não tem jeito	2010	Niterói, RJ	UFF	224	Educação
SILVA, Sérgio Henrique Cardoso da	Plantas utilizadas para o tratamento de dores musculares por moradores da comunidade da Maré – Rio de Janeiro.	2010	Rio de Janeiro, RJ	UNISUAM	45	Desenvolvimento Local
SILVA, Thiago de Faria e	Audiovisual, memória e política: os filmes cinco vezes favela (1962) e 5x favela, agora por nós mesmos	2010	São Paulo, SP	USP	237	História Social
SOARES, Marcus Rosa	Mal-estar na cidade: ordem e contra-ordem sócio-espacial na cultura do amedrontamento	2010	Niterói, RJ	UFF	321	Geografia
SOUZA, Suellen André de	Existir no tráfico: percepções e vivências dos jovens traficantes de drogas da favela Baleeira	2010	Campos dos Goytacazes, RJ	UFF	97	Sociologia Política
VASCONCELOS, Tiago Santos de	Entre territórios do cárcere, de contenção e lugares de vida: uma microgeografia	2010	Rio de Janeiro, RJ	PUC/RJ	136	Geografia

BIBLIOTECA(S) ONDE FOI LOCALIZADA A OBRA	PALAVRAS-CHAVES	ENDEREÇO ELETRÔNICO	TEMÁTICA	TERRITÓRIO ESPECÍFICO	TIPO DE DOCUMENTO
Rede Sirius UERJ	geografia humana, favelas, Mangueira	http://www.bdtd.uerj.br/tde_busca/arquivo.php?codArquivo=11408	Memória, História, Identidade, Subjetividade	Mangueira	Dissertação
Rede Sirius UERJ	favelas, habitações, Correio Brasiliense		Memória, História, Identidade, Subjetividade		Dissertação
Biblioteca da ENCE/IBGE	Não informado		Comunicação		Dissertação
Banco de Teses UERJ	reforma urbana, movimentos sociais, participação democrática, políticas públicas, poder judiciário e lutas sociais, cidadania, direitos sociais	http://www.bdtd.uerj.br/tde_busca/index.php	Movimento Popular e Comunitário		Tese
Biblioteca do IPPUR/UFRJ	mobilidade urbana, favelas, urbanização, Programa de Aceleração do Crescimento (PAC), Manguinhos		Regulação Urbana	Manguinhos	Dissertação
Banco de Teses da UFRJ	mobilidade urbana, favelas, Programa de Aceleração do Crescimento, Manguinhos		Regulação Urbana		Dissertação
Biblioteca da Escola de Comunicação da UFRJ	Não informado		Arte e Cultura		Dissertação
Biblioteca Central da PUC-Rio	Não informado		Segurança Pública		Dissertação
Biblioteca da BAU/UFF	Não informado		Regulação Urbana	Rocinha	Dissertação
Biblioteca Central do Gragoatá	Não informado		Educação		Tese
Biblioteca Central Prof. Augusto Motta	Não informado		Memória, História, Identidade, Subjetividade	Maré	Dissertação
Banco de Teses Capes	audiovisual, memória, política, filme, 5x favela	http://bancodeteses.capes.gov.br/	Comunicação		Dissertação
Banco Digital de Teses e Dissertações da UFF	violência, aspecto social, medo, sociologia urbana	http://www.bdtd.ndc.uff.br/tde_busca/arquivo.php?codArquivo=4021	Segurança Pública		Tese
Biblioteca do CCH	Não informado		Grupos Sociais – Juventudes		Dissertação
Biblioteca Central da PUC-Rio	Não informado		Memória, História, Identidade, Subjetividade		Dissertação

AUTOR	TÍTULO	ANO DE PUBLICAÇÃO	LOCAL	EDITORA OU INSTITUIÇÃO	Nº DE PÁGINAS	PÓS-GRADUAÇÃO
AMARAL, Pedro Henrique Evora Esteves	Cidade-andaime: estruturas transitórias na cidade contemporânea	2011	Rio de Janeiro, RJ	UFRJ	150	Urbanismo
ANSEL, Thiago Araújo	Novos mediadores, representações da favela e produção cotidiana da identidade do favelado	2011	Rio de Janeiro, RJ	UFRJ	143	Comunicação
ARAGAO, Luciano Ximenes	Um prato bonito com as beiradas quebradas – a produção do espaço na Rocinha (RJ)	2011	São Paulo, SP	USP	138	Geografia
ARAUJO, João Batista Oliviera de (BABÁ)	Cidadania escassa, controle negociado e os movimentos populares em favelas: reflexões a partir do estudo de caso do Fórum Social de Manguinhos no Rio de Janeiro	2011	Rio de Janeiro, RJ	UFRJ	100	Urbanismo
ARAUJO, Wildo Navegantes de	Aspectos epidemiológicos da leptospirose no Brasil, 2000 a 2009 e a avaliação do conhecimento e das atitudes sobre a doença em uma favela na cidade de Salvador, Bahia	2011	Rio de Janeiro, RJ	Centro de Pesquisa Gonçalo Moniz – FIOCRUZ	114	Biotecnologia em Saúde e Medicina Investigativa
AZEVEDO, Vinicius Souza de	A aprendizagem significativa e a narração de estórias tradicionais: experiências estéticas em escolas públicas na favela da Maré	2011	São Paulo, SP	USP	190	Artes Visuais
BRUM, Mário Sérgio	Cidade Alta: história, memórias e estigma de favela num conjunto habitacional do Rio de Janeiro	2011	Niterói, RJ	UFF	362	História
CALDAS, Renata de Oliveira Pinto	Violências, redes de apoio e subjetividade: dando voz a crianças de uma favela da zona sul do Rio de Janeiro	2011	Rio de Janeiro, RJ	PUC/RJ	127	Psicologia Clínica
CAMILO, Fabiola Nascimento	As práticas de lazer em uma favela carioca: reflexões sobre essencialismos, heterogeneidade e marcas de identificação social	2011	Rio de Janeiro, RJ	UFRJ	161	Ciências Sociais
CASTILHO, Antônio Ivan.	A educação contextualizada como instrumento de inclusão social.	2011	São Paulo, SP	UNICID	127	Educação
CORREA, Claudia Franco	Controversias entre o "direito de moradia" em favelas e o direito de propriedade imobiliária na cidade do Rio de Janeiro.	2011	Rio de Janeiro, RJ	UGF	178	Direito
COSTA, Ana Maria Miguel da	Laço da laje: jovens produtores de cultura	2011	Rio de Janeiro, RJ	UERJ	79	Educação, Cultura e Comunicação
COSTA, Keila Prado	A favela como ficção: uma leitura de Texaco e Cidade de Deus	2011	São Paulo, SP	USP	145	Letras
FRANÇA, Bruno Alves de	Urbanização de favelas no Rio de Janeiro: as favelas de Praia da Rosa e Sapucaia 12 anos após a experiência do programa bairrinho	2011	Rio de Janeiro, RJ	UFRJ	140	Planejamento Urbano e Regional

BIBLIOTECA(S) ONDE FOI LOCALIZADA A OBRA	PALAVRAS-CHAVES	ENDEREÇO ELETRÔNICO	TEMÁTICA	TERRITÓRIO ESPECÍFICO	TIPO DE DOCUMENTO
Banco de Teses da UFRJ	arquitetura, andaime, cidade contemporânea, favela da Maré	http://bancodeteses.capes.gov.br/	Habitação Habitat		Dissertação
Catálogo de Teses e Dissertações da CAPES	representação, identidade	http://bancodeteses.capes.gov.br/	Memória, História, Identidade, Subjetividade		Dissertação
Biblioteca Digital USP	produção do espaço, alienação, urbanização	http://bancodeteses.capes.gov.br/	Regulação Urbana	Rocinha	Tese
Banco de Teses da UFRJ	Fórum Social de Manguinhos, Programa de Aceleração do Crescimento, movimentos sociais, favelas, favela de Manguinhos		Movimento Popular e Comunitário		Dissertação
Acervo de Teses FIOCRUZ	leptospirose, carga da doença, fatores de risco	http://bancodeteses.capes.gov.br/	Direito à Saude		Tese
Biblioteca Digital USP	narração de histórias, projetos pedagógicos, favelas	http://bancodeteses.capes.gov.br/	Educação	Maré	Dissertação
Biblioteca Central do Gragoatá	Não informado		Memória, Historia, Identidade e Subjetividade	Cidade Alta	Tese
Banco de Teses Capes	favela, violência, infância, subjetividade, criatividade	http://bancodeteses.capes.gov.br/	Grupos Sociais – Infância		Dissertação
Banco de Teses Capes	lazer, identidade	http://bancodeteses.capes.gov.br/	Memória, História, Identidade, Subjetividade		Dissertação
Banco de Teses Capes	comunidade, educação contextualizada, inclusão, metrópole	http://bancodeteses.capes.gov.br/	Educação		Dissertação
Banco de Teses Capes	direito de moradia, direito de propriedade, cidadania	http://bancodeteses.capes.gov.br/	Regulação Urbana		Tese
Banco de Teses UERJ	educação, periferia, função fraterna	http://www.bdtd.uerj.br/tde_busca/index.php	Grupos Sociais – Juventudes		Dissertação
Biblioteca Florestan Fernandes	Cidade de Deus, Texaco, ficção, favela	http://bancodeteses.capes.gov.br/	Arte e Cultura	Cidade de Deus	Dissertação
Banco de Teses Capes	urbanização, favela	http://bancodeteses.capes.gov.br/	Regulação Urbana	Praia do Rosa e Sapucaia	Dissertação

AUTOR	TÍTULO	ANO DE PUBLICAÇÃO	LOCAL	EDITORA OU INSTITUIÇÃO	Nº DE PÁGINAS	PÓS-GRADUAÇÃO
IGNACIO, Jocelene de Assis	Doutores , mas não-cidadãos? Trajetórias de vida de egressos do ensino superior, moradores da favela do Jacarezinho, Rio de Janeiro, de 2000 a 2009	2011	Rio de Janeiro, RJ	PUC/RJ	230	Serviço Social
LOPES, Natânia Pinheiro de Oliveira	Os "bandidos" da cidade: formas de criminalidade da pobreza e processo de criminalização dos pobres	2011	Rio de Janeiro, RJ	UERJ	244	Ciências Sociais
LOPES, Paulo Victor Leite	Sexualidade e construção de si em uma favela carioca: pertencimentos, identidades, movimentos	2011	Rio de Janeiro, RJ	UFRJ	141	Antropologia Social
MARTINS, Marcio André Conde	Democracia participativa nas comunidades carentes cariocas com Unidades de Polícia Pacificadora: gestão e planejamento democráticos das políticas públicas urbanas	2011	Rio de Janeiro, RJ	UERJ	169	Direito
MARTINS, Paulo Cesar	Desigualdades socioespaciais no município do Rio de Janeiro: um foco na região administrativa de Vigário Geral	2011	Rio de Janeiro, RJ	ENCE	134	População, Território e Estatísticas Públicas
MEIRELLES, Luisa Helena Silva	Uma abordagem ao campo da moda no Rio de Janeiro: o caso da favela Rio das Pedras	2011	Rio de Janeiro, RJ	PUC/RJ	167	Designer
MIGON, Ricardo Moreira	O Programa De Aceleração Do Crescimento (PAC) no Complexo do Alemão: um campo de disputas	2011	Rio de Janeiro, RJ	UERJ	100	Ciências Sociais
MORAES, Camila Maria dos Santos	Museu de favela: pensando turismo e patrimônio no Pavão, Pavãozinho e Cantagalo	2011	Rio de Janeiro, RJ	UFRJ	134	Ciências Sociais
MOREIRA, Rafaela Selem	Democratização do judiciário na cidade do Rio de Janeiro: um estudo sobre o acesso individual e coletivo de moradores de favelas à justiça contextualizado à luz de uma história de desigualdades.	2011	Rio de Janeiro, RJ	PUC Rio	171	Direito
OLIVEIRA, Bruno Coutinho de Souza	Políticas públicas e participação popular na implementação do PAC Social no Complexo do Alemão, RJ	2011	Niterói, RJ	UFF	122	Política Social
PISTILLI, Jose Carlos Teixeira	Representação e violência na escola	2011	Rio de Janeiro, RJ	UFRJ	188	Planejamento Urbano e Regional
RODRIGUES, Jose Roberto da Silva	Jovens, gestores e escolas fora de lugar? Geografias de oportunidades educacionais do ensino médio na cidade do Rio de Janeiro	2011	Rio de Janeiro, RJ	PUC/RJ	176	Educação
RUBIO, Viviane Manzione	Projeto de urbanização de assentamentos precários no Rio de Janeiro e São Paulo: um instrumento de construção de cidade	2011	São Paulo, SP	Universidade Presbiteriana Makenzie	279	Arquitetura e Urbanismo
SANTINO, Juliana Isabel Cardoso	Atenção primária à saúde nas favelas cariocas: uma análise da elaboração, formulação e implementação da política municipal de saúde nas favelas do Rio de Janeiro, nos anos de 2009-2010	2011	Rio de Janeiro, RJ	Fiocruz	129	Saúde Coletiva
SILVA, Nadia Teixeira Pires da	A produção de direito no cinema: um estudo sociológico	2011	Rio de Janeiro, RJ	UFRJ	140	Direito

BIBLIOTECA(S) ONDE FOI LOCALIZADA A OBRA	PALAVRAS-CHAVES	ENDEREÇO ELETRÔNICO	TEMÁTICA	TERRITÓRIO ESPECÍFICO	TIPO DE DOCUMENTO
Banco de Teses Capes	favela, educação superior, cidadania, Jacarezinho, PVNC	http://bancodeteses.capes.gov.br/	Educação	Jacarezinho	Tese
Banco de Teses UERJ	"bandidos", crime, representações, moral	http://www.bdtd.uerj.br/tde_busca/index.php	Segurança Pública		Dissertação
Banco de Teses Capes	sexualidade, identidade, pertencimento, movimentos	http://bancodeteses.capes.gov.br/	Memória, História, Identidade, Subjetividade		Dissertação
Banco de Teses UERJ	democracia, políticas públicas, violência urbana	http://www.bdtd.uerj.br/tde_busca/index.php	Segurança Pública		Dissertação
Banco de Teses Capes	desigualdade e segracação socioespacial, favelização	http://bancodeteses.capes.gov.br/	Regulação Urbana	Vigário Geral	Dissertação
	design, produtos têxteis e de vestuário, moda, campo da moda	http://bancodeteses.capes.gov.br/	Mercado e Trabalho	Rio das Pedras	Dissertação
Biblioteca do IFCH/UERJ	Não informado		Regulação Urbana	Alemão	Dissertação
Banco de Teses Capes	museu de favela, turismo, patrimônio, Pavão-Pavãozinho	http://bancodeteses.capes.gov.br/	Memória, História, Identidade, Subjetividade	Cantagalo/ Pavão/ Pavãozinho	Dissertação
Banco de Teses Capes	democratização, acesso – judiciário, favelas	http://bancodeteses.capes.gov.br/	Direito à Justiça		Dissertação
	participação, clientelismo, máquina política, reconhecimento, PAC Social	http://www.bdtd.ndc.uff.br/tde_busca/arquivo.php?codArquivo=4982	Movimento Popular e Comunitário	Alemão	Dissertação
Banco de Teses Capes	escola, professores, estudantes, representação, violências	http://bancodeteses.capes.gov.br/	Educação		Tese
Banco de Teses Capes	ensino médio, geografia de oportunidades	http://bancodeteses.capes.gov.br/	Educação		Tese
Banco de Teses Capes	urbanização, construção, cidade, instrumento, arquitetura, urbanismo	http://bancodeteses.capes.gov.br/	Habitação Habitat		Dissertação
Banco de Teses Capes	Política de saúde, políticas públicas,favelas	http://bancodeteses.capes.gov.br/	Direito à Saude		Dissertação
Não informado	teoria do direito, sociologia jurídica, direito, cinema, 5x favela		Arte e Cultura		Dissertação

AUTOR	TÍTULO	ANO DE PUBLICAÇÃO	LOCAL	EDITORA OU INSTITUIÇÃO	Nº DE PÁGINAS	PÓS-GRADUAÇÃO
SOUZA, Renata da Silva	O cidadão: uma década de experiência ideológica, pedagógica e política de comunicação comunitária	2011	Rio de Janeiro, RJ	UFRJ	127	Comunicação
AMOROSO, Mauro Henrique de Barros	Caminhos do lembrar: a construção e os usos políticos da memória no morro do Borel	2012	Rio de Janeiro, RJ	FGV	266	História, Política e Bens Culturais
ARAUJO, Helena Maria Marques	Museu da Maré: entre educação, memórias e identidades	2012	Rio de Janeiro, RJ	PUC/RJ	235	Educação
ARENHAT, Deise	Entre a favela e o castelo: efeitos de geração e classe social em culturas infantis	2012	Niterói, RJ	UFF	311	Educação
ASSREUY, Patrícia Martins	Comunidade colorida: uma representação contemporânea da favela carioca	2012	Rio de Janeiro, RJ	UFRJ	72	Urbanismo
BARBOSA, Roberta Priscila Brasilino	Relações de poder e processos de criminalização em policiais e moradores de favelas: "mas não me bate doutor porque eu sou de batalha" (ampliando sentidos para "doutor" e "bater")	2012	Rio de Janeiro, RJ	UFRJ	141	Psicologia
BARROS, Matheus Alves de	Ambientalização do urbano: o caso do Complexo do Alemão na Zona Norte da cidade do Rio de Janeiro	2012	Rio de Janeiro, RJ	UFRJ	94	Planejamento Urbano e Regional
BISPO, Mariana Nascimento	Comunicação e cidade: a favela Santa Marta e o turismo local	2012	Rio de Janeiro, RJ	UERJ	200	Comunicação
BITTENCOURT, Danielle Lopes	"O morro é do povo": memórias e experiências de mobilização em favelas cariocas	2012	Niterói, RJ	UFF	170	História
BORGES, Andrea Maria Abreu	A dois passos do paraíso? Análise sobre a construção da favela Paraisópolis (São Paulo-SP) como destino turístico	2012	Rio de Janeiro, RJ	FGV	102	História, Politica e Bens Culturais
BRANDT, Daniele Batista	Território, desigualdade urbana e política pública: considerações à dimensão territorial do programa escolas do amanhã	2012	Rio de Janeiro, RJ	UERJ	130	Serviço Social
CAMPOS, Gilda Zamith Ribeiro	Informação, cultura, homeopatia: redes sociais e saúde na comunidade do morro dos Cabritos – RJ	2012	Rio de Janeiro, RJ	UFRJ	187	Ciências da Informação
CANEDO,Juliana Soares Gomes	Intervenções urbanas em favelas: o arquiteto no processo coletivo de construção e transformação das cidades	2012	Rio de Janeiro, RJ	UFRJ	221	Urbanismo
COSTA, Ramon Bezerra	Mídias livres: um estudo sobre formas de ação política no campo midiático	2012	Rio de Janeiro, RJ	UERJ	149	Comunicação
FARAGE, Eblin Joseph	Estado, território e cotidiano no complexo de favelas da Maré	2012	Rio de Janeiro, RJ	UERJ	170	Serviço Social
FELIX, Carla Baiense	Territórios proibidos: a construção da favela no noticiário e seus efeitos sociais	2012	Rio de Janeiro, RJ	UFRJ	242	Comunicação
FERREIRA, Denize Ramos	Relatos orais: o clientelismo e as relações do poder representados nas memórias de indivíduos ligados à favela Vila Operária, em Duque de Caxias, no Rio de Janeiro (1960-1985)	2012	Rio de Janeiro, RJ	UFRJ	156	História

BIBLIOTECA(S) ONDE FOI LOCALIZADA A OBRA	PALAVRAS-CHAVES	ENDEREÇO ELETRÔNICO	TEMÁTICA	TERRITÓRIO ESPECÍFICO	TIPO DE DOCUMENTO
Banco de Teses Capes	O cidadão, comunicação comunitária, Complexo da Maré	http://bancodeteses.capes.gov.br/	Comunicação	Maré	Dissertação
Biblioteca Digital da FGV	memória coletiva, historiografia	http://bibliotecadigital.fgv.br/dspace/bitstream/handle/10438/9609/TESE_MAUROAMOROSO.pdf?sequence=1&isAllowed=y	Memória, Historia, Identidade e Subjetividade	Borel	Tese
Biblioteca digital PUC-Rio	Museu da Maré, museus comunitários	http://bancodeteses.capes.gov.br/	Arte e Cultura	Maré	Tese
Biblioteca Digital de Teses e Dissertação da UFF	culturas da infância, geração	http://bancodeteses.capes.gov.br/	Grupos Sociais – Infância		Tese
Banco de Teses da UFRJ	favelas – Rio de Janeiro – favelas aspectos sociais – Santa Marta	http://bancodeteses.capes.gov.br/	Habitação Habitat	Santa Marta	Dissertação
Banco de Teses UFRJ	espaço, biopoder, favela, tráfico, polícia, Santa Marta, cidade do Rio de Janeiro	http://bancodeteses.capes.gov.br/	Segurança Pública		Dissertação
Banco de Teses da UFRJ	ambientalismo, conflito social, favela do Alemão		Habitação Habitat	Alemão	Dissertação
Biblioteca Digital de Teses e Dissertação da UERJ	cidade, favela, turismo, favela tours, narrativas	http://bancodeteses.capes.gov.br/	Mercado e Trabalho	Santa Marta	Dissertação
Biblioteca Digital de Teses e Dissertação da UFF	favela, mobilização popular, associação de moradores	http://bancodeteses.capes.gov.br/	Movimento Popular e Comunitário		Dissertação
Biblioteca Digital da FGV	Paraisópolis, turismo, favela, relações, conflito	http://bancodeteses.capes.gov.br/	Mercado e Trabalho	Paraisópolis/SP	Dissertação
Biblioteca Digital de Teses e Dissertação da UERJ	território, desigualdade urbana, política pública, escola pública	http://bancodeteses.capes.gov.br/	Educação		Dissertação
IIBCT/UFRJ	informação de saúde, redes sociais, homeopatia, informação	http://bancodeteses.capes.gov.br/#120	Direito à Saude	Morro dos Cabritos	Dissertação
Banco de Teses da UFRJ	urbanização, revitalização urbana, favelas		Habitação Habitat		Dissertação
Banco de Teses UERJ	mídias livres, tecnologia, imprensa e política	http://www.bdtd.uerj.br/tde_busca/index.php	Comunicação		Dissertação
Banco de Teses Capes	favela, estado, território – cotidiano	http://bancodeteses.capes.gov.br/	Regulação Urbana	Maré	Tese
Banco de Teses da UFRJ	comunicação, jornalismo, favela, risco, frame-analysis	http://bancodeteses.capes.gov.br/	Comunicação		Tese
Biblioteca PPGHC/UFRJ	Ditadura Militar	http://bancodeteses.capes.gov.br/	Memória, História, Identidade, Subjetividade	Vila Operária – Duque de Caxias	Dissertação

AUTOR	TÍTULO	ANO DE PUBLICAÇÃO	LOCAL	EDITORA OU INSTITUIÇÃO	Nº DE PÁGINAS	PÓS-GRADUAÇÃO
FICHINO, Daniela Alessandra Soares	Pasárgada Reconquistada? Estudo sobre o processo de implementação das Unidades de Polícia Pacificadora	2012	São Paulo, SP	FGV	114	Direito e Desenvolvimento
GONÇALVES, Katia Pires	Em nome das UPPs: uma análise das representações midiáticas sobre a ocupação da favela da Rocinha	2012	Rio de Janeiro, RJ	UERJ	179	Comunicação
GUEDES, Amadeu da Silva	Diálogos de Lima Barreto com o cientificismo em os Bruzundangas e o Subterrâneo do Morro do Castelo	2012	Niterói, RJ	UFF	252	Letras
LOURENÇO, Wagner Jorge dos Santos	Descentralização política e participação comunitária no Rio de Janeiro: a experiência dos Conselhos Governo-Comunidade durante o governo Saturnino Braga (1986-1988)	2012	Rio de Janeiro, RJ	UERJ	149	História
MENDES, Isis Regina dos Santos	Cidadania e autoestima com crianças e jovens da Orquestra de Violinos do Centro Cultural Cartola	2012	Rio de Janeiro, RJ	UERJ	126	Psicologia Social
MORAES, Rita Goes Bezerra de	Tornar-se mãe na favela: relatos sobre a experiência da gravidez numa comunidade popular do Rio de Janeiro	2012	Rio de Janeiro, RJ	UERJ	135	Saúde Coletiva
MORAES, Vinícius Silva de	"No meio do caminho tinha uma pedra, tinha uma pedra no meio do caminho...": anotações sobre a retomada do processo de remoção de favelas no contexto do empreendedorismo urbano carioca	2012	Rio de Janeiro, RJ	UFRJ	117	Planejamento Urbano e Regional
MOTA, Carla Gisele dos Santos	Políticas habitacionais e os usos econômicos das residências: o caso do conjunto habitacional Matadouro em Campos dos Goytacazes-RJ	2012	Campos dos Goytacazes, RJ	UENF	93	Política Social
MOTHE, Natalia Guimaraes	Dinâmica socioespacial em zona de expansão urbana: os impactos da implantação de novos empreendimentos na área ao entorno da Avenida Silvio Bastos Tavares em Campos dos Goytacazes/RJ	2012	Campos dos Goytacazes, RJ	UENF	122	Política Social
OLIVEIRA, Israel Jose de	Do antropológico ao antropofágico: afro reggae: arte, cultura e mediações entre morro e asfalto	2012	Rio de Janeiro, RJ	UFRJ	109	Comunicação
OST, Sabrina Marinho	O mercado sobe a favela: um estudo sobre o Santa Marta pós-UPP	2012	Rio de Janeiro, RJ	FGV	89	Administração
PAULA, Leticia Miranda	Quem somos nós? Surgimento, identidade e legitimidade na trajetória teatral do Grupo Nós do Morro	2012	Niterói, RJ	UFF	136	História
PEDROSA, Fernanda Ferreira	Motivação e desfecho escolar no Rio de Janeiro	2012	Rio de Janeiro, RJ	PUC/RIO	238	Comunicação
PEREIRA, Pedro Barreto	Segurança para quem? O discurso midiático sobre as Unidades de Polícia Pacificadora	2012	Rio de Janeiro, RJ	UFRJ	150	Comunicação
QUEIROZ, Fabio Vicente Goncalves	Livro de visitas: um estudo sobre formas de apropriação e os conflitos numa biblioteca pública na periferia carioca	2012	Rio de Janeiro, RJ	UERJ	227	Educaçao, Cultura e Comunicação

BIBLIOTECA(S) ONDE FOI LOCALIZADA A OBRA	PALAVRAS-CHAVES	ENDEREÇO ELETRÔNICO	TEMÁTICA	TERRITÓRIO ESPECÍFICO	TIPO DE DOCUMENTO
Biblioteca Digital da FGV	Polícia Militar, prevenção ao crime, segurança pública, Rio de Janeiro, favelas	http://bibliotecadigital.fgv.br/dspace/bitstream/handle/10438/10425/Tudo.pdf?sequence=1&isAllowed=y	Segurança Pública		Dissertação
Banco de Teses UERJ	mídia, violência urbana, megaevento, UPP, pacificação, O Globo	http://www.bdtd.uerj.br/tde_busca/index.php	Segurança Pública		Dissertação
Banco Digital de Teses e Dissertações da UFF	ciência, Lima Barreto, cientificismo, riso		Arte e Cultura		Tese
Banco de Teses UERJ	descentralização política, movimento comunitário, conselho governo – comunidade, Saturnino Braga, clientelismo, populismo, Rio de Janeiro	http://www.bdtd.uerj.br/tde_busca/index.php	Movimento Popular e Comunitário		Dissertação
Banco de Teses UERJ	Orquestra de Violinos Cartola-Petrobras, cidadania, autoto-estima, solidariedade	http://www.bdtd.uerj.br/tde_busca/index.php	Grupos Sociais – Infância e Juventudes	Mangueira	Dissertação
Banco de Teses Capes	maternidade, mulher e subjetividade, favela e pobreza	http://bancodeteses.capes.gov.br/	Grupos Sociais – Gênero		Dissertação
Banco de Teses da UFRJ	remoção, favelas, eventos especiais, eventos esportivos, administração pública		Regulação Urbana		Dissertação
Banco de Teses Capes	política habitacional, favela matadouro	http://bancodeteses.capes.gov.br/	Habitação Habitat	Matadouro – Campos dos Goytacazes	Dissertação
Banco de Teses Capes	favela, plano diretor, segregação	http://bancodeteses.capes.gov.br/	Regulação Urbana	Silvio Bastos Taraves – Campos dos Goytacazes	Dissertação
	comunicação, "mediação social", favela, arte, cultura	http://bancodeteses.capes.gov.br/	Arte e Cultura		Tese
Biblioteca Digital da FGV	estado, mercado, cidadania, favela, Santa Marta, Unidade de Polícia Pacificadora (UPP)	http://bibliotecadigital.fgv.br/dspace/bitstream/handle/10438/9614/Disserta%C3%A7%C3%A3o%20Final.pdf?sequence=3&isAllowed=y	Mercado e Trabalho	Santa Marta	Dissertação
Banco de Teses Capes	história social, cultura, teatro, Grupo Nós do Morro	http://bancodeteses.capes.gov.br/	Arte e Cultura		Dissertação
Banco de Teses Capes	motivação, desfecho escolar, jovens, favela	http://bancodeteses.capes.gov.br/	Educação		Tese
Biblioteca da Escola de Comunicação da UFRJ	comunicação, segurança, crime, favela, mídia, neoliberalismo	http://bancodeteses.capes.gov.br/	Segurança Pública		Dissertação
Banco de Teses UERJ	periferia, política cultural, biblioteca pública, conflito	http://www.bdtd.uerj.br/tde_busca/arquivo.php?codArquivo=5998	Arte e Cultura		Dissertação

AUTOR	TÍTULO	ANO DE PUBLICAÇÃO	LOCAL	EDITORA OU INSTITUIÇÃO	Nº DE PÁGINAS	PÓS-GRADUAÇÃO
RAMOS, Dandara de Oliveira	Metas de realização e expectativas de vida de jovens do Rio de Janeiro em contextos distintos	2012	Rio de Janeiro, RJ	UERJ	87	Psicologia Social
RESENDE, Saulo Magalhaes	A estética realista dos filmes sobre favela no Brasil (2002–2010)	2012	Rio de Janeiro, RJ	UERJ	150	Psicologia Social
RIBEIRO, Emanuel Brick	Há vida em meio aos escombros: algumas práticas e efeitos da psicologia no morro do Bumba	2012	Rio de Janeiro, RJ	UERJ	97	Psicologia Social
SANTOS, Francine Helfriech Coutinho dos	Serviço social e educação: o exercício profissional dos assistentes sociais em escolas públicas de favelas	2012	Rio de Janeiro, RJ	UERJ	288	Serviço Social
SANTOS, Rosane Soares	Aspectos territoriais relacionados ao turismo de base comunitária em favelas cariocas urbanizadas	2012	Rio de Janeiro, RJ	UFRJ	229	Engenharia Urbana
SEDA, Daniele Mariano	Por que você não olha pra mim?: invisibilidade social de jovens em situação de vulnerabilidade e o futebol como luta por reconhecimento	2012	Rio de Janeiro, RJ	UERJ	169	Educação
SILVA, Francisco Marcelo da	Programa conexões de saberes: uma política de ação afirmativa de permanência para negros moradores de favela, na Universidade?	2012	Niterói, RJ	UFF	250	Educação
SOARES, Ozias de Jesus	Território e identidades em trânsito no subúrbio industrial: uma análise das transformações socioeconômicas na região do Complexo do Alemão	2012	Rio de Janeiro, RJ	UERJ	261	Ciências Sociais
TRINDADE, Cláudia Peçanha	"Não se faz omelete sem quebrar os ovos": política pública e participação social no PAC Manguinhos	2012	Niterói, RJ	UFF	260	História
TURINO, Fernando de Carvalho	Mercado imobiliário e políticas públicas de segurança, um estudo de caso: entorno da favela Santa Marta e implantação da UPP	2012	Rio de Janeiro, RJ	UFRJ	169	Engenharia Urbana
VICTOR, Tânia Abreu da Silva	Estratégias adaptativas de jovens moradores e não-moradores de comunidades do Rio de Janeiro: sua relação com a percepção do contexto e experiência de violência	2012	Rio de Janeiro, RJ	UERJ	100	Psicologia Social
ACIOLI, Maira Souza e Silva	Informalidade urbana, gestão e mercado: reflexões a partir dos mototáxis e da Unidade de Polícia Pacificadora da Rocinha	2013	Rio de Janeiro, RJ	UFRJ	95	Sociologia e Antropologia
ALENCAR, Claudia Aguiar de Araujo	A vizinhança importou na implantação dos CIEPs na Cidade do Rio de Janeiro	2013	Rio de Janeiro, RJ	UFRJ	195	Planejamento Urbano e Regional
ANASTÁCIO, Alexandra Santo	Comunicação e moda na periferia do Rio de Janeiro: entre balas e belas	2013	Rio de Janeiro, RJ	UFRJ	135	Comunicação e Cultura
ANDRADA, Anderson Francisco de	O significado das UPPs, seus limites e possibilidades: a Santa Marta na cidade do Rio de Janeiro	2013	Rio de Janeiro, RJ	UERJ	133	Geografia
ANDRADE, Vanessa Menezes de	A política de pacificação e o povo da favela	2013	Niterói, RJ	UFF	158	Psicologia

BIBLIOTECA(S) ONDE FOI LOCALIZADA A OBRA	PALAVRAS-CHAVES	ENDEREÇO ELETRÔNICO	TEMÁTICA	TERRITÓRIO ESPECÍFICO	TIPO DE DOCUMENTO
Banco de Teses UERJ	expectativa de vida, psicologia social	http://www.bdtd.uerj.br/tde_busca/index.php	Grupos Sociais – Juventudes		Dissertação
Banco de Teses UERJ	cinema brasileiro contemporâneo, favela, estética realista	http://bancodeteses.capes.gov.br/	Arte e Cultura		Dissertação –
Banco de Teses Capes	psicologia das emergências e desastres, cidade, subjetividade	http://bancodeteses.capes.gov.br/#120	Memória, História, Identidade, Subjetividade	Morro do Bumba – Niteroi	Dissertação
Rede Sirius Uerj	serviço social, educação pública, favelas	http://www.bdtd.uerj.br/tde_busca/processaPesquisa.php?pesqExecutada=1&id=5794	Mercado e Trabalho		Tese
Banco de Teses da UFRJ	Intervenções urbanas, favelas, turismo, engenharia urbana		Mercado e Trabalho		Dissertação
Banco de Teses UERJ	invisibilidade social, futebol, psicologia do esporte	http://www.bdtd.uerj.br/tde_busca/index.php	Grupo Sociais – Juventudes		Dissertação
Banco Digital de Teses e Dissertações da UFF	conexões de saberes, ação afirmativa	http://bancodeteses.capes.gov.br/	Educação		Dissertação
Banco de Teses UERJ	Complexo do Alemão, reestruturação produtiva, industrialização, identidades, trabalho	http://www.bdtd.uerj.br/tde_busca/index.php	Mercado e Trabalho	Alemão	Tese
Banco Digital de Teses e Dissertações da UFF	Politica pública, Programa de Aceleração do Crescimento, urbanização de favela, Manguinhos	http://www.bdtd.ndc.uff.br/tde_busca/arquivo.php?codArquivo=5362	Movimento Popular e Comunitário	Manguinhos	Tese
Banco de Teses Capes	UPP, evolução do mercado imobiliário, bairro de Botafogo	http://bancodeteses.capes.gov.br/	Habitação Habitat	Santa Marta	Dissertação
Banco de Teses UERJ	psicologia social, percepção do contexto	http://www.bdtd.uerj.br/tde_busca/index.php	Grupos Sociais – Juventudes		Dissertação
Biblioteca da UFRJ	informalidade, favela, Unidades de Polícia Pacificadora, mercado		Mercado de Trabalho	Rocinha	Dissertação
Banco de Teses da UFRJ	Centro Integrado de Educação Pública, segregação na educação, discriminação na habitação, vizinhança, educação		Educação		Dissertação
Banco de Teses da UFRJ	moda, favela, comunicação		Comunicação		Dissertação
Banco de Teses UERJ	espaço, biopoder, favela, tráfico, polícia, Santa Marta, cidade do Rio de Janeiro		Segurança Pública		Dissertação
Biblioteca Central do Gragoatá	biopolítica, povo, silêncio, UPP		Segurança Pública		Dissertação

AUTOR	TÍTULO	ANO DE PUBLICAÇÃO	LOCAL	EDITORA OU INSTITUIÇÃO	Nº DE PÁGINAS	PÓS-GRADUAÇÃO
BIANCHI, Eduardo	Comunicação e juventude no Morro da Mangueira: o espaço da comunidade da Candelária	2013	Rio de Janeiro, RJ	UERJ	106	Comunicação
CALDEIRA, Geraldiny Malaguti	Administração pública do risco ambiental: os estudos de caso do Morro dos Prazeres e Morro do Urubu	2013	Rio de Janeiro, RJ	UFRJ	160	Planejamento Urbano e Regional
CARVALHO, Fernanda Caixeta	O turismo de base comunitária como instrumento para fortalecimento da participação dos moradores: o caso da Favela Santa Marta – Rio de Janeiro	2013	Rio de Janeiro, RJ	UFRJ	111	Urbanismo
CID, Viviane de Carvalho	5x favela, 50 anos depois: da favela "para o povo" à favela "por nós mesmos"	2013	Rio de Janeiro, RJ	UFRJ	185	Sociologia e Antropologia
CRUZ, Juliana Falcão de Oliveira	Esporte e educação: a quem interessa a realização dos megaeventos esportivos no Rio de Janeiro?	2013	Niterói, RJ	UFF	132	Educação
CURI, Tatiane Vieira	Projetos de inclusão social em favelas cariocas: de que inclusão estamos falando?	2013	Rio de Janeiro, RJ	UFRJ	94	Psicologia
DIAS, Rafael Mendonça	Experimentação e cuidado: um campo problemático das drogas e a emergência da redução de danos no Brasil.	2013	Niterói, RJ	UFF	300	Psicologia
DUROVNI, Patricia Barbosa Peixoto	Tuberculose na Rocinha: análise de indicadores epidemiológicos e operacionais após a cobertura de 100% da Estratégia de Saúde da Família	2013	Rio de Janeiro, RJ	FIOCRUZ	139	Saúde Publica
FACINA, Thiago Santos	"Eles que se matem": notas sobre o varejo de drogas ilícitas nas favelas cariocas	2013	Rio de Janeiro, RJ	UERJ	64	Ciencias Sociais
FERNANDEZ, Alexandre	Turismo comunitário como ferramenta de desenvolvimento local das favelas do Complexo do Alemão	2013	Rio de Janeiro, RJ	UNISUAM	142	Desenvolvimento Local
FERREIRA, Guilherme Carvalhido	Flamengo, time de favelado!: representações sociais do Flamengo na mídia impressa dos anos 1930 aos 1960	2013	Rio de Janeiro, RJ	UERJ	100	comunicação
FILHO, Dinaldo Sepúlveda Almendra	"A firma é forte": trabalho, crime e consumo nas redes de sociabilidade da "violência urbana"	2013	Rio de Janeiro, RJ	UERJ	252	Sociologia
FRANÇA, Alexandre Miguel	O silenciamento da história: Indícios da criminalização da América Latina através da guerra às drogas	2013	Niterói, RJ	UFF	174	Sociologia e Direito
GAWRYSZEVSKI, Bruno	Políticas de educação, hegemonia e territórios pacificados: estratégias contemporâneas para a gestão da governabilidade	2013	Rio de Janeiro, RJ	UFRJ	282	Educação
GENTIL, Vinícius Miranda	"Aqui só se anda com cria": o movimento associativo, as relações políticas e a implementação da Unidade de Polícia Pacificadora na Mangueira	2013	Duque de Caxias, RJ	UERJ	138	Educação, Cultura e Comunicação em Periferias Urbanas

BIBLIOTECA(S) ONDE FOI LOCALIZADA A OBRA	PALAVRAS-CHAVES	ENDEREÇO ELETRÔNICO	TEMÁTICA	TERRITÓRIO ESPECÍFICO	TIPO DE DOCUMENTO
Plataforma Sucupira	comunicação, cultura, comunidade, estilo-de-vida, tecnologias de informação, comunicação		Comunicação		Dissertação
Banco de Teses UFRJ	risco ambiental, favela, áreas de risco, chuvas, desabamentos de encostas, Rio de Janeiro, gerenciamento dos riscos, Geo-Rio		Habitação Habitat		Dissertação
Biblioteca da FAU/UFRJ	turismo de base comunitária, favela Santa Marta, Rio de Janeiro		Mercado e Trabalho		Dissertação
UFRJ	representação, favela, cinema, cineastas da favela, autorrepresetação		Arte e Cultura		Dissertação
Biblioteca Central do Gragoatá	megaeventos esportivos, educação, contradições		Educação		Dissertação
Banco de Teses UFRJ	exclusão/inclusão social, jovens, favelas, organização não-governamental		Grupos Sociais – Juventudes		Dissertação
Biblioteca Central do Gragoatá	experiência, cuidado, drogas, redução de danos		Direito à Saude		Tese
Plataforma Sucupira	tuberculose, indicadores epidemiológicos e operacionais		Direito à Saúde	Rocinha	Dissertação
Rede Sirius UERJ	Unidade de Polícia Pacificadora, violência, educação comunitária		Segurança Pública		Dissertação
Biblioteca Central Professor Augusto Motta – UNISUAM	Não informado		Mercado de Trabalho	Alemão	Dissertação
Plataforma Sucupira	torcedores de futebol, cidade, mídia impressa		Memória, História, Identidade, Subjetividade		Dissertação
Banco de Teses UERJ	violência urbana, crime, trabalho, consumo, sociabilidade	http://www.bdtd.uerj.br/tde_busca/index.php	Segurança Pública		Tese
Biblioteca Central do Gragoatá	medo, controle social, infância		Segurança Pública		Tese
Não informado	educação, favelas, escola pública		Educação		Tese
Rede Sirius UERJ	associativismo, UPP, política, favelas	http://www.bdtd.uerj.br/tde_busca/arquivo.php?codArquivo=10873	Movimento Popular e Comunitário	Mangueira	Dissertação

AUTOR	TÍTULO	ANO DE PUBLICAÇÃO	LOCAL	EDITORA OU INSTITUIÇÃO	Nº DE PÁGINAS	PÓS-GRADUAÇÃO
GRAJAÚ, Carla Aparecida Galvão	Reconhecimento profissional e social do agente comunitário de saúde: uma reflexão sobre as classes trabalhadoras urbanas no setor saúde	2013	Rio de Janeiro, RJ	UERJ	94	Enfermagem
GRILLO, Carolina Christoph	Coisas da vida no crime: tráfico e roubo em favelas cariocas	2013	Rio de Janeiro, RJ	UFRJ	291	Sociologia e Antropologia
GUARIENTO, Suellen Ferreira	Entre o reconhecimento público e a desconfiança: associações de moradores de favelas no contexto das UPP	2013	Niterói, RJ	UFF	208	Serviço
LEITE, Karla Pinho da Fonseca	A construção social do valor: um estudo antropológico sobre o mercado imobiliário do bairro de Icaraí e suas fronteiras, Morro do Cavalão e Jardim Icaraí	2013	Niteroi, RJ	UFF	154	Antropologia
LIMA, Camila Calado	Olimpíadas 2016 e a construção de um novo Rio: o marketing do legado, as políticas públicas e as estratégias comuncacionais em torno das favelas e das remoções	2013	Rio de Janeiro, RJ	UFRJ	171	Comunicação
LIMA, Daiana Amaral de	O processo de reordenaçao da cidade do Rio de Janeiro e a "pacificação" dos espaços e das pessoas	2013	Rio de Janeiro, RJ	UFRJ	171	Serviço Social
LOGUERCIO, João Francisco Canto	Morro do Bumba, etnografando a transformação de uma paisagem sob múltiplos olhares: da invisibilidade à tragédia, uma página que não deve ser virada	2013	Niteroi, RJ	UFF	177	Antropologia
MAGALHÃES, Alexandre Almeida de	Transformações no "problema favela" e a reatualização da "remoção" no Rio de Janeiro	2013	Rio de Janeiro, RJ	UERJ	322	Sociologia
MALHEIRO, Deborah Urbach	As UPPs e os direitos: uma análise sobre os impactos das políticas públicas em favela carioca	2013	Rio de Janeiro, RJ	PUC/RJ	137	Ciências Sociais
MARQUES, Roberto	"Que escola é essa que nós queremos?" Produção de sentidos de uma escola nas perspectivas docentes	2013	Niterói, RJ	UFF	300	Educação
MARTINS, Isis do Mar Marques	A cidade, o migrante, o espaço — o migrante nordestino na cidade do Rio de Janeiro: suas estratégias e seus agenciamentos	2013	Niterói, RJ	UFF	143	Geografia
MASSA, Ana de Santa Cecilia	Sociologia clínica do rap: a simbolização de jovens rappers brasileiros e franceses em seus espaços de vida	2013	Niterói, RJ	UFF	440	Psicologia
MASSOZ, Anna	Trajetórias e aspirações de mulheres estudantes de um curso preparatório para a pós-graduação em uma comunidade da periferia do RJ	2013	Rio de Janeiro, RJ	UFRJ/Museu Nacional	250	Antropologia Social
MATTOS, Pedro Ivo Gama Silva de Souza	Estado de exceção e vida nua: uma análise dos processos de inclusão e exclusão social na modernidade, à luz da relação entre crime, pobreza e cidadania	2013	Niteroi, RJ	UFF	135	Sociologia e Direito
MISSE, Daniel Ganen	Políticas sociais em territórios pacificados	2013	Niteroi, RJ	UFF	260	Sociologia e Direito

BIBLIOTECA(S) ONDE FOI LOCALIZADA A OBRA	PALAVRAS-CHAVES	ENDEREÇO ELETRÔNICO	TEMÁTICA	TERRITÓRIO ESPECÍFICO	TIPO DE DOCUMENTO
Banco de Teses UERJ	agente comunitário de saúde, reconhecimento profissional	http://www.bdtd.uerj.br/tde_busca/index.php	Mercado e Trabalho		Dissertação
Biblioteca UFRJ	crime, violência, tráfico de drogas, roubo, favela e Rio de Janeiro		Segurança Pública		Tese
Biblioteca Central do Gragoatá	associações de moradores, favela, reconhecimento		Movimento Popular e Comunitário		Dissertação
Biblioteca Central do Gragoatá	mercado imobiliário, valor	http://www.uff.br/ppga/wp-content/uploads/2013/06/a-construcao-social--do-valor.pdf	Habitação Habitat	Cavalão – Niteroi	Dissertação
Banco de Teses da UFRJ	favelas, Olimpíadas, política pública, comunicação		Regulação Urbana		Dissertação
Banco de Teses da UFRJ	Polícia Militar, ordem pública, controle social, Unidade de Polícia Pacificadora, pobres urbanos		Segurança Pública		Dissertação
Biblioteca da Pós-Graduação em Antropologia UFF	Morro do Bumba, tragédia, lixão, processo, paisagem, simetria	http://www.uff.br/ppga/wp-content/uploads/2013/06/MORRO-DO-BUMBA-ETNOGRAFANDO-A-TRANSFORMA%C3%87%C3%83O-DE-UMA-PAISAGEM-SOB-M%C3%9ALTIPLOS-OLHARES.pdf	Habitação Habitat	Morro do Bumba – Niteroi	Dissertação
Banco de Teses UERJ	favelas, remoção, intervenção estatal, ação coletiva	http://www.bdtd.uerj.br/tde_busca/arquivo.php?codArquivo=6472	Regulação Urbana		Tese
Plataforma Sucupira	UPPS, direitos, favelas, políticas públicas, pobreza		Segurança Pública		Dissertação
Biblioteca Central do Gragoatá	escola, docentes, sentidos		Educação		Tese
Biblioteca do Instituto de Geociências da UFF	migrante, agenciamentos, estratégias, resistência, permanência, mobilidade		Memória, História, Identidade, Subjetividade		Dissertação
Biblioteca Central do Gragoatá	rap, simbolização, juventude, periferia, favela, hip-hop, mediação artística, violência		Arte e Cultura		Tese
Banco de Teses da UFRJ	mulher, trajetória social, educação, construção da pessoa, classes populares, mobilidade social		Grupos Sociais – Gênero		Dissertação
Biblioteca Central do Gragoatá – UFF	estado de exceção, Vida Nua, Unidades de Polícia Pacificadora, estado total		Segurança Pública		Dissertação
Plataforma Sucupira	política social, território pacificado, UPP, UPP Social, territórios da paz, direcionamento		Segurança Pública		Tese

AUTOR	TÍTULO	ANO DE PUBLICAÇÃO	LOCAL	EDITORA OU INSTITUIÇÃO	Nº DE PÁGINAS	PÓS-GRADUAÇÃO
MORAIS, Juliana Athayde de	"Caminhadas de universitários de origem popular": trajetórias de acesso ao ensino superior federal brasileiro	2013	Rio de Janeiro, RJ	UFRJ	180	Sociologia e Antropologia
MOTTA, Thaiany Silva da	Direito á cidade e produção do espaço na cidade do Rio de Janeiro — reflexões sobre políticas públicas para favelas a partir da década de 1990	2013	Rio de Janeiro, RJ	UFRJ	140	Serviço Social
MOURA, Flávia de Souza	Políticas de segurança e saúde: a Unidade de Polícia Pacificadora na favela Santa Marta, Rio de Janeiro	2013	Rio de Janeiro, RJ	UFRJ	223	Psicossociologia de Comunidades
MUNIZ, Aline Vieira	Primeiros impactos da pacificação no consumo de moradores de favelas cariocas	2013	Rio de Janeiro, RJ	Faculdade de Economia e Finanças do Ibmec	74	Administração
MUNIZ, Silvia Barboza	Políticas e programas habitacionais no município do Rio de Janeiro. Uma avaliação da experiência (1979-2002)	2013	Niterói, RJ	UFF	247	Arquitetura e Urbanismo
NASCIMENTO, Vania Regina do	Dos tribunais do tráfico à mediação de conflitos: um estudo das representações sobre a administração institucional de conflitos em uma Unidade de Polícia Pacificadora no Rio de Janeiro	2013	Niteroi, RJ	UFF		Antropologia
NOMURA, Seije Felipe Prata Pacheco	Catástrofe e cotidiano: afirmação da vida no Morro do Bumba (estudo etnográfico)	2013	Rio de Janeiro, RJ	PUC/RJ	165	Comunicação
OLIVEIRA, Raphael Figueira Chiote Alves de	As metamorfoses territoriais do Comando Vermelho no Complexo da Maré: uma análise do período 2000-2012 à luz do binômio território-rede	2013	Rio de Janeiro, RJ	UERJ	138	Geografia
PASSOS, Pamella Santos dos	Lan house na favela: cultura e práticas sociais em Acari e no Santa Marta	2013	Niteroi, RJ	UFF	267	História
PEDRO, Geraldo dos Santos	Maré: território da resistência	2013	Niteroi, RJ	UFF	192	Arquitetura e Urbanismo
PINTO, Carlos Eduardo Pinto de	Imaginar a cidade real: o Cinema Novo e a representação da modernidade urbana carioca (1955-1970)	2013	Niterói, RJ	UFF	344	História
PULICI, Andrea Paulo da Cunha	Mercado informal nas favelas cariocas: transformaçoes recentes no território popular	2013	Rio de Janeiro, RJ	UFRJ	154	Planejamento Urbano e Regional
RAMOS, Wagner dos Santos	Governança e cooperação para geração de trabalho e renda em comunidades locais: o caso da Unidade de Polícia Pacificadora (UPP) na favela do Turano, RJ	2013	Niteroi, RJ	UFF	130	Sistema de Gestão
RODRIGUES, Eduardo de Oliveira	Um campo de "pacificação"? Algumas considerações sobre o programa das Unidades de Polícia Pacificadora (UPPs) no Rio de Janeiro	2013	Rio de Janeiro, RJ	UFRJ	273	Geografia
RODRIGUES, Veronica Maia	Leitura crítica e telenovela: processos de construção da identidade em comunidades	2013	Rio de Janeiro, RJ	UFRJ	118	Comunicação

BIBLIOTECA(S) ONDE FOI LOCALIZADA A OBRA	PALAVRAS-CHAVES	ENDEREÇO ELETRÔNICO	TEMÁTICA	TERRITÓRIO ESPECÍFICO	TIPO DE DOCUMENTO
Banco de Teses da UFRJ	trajetórias escolares, ensino superior, sociologia da educação		Educação		Dissertação
Banco de Teses da UFRJ	produção do espaço, direito à cidade, segregação socioespacial, favela, urbanização		Regulação Urbana		Dissertação
Banco de Teses da UFRJ	condições sociais, relações policiais, comunidade, segurança pública, Santa Marta, favelas		Segurança Pública	Santa Marta	Dissertação
Plataforma Sucupira	baixa renda, classe média, favelas, comunidades, Rio de Janeiro, consumo, infraestrutura, pacificação, UPP		Segurança Pública		Dissertação
Biblioteca BAU/UFF	habitação social, urbanização de favelas, politica habitacional		Habitação Habitat		Dissertação
	Unidades de Polícia Pacificadora, administração institucional de conflitos, modiação		Segurança Pública		Dissertação
Plataforma Sucupira	risco, Morro do Bumba, estado, processo civilizador, dádiva, etnografia, política, tráfico de drogas		Habitação Habitat	Morro do Bumba – Niteroi	Dissertação
Plataforma Sucupira	favela, Complexo da Maré, Comando Vermelho, território-rede, crime organizado		Segurança Pública	Maré	Dissertação
Banco Ditigal de Teses e Dissertações da UFF	lan house, favela, cultura, experiência, políticas públicas, Acari, Santa Marta	http://www.historia.uff.br/stricto/td/1473.pdf	Arte e Cultura	Santa Marta	Tese
Biblioteca de Arquitetura e Urbanismo da UFF	Maré, exclusão, equipamentos urbanos		Regulação Urbana	Maré	Dissertação
Biblioteca Central do Gragoatá	Rio de Janeiro, Cinema Novo, representação, modernidade		Arte e Cultura		Tese
Biblioteca do IPPUR/UFRJ	favelas, Rio de Janeiro, mercado imobiliário informal, políticas públicas, acesso a terra urbanizada		Regulação Urbana		Tese
Biblioteca Central do Gragoatá	governança, rede de parceria, capital social, favela, geração de trabalho e renda, Unidade de Polícia Pacificadora (UPP)		Mercado de Trabalho	Turano	Dissertação
Banco de Teses UFRJ	UPP, favelas, segurança pública, relações policiais, comunidade		Segurança Pública		Dissertação
Biblioteca da UFRJ	comunicação, telenovela, comunicação comunitária, representação social, identidade comunitária		Memória, História, Identidade, Subjetividade		Dissertação

PRODUÇÃO ACADÊMICA POR ANO

AUTOR	TÍTULO	ANO DE PUBLICAÇÃO	LOCAL	EDITORA OU INSTITUIÇÃO	Nº DE PÁGINAS	PÓS-GRADUAÇÃO
SANTOS, Wellington Oscar	Prática de responsabilidade social empresarial para integração da comunidade: estudo de caso UPP Providência	2013	Niterói, RJ	UFF	115	Sistema de Gestão
SELLES, Júlia Mendes	Ensino da música sinfônica para jovens dos estratos subalternos	2013	Rio de Janeiro, RJ	UFRJ	126	Música
SILVA, Jesse Guimarães da	O que a Rádio Santa Marta anuncia? Produções radiofônicas no contexto de uma comunidade pacificada	2013	Rio de Janeiro, RJ	PUC/RJ	136	Psicologia
SILVA, Marcella Carvalho de Araujo	A transformação da política na favela: um estudo de caso sobre os agentes comunitários	2013	Rio de Janeiro, RJ	UFRJ	117	Sociologia e Antropologia
SIMAO, Mario Pires	Cartografias de jovens como sujeitos políticos: dos espaços de identidade aos espaços de visibilidade	2013	Niteroi, RJ	UFF	230	Geografia
SOUZA, Jamille Medeiros de	Políticas de habitação popular em "zonas de sacrifício": análise da tragédia do Morro do Bumba no município de Niterói/RJ	2013	Niteroi, RJ	UFF	163	Sociologia e Direito
SOUZA, Julio Cordeiro de	Dez e mais vezes favela: estética, política e representação	2013	Rio de Janeiro, RJ	PUC/RJ	65	Literatura, Cultura e Contemporaneidade
SOUZA, Layane Cristine de	Brincadeiras na escola: crianças expostas á violência em "áreas de risco"	2013	Niterói, RJ	UNIVERSO	142	Psicologia
TORQUATO, Shirley Alves	Casa nova, vida nova: mudança de endereço e reestruturação do consumo doméstico entre moradores do PAC-Morro do Preventório	2013	Niteroi, RJ	UFF	290	Antropologia
YUHASZ, Daniel	As propostas de integração das favelas cariocas e as disputas pelos benefícios gerados: o valor da terra e o saldo da dívida social	2013	Niteroi, RJ	UFF	146	Arquitetura e Urbanismo
ALBUQUERQUE, Regina Lucia Fernandes de	Estratificação escolar e segregação residencial: um estudo das percepções e práticas docentes em instituições escolares do Complexo da Maré	2014	Rio de Janeiro, RJ	UFRJ	122	Educação
ARAUJO, Júlia Silveira de	A geração do "samba sem sobrenome" pós 1990: discursos e atravessamentos étnicos e sociais em um grupo sonoro carioca	2014	Niterói, RJ	UFF	104	Comunicação
AZEVEDO, Gustavo Ferreira de	O capital imobiliário, o Estado e a desigualdade sócio espacial da cidade do Rio de Janeiro	2014	Rio de Janeiro, RJ	UERJ	69	Geografia

BIBLIOTECA(S) ONDE FOI LOCALIZADA A OBRA	PALAVRAS-CHAVES	ENDEREÇO ELETRÔNICO	TEMÁTICA	TERRITÓRIO ESPECÍFICO	TIPO DE DOCUMENTO
Biblioteca Central do Gragoatá	responsabilidade social, comunidade, favela, UPP		Mercado de Trabalho	Providência	Dissertação
Banco de Teses da UFRJ	música, etnologia		Educação		Dissertação
Biblioteca Central da PUC-Rio	Morro Santa Marta, Rádio Santa Marta, Unidade de Polícia Pacificadora, governamentalidade, gestão de vida		Comunicação	Santa Marta	Tese
Banco de Teses da UFRJ	política na favela, associações de moradores, organizações não governamentais, agentes comunitários		Movimento Popular e Comunitário		Dissertação
Biblioteca do Instituto de Geociências da UFF	juventude, espaço, diferença, espaços populares		Grupos Sociais – Juventudes		Tese
Banco Digital de Teses e Dissertações da UFF	justiça ambiental, racismo ambiental, Morro do Bumba, áreas de risco, habitação popular	http://rigeo.cprm.gov.br/xmlui/bitstream/handle/doc/14699/Disserta%C3%A7%C3%A3o%20de%20Daniele%20Carvalho.pdf?sequence=1	Habitação Habitat	Morro do Bumba – Niteroi	Dissertação
Biblioteca Central da PUC-Rio	favela, cinema, arte, estética, política, representação		Comunicação		Dissertação
Biblioteca da Universidade Salgado de Oliveira	criança, brincadeira, violência urbana, escola		Grupos Sociais – Infância		Dissertação
Banco Digital de Teses e Dissertações da UFF	PAC, Morro do Preventório, casa, mudança, consumo doméstico	http://www.uff.br/ppga/wp-content/uploads/2013/10/TESE-SHIRLEY-ALVES-TORQUATO-4.pdf	Habitação Habitat	Preventório Nitoroi	Tese
Biblioteca da Escola de Arquitetura da UFF	favela, programas de urbanização, regularização e integração de favelas, valorização da terra, dívida		Regulação Urbana		Dissertação
Biblioteca da UFRJ	percepções e expectativas docentes, segregação residencial, práticas intraescolares, favela, representações		Educação	Maré	Dissertação
Biblioteca Central do Gragoatá	samba de raiz, Lapa, negritude, identidade		Arte e Cultura		Dissertação
Plataforma Sucupira	cidade do Rio de Janeiro, intervenção estatal urbana, Estado, favela		Regulação Urbana		Dissertação

AUTOR	TÍTULO	ANO DE PUBLICAÇÃO	LOCAL	EDITORA OU INSTITUIÇÃO	Nº DE PÁGINAS	PÓS-GRADUAÇÃO
BALLARINI, Daniel Pereira	"Favela chique": um estudo sobre o processo de elitização das opções de lazer e os locais de sociabilidade da favela Santa Marta pós-UPP	2014	Niterói, RJ	UFF	102	Sociologia
BARBOSA, Gabriel Ferreira	Um novo circuito na favela: o caso da frequentação turística no Santa Marta	2014	Niteroi, RJ	UFF	104	Antropologia
BIAR, Marcelo Coimbra	As unidades prisionais do Rio de Janeiro: uma análise da construção da ordem excludente	2014	Rio de Janeiro, RJ	UERJ	157	história
BIZARRIA, Julio Cesar de Lima	O Morro do Pasmado e o nomadismo de maldição: da distopia atualizada à memória diáfana	2014	Rio de Janeiro, RJ	UNIRIO	109	Memória Social
BORBA, Tiago	Uma etnografia sobre a atuação policial em tempos de "pacificação" no Rio de Janeiro	2014	Niteroi, RJ	UFF	101	Antropologia
CARVALHO, Monique Batista	Os dilemas da "pacificação": práticas de controle e disciplinarização na "gestão da paz" em uma favela no Rio de Janeiro	2014	Rio de Janeiro, RJ	UERJ	238	Ciências Sociais
CASTELLON, Natalia Andrea Urbina	Redes e territórios na favela Santa Marta: abordagens da comunicação popular	2014	Rio de Janeiro, RJ	UFRJ	Não informado	Geografia
CHATAIGNIER, Isabella Nunes Pereira Pragana	Efeituação situada: redes e empreendedorismo na Rocinha	2014	Rio de Janeiro, RJ	UFRJ	Não informado	Engenharia de Produção
COSTA, Teresa Cristina Souza da Silva da	Ingresso no mundo do trabalho e perspectivas para a vida adulta entre jovens moradores do Conjunto de Favelas do Alemão	2014	Rio de Janeiro, RJ	UERJ	107	Educaçao, Cultura e Comunicação
CUNHA, Maryanne Seabra Teixeira	Imagens e representações etnográficas do Rio de Janeiro: um estudo sobre os filmes Orfeu Negro (1959), de Marcel Camus e Orfeu (1999), de Cacá Diegues	2014	Rio de Janeiro, RJ	UFRJ	151	Artes Visuais
DAMASCENO, Ana Paula Lima	Violência de gênero e pacificação: entre as leis do Comando e o comando das leis	2014	Rio de Janeiro, RJ	UERJ	103	Saúde Coletiva
DIAS, Patricia Alves	Pequeno mundo próprio das crianças e a Folia de Reis dos Penitentes do Santa Marta: recriação na cultura	2014	Rio de Janeiro, RJ	UERJ	152	Educação
DINIZ, José Adailton Rolavo	Promoção da saúde: janelas de oportunidades para reflexão e ressignificação do cuidado em saúde mental para agentes comunitários	2014	Rio de Janeiro, RJ	FIOCRUZ	145	Saúde da Família
FERRARI, Carlos Eduardo Rafael de Andrade	Asfalto, favela e violência: o processo ensino-aprendizagem no cenário da educação física escolar	2014	Niteroi, RJ	UNIVERO	138	Ciências da Atividade Física
FERRAZ, Talitha Gomes	Espectação cinematográfica no subúrbio carioca da Leopoldina: dos "cinemas de estação" às experiências contemporâneas de exibição"	2014	Rio de Janeiro, RJ	UFRJ	235	Comunicação E Cultura
FRANCA, Monique Bittencourt	Conflitos, coletividades e o risco socioambiental na favela carioca: um estudo de caso do Morro dos Prazeres	2014	Seropédica, RJ	UFRRJ	119	Práticas em Desenvolvimento Sustentável

BIBLIOTECA(S) ONDE FOI LOCALIZADA A OBRA	PALAVRAS-CHAVES	ENDEREÇO ELETRÔNICO	TEMÁTICA	TERRITÓRIO ESPECÍFICO	TIPO DE DOCUMENTO
Biblioteca Central do Gragoatá – UFF	favela, lazer, sociabilidade, espaços públicos, UPPs, elitização, segurança		Mercado e Trabalho	Santa Marta	Dissertação
Biblioteca Central do Gragoatá – UFF	favela, turismo, UPP, viagem, reivindicação	Plataforma Sucupira	Mercado e Trabalho	Santa Marta	Dissertação
Plataforma Sucupira	prisões, hegemonia, desvio, favela, exclusão, dominação		Segurança Pública		Tese
Biblioteca Central da UNIRIO	remoções, estudos urbanos, memória social, favela		Memória, História, Identidade, Subjetividade		Dissertação
Biblioteca Central do Gragoatá	polícia, Unidades de Polícia Pacificadora, pacificação, favela, Rio de Janeiro		Segurança Pública		Dissertação
Biblioteca do IFCH/UERJ	pacificação, gestão da paz, Polícia Militar, UPP, favelas, Borel		Segurança Pública		Tese
Não informado	Não informado		Comunicação	Santa Marta	Dissertação
Não informado	Não informado		Mercado e Trabalho	Rocinha	Tese
Banco de Teses e Dissertações da UERJ	jovens da favela do Alemão, ingresso no mundo do trabalho, expectativa e perspectiva para transição para a vida adulta	http://www.bdtd.uerj.br/tde_busca/arquivo.php?codArquivo=10203	Mercado – Trabalho	Alemão	Dissertação
Biblioteca da EBA/UFRJ	cinema brasileiro, Orfeu Negro, Orfeu		Arte e Cultura		Dissertação
Banco de Teses e Dissertações da UERJ	Unidade de Polícia Pacificadora, violência contra mulher, favela, gênero, Rio de Janeiro		Segurança Pública		Dissertação
Plataforma Sucupira	infância, cultura popular, folia de reis, Morro Santa Marta, pesquisa com crianças		Arte e Cultura	Santa Marta	Dissertação
Biblioteca da FIOCRUZ	agente comunitário de saúde, promoção de saúde, saúde mental: intervenção		Direito à Saúde		Dissertação
Biblioteca da Universidade Salgado de Oliveira	docência, escola, violência, pacificação, UPPs		Educação		Dissertação
Biblioteca do CFCH/UFRJ	comunicação, cinema, subúrbio		Arte e Cultura		Tese
Biblioteca da UFRRJ	risco, justiça ambiental, política urbana, favela		Habitação Habitat	Morro dos Prazeres	Dissertação

PRODUÇÃO ACADÊMICA POR ANO

AUTOR	TÍTULO	ANO DE PUBLICAÇÃO	LOCAL	EDITORA OU INSTITUIÇÃO	Nº DE PÁGINAS	PÓS-GRADUAÇÃO
GAUDIO, Chiara Del	Design participativo e inovação social: a influência dos fatores contextuais	2014	Rio de Janeiro, RJ	PUC/RJ	342	Design
JUNIOR, Antônio D'Elia	O direito urbanístico e o controle da criminalidade no espaço urbano: as lições da Escola de Chicago a partir da experiência do Favela-Bairro na cidade do Rio de Janeiro	2014	Rio de Janeiro, RJ	UERJ	220	Direito
KAUFMANN, Yana Santos	Unidades de cinema pacificador: representações documentais da favela carioca depois das UPPs	2014	Rio de Janeiro, RJ	PUC-RJ	163	Comunicação Social
KHATTAR, Semirames	O problema somos nós. Proximidades entre distâncias vividas no cotidiano policial da UPP-Mangueira	2014	Rio de Janeiro, RJ	Universidade Candido Mendes	165	Sociologia
LIMA, Juliana de Farias Mello	Governo de mortes: uma etnografia da gestão de populações de favelas no Rio de Janeiro	2014	Rio de Janeiro, RJ	UFRJ	214	Sociologia e Antropologia
LOPES, Robson de Oliveira	Políticas públicas e planejamento urbano em favelas: os impasses entre o discurso e a prática no processo de urbanização da Rocinha	2014	Rio de Janeiro, RJ	UFRJ	177	Planejamento Urbano e Regional
LOPES, Vinicius Esperança	"O foco de todo mal": estado, mídia e religião no Complexo do Alemão	2014	Seropédica, RJ	UFRRJ	166	Ciências Sociais
LOUSADA, Kath Pacheco Batista	Corpo em festa: juventude, sociabilidade e produção de sentidos nos bailes cariocas	2014	Rio de Janeiro, RJ	UERJ	114	Comunicação
LUNA, Eunice Muruet	Os lugares da infância em processos de comunicação comunitaria: jornal O Cidadão da Maré como experiência	2014	Rio de Janeiro, RJ	UERJ	197	Educação
MACHADO, Bárbara Araujo	"Recordar é preciso": Conceição Evaristo e a intelectualidade negra no contexto do movimento negro brasileiro contemporâneo (1982-2008)	2014	Niterói, RJ	UFF	130	História
MALANQUINI, Lidiane Figueira de Campos	Os UPP e os gansos: um estudo sobre a relação entre jovens policiais e jovens moradores de favelas cariocas	2014	Rio de Janeiro, RJ	UFRJ	112	Serviço Social
MARICATO, Paloma Henriques	O processo de pacificação nas favelas cariocas: elementos para uma crítica	2014	Rio de Janeiro, RJ	UFRJ	93	Serviço Social
MATTOS, Carla dos Santos	Viver nas margens: gênero, crime e regulação de conflitos	2014	Rio de Janeiro, RJ	UERJ	181	Ciências Sociais
MEIRELLES, Petronilha Alice Almeida	Poesia em educação socioambiental: pelos caminhos da educação de jovens e adultos	2014	Rio de Janeiro, RJ	UNISUAM	112	Desenvolvimento Local
MENDONÇA, Tássia Santos de	Batan: tráfico, milícia e "pacificação" na Zona Oeste do Rio de Janeiro	2014	Rio de Janeiro, RJ	UFRJ	169	Antropologia Social

BIBLIOTECA(S) ONDE FOI LOCALIZADA A OBRA	PALAVRAS-CHAVES	ENDEREÇO ELETRÔNICO	TEMÁTICA	TERRITÓRIO ESPECÍFICO	TIPO DE DOCUMENTO
Plataforma Sucupira	design participativo, co-design, inovação social, inclusão social, favelas, contextos sociais de conflito e marginalizados, divergências temporais, fatores contextuais, ONG		Economia/ Consumo		Tese
Banco Digital de Teses e Dissertações da UERJ	planejamento urbano, legislação urbana, Escola de Chicago, ecologia humana, favela-bairro, urbanística		Regulação Urbana		Tese
Divisão de Bibliotecas e Documentação da PUC-RJ	Não informado	http://www.dbd.puc-rio.br/pergamum/tesesabertas/1211252_2014_completo.pdf	Arte e Cultura		Dissertação
Plataforma Sucupira	política de pacificação, polícia de proximidade, Polícia Militar – PMERJ, polícia, policiamento		Segurança Pública	Mangueira	Dissertação
Biblioteca do IFCS/UFRJ	vítimas de crimes violentos, inquérito policial, relações policiais-comunidade		Segurança Pública		Tese
Banco de Teses UFRJ	políticas públicas, favelas, Rocinha		Regulação Urbana	Rocinha	Dissertação
Biblioteca da UFRRJ	etnografia, evento crítico, performance, favela, segurança pública, exército, polícia, religião, gênero, masculinidade, estado		Redes de Sociabilidade	Alemão	Dissertação
Banco de Teses UERJ	juventude, corpo, identidade de gênero, bailes	http://www.bdtd.uerj.br/tde_busca/index.php	Grupos Sociais – Juventudes		Dissertação
Banco de Teses UERJ	cidadania, educação, Maré, jornal comunitário	http://www.bdtd.uerj.br/tde_busca/index.php	Comunicação	Maré	Dissertação
Biblioteca Central do Gragoatá	movimento negro, literatura negra, literatura afro-brasileira, intelectuais negros, interseccionalidade		Memória, História, Identidade, Subjetividade		Dissertação
Biblioteca do CFCH/UFRJ	juventude, serviço social, política, sociedade		Segurança Pública		Dissertação
Banco de Teses da UFRJ	segurança pública, favela, pacificação		Segurança Pública		Dissertação
Banco deTeses Uerj	Não informado	http://www.bdtd.uerj.br/tde_busca/processaPesquisa.php?listaDetalhes%5B%5D=5260&pro-cessar=Processar	Segurança Pública		Tese
Plataforma Sucupira	educação ambiental, poesia, ecossistema, interdisciplinaridade, Maré		Educação	Maré	Dissertação
Biblioteca do PPGAS/UFRJ	favelas, política social, violência urbana, tráfico de drogas, política, milícia		Segurança Pública	Jardim Batam	Dissertação

AUTOR	TÍTULO	ANO DE PUBLICAÇÃO	LOCAL	EDITORA OU INSTITUIÇÃO	Nº DE PÁGINAS	PÓS-GRADUAÇÃO
MONTEIRO, Teresa Cristina Hersen	Na trilha do Salgueiro: da Rua General Roca ao Parque Nacional da Tijuca	2014	Rio de Janeiro, RJ	UFRJ	125	Urbanismo
MORAES, Jader Luciano Silva de	Favela.com: um retrato do jornalismo comunitário carioca na era digital	2014	Niteroi, RJ	UFF	131	Comunicação
MORALES, Alex Omar Cortés	Favelados e pobladores nas ciências sociais: a construção teórica de um movimento social	2014	Rio de Janeiro, RJ	UERJ	292	Sociologia
NEUSTADT, Mônica Nunes	Tantas histórias, tantas lembranças: o cotidiano dos idosos da Candelária, Morro da Mangueira	2014	Rio de Janeiro, RJ	UERJ	125	Comunicação
OLIVEIRA, Roberto Souza Greenhalgh de	Agenda social nos territórios pacificados: um estudo sobre o Programa Territórios da Paz à luz da construção teórica em gestão social	2014	Rio de Janeiro, RJ	FGV	102	Administração Pública
OLIVEIRA, Samuel Silva Rodrigues	"Trabalhadores Favelados": identificação das favelas e movimentos sociais no Rio de Janeiro e em Belo Horizonte	2014	Rio de Janeiro, RJ	FGV	332	História, Política e Bens Culturais
PAIVA, Rosa Lucia Soares	Da escuridão da violência à luz do fim do túnel: as vicissitudes de crianças de uma favela carioca	2014	Rio de Janeiro, RJ	PUC/RJ	148	Psicologia Clínica
PEREIRA, Isabella Nunes	Efeituação situada redes e empreendedorismo na Rocinha	2014	Rio de Janeiro, RJ	UFRJ	212	Engenharia de Produção
PEREIRA, kelsiane Aparecida de Oliveira de Mattos	De matéria ou de convivência? Narrativas de jovens da favela sobre a escola	2014	Rio de Janeiro, RJ	UERJ	113	Educação
PERES, Catharine Vanessa Silva	A presença da igreja católica no Estado e seu atravessamento na construção da cidadania através da educação: o caso da favela da Rocinha	2014	Niterói, RJ	UFF	100	Política Social
PÉREZ, Beatriz Corsino	Memórias e narrativas de jovens sobre o lugar: uma discussão sobre as intervenções urbanas no Rio de Janeiro	2014	Rio de Janeiro, RJ	UFRJ	318	Psicologia
PODZWATO, Fernanda Serrato	Dilemas e entraves da regularização fundiária no Rio de Janeiro: os casos de Acari e Parque Alegria	2014	Rio de Janeiro, RJ	UFRJ	115	Planejamento Urbano e Regional
RAMOS, Felipe Pitaro	Injustiça ambiental: um estudo de caso do bairro do Caju, Zona Portuária do Rio de Janeiro	2014	Rio de Janeiro, RJ	FGV	146	História, Política e Bens Culturais
RAMOS, Francicleo Castro	A experiência escolar do mundo popular e os desafios de uma socialização para maior equidade no Brasil	2014	Rio de Janeiro, RJ	PUC/RJ	120	Ciências Sociais
RIBEIRO, Isabella Porto	Centro de Artes da Maré – o lugar do encontro, a experiência de jovens na Nova Holanda	2014	Rio de Janeiro, RJ	UERJ	Não informado	Educação, Cultura e Comunicação

BIBLIOTECA(S) ONDE FOI LOCALIZADA A OBRA	PALAVRAS-CHAVES	ENDEREÇO ELETRÔNICO	TEMÁTICA	TERRITÓRIO ESPECÍFICO	TIPO DE DOCUMENTO
Não informado	urbanização, trilhas, Favela do Salgueiro, geomorfologia ambiental		Regulação Urbana	Salgueiro	Dissertação
Biblioteca Central do Gragoatá	comunicação popular, jornalismo comunitário, favela, novas tecnologias de informação		Comunicação		Dissertação
Banco Digital de Teses e Dissertações da UERJ	movimento pobladores, movimento favelado, favelas	http://www.bdtd.uerj.br/tde_busca/arquivo.php?codArquivo=7970	Habitação Habitat		Tese
Banco de Teses UERJ	idosos, Mangueira, memória, comunicação	http://www.bdtd.uerj.br/tde_busca/index.php	Grupos Sociais – Idosos	Mangueira	Dissertação
Biblioteca Digital da FGV	gestão social, favela, Unidade de Polícia Pacificadora (UPP), Territórios da Paz, participação	http://bibliotecadigital.fgv.br/dspace/bitstream/handle/10438/11977/Disserta%C3%A7%C3%A3o_Roberto%20Souza%20G%20%20Oliveira_Vers%C3%A3o%20Final%20Aprovada.pdf?sequence=1&isAllowed=y	Segurança Pública		Dissertação
Biblioteca Digital da FGV	favelas, política urbana, movimentos sociais, história social, Rio de Janeiro, Belo Horizonte	http://bibliotecadigital.fgv.br/dspace/bitstream/handle/10438/12529/TESE_SAMUEL%20OLIVEIRA.pdf?sequence=1&isAllowed=y	Mercado e Trabalho		Tese
Plataforma Sucupira	infância, violência, tendência antissocial, delinquência, favela		Grupos Sociais – Infância		Dissertação
Não informado	engenharia de produção, empreendedorismo, Rocinha, redes de reciprocidade		Economia/Consumo	Rocinha	Tese
Banco Digital de Teses e Dissertações UERJ	jovem, escola, narrativa, favela, diferença	http://www.bdtd.uerj.br/tde_busca/arquivo.php?codArquivo=7931	Educação		Dissertação
Biblioteca Central do Gragoatá	Estado, cidadania, democracia, educação, igreja católica, religião		Regulação Urbana	Rocinha	Dissertação
Biblioteca do CFCH/UFRJ	jovens, favelas		Grupos Sociais – Juventudes		Tese
Banco de Teses UFRJ	regularização fundiária, favelas, direito a moradia, direito urbanístico, Favela de Acari, Favela Parque Alegria		Regulação Urbana		Dissertação
Biblioteca Digital da FGV	justiça social, favelas, Caju, Rio de Janeiro	http://bibliotecadigital.fgv.br/dspace/bitstream/handle/10438/13397/Injusti%C3%A7a%20Ambiental%20-%20Ramos%2c%20Felipe%20Pitaro.pdf?sequence=4&isAllowed=y	Habitação Habitat	Caju	Dissertação
Plataforma Sucupira	escola pública, socialização escolar, mundo popular, experiência escolar, equidade no Brasil		Educação		Dissertação
Plataforma Sucupira	Maré, favela, cidade, juventude, cultura		Grupos Sociais – Juventudes	Maré	Dissertação

AUTOR	TÍTULO	ANO DE PUBLICAÇÃO	LOCAL	EDITORA OU INSTITUIÇÃO	Nº DE PÁGINAS	PÓS-GRADUAÇÃO
RIBEIRO, Tarcyla Fidalgo	A regularização fundiária das favelas cariocas: entre a promoção e negação de direitos e o papel das políticas públicas na superação da antinomia	2014	Rio de Janeiro, RJ	UERJ	73	Direito
SAMPAIO, Lilian Amaral de	Curicica, de "fim do mundo" a "Barra Olímpica"	2014	Rio de Janeiro, RJ	FGV	146	História, Politica e Bens Culturais
SANTOS, Lidia Borgo Duarte	Impactos da implantação do teleférico como sistema de transporte nas favelas: O caso do Complexo do Alemão	2014	Rio de Janeiro, RJ	PUC/RJ	118	Engenharia Urbana e Ambiental
SANTOS, Mayra Coelho Jucá dos	Vozes ativas das favelas 2.0. Autorrepresentações midiáticas numa rede de comunicadores periféricos	2014	Rio de Janeiro, RJ	FGV	224	História, Política e Bens Culturais
SILVA, Laerte Costa	Contenção ambiental no Rio de Janeiro: os ecolimites nas favelas cariocas	2014	Rio de Janeiro, RJ	UFRJ		Planejamento Urbano e Regional
SILVA, Marielle Francisco da	UPP – a redução da favela a três letras: uma análise da política de segurança pública do Estado do Rio de Janeiro	2014	Niteroi, RJ	UFF	136	Administração
SILVA, Teresa Cristina Sousa da	Ingresso no mundo do trabalho e perspectiva para a vida adulta entre jovens moradores do Conjunto de Favelas do Alemão	2014	Rio de Janeiro, RJ	UERJ	Não informado	Educação, Cultura e Comunicação
SILVA, Vania Regina Amorim da	Mobilidade urbana: o caso do Programa Morar Carioca no Complexo da Providência	2014	Rio de Janeiro, RJ	UFRJ	191	Engenharia Urbana
SILVEIRA, Natállia dos Santos	Circulação e sociabilidades dos jovens moradores do Morro do Cavalão	2014	Niterói, RJ	UFF	146	Sociologia
SOARES, irineu Carvalho de Oliveira	Mediação em Rio das Pedras (RJ): o processo extrajudicial de administração de conflitos em uma favela carioca	2014	Niterói, RJ	UFF	122	Sociologia e Direito
STREIT, Mariana Brandão	Atenção primária em saúde e mobilidade populacional na favela da Rocinha, Rio de Janeiro	2014	Rio de Janeiro, RJ	FIOCRUZ	102	Saúde Pública
VALLE, Marcelo Gonçalves Moura	A favela que não cabia na fotografia: os limites da representação	2014	Niteroi, RJ	UFF	151	Comunicação
VEIGA, Gabriela Lins	Avaliação de técnicas compensatórias integradas a ações urbanísticas em favelas verticais para controle de cheias	2014	Rio de Janeiro, RJ	UFRJ	135	Engenharia Civil
VIANA, Rachel de Almeida	Antropologia, desenvolvimento e favelas: a atuação de Anthony Leeds na década de 1960	2014	Rio de Janeiro, RJ	FIOCRUZ	210	História das Ciências
VILLAMIZAR, Laura Cristina Gómez	Favela e natureza: aproximações sobre dimensão ambiental no Chapéu Mangueira e Babilônia	2014	Duque de Caxias, RJ	UERJ	110	Educação, Cultura e Comunicação em Periferias Urbanas

BIBLIOTECA(S) ONDE FOI LOCALIZADA A OBRA	PALAVRAS-CHAVES	ENDEREÇO ELETRÔNICO	TEMÁTICA	TERRITÓRIO ESPECÍFICO	TIPO DE DOCUMENTO
Banco Digital de Teses e Dissertações da UERJ	regularização fundiária, favelas, políticas públicas	http://www.bdtd.uerj.br/tde_busca/arquivo.php?codArquivo=7477	Regulação Urbana		Dissertação
Biblioteca da FGV	Barra Olímpica, transformações urbanas, Curicica, Morar Carioca, urbanização de favelas, mercado imobiliário		Regulação Urbana		Dissertação
Plataforma Sucupira	teleférico, Complexo do Alemão, favelas do Rio de Janeiro, mobilidade urbana, impactos sociais, planejamento urbano		Regulação Urbana	Alemão	Dissertação
Biblioteca Digital da FGV	favelas-Brasil, redes sociais, organização, web 2.0, mídia social, jornais comunitários, comunidade	http://bibliotecadigital.fgv.br/dspace/bitstream/handle/10438/12531/%21%21Mayra--Juc%C3%A1_DISSERTACAO_DEPOSITADA.pdf?sequence=1&isAllowed=y	Comunicação		Dissertação
Biblioteca do IPPUR/UFRJ	contenção, favelas, ecolimites		Habitação Habitat		Dissertação
Biblioteca Central do Gragoatá	administração pública, política pública, segurança pública, Unidade de Polícia Pacificadora, UPP		Segurança Pública		Dissertação
Plataforma Sucupira	educação		Mercado de Trabalho	Alemão	Dissertação
Biblioteca da UFRJ	mobilidade urbana, integração, favela, Morar Carioca		Regulação Urbana	Providência	Dissertação
Biblioteca Central do Gragoatá	sociabilidade urbana, juventude, favela		Grupos Sociais – Juventudes	Cavalão – Niteroi	Dissertação
Biblioteca Central do Gragoatá	mediação, favela, experiência empírica		Direito à Justiça	Rio das Pedras	Dissertação
Plataforma Sucupira	atenção primária à saúde, saúde da família, território		Direito à Saúde	Rocinha	Dissertação
Biblioteca Central do Gragoatá	favela, representação social, fotografia, democratização da comunicação		Comunicação		Dissertação
Banco de Teses da UFRJ	Não informado		Habitação Habitat		Dissertação
Biblioteca da FIOCRUZ	antropologia, favelas, Guerra Fria, Anthony Leeds (1925-1989)		Memória, História, Identidade, Subjetividade		Dissertação
Banco de Teses e Dissertações da UERJ	etnografia, favela, sustentabilidade, saberes locais, desenvolvimento sustentável, ação coletiva	http://www.bdtd.uerj.br/tde_busca/arquivo.php?codArquivo=9362	Habitação Habitat	Chapéu Mangueira/ Babilônia	Dissertação

AUTOR	TÍTULO	ANO DE PUBLICAÇÃO	LOCAL	EDITORA OU INSTITUIÇÃO	Nº DE PÁGINAS	PÓS-GRADUAÇÃO
WEIMER, Karen Sibila Strobel Moreira	As Unidades de Polícias Pacificadora (UPP) no Rio de Janeiro: representações dos moradores de um bairro e suas favelas	2014	Rio de Janeiro, RJ	UERJ	99	Psicologia Social
ALMEIDA, Luis Gustavo Blaskesi	A ampliação e garantia dos direitos de cidadania de primeira dimensão pela militarização do campo social: o caso da Unidade de Polícia Pacificadora (UPP) Chapéu Mangueira/Babilônia	2015	Niterói, RJ	UFF	160	Sociologia
ARANTES, Shirley de Lima Ferreira	Iniciação científica no ensino médio: a educação científica e as disposições sociais de jovens dos segmentos desfavorecidos	2015	Rio de Janeiro, RJ	UFRJ	258	Psicossociologia de Comunidades e Ecologia Social
ARAUJO, Luciana Moreira de	Relações de gênero e violência: estratégias de resistência por parte de um grupo de mulheres na Favela da Mangueirinha na Baixada Fluminense	2015	Rio de Janeiro, RJ	PUC/RJ	130	Serviço Social
ARAUJO, Thamyra Thamara de	Fotoclube: autorepresentação e disputa do simbólico nas favelas cariocas	2015	Niteroi, RJ	UFF	120	Cultura e Territorialidades
BARTHOLL, Timo	Territórios de resistência e movimentos sociais de base: uma investigação militante em favelas cariocas	2015	Niterói, RJ	UFF	452	Geografia
BORGHEZAN, Camila Mira Lima	Políticas urbanas e o direito à cidade: o Programa Morar Carioca e o Morro da Providência.	2015	Rio de Janeiro, RJ	UFRJ	209	Urbanismo
BRITO, Glaucia Ferreira Lima de	A contribuição da Pastoral de Favelas na questão habitacional na cidade do Rio de Janeiro (1977-1993)	2015	Rio de Janeiro, RJ	UFRJ	99	História Comparada
CARVALHO, Cintia de Sousa	A escuta de memórias nos labirintos da favela: reflexões metodológicas sobre uma pesquisa-intervenção	2015	Rio de Janeiro, RJ	PUC/RJ	260	Psicologia Clínica
CHAVES, Michel Eduardo Moreira	Mediação ou controle do espaço criminalizado? O esfacelamento do discurso de proximidade das forças de pacificação	2015	Seropédica, RJ	UFRRJ	104	Ciências Sociais
CORREA, Diogo Silva	Anjos de fuzil: uma etnografia das relações entre igreja e tráfico na Cidade de Deus	2015	Rio de Janeiro, RJ	UERJ	401	Sociologia
CORTEZ, Cinara Monteiro	Que escola é possível? Gerando entendimentos sobre os desafios no cotidiano escolar e nas aulas de língua portuguesa em uma escola pública na favela	2015	Rio de Janeiro, RJ	PUC/RJ	283	Estudos da Linguagem
COSTA, Reginaldo Scheuermann	A Fundação Leão XIII educando a favela (1947-1964)	2015	Rio de Janeiro, RJ	UFRJ	288	Educação
COSTA, Tatiana de Almeida Nunes da	Guarnieri revisitado: possibilidades de leituras do contemporâneo "Gimba, presidente dos valentes"	2015	Niteroi, RJ	UFF	126	Estudos Contemporâneos das Artes

BIBLIOTECA(S) ONDE FOI LOCALIZADA A OBRA	PALAVRAS-CHAVES	ENDEREÇO ELETRÔNICO	TEMÁTICA	TERRITÓRIO ESPECÍFICO	TIPO DE DOCUMENTO
Banco de Teses e Dissertações da UERJ	Unidades de Polícia Pacificadora, representações sociais, comunidades	http://www.bdtd.uerj.br/tde_busca/arquivo.php?codArquivo=7796	Segurança Pública		Dissertação
Biblioteca da Faculdade de Direito UFF	cidadania, comunidade, Chapéu Mangueira, Babilônia, Unidade de Polícia Pacificadora (UPP)		Segurança Pública	Chapeu Mangueira e Babilônia	Dissertação
Biblioteca do CFCH/UFRJ	jovens, iniciação científica, psicologia		Educação		Tese
Catálogo de Teses e Dissertações da CAPES	violência de gênero, estratégias de resistência, mulheres, favela		Grupos Sociais – Gênero	Mangueirinha – Baixada	Dissertação
Catálogo de Teses e Dissertações da CAPES	fotoclube, favela, cultura, fotografia, representação, Complexo do Alemão, vivência		Arte e Cultura		Dissertação
Biblioteca do Instituto de Geociências da UFF	geografia em movimento, investigação militante, favela, território de resistência, movimento social de base		Movimento Popular e Comunitário		Tese
Biblioteca da FAU/UFRJ	urbanização, favelas, Projeto Morar Carioca, megaeventos		Regulação Urbana	Providência	Dissertação
Catálogo de Teses e Dissertações da CAPES	favela, Comunidades Eclesiais de Base, Teologia da Libertação		Habitação Habitat		Dissertação
Catálogo de Teses e Dissertações CAPES	memória coletiva, metodologia, favela, identidade social, mulheres		Memória, Historia, Identidade e Subjetividade		Tese
Biblioteca Central da UFRRJ	Batan, UPPs, polícia, insegurança, violência		Segurança Pública		Dissertação
Biblioteca do IESP/UERJ	religião, tráfico		Regulação Urbana	Cidade de Deus	Tese
Catálogo de Teses e Dissertações CAPES	ensino de língua portuguesa, linguística aplicada, prática exploratória, letramentos, escola pública, favela		Educação		Tese
Biblioteca CFCH/UFRJ	Fundação Leão XIII, favelas, educação		Regulação Urbana		Tese
catálogo de Teses e Dissertações da CAPES	Rio de Janeiro, literatura, adaptação, criminalidade no espaço urbano		Arte e Cultura		Dissertação

PRODUÇÃO ACADÊMICA POR ANO

AUTOR	TÍTULO	ANO DE PUBLICAÇÃO	LOCAL	EDITORA OU INSTITUIÇÃO	Nº DE PÁGINAS	PÓS-GRADUAÇÃO
EL-KHOURI, Natália de Andréa	Favela dá samba? Um estudo sobre as representações da favela no carnaval carioca	2015	Rio	FGV	125	História, Política e Bens Culturais
FABIANI, Elisangela Ferreira	As representações de justiça no Complexo do Alemão: uma área 'pacificada' na cidade do Rio de Janeiro	2015	Duque de Caxias, RJ	UERJ	121	Educação, Cultura e Comunicação em Periferias Urbanas
FERNANDES, Raquel Brum	"Cabeça vazia é oficina do diabo" – uma análise sobre o lugar da juventude no processo de pacificação do Complexo do Andaraí/Grajaú	2015	Rio de Janeiro, RJ	UERJ	Não informado	Ciências Sociais
FIGUEIREDO, Leriana Del Giudice	A percepção das juventudes de espaços urbanos populares sobre as intervenções políticas de segurança pública no Rio de Janeiro	2015	Niteroi, RJ	UFF	160	Sociologia e Direito
FILHO, Julio Cesar de Mendonça Santos	Sociedade de controle, guerra às drogas e as favelas do Rio de Janeiro: o caso do Centro de Comando e Controle da UPP Rocinha e as favelas do Rio de Janeiro	2015	Rio de Janeiro, RJ	UERJ	218	Sociologia
FREITAS, Emerson Gomes	Educação popular e subalternidade: estudo sobre um grupo de educação popular em favelas no Rio de Janeiro	2015	Rio de Janeiro, RJ	Universidade Cândido Mendes	Não informado	Sociologia Política
GODOY, Antonio Leandro Crespo de	Arquitetura pública como ferramenta para a cidadania: uma proposta alternativa à remoção e o caso da favela da Margem da Linha em Campos dos Goytacazes	2015	Campos dos Goytacazes, RJ	Universidade Cândido Mendes	97	Planejamento Regional e Gestão da Cidade
GOMES, André Luis	A interface entre segurança pública e cidadania a partir da percepção dos moradores do Morro da Coroa no bairro de Santa Teresa, Rio de Janeiro	2015	Niteroi, RJ	UFF	131	Política Social
GONÇALVES, Carolinne de Morais	Transporte público em favelas: análise das características dos usuários e acessibilidade do teleférico do Alemão	2015	Rio de Janeiro, RJ	IME	154	Engenharia de Transporte
HOLLANDA, Carolina Moreira de	A conquista de um território pela fotografia: a escola de fotógrafos populares e a mudança na representação da imagem das favelas na cidade do Rio de Janeiro	2015	Rio de Janeiro, RJ	UFRJ	243	Urbanismo
JUNIOR, Gilberto Vieira da Cruz	Becos, brechas, favelas: os corres de jovens produtores culturais de territórios populares	2015	Niterói, RJ	UFF	108	
KELLY, Vera Lucia de Aguiar	O papel social do microcrédito: estudo de caso do projeto CDD – Cidade de Deus	2015	Rio de Janeiro, RJ	UFRJ	95	Ciências Contábeis
LIMA, Ana Carolina Radd	Interferência do Programa Bolsa Família na vida das mulheres da Favela do Vidigal: um estudo de caso	2015	Niteroi, RJ	UFF	104	Sociologia
LIMA, Martha Bento	Musicocartografias: partituras políticas do desejo	2015	Rio de Janeiro, RJ	UERJ	316	Psicologia Social

BIBLIOTECA(S) ONDE FOI LOCALIZADA A OBRA	PALAVRAS-CHAVES	ENDEREÇO ELETRÔNICO	TEMÁTICA	TERRITÓRIO ESPECÍFICO	TIPO DE DOCUMENTO
Banco Digital FGV	carnaval, desfile de escolas de samba do Grupo Especial do Rio de Janeiro, ritual, favela, representações	file:///C:/Users/WINDOWS%207/Downloads/DissertacaodeMestrado_FavelaDaSamba_NataliaElKhouri.pdf	Arte e Cultura		Dissertação
Biblioteca da UERJ	justiça,Complexo do Alemão,UPP		Segurança Pública	Alemão	Dissertação
Biblioteca ICS/PPCIS/UERJ	juventude, favelas, projetos sociais, Unidade de Polícia Pacificadora		Grupos Sociais – Juventudes	Andaraí	Tese
Catálogo de Teses e Dissertações CAPES	políticas públicas, segurança pública, percepção, juventude, favela		Segurança Pública		Tese
Catálogo de Teses e Dissertações da CAPES	favela, Polícia Militar		Segurança Pública	Rocinha	Dissertação
Biblioteca BBT/IUPERJ	grupo de educação popular, movimentos sociais, subalternidade		Educação		Dissertação
Não informado	direito à cidade, arquitetura pública, Favela da Margem da Linha, urbanização de favelas, regularização fundiária		Habitação Habitat	Margem da Linha – Campos dos Goytacazes	Dissertação
Catálogo de Teses e Dissertações da CAPES	segurança pública, cidadania, território e política social		Segurança Pública	Morro da Coroa	Dissertação
Catálogo de Teses e Dissertações da CAPES	Não informado		Mobilidade/ Circulação	Alemão	Dissertação
Biblioteca da FAU/UFRJ	favelas, autorrepresentação fotográfica, fotografia		Arte e Cultura		Tese
Biblioteca Central do Gragoatá	jovem, cultura, território, favela. individuação		Arte e Cultura		Dissertação
Catálogo de Teses e Dissertações da CAPES	microcrédito, inclusão social, políticas públicas, desenvolvimento local		Mercado – Trabalho	Cidade de Deus	Dissertação
Biblioteca Central do Gragoatá	políticas públicas, bolsa família, gênero, família, pobreza		Grupos Sociais – Gênero	Vidigal	Dissertação
Catálogo de Teses e Dissertações CAPES	música, clínica, micropolítica, Morro dos Macacos		Arte e Cultura	Morro dos Macacos	Tese

AUTOR	TÍTULO	ANO DE PUBLICAÇÃO	LOCAL	EDITORA OU INSTITUIÇÃO	Nº DE PÁGINAS	PÓS-GRADUAÇÃO
LIMA, Tatiana da Silva	Onde estão os mortos? Silenciamentos, discursos e sentidos midiáticos da pacificação do Complexo do Alemão	2015	Niterói, RJ	UFF	264	Midia e Cotidiano
LIMONGI, Natalia da Silva	Vivência da juventude em meio à violência urbana. A experiência de ser jovem em uma favela no Rio de Janeiro	2015	Rio de Janeiro, RJ	PUC-RIO	105	Serviço Social
LOBO, Heloisa Carmello Rocha	Processos de remoção e seus desdobramentos: tramas e percursos em busca de uma casa	2015	Rio de Janeiro, RJ	UERJ	108	Ciências Sociais
MARANHÃO, Julia de Brito Ponce	Biblioteca Parque da Rocinha: cotidiano, cultura e cidadania num equipamento cultural carioca	2015	Rio de Janeiro, RJ	FGV	138	História, Política e Bens Culturais
MELLO, Dunstana Farias de	Pedra de Guaratiba: um lugar onde o futuro não aconteceu	2015	Rio de Janeiro, RJ	UNIRIO	167	História
MENEZES, Palloma Valle	Entre o "fogo cruzado" e o "campo minado": uma etnografia do processo de "pacificação" de favelas cariocas	2015	Rio de Janeiro, RJ	UERJ	416	Sociologia
MORAES, Lilian Saback de Sá	Parceiro do RJ / TV Globo: comunidade e narrativas inclusivas pelo audiovisual	2015	Rio de Janeiro, RJ	UFRJ	388	Comunicação
NABACK, Clarissa Pires de Almeida	Remoções biopolíticas: o habitar e a resistência da Vila Autódromo	2015	Rio de Janeiro, RJ	PUC/RJ	315	Direito
NETO, Nelson Felix Lima	As recentes intervenções urbanas na Rocinha e a participação dos moradores nesse processo: a experiência do grupo Rocinha Sem Fronteiras	2015	Rio de Janeiro, RJ	PUC-RIO	119	Dissertação
NUNES, Nilza Rogeria de Andrade	Mulher de favela: a feminização do poder através do testemunho de quinze lideranças comunitárias do Rio de Janeiro	2015	Rio de Janeiro, RJ	PUC-RIO	230	Serviço Social
OLINGER, Marianna Pacheco	Entre mercado e clientela, a manutenção do poder: urbanização de favelas no Rio de Janeiro (1993-2013)	2015	Rio de Janeiro, RJ	UFRJ	241	Planejamento Urbano e Regional
OLIVEIRA, Daniela Ferreira de	Qualidade de vida em habitação de interesse social: caso Metrô-Mangueira	2015	Rio	UFRJ	106	Engenharia Urbana
OLIVEIRA, Gustavo Borges de	Mais que um, menos que muitos Santa Marta: a multiplicidade do Santa Marta	2015	Rio de Janeiro, RJ	UERJ	89	Psicologia Social
OLIVEIRA, Heloisa Maria Alves de	Do retorno ao vai e vem – o caso de Rio das Pedras – RJ	2015	Rio de Janeiro, RJ	UFRJ	135	Planejamento Urbano e Regional

BIBLIOTECA(S) ONDE FOI LOCALIZADA A OBRA	PALAVRAS-CHAVES	ENDEREÇO ELETRÔNICO	TEMÁTICA	TERRITÓRIO ESPECÍFICO	TIPO DE DOCUMENTO
Biblioteca Central do Gragoatá	pacificação de favelas, segurança pública, Unidade de Polícia Pacificadora, Complexo do Alemão, produção de sentido		Segurança Pública	Alemão	Dissertação
Biblioteca Central da PUC-Rio	violência urbana, segurança pública, juventude		Segurança Pública		Dissertação
Catálogo de Teses e Dissertações da CAPES	antropologia, remoção, favela, moradia, política habitacional		Regulação Urbana		Dissertação
Biblioteca Digital da FGV	Biblioteca Parque da Rocinha, Rocinha, política cultural, política pública, cidadania, favelas	file:///C:/Users/mario/Downloads/DISSERTA%C3%87%C3%83O%20BIBLIOTECA%20PARQUE%20ROCINHA%20JULIA%20DE%20BRITO%20PONCE%20MARANH%C3%83O%20EM%20PDF.pdf	Arte e Cultura	Rocinha	Dissertação
Catálogo de Teses e Dissertações da CAPES	memória, favela, história do lugar, Rio de Janeiro, Guaratiba, Pedra de Guaratiba		Memória, História, Identidade, Subjetividade	Pedra de Guaratiba	Dissertação
Biblioteca do IESP/UERJ	violência, tráfico de drogas, pacificação, favelas, Rio de Janeiro		Segurança Pública		Tese
Catálogo de Teses e Dissertações CAPES	comunicação, audiovisual comunitário, telejornalismo, Parceiro do RJ, TV Globo, favela		Comunicação		Tese
Catálogo de Teses e Dissertações da CAPES	Vila Autódromo, remoção, favela, biopolítica, habitar		Habitação Habitat	Vila Autódromo	Dissertação
Biblioteca Central da PUC-Rio	participação popular, favela, Rocinha, megaeventos		Regulação Urbana	Rocinha	Dissertação
Biblioteca Central da PUC-Rio	mulher, favela, feminização do poder, território, testemunho		Grupos Sociais – Gênero		Tese
Biblioteca do IPPUR/UFRJ	favela, urbanização de favelas, política social, habitação, planejamento urbano		Regulação Urbana		Tese
Catálogo de Teses e Dissertações da CAPES	qualidade de vida, habitação, reassentamento, Minha Casa Minha Vida, infraestrutura		Habitação Habitat	Metrô-Mangueira	Dissertação
BDTD/UERJ	favela, Santa Marta, teoria ator-rede, multiplicidade		Arte e Cultura	Santa Marta	Dissertação
Biblioteca do IPPUR/UFRJ	Rio das Pedras, Rio de Janeiro, migração, retorno, Nordeste		Habitação Habitat	Rio das Pedras	Tese

AUTOR	TÍTULO	ANO DE PUBLICAÇÃO	LOCAL	EDITORA OU INSTITUIÇÃO	Nº DE PÁGINAS	PÓS-GRADUAÇÃO
OLIVEIRA, Pablo de Moura Nunes de	Quando a favela é notícia: a "pacificação" carioca nas páginas do jornal	2015	Rio de Janeiro, RJ	UERJ	Não informado	Ciências Sociais
PARREIRAS, Andre Orioli	O lugar da arquitetura nas favelas, ou ao contrário: um debate estrutural	2015	Rio de Janeiro, RJ	UFRJ	189	Urbanismo
PEÇANHA, Vinicius Rodrigues	Geographical Externalities and The Pacifying Police Unit Program in Rio de Janeiro	2015	Rio de Janeiro, RJ	FGV	45	Economia
PEREIRA, Camille Costa Perisse	Comunicação que sobrevive: a busca do autossustento para uma mídia autogerida por moradores da Cidade de Deus	2015	Niterói, RJ	UFF	105	Dissertação
RODRIGUES, Fernanda da Silva Figueira	Registros de memória em arte fugaz: o graffiti das casas – tela do Museu de Favela (2010-2014)	2015	Rio de Janeiro, RJ	UNIRIO	265	Memória Social
RODRIGUES, Nathalia Mota	Casas flutuantes: o modelo hegemônico de modernização e a produção de um novo espaço no Morro da Providência	2015	Rio de Janeiro, RJ	UERJ	92	História Social do Território
SABORIO, Sebastian	As Unidades de Polícia Pacificadora: o controle da violência urbana no Rio de Janeiro	2015	Rio de Janeiro, RJ	UFRJ	382	Sociologia
SANTANA, Gustavo Clayton Alves	Favelas e controle estatal: um estudo em representações sociais	2015	Rio de Janeiro, RJ	UERJ	133	Psicologia Social
SANTOS, Arthur Pereira	Notas introdutórias sobre geografia e cinema: reflexões em torno da experiência da morada na Cidade de Deus e no Edifício Master	2015	Niterói, RJ	UFF	203	Geografia
SANTOS, Caroline Rocha dos	Entre o reconhecimento e a estigmatização da favela: um estudo de caso sobre a regularização fundiária no Morro do Timbau	2015	Rio de Janeiro, RJ	UERJ	122	Direito
SANTOS, Claudia Val dos	O emprego da comunicação/propaganda para impulsionar negócios geridos por mulheres do complexo do Alemão	2015	Rio de Janeiro, RJ	Centro Universitário Augusto Mota	72	Desenvolvimento Local
SANTOS, Eduardo de Almeida	A narrativa como dispositivo: a interferência da palavra na disputa da existência em certos territórios do Rio de Janeiro	2015	Rio de Janeiro, RJ	UFRJ	123	Ciência da Literatura
SANTOS, Jonas Sales dos	Jovens de favela e ensino médio: trajetórias diversas	2015	Rio de Janeiro, RJ	UNIRIO	104	Sociologia

BIBLIOTECA(S) ONDE FOI LOCALIZADA A OBRA	PALAVRAS-CHAVES	ENDEREÇO ELETRÔNICO	TEMÁTICA	TERRITÓRIO ESPECÍFICO	TIPO DE DOCUMENTO
Biblioteca ICS/ PPCIS/UERJ	mídia, agendas, representações sociais, favelas		Comunicação		Dissertação
Biblioteca do CMA/UFRJ	favelas, cidadania, processo de projeto, arquitetura e urbanismo		Habitação Habitat		Tese
catálogo de Teses e Dissertações da CAPES	UPP, SUTVA, Interrupted Time Series, modelo de entrada		Segurança Pública		Dissertação
Biblioteca Central do Gragoatá	comunicação comunitária, democratização da comunicação, publicidade comunitária, Cidade De Deus, a notícia por quem vive		Comunicação	Cidade de Deus	Dissertação
Biblioteca Central da Universidade Federal do Estado do Rio de Janeiro	museu de favela, memória social, graffiti, casa-tela, museologia social		Arte e Cultura		Dissertação
Biblioteca do CEHD/UERJ	remoções forçadas, favela, Morro da Providência		Habitação Habitat	Providência	Dissertação
Biblioteca do IFCS/UFRJ	polícia, Rio de Janeiro, favela		Segurança Pública		Tese
Banco de Teses e Dissertações da UERJ	psicologia social, representações sociais, favelas do Rio de Janeiro, Unidades de Polícia Pacificadora	http://www.bdtd.uerj.br/tde_busca/arquivo.php?codArquivo=8360	Regulação Urbana		Dissertação
Biblioteca do Instituto de Geociências da UFF	geografia, cinema, Cidade de Deus, Edifício Master		Arte e Cultura	Cidade de Deus	Dissertação
Biblioteca da UERJ	regularização fundiária, sociologia do direito, favela, Morro do Timbau		Regulação Urbana	Maré	Dissertação
Catálogo de Teses e Dissertações da CAPES	mulheres, Complexo do Alemão, empreendedorismo, favela, comunicação		Mercado – Trabalho	Alemão	Dissertação
Biblioteca da Faculdade de Letras/UFRJ	teatro brasileiro, sociedade, dramaturgia brasileira, favelas no teatro, memória na literatura		Arte e Cultura		Dissertação
Biblioteca Central da Universidade Federal do Estado do Rio de Janeiro	juventude, ensino médio, escolarização dos jovens pobres		Educação		Dissertação

AUTOR	TÍTULO	ANO DE PUBLICAÇÃO	LOCAL	EDITORA OU INSTITUIÇÃO	Nº DE PÁGINAS	PÓS-GRADUAÇÃO
SANTOS, Leonardo Carmo	Entre as culturas do corpo, da escola e do conflito: diálogos da educação física em uma comunidade conflagrada	2015	Niterói, RJ	UNIVERSO	148	Ciências da Atividade Física
SANTOS, Thiago Gomes	Favela, audiovisual e a CUFA: reflexões sobre "Soldado do Morro", "Falcão-Meninos do Tráfico" e " 5 X Favela – agora por nós mesmos"	2015	Rio de Janeiro, RJ	FGV	87	História, Politica e Bens Culturais
SCHUCKMANN, Julia Elisabeth Von	Peeping on poverty: groupness and moral considerations in slum tourism	2015	Rio de Janeiro, RJ	FGV	42	Administração Pública
SCHWARTZENBERG, Adriana Pavlova	Dança e política: movimentos da Lia Rodrigues companhia de danças na Maré	2015	Rio de Janeiro, RJ	UFRJ	125	Artes da Cena
SEGAL, Robert Lee	Unidades de Polícia Pacificadora (UPPs) e escolas: os efeitos das UPPs sobre aspectos educacionais na Grande Tijuca	2015	Rio de Janeiro, RJ	UFRJ	213	Educação
SENNA, Ana	Capital social e capital cultural na Biblioteca Comunitária Paulo Coelho das Favelas Pavão/Pavãozinho/Cantagalo no Rio de Janeiro	2015	Rio de Janeiro, RJ	UFRJ	192	Ciência da Informação
SILVA, Cláudia Souza Mendes da	Limites e possibilidades da resistência civil e da ação/oposição judicial às remoções injustas	2015	Rio de Janeiro, RJ	UERJ	135	Direito
SILVA, Eduardo Miranda	O campo minado da representação do outro no cinema brasileiro contemporâneo	2015	Rio de Janeiro, RJ	PUC/RJ	164	Literatura, Cultura e Contemporaneidade
SILVA, Eduardo Ribeira da	Violência armada e educação no Rio de Janeiro: impactos educacionais das UPPs	2015	Rio de Janeiro, RJ	UERJ	481	Ciências Sociais
SILVA, Fabiano Arruda da	O papel da interpretação e dependência na relação entre pressões ambientais e respostas estratégicas de pequenos empreendimentos em favelas cariocas pacificadas	2015	Rio de Janeiro, RJ	Universidade do Grande Rio – Prof Jose de Souza Herdy	82	Administração
SILVA, Heitor Ney Mathias da	Planejamento, política e reestruturação do território: PAC e UPPs no Complexo do Alemão	2015	Rio de Janeiro, RJ	UFRJ	217	Planejamento Urbano e Regional
SILVA, Isabela Souza da	E errar e deslizar e flanar sobre discursos – cidade de mulheres da Maré	2015	Rio de Janeiro, RJ	UFRJ	128	Planejamento Urbano e Regional
SILVA, Mariah Queiroz Costa	O lugar da favela: narrativas hegemônicas e transformações urbanas no Rio de Janeiro	2015	Rio de Janeiro, RJ	UFRJ	144	Comunicação e Cultura
SILVA, Tiago Cavalcante da	(Sobre)viver, rasgar-se e remendar-se: a dramatização de textos literários na escola como ressignificação de lugares sociais	2015	Rio de Janeiro, RJ	UFRJ	246	Linguística Aplicada

BIBLIOTECA(S) ONDE FOI LOCALIZADA A OBRA	PALAVRAS-CHAVES	ENDEREÇO ELETRÔNICO	TEMÁTICA	TERRITÓRIO ESPECÍFICO	TIPO DE DOCUMENTO
Biblioteca da Universidade Salgado de Oliveira	educação física, educação, conflitos armados, favela, Complexo do Alemão		Educação		Dissertação
Banco Digital FGV	favela, CUFA, audiovisual, TV Globo, Mv Bill	http://hdl.handle.net/10438/16415	Arte e Cultura		Dissertação
Biblioteca da FGV	favela, Rio de Janeiro, judgments, tourism		Mercado de Trabalho		Dissertação
Biblioteca CFCH/UFRJ	dança, favela, política		Arte e Cultura	Maré	Dissertação
Biblioteca do CFCH/UFRJ	Unidades de Polícia Pacificadoras (UPPs), escolas, segurança pública e educação, oportunidades educacionais, segregação residencial		Segurança Pública		Tese
Biblioteca da UFRJ	capital social, capital cultural, biblioteca em favelas, recursos educacionais		Arte e Cultura	Cantagalo/ Pavão/ Pavãozinho	Tese
Rede Sirius UERJ	direito urbanístico, direito a moradia, habitação, planejamento urbano	http://www.bdtd.uerj.br/tde_busca/arquivo.php?codArquivo=10652	Regulação Urbana		Dissertação
Catálogo de Teses e Dissertações CAPES	cinema brasileiro, narrativa, cineasta-intelectual, primeira pessoa, cinema e literatura		Arte e Cultura		Tese
Biblioteca do ICS/PPCIS	violência armada, Unidades de Polícia Pacificadora (UPP), efeito escola, oportunidades educacionais, efeitos territoriais, pesquisa avaliativa		Segurança Pública		Tese
Catálogo de Teses e Dissertações da CAPES	empreendimentos na favela, respostas estratégicas, pressões ambientais, esquemas interpretativos, dependência de recursos		Mercado – Trabalho		Dissertação
Biblioteca do IPPUR/UFRJ	planejamento urbano, Complexo do Alemão, Programa de Aceleração do Crescimento, Unidade de Policia Pacificadora, resistência social		Segurança Pública	Alemão	Tese
Biblioteca do IPPUR/UFRJ	discurso, mulheres, cidade, favela		Grupos Sociais – Gênero	Maré	Dissertação
Biblioteca CFCH/UFRJ	Rio de Janeiro, Jogos Olímpicos, modernismo, estratégias discursivas, favela, remoções, políticas públicas, sofrimento		Comunicação		Dissertação
Biblioteca da Faculdade de Letras/UFRJ	literatura, ensino, ética, dramatização		Educação		Tese

AUTOR	TÍTULO	ANO DE PUBLICAÇÃO	LOCAL	EDITORA OU INSTITUIÇÃO	Nº DE PÁGINAS	PÓS-GRADUAÇÃO
SIMOES, Gabriel Lima	A participação social em projetos apoiados pela Fundação Oswaldo Cruz: uma análise sobre a Agência de Comunicação Comunitária de Manguinhos	2015	Seropédica, RJ	UFRRJ	119	Gestão e Estratégia
SOARES, Henrique Amorim	Ideias-força nos projetos urbanos para a cidade informal	2015	Rio de Janeiro, RJ	UFRJ	178	Planejamento Urbano e Regional
SOARES, Vanessa Brulon	(Des)organizando o espaço social de favelas: o campo burocrático do Estado em ação no contexto da "pacificação"	2015	Rio de Janeiro, RJ	FGV	318	Administração
SOUZA, Adilson Severo	Os desafios da ampliação da jornada escolar em duas escolas da favela da Rocinha – Rio de Janeiro (RJ)	2015	Rio de Janeiro, RJ	UFRJ	168	Educação
SOUZA, Gabriel Carvalho Soares de	Morar Carioca da Providência: a ambiguidade da ação municipal na urbanização de favelas	2015	Rio de Janeiro, RJ	UFRJ	173	Engenharia Urbana
STREVA, Luiz Carlos Werneck	Tecnologia digital como instrumento publicitário para o desenvolvimento socioeconômico da comunidade do Itararé – Complexo do Alemão	2015	Rio de Janeiro, RJ	Centro Universitário Augusto Mota	66	Desenvolvimento Local
TAVARES, Rossana Brandão	Indifereça à diferença: espaços urbanos de resistência na perspectiva das desigualdades de gênero	2015	Rio de Janeiro, RJ	UFRJ	229	Arquitetura e Urbanismo
TOSCANO, Gabriel Bayarri	Novos conflitos nas cidades e antigas práticas policiais: análise dos mecanismos de mediação em favelas atendidas pelas Unidades de Polícia Pacificadoras – UPPs	2015	Niterói, RJ	UFF	142	Dissertação
VALADARES, Diego Borher	Criminalidade na atividade urbanificadora no Rio de Janeiro no início do século XXI	2015	Niterói, RJ	UFF	160	Sociologia e Direito
VALENTE, Julia Leite	Unidades de Polícia Pacificadora: pacificação, território e militarização	2015	Rio de Janeiro, RJ	UERJ	153	Direito Penal
WATANABE, Beatriz Yumi	Desgin gráfico situado: o caso da Favela Santa Marta	2015	Rio de Janeiro, RJ	UFRJ	204	Engenharia de Produção
WILL, Sharon Varjao	Vigiar, punir, educar e matar: discursos de disciplinamento, controle e extermínio da população preta e pobre do Rio de Janeiro	2015	Niterói, RJ	UFF	265	Educação
YACCOUB, Hilaine de Melo	Lições da favela: as economias de compartilhamento de bens e serviços na Barreira do Vasco – RJ	2015	Niterói, RJ	UFF	400	Antropologia Social
ALMEIDA, Ana Carolina Canegal de	Vazio institucional: o papel da escola pública e do Conselho Tutelar na socialização de estudantes de camadas populares	2016	Rio de Janeiro, RJ	PUC/RJ	198	Ciências Sociais

BIBLIOTECA(S) ONDE FOI LOCALIZADA A OBRA	PALAVRAS-CHAVES	ENDEREÇO ELETRÔNICO	TEMÁTICA	TERRITÓRIO ESPECÍFICO	TIPO DE DOCUMENTO
Não informado	projetos sociais, participação social, agência de comunicação, Manguinhos		Comunicação	Manguinhos	Dissertação
Biblioteca do IPPUR/UFRJ	projeto urbano, urbanização de favelas, Rio de Janeiro		Regulação Urbana		Dissertação
Biblioteca Digital da FGV	favelas, políticas públicas, intervenção estatal, espaço urbano	http://bibliotecadigital.fgv.br/dspace/bitstream/handle/10438/13848/Tese%20-%20Vanessa%20Brulon%20-%20Vers%C3%A3o%20Final%20Ap%C3%B3s%20Defesa%20%282%29.pdf?sequence=5&isAllowed=y	Segurança Pública		Tese
Biblioteca do CFCH/UFRJ	desigualdades educacionais, políticas educacionais, horário integral, educação integral		Educação	Rocinha	Dissertação
Biblioteca do Centro de Tecnologia da UFRJ	planejamento urbano, urbanização de favelas no Rio de Janeiro, segregação residencial, Programa Morar Carioca, favela da Providência		Regulação Urbana		Dissertação
Catálogo de Teses e Dissertações da CAPES	desenvolvimento local, visibilidade, políticas públicas, aplicativo, comunidade, favela, comércio		Mercado – Trabalho	Alemão	Dissertação
Biblioteca CMA/UFRJ	espaço urbano, mulheres, Rio de Janeiro, favelas, mulheres e planejamento urbano		Grupos Sociais – Gênero		Tese
Biblioteca Central do Gragoatá	antropologia, ciências sociais, cultura jurídica, administração e mediação de conflitos, segurança pública, Polícia Militar, favela, Unidades de Polícia Pacificadora (UPP's), códigos, sensibilidades e cidadania, direitos humanos		Segurança Pública		Dissertação
Biblioteca Central do Gragoatá	sociologia urbana, operação urbana consorciada, Porto Maravilha, criminalidade, governança pública		Segurança Pública		Dissertação
Biblioteca da UERJ	UPP, polícia, militarização, pacificação, território		Segurança Pública		Dissertação
Biblioteca COPPE/UFRJ	design, imagens, diálogo, pensamento crítico		Arte e Cultura	Santa Marta	Tese
Biblioteca Central do Gragoatá	segurança pública, educação, favela, produção de subjetividade, jovens pobres e pretos		Segurança Pública		Tese
Biblioteca Central do Gragoatá	favela, economias de compartilhamento, redes sociais		Economia/ Consumo	Barreira do Vasco	Tese
Catálogo de Teses e Dissertações CAPES	socialização, escola pública, conselho tutelar, vazio institucional, direito à educação, direitos da criança e do adolescente, democracia		Educação		Tese

PRODUÇÃO ACADÊMICA POR ANO

AUTOR	TÍTULO	ANO DE PUBLICAÇÃO	LOCAL	EDITORA OU INSTITUIÇÃO	Nº DE PÁGINAS	PÓS-GRADUAÇÃO
ALMEIDA, Rafael Gonçalves	Favelas do Rio de Janeiro: a geografia histórica da invenção de um espaço	2016	Rio de Janeiro, RJ	UFRJ	523	Geografia
ALVES, Ricardo Bomfim	Energia e condomínio popular: uma avaliação, sob a perspectiva do consumo de energia elétrica, do Programa de Aceleração de Crescimento – PAC do Morro do Preventório	2016	Rio de Janeiro, RJ	PUC/RJ	173	Engenharia Urbana e Ambiental
ARAUJO, Debora Rodrigues de	O processo de ocupação militar na favela da Maré no Rio de Janeiro no período de 2011 a 2016	2016	Niterói, RJ	UFF	167	Serviço Social e Desenvolvimento Regional
BAGNO, Silvana	Memória, pertencimento e identidade em narrativas de moradores do Fallet, Rio de Janeiro	2016	Rio de Janeiro, RJ	UNIRIO	260	Memória Social
BIANCO, Mila Henriques Lo	Nomeações estatais e a constituição de arenas públicas no contexto de reestruturação das margens urbanas: usos e representações sócio-espaciais em Manguinhos	2016	Rio de Janeiro, RJ	UFRJ	270	Planejamento Urbano e Regional
BONAMICHI,Nayana Corrêa	Favela on sale. Regularização fundiária e gentrificação de favelas no Rio de Janeiro	2016	Rio de Janeiro, RJ	UFRJ	133	Planejamento Urbano e Regional
BOTTINO, Caroline Martins de Melo	Quem descobriu a favela? A trajetória das agências de turismo nas favelas cariocas	2016	Rio de Janeiro, RJ	FGV	93	História Contemporânea do Brasil
BOVIER, Clara Mona Lisa	Dinâmicas urbanas e mecanismos de gentrificação nas favelas do Rio de Janeiro à véspera dos megaeventos: o caso do Chapéu Mangueira	2016	Rio de Janeiro, RJ	PUC/RJ	129	Engenharia Urbana e Ambiental
BRASIL, Luciane Chagas	Meeting of favela: grafitando subjetivações na Vila Operária do látex às cores digitais	2016	Duque de Caxias, RJ	UERJ	191	Educaçao, Cultura e Comunicação
BURLAMAQUI, Patricia de Oliveira	O caso da 'Política de Pacificação': processo de formação de agenda da segurança pública do Estado do Rio de Janeiro	2016	Niterói, RJ	UFF	Não informado	Ciência Política
CARVALHO, Camila Lima e Silva	"Cidades" dentro da cidade? A estrutura socioespacial de favelas cariocas no período Lula (2003-2010)	2016	Rio de Janeiro, RJ	UFRJ	148	Planejamento Urbano e Regional
CARVALHO, Maria Isabel de	A favela da Rocinha e a destinação inadequada de lixo: entendendo os meandros da questão	2016	Rio de Janeiro, RJ	PUC/RJ	165	Serviço Social
CAVALCANTE, Andre Luiz Muniz	Morar Carioca: do sonho à realidade. Os primeiros anos do programa carioca de integração de assentamentos precários informais	2016	Niterói, RJ	UFF	120	Arquitetura e Urbanismo
CHACON, Clarice Salles	Empreendedorismo urbano e violência estatal no Rio Janeiro contemporâneo	2016	Niteroi, RJ	UFF	144	História
CHAIBLICH, Juliana Valentim	Estudo das vulnerabilidades socioambientais associadas à leptospirose no município do Rio de Janeiro: técnicas de análise espacial	2016	Niteroi, RJ	UFF	117	Saúde Coletiva

BIBLIOTECA(S) ONDE FOI LOCALIZADA A OBRA	PALAVRAS-CHAVES	ENDEREÇO ELETRÔNICO	TEMÁTICA	TERRITÓRIO ESPECÍFICO	TIPO DE DOCUMENTO
Biblioteca PPGG/UFRJ	favela, Rio de Janeiro, governamentalidade, higienismo, marginalidade		Habitação Habitat		Tese
Catálogo de Teses e Dissertações da CAPES	energia, favela, PAC, Preventório		Habitação Habitat	Preventório	Dissertação
Catálogo de Teses e Dissertações da CAPES	favela, polícia, Unidade de Polícia Pacificadora		Segurança Pública	Maré	Dissertação
Biblioteca Central da UNIRIO	Fallet, favela, memória social, identidades, pertencimento, narrativas		Memória, Historia, Identidade e Subjetividade	Fallet Fogueteiro	Tese
Catálogo de Teses e Dissertações da CAPES	arenas públicas, espaço urbano, Estado, favela		Regulação Urbana	Manguinhos	Dissertação
Biblioteca do IPPUR/UFRJ	gentrificação, regularização fundiária, titulação, favela, Cantagalo		Regulação Urbana		Dissertação
Biblioteca Digital da FGV	favelas, Rio de Janeiro, agentes de viagem	http://hdl.handle.net/10438/17655	Mercado do Turismo		Dissertação
Catálogo de Teses e Dissertações da CAPES	gentrificação, governança urbana, favela, planejamento urbano		Regulação Urbana	Chapeu Mangueira	Dissertação
Banco de Teses e Dissertações da UERJ	metting of favela, graffiti, movimentos culturais da periferia, favela, subjetivação	http://www.bdtd.uerj.br/tde_busca/arquivo.php?codArquivo=10866	Arte e Cultura	Vila Operária	Dissertação
Biblioteca Central do Gragoatá	politica de pacificação, segurança pública, políticas públicas		Segurança Pública		Dissertação
Biblioteca IPPUR/UFRJ	desigualdade, favelas, fractal, estrutura socioespacial, governo Lula		Habitação Habitat		Dissertação
Catálogo de Teses e Dissertações da CAPES	lixo, favela da Rocinha, política pública, resíduos sólidos		Habitação Habitat	Rocinha	Dissertação
Biblioteca de Arquitetura e Urbanismo da UFF	Morar Carioca, habitação social, Brasil, favela bairro		Habitação Habitat		Dissertação
Banco de Teses e Dissertações do PPH/UFF	Rio de Janeiro, urbanização capitalista, empreendedorismo urbano, violência estatal	http://www.historia.uff.br/stricto/td/1999.pdf	Regulação Urbana		Dissertação
Catálogo de Teses e Dissertações da CAPES	leptospirose, vulnerabilidades socioambientais, riscos, território, análise espacial		Habitação Habitat		Dissertação

AUTOR	TÍTULO	ANO DE PUBLICAÇÃO	LOCAL	EDITORA OU INSTITUIÇÃO	Nº DE PÁGINAS	PÓS-GRADUAÇÃO
CONCEICAO, Wellington da Silva	Minha casa, suas regras, meus projetos: gestão, disciplinar e resistências nos condomínios populares do PAC e PMCMV no Rio de Janeiro.	2016	Rio de Janeiro, RJ	UERJ	282	Ciências Sociais
CORTES, Dennis Novaes Saldanha	Funk Proibidão: música e poder nas favelas cariocas	2016	Rio de Janeiro, RJ	UFRJ	140	Antropologia Social
COSTA, Pedro Henrique Marafelli da	Empreendedorismo em territórios populares: o Sebrae e a formalização de microempreendedores individuais no Complexo do Alemão	2016	Rio de Janeiro, RJ	UFRJ	170	Planejamento Urbano e Regional
COSTA, Sonia Marinho do Brazil	Vulnerabilidade de crianças e adolescentes em desastres – caso do Morro do Bumba	2016	Niterói, RJ	UFF	89	Defesa e Segurança Civil
COUTINHO, Davison da Silva	Design, cultura material, artesanato e memória no Museu de Favela do Rio de Janeiro	2016	Rio de Janeiro, RJ	PUC/RJ	196	Design
COUTO, Maria Isabel Macdowell	UPP e UPP social: narrativas sobre integração na cidade	2016	Rio de Janeiro, RJ	UERJ	297	Sociologia
CUNHA, Thiago Colmenero	Paz armada na escola	2016	Rio de Janeiro, RJ	UFRJ	112	Psicologia
CZERMAK, Sabira de Alencar	Artes de fazer com os sons: uma escuta psicanalítica da prática orquestral	2016	Rio de Janeiro, RJ	PUC/RJ	175	Psicologia Clínica
DAROS, Raphaella Fagundes	Implicâncias e implicações de uma trabalhadora social: a participação social do PAC Favelas-RJ em análise	2016	Niterói, RJ	UFF	251	Psicologia
DIAS, Andrea Teixeira	Velhas e novas roupagens: megaeventos esportivos e política habitacional na cidade do Rio de Janeiro	2016	Rio de Janeiro, RJ	UERJ	164	Geografia
DIAS, Ariley Pinto Rainho	Para ver o futuro: utopia, risco e paz no Jardim Batan	2016	Rio de Janeiro, RJ	UFRJ	163	Sociologia e Antropologia
FERRAZ, Nicoli Santos	Mapeamento participativo das favelas do Rio de Janeiro: do vazio cartográfico ao espetáculo da integração	2016	Rio de Janeiro, RJ	PUC/RJ	172	Arquitetura
FRAGOZO, Sonia Dique	O desempenho das construções no processo de autoconstrução de habitações populares	2016	Rio de Janeiro, RJ	UFRJ	119	Engenharia Urbana
FRIAS, Andréa Monteiro de	As práticas cotidianas dos profissionais que atuam em programas e projetos sociais: efeitos micropolíticos	2016	Rio de Janeiro, RJ	UERJ	131	Políticas Públicas e Formação Humana
GAMA, Sueli Rosa	Excesso de peso de crianças moradoras em favela do Rio de Janeiro: uma abordagem sistêmica	2016	Rio de Janeiro, RJ	FIOCRUZ	117	Epidemiologia em Saúde Pública
GARAU, Marilha Gabriela Reverendo	"Quem sobrevive vai ao baile" – uma análise etnográfica, à luz do princípio constitucional da igualdade, das relações da Polícia Militar e a comunidade em uma favela ocupada por uma UPP	2016	Niteroi, RJ	UFF	126	Direito Constitucional

BIBLIOTECA(S) ONDE FOI LOCALIZADA A OBRA	PALAVRAS-CHAVES	ENDEREÇO ELETRÔNICO	TEMÁTICA	TERRITÓRIO ESPECÍFICO	TIPO DE DOCUMENTO
Catálogo de Teses e Dissertações CAPES	favela, condomínio, disciplinarização, gestão de populações, resistências		Habitação Habitat		Tese
Bbiblioteca Francisca Keller – UFRJ	funk, favela, tráfico, política		Arte e Cultura		Dissertação
Catálogo de Teses e Dissertações da CAPES	empreendedorismo, formalização, favela, Complexo do Alemão, planejamento estratégico		Mercado – Trabalho	Alemão	Dissertação
Biblioteca Central do Valonguinho	vulnerabilidade social, redução de risco, resiliência		Grupos Sociais	Morro do Bumba – Niteroi	Dissertação
Catálogo de Teses e Dissertações da CAPES	design, cultura material		Arte e Cultura		Dissertação
Rede Sirius Uerj	políticas públicas, segurança pública, favelas, Rio de Janeiro, Polícia Militar	http://www.bdtd.uerj.br/tde_busca/arquivo.php?codArquivo=10706	Segurança Pública		Tese
Biblioteca do CFCH/UFRJ	psicologia, escola, direitos humanos, criminologia, polícia		Educação		Dissertação
Catálogo de Teses e Dissertações CAPES	orquestra, el sistema, regressão talássica, criatividade, cultura, tática, favela, sofrimento social		Direito à Saude		Tese
Biblioteca Central do Gragoatá	participação social, trabalho social, biopolítica, governamentalidade		Mercado e Trabalho		Tese
Rede Sirius UERJ	planejamento urbano, política habitacional, assentamentos humanos, políticas publicas, eventos especiais	http://www.bdtd.uerj.br/tde_busca/arquivo.php?codArquivo=10807	Habitação Habitat		Dissertação
Biblioteca do IFCS/UFRJ	futuro, favela, UPP, engajamento, afetividade		Identidade e Subjetividade	Jardim Batam	Dissertação
Catálogo de Teses e Dissertações da CAPES	mapeamento, favela, história do Rio de Janeiro, participação		Memória, História, Identidade, Subjetividade		Dissertação
Catálogo de Teses e Dissertações da CAPES	autoconstrução, favela, desempenho da construção, habitação social, sabedoria popular		Habitação Habitat		Dissertação
	práticas sociais, produções subjetivas, micropolítica, população em situação de rua, jovens das favelas	http://www.bdtd.uerj.br/tde_busca/arquivo.php?codArquivo=11971	Memória, História, Identidade, Subjetividade		Dissertação
Biblioteca da FIOCRUZ	economia dos alimentos, consumo de alimentos, nutrição da criança		Direito à Saude		Tese
Catálogo de Teses e Dissertações da CAPES	Unidades de Polícia Pacificadora (UPPs), polícia militar, policiamento de proximidade, práticas policiais, segurança pública		Segurança Pública		Dissertação

AUTOR	TÍTULO	ANO DE PUBLICAÇÃO	LOCAL	EDITORA OU INSTITUIÇÃO	Nº DE PÁGINAS	PÓS-GRADUAÇÃO
GARCIA, Natalia Iorio	Os caminhos e os espaços: organização sócio espacial, rivalidades e memória no Morro do Cantagalo	2016	Niterói, RJ	UFF	121	Antropologia
GOMES, Rogério Santos Daflon	Ribeirinhos urbanos: uma vida à margem do direito à moradia	2016	Rio de Janeiro, RJ	UFRJ	107	Planejamento Urbano e Regional
GOTARDO, Ana Teresa	Rio para gringo: a construção de sentidos sobre o carioca para consumo turístico	2016	Rio de Janeiro, RJ	UERJ	164	Comunicação
GUIA, Éric Vidal Ferreira da	Entre favelas, pedreiras e parque ecológico: um panorama dos conflitos socioambientais na Serra da Misericórdia, subúrbio do Rio de Janeiro	2016	Rio de Janeiro, RJ	UFRRJ	130	Ciências Sociais em Desenvol-vimento, Agricultura e Sociedade
JESUS, Joana Carvalho Ribeiro de	Violência doméstica na atenção primária a saúde: a experiência das agentes comunitárias de saúde numa favela do Rio de Janeiro	2016	Rio de Janeiro, RJ	UFRJ	91	Saúde Coletiva/ Medicina
KAPAZ, Taina Reis de Paula	Os vazios urbanos do bairro do Jacaré e a construção da cidade	2016	Rio de Janeiro, RJ	UFRJ	65	Urbanismo
KLEIN, Patrícia Pizzigatti	Políticas públicas para jovens em favelas: contexto, configurações e metodologias de impletmentação do Programa Caminho Melhor Jovem	2016	Duque de Caxias, RJ	UERJ	81	Educaçao, Cultura e Comunicação
LACERDA, Larissa Gdynia	Conflitos e disputas pela mercantilização de territórios populares: o caso da favela do Vidigal, Rio de Janeiro	2016	Rio de Janeiro, RJ	UFRJ	144	Planejamento Urbano e Regional
LIMA, Michael Batista	As Unidades de Polícia Pacificadora em atividade real e telerreal: da política pública e da cobertura jornalística sobre conflito e segurança no Rio de Janeiro	2016	Niterói, RJ	UFF	Não informado	Ciência Política
LUNA, Sarah Borges	Cenas de uma cidade à parte: entre a representação e a rememoração da favela cinematográfica	2016	Rio de Janeiro, RJ	UNIRIO	126	Memória Social
MELO, Caroline Martins Bezerra	Quem descobriu a favela? A trajetória das agências de turismo nas favelas cariocas	2016	Rio de Janeiro, RJ	FGV	93	História, Política e Bens Culturais
MELO, Robson da Costa	Direito à favela: desafios do exercício do direito à moradia adequada em territórios de exclusão social no Rio de Janeiro	2016	Rio de Janeiro, RJ	UERJ	123	Direito
MIRANDA, Pedro Henrique Pereira Braga	Uma avaliação comparativa de dois modelos de reciclagem de lixo em favelas do Rio de Janeiro: o Reciclação e o Light Recicla	2016	Rio de Janeiro, RJ	UFRJ	59	Poliíticas públicas, estratégias e desenvolvi-mento
MONTEIRO, Michelle Aparecida Mallet	O Programa Minha Casa Minha Vida: o processo de desterritorialização de Acari a Cosmos e rebatimentos na apropriação e o pertencimento dos beneficiários.	2016	Seropédica, RJ	UFRRJ	122	Desenvolvimento Territorial e Políticas Públicas

BIBLIOTECA(S) ONDE FOI LOCALIZADA A OBRA	PALAVRAS-CHAVES	ENDEREÇO ELETRÔNICO	TEMÁTICA	TERRITÓRIO ESPECÍFICO	TIPO DE DOCUMENTO
Biblioteca Central do Gragoatá	Cantagalo/Pavão-Pavãozinho, organização sócio espacial, rivalidade, conflito		Memória, História, Identidade, Subjetividade	Cantagalo/ Pavão/ Pavaõzinho	Dissertação
Biblioteca IPPUR/UFRJ	população ribeirinha, direito à moradia, áreas de proteção permanente, regularização fundiária		Habitação Habitat		Dissertação
Catálogo do Teses e Dissertações da CAPES	city branding, imaginários, cidade, consumo turístico		Turismo		Dissertação
Biblioteca da UFRRJ	política		Habitação Habitat		Dissertação
Biblioteca do CCS/UFRJ	atenção primária à saúde, saúde coletiva, saúde pública		Direito à Saúde		Dissertação
Catálogo de Teses e Dissertações da CAPES	vazios urbanos, vazios industriais, Rio de Janeiro		Regulação Urbana	Jacaré	Dissertação
Rede Sirius UERJ	juventude, política governamental, jovens, condições sociais	http://www.bdtd.uerj.br/tde_busca/arquivo.php?codArquivo=10574	Grupos Sociais – Juventudes		Dissertação
Biblioteca do IPPUR/UFRJ	urbanização neoliberal, favela, empreendedorismo, direito à cidade		Regulação Urbana	Vidigal	Dissertação
Não informado	polícia pacificadora, política pública, segurança pública		Segurança Pública		Dissertação
Biblioteca Central da UNIRIO	memória, representação, filmes de favela, rememoração		Comunicação		Dissertação
Biblioteca da FGV	turismo, favelas, rio de janeiro, agentes de viagem		Mercado de Trabalho		Dissertação
Catálogo de Teses e Dissertações da CAPES	favela, moradia, políticas públicas, exclusão social, regularização fundiária		Regulação Urbana		Dissertação
Catálogo de Teses e Dissertações da CAPES	gestão de resíduos, favela, reciclagem, desenvolvimento local		Habitação Habitat		Dissertação
Biblioteca da UFRRJ	habitação de interesse social, PMCMV, desterritorialização, pertencimento		Habitação Habitat	Acari e Cosmos	Dissertação

AUTOR	TÍTULO	ANO DE PUBLICAÇÃO	LOCAL	EDITORA OU INSTITUIÇÃO	Nº DE PÁGINAS	PÓS-GRADUAÇÃO
MORAIS, Adrielly Ribas	Curso pré-vestibular popular do Centro de Estudos e Ações Solidárias da Maré CEASM: desafios múltiplos na confluência de práticas curriculares	2016	Niteroi, RJ	UFF	132	Educação
NEMEZIO, Nubia Franca de Oliveira	O conhecimento e o reconhecimento das favelas cariocas através do desenho	2016	Rio de Janeiro, RJ	UFRJ	174	Urbanismo
OLIVEIRA, Andressa Somogy	Favela empreendedora: o empreendedorismo e o desenvolvimento socioeconômico das favelas "pacificadas"	2016	Niterói, RJ	UFF	182	Ciências Jurídicas e Sociais
OLIVEIRA, Eduardo de Figueiredo Santos Barbarela e	A favela nos jornais: o processo de pacificação nas comunidades cariocas	2016	Rio de Janeiro, RJ	UERJ	120	Ciência Política
OLIVEIRA, Fagner das Neves de	Elementos sustentáveis de habitação: intervenções arquitetônicas sustentáveis de baixo custo para moradias de interesse social. O caso da Favela da Margem da Linha. Campos dos Goytacazes – RJ	2016	Rio de Janeiro, RJ	UFRJ	143	Engenharia Ambiental
PALERMO, Luis Claudio	Da "guerra" no Complexo do Alemão (2007) ao programa de "pacificação" (2008/2009): uma análise dos discursos sobre ações policiais em algumas favelas cariocas	2016	Rio de Janeiro, RJ	UERJ	298	Ciências Sociais
PINHEIRO, Laize Gabriela Benevides	O Ocupa Borel e a militarização da vida: violações de direitos humanos em uma favela ocupada	2016	Niteroi, RJ	UFF	87	Direito Constitucional
PINTO, Michele de Lavra	Políticas públicas de transferência de renda: um estudo sobre o Programa Bolsa Família na favela do Pavão-Pavãozinho, Rio de Janeiro	2016	Rio de Janeiro, RJ	FGV	167	História, Política e Bens Culturais
PORTILHO, Aline dos Santos	Das "belezas que emanam dos jardins suspensos de Ipanema e Copacabana": políticas governamentais, demandas por memória e produção do espaço no Museu de Favela do Pavão-Pavãozinho e Cantagalo	2016	Rio de Janeiro, RJ	FGV	239	História, Política e Bens Culturais
PRESTES, Gabriela Alvarenga	UPP e Rio Mais Social: política pública para favelas cariocas	2016	Niteroi, RJ	UFF	87	Administração
RAUL, Jessica Mara	Segregação sócio-espacial e interseccionalidade em uma cidade-mercadoria: mulheres negras e a luta por sobrevivência em uma favela carioca	2016	Rio de Janeiro, RJ	CEFET/RJ	101	Relações Étnico-Raciais
REDES, Laura Souza	Das Dobras da desmemória aos remoinhos de leva e traz: do devir-criança, do dizer casa e rua	2016	Rio de Janeiro, RJ	UFRJ	101	Planejamento Urbano e Regional
ROCHA, Anabella Machado da	Cadê o Amarildo? Iterabilildade e construção de memórias em cartografias comunicáveis	2016	Rio de Janeiro, RJ	UNIRIO	117	Memória Social
ROCHA, Daniella Guedes	Da favela ao conjunto: a trajetória da CCPL entre o abandono, a remoção e a urbanização	2016	Rio de Janeiro, RJ	FGV	254	História, Política e Bens Culturais

BIBLIOTECA(S) ONDE FOI LOCALIZADA A OBRA	PALAVRAS-CHAVES	ENDEREÇO ELETRÔNICO	TEMÁTICA	TERRITÓRIO ESPECÍFICO	TIPO DE DOCUMENTO
Catálogo de Teses e Dissertações da CAPES	pré-vestibulares populares, currículo, ENEM		Educação	Maré	Dissertação
Catálogo de Teses e Dissertações da CAPES	representação gráfica, favela, urbanismo		Habitação Habitat		Dissertação
Biblioteca da Faculdade de Direito UFF	empreendedorismo, favelas, desenvolvimento, neoliberalismo		Mercado – Trabalho		Dissertação
Catálogo de Teses e Dissertações da CAPES	favela, comunicação, UPP, Rio de Janeiro, violência		Comunicação		Dissertação
Biblioteca ESH/UFRJ	habitação de interesse social, materiais alternativos aplicados à arquitetura, arquitetura sustentável, autoconstrução		Habitação Habitat	Margem da Linha – Campos dos Goytacazes	Dissertação
Catálogo de Teses e Dissertações CAPES	imprensa, favelas cariocas, Unidades de Polícia Pacificadora, análise do discurso, representações sociais, centro e margens		Segurança Pública	Alemão	Tese
Catálogo de Teses e Dissertações da CAPES	direitos humanos, violações, militarização, Morro do Borel		Segurança Pública	Borel	Dissertação
Biblioteca da FGV	Bolsa Família, consumo, pobreza, dinheiro		Economia/ Consumo	Pavão-Pavãozinho	Tese
Biblioteca da FGV	Museu de Favela, museu, museologia social, memória, política pública, favela		Memória, Historia, Identidade e Subjetividade	Pavão-Pavãozinho/ Cantagalo	Tese
Catálogo de Teses e Dissertações da CAPES	política pública, favela, estado de direito		Segurança Pública		Dissertação
Biblioteca do CEFET/RJ	mulheres negras, políticas públicas em favelas, direito à cidade, cidade-mercadoria, interseccionalidade, representação		Grupos Sociais – Gênero		Dissertação
Biblioteca IPPUR/UFRJ	devir, devir-criança, tempo, memória, anti-memória, casa, rua		Grupos Sociais – Infância		Dissertação
Biblioteca Central da UNIRIO	cadê o Amarildo/, memória, iterabilidade, comunicabilidade		Memória, História, Identidade, Subjetividade		Dissertação
Bibilioteca Digital da FGV	urbanização, remoção, favelas, CCPL, PAC	http://hdl.handle.net/10438/16661	Regulação Urbana	Conjunto CCPL	Tese

AUTOR	TÍTULO	ANO DE PUBLICAÇÃO	LOCAL	EDITORA OU INSTITUIÇÃO	Nº DE PÁGINAS	PÓS-GRADUAÇÃO
SALGADO, Tamara Jurberg	Ação internacional em favelas: desenvolvimento e participação do "local"	2016	Rio de Janeiro, RJ	PUC/RJ	190	Relações Internacionais
SANCHES, Taisa de Oliveira Amendola	Cidade, segregação urbana e política habitacional no Rio de Janeiro: o caso do Bairro Carioca	2016	Rio de Janeiro, RJ	PUC/RJ	Não informado	Ciencias Sociais
SANTANA, Jorge Amilcar de Castro	Imigrantes africanos em um Conjunto de favelas no Rio de Janeiro: redes sociais, disputas, trabalho informal e ilegalismo	2016	Rio de Janeiro, RJ	UERJ	209	Ciencias Sociais
SANTIAGO, Vinicius Wingler Borba	Haiti, Brazil, MINUSTAH, gender, race, peace operations, ambiguity, feminism and postcolonialism	2016	Rio de Janeiro, RJ	PUC/RJ	220	Relações Internacionais
SANTOS, Ivan Soares dos	Representações sociais de Unidades de Polícia Pacificadora (UPP) por professores de escolas públicas no município do Rio de Janeiro e seus efeitos no entorno escolar	2016	Rio de Janeiro, RJ	Universidade Estácio de Sá	188	Educação
SANTOS, Shyrlei Rosendo dos	O que será que será que se sussura pelas favelas: o que e como projetam o futuro os jovens da última etapa do ensino médio, na favela da Maré?	2016	Rio de Janeiro, RJ	UNIRIO	153	Educação
SANTOS, Solano Antonius de Souza	"Tá tranquilo, tá favorável?" – ordem pública e violência social em uma perspectiva etnografica	2016	Niteroi, RJ	UFF	98	Direito Constitucional
SILVA, Bruno Rezende	Telhados verdes em clima tropical: uma nova técnica e seu potencial de atenuação térmica	2016	Rio de Janeiro, RJ	UFRJ	184	Engenharia Civil
SILVA, João Batista Pereira da	A importância da mobilização comunitária no enfrentamento da questão do lixo no Morro dos Prazeres	2016	Rio de Janeiro, RJ	PUC/RJ	149	Serviço Social
SILVA, Julio Vitor Costa da	Sociedades de água do morro da Formiga: subsídios para educação ambiental de base comunitária e ecologia de saberes em uma favela carioca	2016	Rio de Janeiro, RJ	UNIRIO	110	Educação
SILVA, Luciene dos Santos	A memória como estratégia para criação de novas subjetividades, nas narrativas: Quarto de despejo: diário de uma favelada de Carolina Maria de Jesus e A louca de Serrano de Bernardina Salústio	2016	Rio de Janeiro, RJ	UERJ	77	Literatura Portuguesa
SILVA, Nathalia Carlos da	Vidigal Vip S.A.: segregação e mercantilização "pacificada"	2016	Niteroi, RJ	UFF	252	Serviço Social e Desenvolvimento Regional
SILVA, Roberta Lemos Gadelha da	A Maré e seus complexos: desvelando o micro território da Favela MacLaren com destaque para as condições de vida e saúde de seus moradores	2016	Rio de Janeiro, RJ	FIOCRUZ	91	Saúde Publica

BIBLIOTECA(S) ONDE FOI LOCALIZADA A OBRA	PALAVRAS-CHAVES	ENDEREÇO ELETRÔNICO	TEMÁTICA	TERRITÓRIO ESPECÍFICO	TIPO DE DOCUMENTO
Catálogo de Teses e Dissertações da CAPES	organizações internacionais, organizações não governamentais, ONG, desenvolvimento, accountability, favela, local, internacional, ownership		Regulação Urbana		Dissertação
Catálogo de Teses e Dissertações da CAPES	cidade, segregação urbana, Rio de Janeiro, política habitacional, favela, remoções		Regulação Urbana		Dissertação
Catálogo de Teses e Dissertações da CAPES	antropologia, identificação, ilegalismos, trabalho informal, favela, imigrantes africanos		Grupo Social – Migrantes		Dissertação
Catálogo de Teses e Dissertações da CAPES	luta, mães, Estado, polícia, favela, resistência, raça, gênero		Regulação Urbana		Dissertação
Biblioteca da Universidade Estácio de Sá	representações sociais, Unidade de Polícia Pacificadora, escola pública e professores		Segurança Pública		Tese
Biblioteca Central da UNIRIO	juventude, juventude de favela, projetos de vida, jovens do ensino médio		Grupos Sociais – Juventudes	Maré	Dissertação
Catálogo de Teses e Dissertações da CAPES	favela, situações sociais, violência, ordem pública, constituição		Regulação Urbana		Dissertação
Catálogo de Teses e Dissertações CAPES	telhado verde, hidropônico, sem substrato, tropical, epífita, litófita, favela do Arara		Habitação Habitat		Tese
catálogo de Teses e Dissertações da CAPES	favela, questão urbana, lixo, mobilização comunitária, participação		Movimento Popular e Comunitário	Prazeres	Dissertação
Biblioteca Central da UNIRIO	educação ambiental de base comunitária, Morro da Formiga, sociedades de agua, ecologia de saberes		Educação	Morro da Formiga	Dissertação
Banco de Teses e Dissertações da UERJ	memória, estratégia, subjetividade, escrita negra de autoria feminina, Brasil, Cabo Verde	http://www.bdtd.uerj.br/tde_busca/arquivo.php?codArquivo=12011	Memória, História, Identidade, Subjetividade		Dissertação
Biblioteca Central do Gragoatá	urbanização, crise do capital, favela do Vidigal		Regulação Urbana		Dissertação
Biblioteca da FIOCRUZ	áreas de pobreza, iniquidade social, isolamento social, violações dos direitos humanos, território		Memória, História, Identidade, Subjetividade	Maré	Dissertação

AUTOR	TÍTULO	ANO DE PUBLICAÇÃO	LOCAL	EDITORA OU INSTITUIÇÃO	Nº DE PÁGINAS	PÓS-GRADUAÇÃO
SOARES, Adriano Santos	Política da paisagem e favelas: pensando a construção do teleférico e as novas representações do Complexo do Alemão para a cidade do Rio de Janeiro	2016	Rio de Janeiro, RJ	UFRJ	173	Geografia
TAVARES, PrIcila Loretti	Energias da crítica: o conflito entre a Light e os moradores da Favela Santa Marta, Rio de Janeiro, em contexto de "pacificação"	2016	Rio de Janeiro, RJ	UERJ	317	Ciências Sociais
TAVARES, Ricarda Lucilia Domingues	O valor do lugar e o lugar do valor na formação e afirmação das favelas cariocas	2016	Niterói, RJ	UFF	431	Arquitetura e Urbanismo
VALE, Maira Vieira do	Experiências associativas comunitárias do grupo de mulheres do Salgueiro-CIDC (SG/RJ): Economia Solidária – dilemas e contribuições para práticas socioespaciais	2016	Niterói, RJ	UFF	Não informado	Geografia
VALLE, William Andrion do	As implicações territoriais da 'pacificação' de favelas: um estudo sobre a Unidade de Polícia Pacificadora da Mangueira (Rio de Janeiro)	2016	Rio de Janeiro, RJ	UERJ	174	Geografia
VARANDA, Ana Paula de Moura	Microempreendedorismo de raiz popular e políticas sociais de inclusão produtiva: do comércio das diferenças ao reconhecimento da diversidade econômica nas favelas	2016	Niterói, RJ	UFF	238	Geografia
VASQUEZ, Georgie Alxander Echeverri	Aventureiros: programa de educação para a cidadania com crianças da Mangueira (RJ) baseado no Esquema Conceitual, Referencial e Operativo (ECRO)	2016	Rio de Janeiro, RJ	UERJ	198	Psicologia Social
VIEIRA, Ana Carolina Dias	"Foi sem querer! Por que os métodos contraceptivos não funcionam comigo?": um estudo psicanalítico sobre a dinâmica de engravidar e ter filhos	2016	Rio de Janeiro, RJ	PUC/RJ	137	Psicologia Clínica
ACQUISTAPACE, Maximiliano Nicolas Duarte	Las prácticas políticas en la favela: un estudio de caso en Santa Marta	2017	Rio de Janeiro, RJ	UERJ	318	Sociologia
AMORIM, Gabriel de Avellar	Muros ocupados: a práxis do muralismo militante como ação de propaganda política	2017	Rio de Janeiro, RJ	UFRJ	175	Artes Visuais
ARAGÃO, Themis Amorim	Limites sociais da política habitacional orientada para o mercado: o caso brasileiro	2017	Rio de Janeiro, RJ	UFRJ	156	Planejamento Urbano e Regional
ARAUJO, Ana Cristina dos Santos	Sem-terra: a busca pela visibilidade territorial e social de uma favela no município de Macaé-RJ	2017	Niteroi, RJ	UFF	186	Sociologia
BORGES, Cristina Xavier de Almeida	Resíduos sólidos e helmintíases de caráter zoonótico: estudo de caso e ações de educação em saúde em Manguinhos, Rio de Janeiro	2017	Rio de Janeiro, RJ	FIOCRUZ	147	Medicina Tropical
BRAGANÇA, Juliana da Silva	"Porque o funk está preso na gaiola" (?): a criminalização do funk carioca nas páginas do Jornal do Brasil (1990-1999)	2017	Seropédica, RJ	UFRRJ	164	História

BIBLIOTECA(S) ONDE FOI LOCALIZADA A OBRA	PALAVRAS-CHAVES	ENDEREÇO ELETRÔNICO	TEMÁTICA	TERRITÓRIO ESPECÍFICO	TIPO DE DOCUMENTO
Biblioteca PPGG/UFRJ	política da paisagem, teleférico do Complexo do Alemão, favelas, Rio de Janeiro.		Regulação Urbana	Alemão	Dissertação
Rede Sirius Uerj	energia elétrica, Santa Marta, favelas, Light Serviços Eletricidade		Economia/ Consumo	Santa Marta	Tese
Biblioteca de Arquitetura e Urbanismo da UFF	favela, lugar, valor, cidade, Rio de Janeiro		Memória, História, Identidade e Subjetividade		Tese
Biblioteca do Instituto de Geociências da UFF	Não informado		Movimento Popular e Comunitário	Salgueiro – São Gonçalo	Dissertação
Catálogo de Teses e Dissertações da CAPES	Unidade de Polícia Pacificadora, território, Mangueira, bom senso		Segurança Pública	Mangueira	Dissertação
Biblioteca do Instituto de Geociências da UFF	microempreendedorismo de raiz popular, feminismo, diversidade econômica, políticas sociais de inclusão produtiva		Mercado e Trabalho		Tese
Catálogo de Teses e Dissertações da CAPES	Pesquisa-Ação Participativa (PAP), cidadania, ECRO, sociedade civil, nova cidadania, cultura cidadã		Educação	Mangueira	Dissertação
Catálogo de Teses e Dissertações CAPES	feminino, maternidade, laqueadura, constituição psíquica, relação mãe-filha, trabalho do negativo, complexo de Édipo, psicanálise		Grupos Sociais – Gênero		Tese
Catálogo de Teses e Dissertações CAPES	práticas políticas, organização popular, raça, desigualdade, favelas		Movimento Popular e Comunitário	Santa Marta	Tese
Catálogo de Teses e Dissertações CAPES	muralismo, autonomia, movimentos populares, comunicação popular, educação popular		Movimento Popular e Comunitário		Tese
Catálogo de Teses e Dissertações CAPES	política habitacional, limites, Brasil		Habitação Habitat		Tese
Catálogo de Teses e Dissertações da CAPES	favela, PAC, exclusão, estigmatização, Estado		Movimento Popular e Comunitário		Dissertação
Catálogo de Teses e Dissertações CAPES	resíduos sólidos, helmintíases de caráter zoonótico, educação, saúde, favela		Direito à Saude	Manguinhos	Tese
Catálogo de Teses e Dissertações da CAPES	funk carioca, criminalização, racismo, Jornal do Brasil		Arte e Cultura		Dissertação

AUTOR	TÍTULO	ANO DE PUBLICAÇÃO	LOCAL	EDITORA OU INSTITUIÇÃO	Nº DE PÁGINAS	PÓS-GRADUAÇÃO
CANEDO, Juliana Soares Gomes	Direito a outra cidade: ocupações e favelas como táticas de resistência e transformação	2017	Rio de Janeiro, RJ	UFRJ	186	Urbanismo
CAPELINI, Tais Dias	Yoga na Laje: Ganga deságua na Rocinha	2017	Rio de Janeiro, RJ	UERJ	197	Ciências Sociais
CHOKYU, Margaret Lica	Regras do espaço informal: a gramática da forma na Rocinha	2017	Rio de Janeiro, RJ	UFRJ	175	Arquitetura
COSTA, Pedro Dangelo da	A luta contra remoção no Rio de Janeiro e os usos do direito: o caso Metrô-Mangueira	2017	Rio de Janeiro, RJ	UFRJ	218	Direito
COUTO, Juliana Bezerra	As remoções de favelas na cidade do Rio de Janeiro: a influência do discurso do risco	2017	Rio de Janeiro, RJ	PUC/RJ	129	Geografia
DUTRA, Leonardo Genaro	As (re)ações, incertezas e perspectivas dos "invadidos" com a política de "Pacificação" do Complexo da Mangueirinha	2017	Rio de Janeiro, RJ	FGV	146	História, Política e Bens Culturais
FEGHALI, Alice Kasznar	Hortas orgânicas no Morro da Babilônia: plantando, colhendo e circulando valores e representações sobre favela, meio ambiente e cidade	2017	Niteroi, RJ	UFF	Não informado	Antropologia
FERNANDES, Camila	Figuras da causação: sexualidade feminina, reprodução e acusações no discurso popular e nas políticas de Estado	2017	Rio de Janeiro, RJ	UFRJ	234	Antropologia Social
FERNANDES, Ionara dos Santos	Será que ele veio me pedir desculpas? O olhar de crianças e adolescentes pobres sobre a política de segurança	2017	Niteroi, RJ	UFF	165	Sociologia e Direito
FERREIRA, Lohanne Fernanda Gonçalves	Geografia e arte: uma análise da produção e circulação da representação da favela nas obras de Cândido Portinari	2017	Rio de Janeiro, RJ	UERJ	132	Geografia
GONÇALVES, Mariana Alves	Psicologia favelada: ensaios sobre a construção de uma perspectiva popular em Psicologia	2017	Rio de Janeiro, RJ	UFRJ	376	Psicologia
GONÇALVES, Marília Alves	Nós por nós: sentidos de um discurso favelado	2017	Rio de Janeiro, RJ	UERJ	129	Ciências Sociais
HELENO, Lizandra Rodrigues de Souza	No palco e no chão da Vila Kennedy: o Teatro Faria Lima / Mário Lago como espaço de disputas políticas e culturais no território que circula entre o "não-oficial" e a Favela	2017	Seropédica, RJ	UFRRJ	230	Ciências Sociais
HÕELZ, Yanahê Fendeler	As (im)possibilidades da proximidade na UPP Rocinha: ser ou não ser polícia	2017	Rio de Janeiro, RJ	UNIRIO	172	Direito
HOPPE, Sigrid	Religião, política e música: a dinâmica de uma comunidade eclesial de base em Jacarepaguá	2017	Rio de Janeiro, RJ	UERJ	211	Ciências Sociais

BIBLIOTECA(S) ONDE FOI LOCALIZADA A OBRA	PALAVRAS-CHAVES	ENDEREÇO ELETRÔNICO	TEMÁTICA	TERRITÓRIO ESPECÍFICO	TIPO DE DOCUMENTO
Catálogo de Teses e Dissertações CAPES	planejamento urbano, favelas, ocupações		Movimento Popular e Comunitário		Tese
Catálogo de Teses e Dissertações da CAPES	antropologia urbana, trânsitos religiosos, yoga, ritual, Rocinha		Arte e Cultura	Rocinha	Dissertação
Não informado	gramática da forma, Rocinha, habitação de interesse social, educação do olhar		Habitação Habitat	Rocinha	Tese
Catálogo de Teses e Dissertações da CAPES	remoções, direito à moradia, Metrô-Mangueira		Movimento Popular e Comunitário	Metrô-Mangueira	Dissertação
Catálogo de Teses e Dissertações da CAPES	favela, remoção, risco, discurso, planejamento estratégico, ambiente, Rio de Janeiro		Habitação Habitat		Dissertação
Catálogo de Teses e Dissertações da CAPES	violência, pacificação		Segurança Pública	Mangueirinha – Baixada	Dissertação
Não informado	agricultura urbana, turismo comunitário, favela		Movimento Popular e Comunitário	Babilônia	Dissertação
Biblioteca PPGAS/UFRJ	mulheres, sexualidade, reprodução, maternidade, gênero, desejo, violência, Estado		Memória, Historia, Identidade e Subjetividade		Tese
Catálogo de Teses e Dissertações da CAPES	segurança pública, juventude, práticas policiais, organizações criminosas, controle social		Segurança Pública		Dissertação
Banco de Teses e Dissertações da UERJ	geografia, imagem, favela, Candido Portinari, representação	http://www.bdtd.uerj.br/tde_busca/arquivo.php?codArquivo=12068	Arte e Cultura		Dissertação
Catálogo de Teses e Dissertações CAPES	psicologia, favela, comunidade, psicologia popular		Direito à Saude		Tese
Biblioteca da UERJ	Nós por nós, favela, favelado, antropologia compartilhada, protagonismo, esquerda		Memória, História, Identidade, Subjetividade		Dissertação
Catálogo de Teses e Dissertações da CAPES	cultura, políticas, território		Arte e Cultura	Vila Kennedy	Dissertação
Catálogo de Teses e Dissertações da CAPES	UPP, Favela da Rocinha, polícia de proximidade, guerra		Segurança Pública	Rocinha	Dissertação
Catálogo de Teses e Dissertações CAPES	comunidades eclesiais de base, política, religião, música		Regulação Urbana		Tese

AUTOR	TÍTULO	ANO DE PUBLICAÇÃO	LOCAL	EDITORA OU INSTITUIÇÃO	Nº DE PÁGINAS	PÓS-GRADUAÇÃO
JUNIOR, Edson Diniz Nobrega	A relação escola-família-vizinhança na favela da Maré e o Programa Escolas do Amanhã/Bairro Educador	2017	Rio de Janeiro, RJ	PUC/RJ	203	Educação
KONDROWSKA, Aleksandar Martyna	Planejamento participativo em favelas no caso da elaboração do Plano Diretor da Rocinha	2017	Rio de Janeiro, RJ	PUC/RJ	157	Arquitetura
KROFF, Carolina Rezende	Integração favela-cidade oficial: reflexões mais de duas décadas após o Programa Favela-Bairro em Parque Royal na cidade do Rio de Janeiro	2017	Niteroi, RJ	UFF	306	Arquitetura e Urbanismo
LUZ, Carolina Muller Sarcinelli	Disputas sobre transformações urbanas: práticas estatais e ambivalências no caso do Morro da Providência	2017	Rio de Janeiro, RJ	UFRJ	112	Sociologia e Antropologia
MACIEL, Vinicius Domingues	O ontem e o hoje da favela carioca: interpretações à luz da teoria da justiça de Nancy Fraser	2017	Rio de Janeiro, RJ	UERJ	150	Direito
MAYRINK, Priscilla Glitz	Transformações socioespaciais no Vidigal pós Unidade de Polícia Pacificadora (UPP). Análise a partir dos relatos de moradores	2017	Rio de Janeiro, RJ	UFRJ	172	Urbanismo
MEES, Luiz Alexandre Lellis	"Vem passear no teleférico. Tira foto manda pro internacional!": políticas e práticas de turismo em um Alemão – complexo	2017	Niteroi, RJ	UFF	Não informado	Antropologia
MEIRA, Teresa Bezerra	A gestão de resíduos sólidos urbanos nas favelas cariocas como um dilema social sujeito à ação coletiva	2017	Niteroi, RJ	UFF	164	Economia
MELO, Renata da Silva	A notícia por quem vive: um olhar antropológico sobre a comunicação comunitária a partir de uma experiência da Cidade de Deus	2017	Rio de Janeiro, RJ	UFRJ	120	Sociologia e Antropologia
MORAES, Camila Maria dos Santos	Favelas ecológicas: passado, presente e futuro da favela turística	2017	Rio de Janeiro, RJ	FGV	263	História, Política e Bens Culturais
NASCIMENTO, Marcelle de Oliveira	A positivação do "jeitinho brasileiro na mídia": uma reconfiguração do estereótipo identitário nacional	2017	Niteroi, RJ	UFF	111	Cultura e Territorialidades
NICO, Maria Eugenia	A paisagem urbana, os mapas mentais e a psicogeografia situacionista. Caso de estudo: uma experiência em Parque das Missões, Duque de Caxias	2017	Rio de Janeiro, RJ	PUC/RJ	123	Engenharia Urbana e Ambiental
OLIVEIRA, Hugo Silva de	Vem ni mim que eu sou passinho	2017	Niteroi, RJ	UFF	137	Cultura e Territorialidades
PEREIRA, Luiza Xavier	O cotidiano da Favela Nova Holanda como reflexão para um projeto plural de cidade	2017	Rio de Janeiro, RJ	PUC/RJ	171	Arquitetura
PEREIRA, Pedro Barreto	Narrativas de lei e ordem: uma análise da cobertura de O Globo sobre as Unidades de Polícia Pacificadora	2017	Rio de Janeiro, RJ	UFRJ	307	Comunicação e Cultura

BIBLIOTECA(S) ONDE FOI LOCALIZADA A OBRA	PALAVRAS-CHAVES	ENDEREÇO ELETRÔNICO	TEMÁTICA	TERRITÓRIO ESPECÍFICO	TIPO DE DOCUMENTO
Catálogo de Teses e Dissertações CAPES	relação escola-família-vizinhança, Escolas do Amanhã, Bairro Educador, territórios populares, favela da Maré, escola pública		Educação	Maré	Tese
Catálogo de Teses e Dissertações da CAPES	planejamento participativo, plano diretor participativo, favela, Rocinha, Luiz Carlos Toledo		Movimento Popular e Comunitário	Rocinha	Dissertação
Catálogo de Teses e Dissertações da CAPES	Programa Favela-Bairro, integração socioespacial, Parque Royal		Habitação Habitat	Parque Royal	Dissertação
Catálogo de Teses e Dissertações da CAPES	políticas públicas, favela, remoção, Morro da Providência, práticas estatais		Regulação Urbana	Providência	Dissertação
Catálogo de Teses e Dissertações da CAPES	favelas, Rio de Janeiro, teorias da justiça, Nancy Fraser		Memória, História, Identidade, Subjetividade		Dissertação
Não informado	produção do espaço, Vidigal, favela, UPP, políticas públicas, mercantilização do espaço, cidadania, turismo		Segurança Pública	Vidigal	Dissertação
Catálogo de Teses e Dissertações CAPES	turismo, urbanismo social, favela, fenômeno turístico, Complexo do Alemão		Turismo	Alemão	Tese
Catálogo de Teses e Dissertações CAPES	incentivos econômicos, direito à cidade, Política Nacional de Resíduos Sólidos		Habitação Habitat		Tese
Biblioteca do IFCS/UFRJ	favelas, Cidade de Deus, jornalismo comunitário, identidade social, etnologia		Comunicação	Cidade de Deus	Dissertação
Banco Digital FGV	favelas, turismo, meio ambiente, paradigma das novas mobilidades, futuro	http://hdl.handle.net/10438/18364	Turismo		Tese
Biblioteca Central do Gragoatá	jeitinho brasileiro, gambiarra, malandragem, mediação, margem		Memória, História, Identidade, Subjetividade		Dissertação
Catálogo de Teses e Dissertações da CAPES	paisagem urbana, internacional situacionista, psicogeografia, mapa mental		Memória, História, Identidade, Subjetividade	Parque das Missões – Duque de Caxias	Dissertação
Catálogo de Teses e Dissertações da CAPES	juventude, funk, passinho, redes sociais, arte, cidade		Arte e Cultura		Dissertação
Catálogo de Teses e Dissertações da CAPES	Favela Nova Holanda, direito à cidade, representação, cotidiano, fotografia		Memória, História, Identidade, Subjetividade	Maré	Dissertação
Não informado	favela, violência, comunicação		Comunicação		Tese

PRODUÇÃO ACADÊMICA POR ANO

AUTOR	TÍTULO	ANO DE PUBLICAÇÃO	LOCAL	EDITORA OU INSTITUIÇÃO	Nº DE PÁGINAS	PÓS-GRADUAÇÃO
PEREIRA, Rafael Melo	O turismo na Favela Santa Marta: reflexões à luz da teoria de Pierre Bourdieu	2017	Niteroi, RJ	UFF	170	Turismo
PINTO, Camila Fernandes	Figuras da causação: sexualidade feminina, reprodução e acusações no discurso popular e nas políticas de Estado	2017	Rio de Janeiro, RJ	UFRJ	250	Antropologia Social
PINTO, Liebert Bernardo Rodrigues Ferreira	A Unidade de Polícia Pacificadora através dos mapas do jornal O Globo: uma narrativa da conquista territorial da favela carioca	2017	Rio de Janeiro, RJ	UERJ	152	Geografia
REIS, Alice Vignoli	Peles urbanas: fronteiras sensíveis de uma cidade fragmentada	2017	Rio de Janeiro, RJ	UFRJ	182	Psicologia
RENTERIA, Margaret Lica Chokyu	Regras do espaço informal: a gramática da forma na Rocinha	2017	Rio de Janeiro, RJ	UFRJ	159	Arquitetura
RIBEIRO, Giliard Sousa	Ponte estaiada Octávio Frias de Oliveira: espacialidades e narrativas de um símbolo urbano	2017	Niteroi, RJ	UFF	113	Cultura e Territorialidades
RIBEIRO, Sonia Maria Lourenço Lucas	Um olhar sobre as relações de poder da escola na favela "pacificada": jovens estudantes e resistências	2017	Rio de Janeiro, RJ	UERJ	164	Educação
ROSA, Anne Bastos Martins	Turismo de favela: representações, estigma e poder	2017	Rio de Janeiro, RJ	PUC-RIO	179	Administração de Empresas
ROSA, Wendell Ferrari Silveira	"Foi a melhor coisa que eu fiz": aborto induzido entre adolescentes de uma favela da Zona Sul do Rio de Janeiro	2017	Rio de Janeiro, RJ	UFRJ	287	Psicossociologia de Comunidade e Ecologia Social
SANTOS, Andreia Nogueira dos	A "participação" dos favelados em projetos de (re)urbanização: o caso do PAC no Pavão-Pavãozinho-Cantagalo	2017	Rio de Janeiro, RJ	PUC Rio	189	Serviço Social
SANTOS, Francisco Valdean Alves dos	Imagens da Maré: narrativas fotográficas de um território favelado	2017	Rio de Janeiro, RJ	UERJ	112	Ciências Sociais
SANTOS, Jorge Paulo Pereira dos	A busca por reconhecimento na favela do Morro da Mangueira	2017	Rio de Janeiro, RJ	UERJ	Não informado	Geografia
SILVA, Amanda Gonçalves da	Do outro lado das políticas, os estudantes: universitários da Maré em contexto de políticas de acesso e permanência	2017	Niterói, RJ	UFF	167	Educação
SILVA, Sinesio Jefferson Andrade	Educação integral na Escola do Amanhã: a cultura como recurso e as alteridades territoriais de Senador Camará	2017	Rio de Janeiro, RJ	UFRJ	273	Planejamento Urbano e Regional
SILVA, Thamires de Lima	Do invadir ao permanecer: experiências do habitar e precariedade numa invasão fabril no complexo de Acari	2017	Rio de Janeiro, RJ	UERJ	113	Ciências Sociais
SILVA, Thiago Torres Medeiros da	"Cena de sangue": o homicídio na imprensa carioca na primeira década do século XX	2017	Seropédica, RJ	UFRRJ	179	História

BIBLIOTECA(S) ONDE FOI LOCALIZADA A OBRA	PALAVRAS-CHAVES	ENDEREÇO ELETRÔNICO	TEMÁTICA	TERRITÓRIO ESPECÍFICO	TIPO DE DOCUMENTO
Catálogo de Teses e Dissertações da CAPES	turistificação, turismo em favela, campo, habitus, Santa Marta/RJ		Mercado – Trabalho	Santa Marta	Dissertação
Biblioteca do PPGAS/UFRJ	mulheres, sexualidade, reprodução, maternidade, gênero, desejo, violência, Estado		Grupos Sociais – Gênero		Tese
Banco de Teses e Dissertações da UERJ	mapas jornalísticos, favelas, Unidade de Polícia Pacificadora, guerra, discurso sobre o outro	http://www.bdtd.uerj.br/tde_busca/arquivo.php?codArquivo=12324	Segurança Pública		Dissertação
Não informado	segregação socioespacial, direito à cidade, arte, clínica, política		Memória, História, Identidade, Subjetividade		Dissertação
Catálogo de Teses e Dissertações CAPES	gramática da forma, Rocinha, habitação de interesse social, educação do olhar		Habitação Habitat	Rocinha	Tese
Biblioteca Central do Gragoatá	cidade, mercado, símbolo urbano, Ponte Estaiada		Regulação Urbana		Dissertação
Rede Sirius Uerj	educação, escola, Unidade de Polícia Pacificadora	http://www.bdtd.uerj.br/tde_busca/arquivo.php?codArquivo=12050	Educação		Tese
Biblioteca da PUC-Rio	turismo de favela, poder, estigma		Turismo		Tese
Catálogo de Teses e Dissertações da CAPES	aborto induzido, adolescência, sexualidade		Grupos Sociais – Gênero		Dissertação
Biblioteca da PUC-Rio	participação, urbanização, favela		Regulação Urbana	Cantagalo/ Pavão/ Pavaõzinho	Dissertação
Catálogo de Teses e Dissertações da CAPES	etnografia, fotojornalismo, fotoetnografia, Maré, favelas, Imagens do Povo		Arte e Cultura	Maré	Dissertação
Catálogo de Teses e Dissertações CAPES	Não informado		Memória, Historia, Identidade e Subjetividade	Mangueira	Tese
Biblioteca Central do Gragoatá	educação superior, acesso, permanência		Educação	Maré	Dissertação
Catálogo de Teses e Dissertações CAPES	educação integral, território educativos de intervenção prioritária, Escola do Amanhã, justiça social, alteridades territoriais, Senador Camará, favela, estudo de caso		Educação	Senador Camará	Tese
Catálogo de Teses e Dissertações da CAPES	invasão (de moradia), habitação popular, precariedade, Rio de Janeiro, favela		Regulação Urbana	Acari	Dissertação
Catálogo de Teses e Dissertações da CAPES	Rio de Janeiro, homicídio, jornais, processo criminal, Morro da Favela		Comunicação		Dissertação

PRODUÇÃO ACADÊMICA POR ANO

AUTOR	TÍTULO	ANO DE PUBLICAÇÃO	LOCAL	EDITORA OU INSTITUIÇÃO	Nº DE PÁGINAS	PÓS-GRADUAÇÃO
SOUZA, Juliana Oliveira de	Potencialidades das práticas sociais dos moradores do Morro da Providência e da Pedra Lisa face à "revitalização" da região portuária da cidade do Rio de Janeiro	2017	Rio de Janeiro, RJ	UFRJ	134	Serviço Social
SOUZA, Patricia Lanes Araujo de	Entre becos e ONGs: etnografia sobre engajamento militante, favela e juventude	2017	Niteroi, RJ	UFF	Não informado	Antropologia
SOUZA, Renata da Silva	O Comum e a Rua: resistência da juventude frente à militarização da vida na Maré	2017	Rio de Janeiro, RJ	UFRJ	313	Comunicação
TRISTÃO, Marise Baesso	Medo e violência: discursos do poder. As narrativas sobre o Rio de Janeiro nas páginas de O Globo (2002-2010)	2017	Niteroi, RJ	UFF	288	Comunicação
VASCONCELOS, Lara Barreira de	Paisagem e favela: (re)pensando os espaços livres públicos do alto do Morro do Adeus	2017	Rio de Janeiro, RJ	UFRJ	158	Arquitetura Paisagística
VICTOR, Tania Abreu da Silva	Orientação de futuro de jovens moradores de uma comunidade na cidade do Rio de Janeiro submetida a políticas públicas de segurança: relação com variáveis psicológicas e socioculturais	2017	Rio de Janeiro, RJ	UERJ	86	Psicologia Social
VILELA, Teresinha Maria de Castro	Ensino de artes & cultura visual: escola pública	2017	Rio de Janeiro, RJ	UERJ	173	Artes
WEIHMULLER, Valentina Carranza	Rodas culturais, hip hop. Exclusão sociocultural e violência: subjetivação de jovens na favela de Manguinhos, RJ	2017	Rio de Janeiro, RJ	UFRJ	196	Educaçao em Ciências e Saúde
ALBUQUERQUE, Gisela Baer de	A ordem do crime nas margens do Estado: representações e reflexões sobre a regulação social do tráfico de drogas em favelas no estado do Rio de Janeiro	2018	Rio de Janeiro, RJ	UFRJ	133	Direito
ALEIXO, Mariana de Oliveira	Empreendedorismo em favela carioca, gastronomia e negócio na Maré	2018	Rio de Janeiro, RJ	UFRJ	Não informado	Engenharia de Produção
AMSTEL, Jay Marinus Nalini Van	Percepções, saberes e práticas sobre o meio ambiente na favela: o caso de uma intervenção ambiental na Grota do Surucucu, Niterói, RJ	2018	Seropédica, RJ	UFRRJ	157	Ciências Sociais em Desenvol-vimento, Agricultura e Sociedade
ANDRADE, Nathalie Ferreira de	UPP – Quando a esperança não passa de um discurso: análise com enfoque no Complexo do Alemão – território marcado pela segregação e utilizado como espaço de experimentos de políticas de segurança	2018	Rio de Janeiro, RJ	UFRJ	156	Políticas Públicas em Direitos Humanos
ANILE, Lorena Helena dos Santos Silva	Formalizar o solo? Análise dos impactos dos programas de regularização fundiária nas favelas cariocas e sua interface com a informalidade urbana	2018	Rio de Janeiro, RJ	PUC/RJ	143	Serviço Social
ANTAS, Mayra Cristine Pessoa	Construindo uma imagem: a representação das favelas cariocas no início do século XX a partir das charges	2018	Seropédica, RJ	UFRRJ	56	Ciências Sociais

BIBLIOTECA(S) ONDE FOI LOCALIZADA A OBRA	PALAVRAS-CHAVES	ENDEREÇO ELETRÔNICO	TEMÁTICA	TERRITÓRIO ESPECÍFICO	TIPO DE DOCUMENTO
Catálogo de Teses e Dissertações da CAPES	cidade, questão urbana, movimentos sociais, moradia		Memória, História, Identidade, Subjetividade	Providência	Dissertação
Catálogo de Teses e Dissertações CAPES	engajamento militante, favela, juventude, ações coletivas, Internet, Complexo do Alemão		Movimento Popular e Comunitário		Tese
Catálogo de Teses e Dissertações CAPES	comunidade, cultura, militarização, juventude, Mare, comunicação		Segurança Pública	Maré	Tese
Catálogo de Teses e Dissertações CAPES	violências, jornalismo impresso, Rio de Janeiro, O Globo, favelas		Comunicação		Tese
Catálogo de Teses e Dissertações da CAPES	urbanização de favelas, espaço livre público, desenho urbano da paisagem		Regulação Urbana	Morro do Adeus	Dissertação
Catálogo de Teses e Dissertações CAPES	estratégias adaptativas, políticas públicas de segurança, jovens, Desconto do Futuro, Rocinha		Grupos Sociais – Juventudes	Rocinha	Tese
Biblioteca da UERJ	escola, artes, cultura visual, cotidiano, skate		Educação		Tese
Catálogo de Teses e Dissertações da CAPES	juventudes, rodas culturais, hip hop, processos de subjetivação, práticas político-culturais, favelas		Arte e Cultura	Manguinhos	Dissertação
Biblioteca UFRJ	crime, justiça, favela, margens do Estado, sujeição criminal		Segurança Pública		Dissertação
Biblioteca da UFRJ	empreendedorismo, territórios populares, Favela da Maré, effectuation, efeituação continuada, gastronomia		Economia/ Consumo	Maré	Tese
	Não informado		Habitação Habitat	Grota do Surucucu/ Niteroi	Dissertação
Biblioteca da UFRJ	políticas públicas, UPP, favela, Estado, Complexo do Alemão		Segurança Pública	Alemão	Dissertação
Biblioteca Central da PUC-Rio	Não informado		Regulação Urbana		Dissertação
Biblioteca Central da UFRRJ	Não informado		Memória, História, Identidade, Subjetividade		Dissertação

AUTOR	TÍTULO	ANO DE PUBLICAÇÃO	LOCAL	EDITORA OU INSTITUIÇÃO	Nº DE PÁGINAS	PÓS-GRADUAÇÃO
BAPTISTA, Fernanda Nunes da Silva	Metodologia passo a passo: o processo de implantação de uma nova estratégia de atendimento a adolescentes que cumprem medidas socioeducativas em meio aberto no município do Rio de Janeiro	2018	Rio de Janeiro, RJ	UFRJ	120	Políticas Públicas em Direitos Humanos
BARATA, Luiza Cunha	A busca por territórios midiáticos depois das remoções: perspectivas de moradores da Providência sobre a cidade Olímpica	2018	Niterói, RJ	UFF	128	Mídia e Cotidiano
BARBOSA, Rimyla Veronica de Oliveira	Circular, empreender e evitar: sobre como se movem as mulheres em uma favela da zona oeste carioca	2018	Seropédica, RJ	UFRRJ	60	Ciências Sociais
BASILE, Fernanda Maria Machado Borges	Violações de direitos humanos e as lutas coletivas nas favelas do Rio de Janeiro – o caso do conjunto de favelas da Maré	2018	Niteroi, RJ	UFF	268	Serviço Social e Desenvolvimento Regional
BICKEL, Carolina Pereira	Nem proprietários, nem posseiros: perspectivas e desafios à regularização fundiária no município do Rio de Janeiro a partir da Lei Federal Nº 13.465/2017	2018	Rio de Janeiro, RJ	UERJ	118	Direito
BOVOLENTA, Davi	O conflito entre os espaços concebido e vivido na produção da Maré, Rio de Janeiro/RJ: as práticas espaciais culturais como forma de luta pelo direito à cidade	2018	Rio de Janeiro, RJ	ENCE/IBGE	287	População, Território e Estatísticas Públicas
BUENO, Leonardo Brasil	A favela (para)militarizada: território contido e impacto da violência armada na saúde, na educação e no cotidiano de moradores de Manguinhos, Jacarezinho e Maré	2018	Rio de Janeiro, RJ	UFRJ	209	Planejamento Urbano e Regional
CARDOSO, Anna Carolina Macedo	Meu nome é favela? A reconfiguração urbana do Rio de Janeiro e os impactos na favela do Vidigal	2018	Niteroi, RJ	UFF	241	Serviço Social
CARDOSO, Rodrigo Correa	"... Som de preto, de favelado, mas quando toca ninguém fica parado": movimento cultural e o funk carioca	2018	Duque de Caxias, RJ	UNIGRANRIO	104	Humanidades, Culturas e Artes
CASTRO, Vitor Monteiro de	Produzindo consenso: a disputa por hegemonia na produção de sentido sobre a favela e seus moradores	2018	Rio de Janeiro, RJ	UFRJ	187	Comunicação
CAVALCANTI, Flávia Garofalo	Saúde, arquitetura e cidade: mediações possíveis	2018	Rio de Janeiro, RJ	UFRJ	136	Planejamento Urbano e Regional
COUTO, Gisela Monzato do	Escola, mulher e favela: um estudo sobre a construção do gênero feminino e suas identidades em uma escola de favela	2018	Rio de Janeiro, RJ	UERJ	106	Ensino em Educação Básica
CUNHA, João Gabriel Ramos Mendes da	Talentos da Vila Vintém: sobre fluxos, intensidades e afetos em uma companhia de teatro	2018	Niterói, RJ	UFF	Não informado	Antropologia

BIBLIOTECA(S) ONDE FOI LOCALIZADA A OBRA	PALAVRAS-CHAVES	ENDEREÇO ELETRÔNICO	TEMÁTICA	TERRITÓRIO ESPECÍFICO	TIPO DE DOCUMENTO
Biblioteca UFRJ	ato infracional, medida socioeducativa, meio aberto, CREAS		Grupos Sociais – Juventudes		Dissertação
Biblioteca Central do Gragoatá	megaeventos, favelas, Morro da Providência, territórios midiáticos, mídia e cotidiano		Comunicação	Providência	Dissertação
Biblioteca Central da UFRRJ	Não informado		Memória, História, Identidade, Subjetividade		Dissertação
Biblioteca Central do Gragoatá	direitos humanos, violência estatal, Favela da Maré		Segurança Pública	Maré	Dissertação
Biblioteca da UERJ	políticas públicas, liberalismo, empreendedorismo urbano, propriedade privada individual		Regulação Urbana		Dissertação
Biblioteca da ENCE/IBGE	produção do espaço urbano, Maré, práticas espaciais culturais, direito à cidade		Regulação Urbana		Dissertação
Biblioteca IPPUR/UFRJ	território, favela, violência e saúde, luta social		Segurança Pública	Manguinhos, Jacarezinho e Maré	Tese
Biblioteca Central do Gragoatá	Favela do Vidigal, especulação imobiliária, cotidiano		Regulação Urbana	Vidigal	Dissertação
Biblioteca Central Euclides da Cunha	música funk, movimentos culturais, indústria cultural, cultura popular, cultura híbrida, cultura de massa, internet		Arte e Cultura		Dissertação
Biblioteca da Escola de Comunicação da UFRJ	comunicação, midia, favela, violência, hegemonia		Comunicação		Tese
Biblioteca do IPPUR/UFRJ	saúde, favela, Rio de Janeiro, agentes comunitários de saúde, assistência técnica		Mercado e Trabalho		Dissertação
Biblioteca UERJ – Rede Sirius – Rede de Bibliotecas UERJ – Biblioteca CAP/A – CAPUERJ – Biblioteca digital de teses e dissertações – BDTD	gênero, mulher, favela, educação, identidade		Memória, História, Identidade, Subjetividade	Pedreira	Dissertação
Não informado	talentos da Vila Vintém, teatro, favela, etnografia, teatro na Zona Oeste do Rio de Janeiro		Arte e Cultura	Vila Vintém	Dissertação

AUTOR	TÍTULO	ANO DE PUBLICAÇÃO	LOCAL	EDITORA OU INSTITUIÇÃO	Nº DE PÁGINAS	PÓS-GRADUAÇÃO
CRUZ, Daniela Jacques da	Um olhar sobre o luxo: representações, significados e práticas entre um grupo de jovens moradores da Rocinha	2018	Rio de Janeiro, RJ	Escola Superior de Propaganda e Marketing – Rio	145	GESTÃO DE ECONOMIA CRIATIVA
DIEZ, Mariana Castaneda	Restinga comestible: una propuesta socioambiental dentro del paisajismo urbano	2018	Rio de Janeiro, RJ	UFRJ	179	Arquitetura Paisagística
FIGUEIREDO, Maraysa Santos	Igual, mas diferente: a estética funk feminina e periférica da favela do Vasco	2018	Rio de Janeiro, RJ	UFRJ	114	Artes Visuais
FILGUEIRAS, Roni Franci Dutra	Cabra marcado para comer: a assimilação do Nordeste na Favela de Ramos, uma receita de subjetivações, memórias e resistência	2018	Rio de Janeiro, RJ	UERJ	129	Comunicação
FILHO, Murilo Carrazedo Marques da Costa	Significados da educação e sua centralidade no consumo das famílias: um estudo interpretativo e comparativo entre classes sociais	2018	Rio de Janeiro, RJ	PUC/RJ	379	Administração de Empresas
GONÇALVES, Janaina Herminio	Subúrbios, favelas e a cidade em disputa: narrativas sobre o bairro de Costa Barros	2018	Duque de Caxias, RJ	UERJ	112	Educação, Cultura e Comunicação
GONCALVES, Lara Sartório	Afetos, corpos e territórios: medo e violência na Maré e na Palestina	2018	Rio de Janeiro, RJ	UERJ	151	Sociologia
GUEDES, Marco Marques Pestana de Aguiar	Ampliação seletiva do Estado e remoções de favelas no Rio de Janeiro: embates entre empresariado do setor imobiliário e movimento de favelados (1957-1973)	2018	Niterói, RJ	UFF	373	História
JURBERG, Ruth	O trabalho social realizado no Complexo do Alemão durante o Programa de Aceleração do Crescimento – PAC: efetividade, eficiência e eficácia sob o olhar das ONGs	2018	Rio de Janeiro, RJ	UFRJ	159	Urbanismo
KALAOUM, Fausi	Usos e abusos do turismo no Vidigal: territórios e atividades turísticas no morro pós UPP (2012/17)	2018	Seropédica, RJ	UFRRJ	154	Desenvolvimento Territorial e Políticas Públicas
KAWAHARA, Ivan Zanatta	A produção do espaço na favela: elementos para a análise do mercado imobiliário	2018	Rio de Janeiro, RJ	UFRJ	238	Planejamento Urbano e Regional
MACHADO, Ana Brasil	Os limites do Rio: natureza e expansão urbana na cidade do Rio de Janeiro (1990 a 2013)	2018	Rio de Janeiro, RJ	UFRJ	205	Geografia
MATOS, Karyne Cristine Maranhão de	Transformações urbanas, remoções e resistência em áreas de favela: a Vila Autódromo e os megaeventos no Rio de Janeiro	2018	Rio de Janeiro, RJ	UFRJ	184	Urbanismo

BIBLIOTECA(S) ONDE FOI LOCALIZADA A OBRA	PALAVRAS-CHAVES	ENDEREÇO ELETRÔNICO	TEMÁTICA	TERRITÓRIO ESPECÍFICO	TIPO DE DOCUMENTO
Biblioteca ESPM-Rio	luxo, consumo, etnografia, Rocinha, juventude		Economia e Consumo	Rocinha	Dissertação
Biblioteca da FAU/UFRJ	fragmento, matriz, conectividade, ecosistemas de restinga, paisajismo comestible		Habitação Habitat	Terreirão – Recreio dos Bandeirantes	Dissertação
Biblioteca PPGAV/EBA/UFRJ	funk, feminismo, gênero, mulheres no funk, favela, gosto		Arte e Cultura		Dissertação
Biblioteca UERJ / Rede Sirius / Biblioteca CEH/A	processo de subjetivação, comida, memória, cotidiano		Memória, História, Identidade, Subjetividade	Maré	Dissertação
Biblioteca CCS/PUC-Rio	educação, consumo, escolha de escola, escolarização, nova classe média, estudos interpretativos		Educação		Tese
Biblioteca Digital de Teses e Dissertações da UERJ	subúrbios, favelas, cidades, narrativas	http://www.bdtd.uerj.br/tde_busca/processaPesquisa.php?pesqExecuta-da=1&id=10631&PHPSESSID=vOrkri-8tl98a9ngremcl9sbc90	Memória, História, Identidade, Subjetividade	Costa Barros	Dissertação
Biblioteca IESP-UERJ	violencia, Cisjordania, favela da Maré		Memória, História, Identidade, Subjetividade	Maré	Dissertação
Biblioteca Central do Gragoatá	remoções de favelas, ampliação seletiva do Estado, movimento de favelados, empresariado do setor imobiliário		Regulação Urbana		Tese
Biblioteca FAU/UFRJ	Organizações Não Governamentais, PAC, desenvolvimento sustentável, favela, trabalho social, participação		Regulação Urbana	Alemão	Dissertação
Biblioteca Central da UFRRJ	Não informado		Turismo	Vidigal	Dissertação
Biblioteca IPPUR/UFRJ	favela, mercado imobiliário, renda da terra, propriedade fundiária, urbanização		Regulação Urbana		Dissertação
Biblioteca da UFRJ	expansão urbana, limites urbanos, Rio de Janeiro, legislação urbana, natureza, cidade		Regulação Urbana		Tese
Biblioteca FAU/UFRJ	neoliberalismo, megaevento, urbanização, remoção de favelas, Vila Autódromo		Regulação Urbana	Vila Autódromo	Dissertação

AUTOR	TÍTULO	ANO DE PUBLICAÇÃO	LOCAL	EDITORA OU INSTITUIÇÃO	Nº DE PÁGINAS	PÓS-GRADUAÇÃO
MENEZES, Juliana Barcellos da Cunha e	O mercado de locação na favela de Rio das Pedras/RJ: um estudo sobre a efetividade contratual inoficial	2018	Rio de Janeiro, RJ	Universidade Veiga de Almeida	128	Direito
MOTTA, Astrid Maciel	Análise da produção e proposta para o rompimento do ciclo intergeracional de pobreza nas favelas do Rio de Janeiro	2018	Rio de Janeiro, RJ	UERJ	196	Políticas Públicas e Formação Humana
NOVAES, Patrícia Ramos	A gentrificação periférica na cidade do Rio de Janeiro: um estudo sobre as favelas Babilônia, Chapéu Mangueira, Vidigal e Santa Marta	2018	Rio de Janeiro, RJ	UFRJ	230	Planejamento Urbano e Regional
OLIVEIRA, Bruno Coutinho de Souza	"Não tem essa de separação, aqui é tudo Complexo do Alemão!" Uma etnografia dos espaços urbanos em um conjunto residencial no Rio de Janeiro	2018	Rio de Janeiro, RJ	UERJ	274	Sociologia
PAIVA, Livia de Salles	Poder público e a mercantilização dos territórios populares no Rio de Janeiro: ressignificação simbólica nas favelas Chapéu Mangueira e Babilônia	2018	Rio de Janeiro, RJ	UFRJ	131	Planejamento Urbano e Regional
PECANHA, Osias Pinto	O direito achado na favela: a dinâmica do pluralismo jurídico na favela do Vidigal	2018	Rio de Janeiro, RJ	Universidade Estácio de Sá	134	Direito
PERES, Clara Gomes Polycarpo	Os "inimigos urbanos" de um novo projeto de cidade: atualizando as representações coletivas das camadas médias do Leme "pós-pacificação"	2018	Niterói, RJ	UFF	135	Sociologia
PINTO, Debora Salles dos Santos	Espaços metamorfoseados em Becos da Memória: como o processo de erradicação da favela atua sobre os sujeitos da narrativa	2018	Rio de Janeiro, RJ	UERJ	70	Letras
POLAK, Marek Mateusz	A favela, a classe média e a mídia carioca. Como o discurso de classe média carioca influi na posição social da favela carioca	2018	Rio de Janeiro, RJ	UERJ	Não informado	Políticas Públicas e Formação Humana
QUINTANA, Adriana Beatriz Molas de La	Mais além das fronteiras: estrangerias e afetações como potência de viver, pesquisar e inventar mundos. Sobre os movimentos de um dispositivo de pesquisa-intervenção em Psicologia	2018	Rio de Janeiro, RJ	UFRJ	170	Psicologia
ROMANELI, Luciana Caramore	A mediação comunitária como uma das possibilidades de resolução de conflitos na favela da Rocinha	2018	Rio de Janeiro, RJ	Universidade Veiga de Almeida	140	Direito
ROSSI, Julia Carneiro	"Esse habitat onde a gente mora": conhecimentos locais como fundamento para a educação ambiental no Complexo da Maré	2018	Rio de Janeiro, RJ	PUC/RJ	102	Educação
SANCHEZ, Jorge Alberto Reys	Como se constrói o capital social: a ótica do capital social e processo de organização comunitária numa favela da Zona Sul da cidade do Rio de Janeiro	2018	Rio de Janeiro, RJ	PUC/RJ	156	Ciências Sociais
SANTANA, Fabio Tadeu de Macedo	Favela como paisagem na produção fílmica da série Cidade dos Homens	2018	Niteroi, RJ	UFF	286	Geografia

BIBLIOTECA(S) ONDE FOI LOCALIZADA A OBRA	PALAVRAS-CHAVES	ENDEREÇO ELETRÔNICO	TEMÁTICA	TERRITÓRIO ESPECÍFICO	TIPO DE DOCUMENTO
Catálogo de Teses e Dissertações da CAPES	locação, favela, direito inoficial, acesso à moradia, autonomia contratual		Regulação Urbana	Rio das Pedras	Dissertação
Biblioteca da UERJ	pobreza, políticas sociais, ciclo intergeracional de pobreza, favelas do Rio de Janeiro		Memória, Historia, Identidade e Subjetividade		Tese
Biblioteca do IPPUR/UFRJ	gentrificação, favela, urbanização neoliberal		Regulação Urbana	Babilônia, Chapéu Mangueira, Vidigal, Santa Marta	Tese
Biblioteca IESP-UERJ	Complexo do Alemão, PAC-Favelas, espaço livre, moradia, ordem, disputa		Habitação/ Habitat	Alemão	Tese
Biblioteca IPPUR/UFRJ	favela, urbanização neoliberal, projeto olímpico, ressignificação simbólica, mercantilização		Regulação Urbana	Chapéu Mangueira e Babilônia	Dissertação
Biblioteca Setorial Campus Presidente Vargas Centro I	favela, direito, pluralismo jurídico, diversidade		Direito à Justiça	Vidigal	Dissertação
Biblioteca Central do Gragoatá	violência urbana, segregação socioespacial, classe média, pacificação		Segurança Pública		Dissertação
Biblioteca CEH/ UERJ	espaços, metamorfoses, personagens, Becos da Memória		Memória, História, Identidade, Subjetividade		Dissertação
Biblioteca da UERJ	Não informado		Memória, Historia, Identidade e Subjetividade		Tese
Biblioteca CFCH/UFRJ	subjetivação, invenção, práticas "psi"		Direito à Saude		Tese
Biblioteca da Universidade Veiga de Almeida	mediação de conflitos, mediação comunitária, métodos alternativos		Direito à Justiça	Rocinha	Dissertação
Catálogo de Teses e Dissertações da CAPES	educação ambiental, favela, Complexo da Maré		Educação	Maré	Dissertação
Biblioteca Central da PUC-Rio	Não informado		Movimento Popular e Comunitário		Dissertação
Biblioteca do Instituto de Geociências da UFF	favela, paisagem, percepção, representações simbólicas, estereótipos, cinema		Memória, Historia, Identidade e Subjetividade		Tese

AUTOR	TÍTULO	ANO DE PUBLICAÇÃO	LOCAL	EDITORA OU INSTITUIÇÃO	Nº DE PÁGINAS	PÓS-GRADUAÇÃO
SANTOS, Diane Mageste dos	Sujeito e espaço: o funcionamento das denominações sobre o espaço urbano no discurso jornalístico	2018	Niterói, RJ	UFF	132	Estudos da Linguagem
SANTOS, Diego de Jesus	Narrativas periféricas: testemunhos e imagens insurgentes na favela da Maré	2018	Rio de Janeiro, RJ	UFRJ	100	Comunicação
SANTOS, Rosane Soares dos	Intervenções urbanas e turismo no Morro da Providência	2018	Niterói, RJ	UFF	250	Arquitetura e Urbanismo
SILVA, Fernanda Ferreira Nunes da	Metodologia passo a passo: o processo de implantação de uma nova estratégia de atendimento a adolescentes que cumprem medidas socioeducativas em meio aberto no município do Rio de Janeiro	2018	Rio de Janeiro, RJ	UFRJ	120	Políticas Públicas em Direitos Humanos
SILVA, Soraia Santos da	Brás de Pina: o olhar dos estudantes do Colégio Estadual Scudese sobre o bairro	2018	Niterói, RJ	UFF	102	Sociologia
SILVA. Paulo Vitor Ferreira da	A arquitetura como "profissão de Estado": IAB-RJ	2018	Rio de Janeiro, RJ	UERJ	110	Ciências Sociais
SILVEIRA, Alan	A violenta produção do espaço urbano carioca: as favelas como manifestação do processo de segregação socioespacial e os desafios de uma educação para além do capital	2018	Rio de Janeiro, RJ	PUC/RJ	100	Geografia
SIQUEIRA, Ana Carolina Hyczy de	Evidências de sustentabilidade urbana em projetos de favelas com base nos indicadores LEED-ND	2018	Rio de Janeiro, RJ	UFRJ	130	Engenharia Urbana
SOUSA, Fernando Carlos de	"Ajude o Bope a ajudar você": uma etnografia sobre a gestão da proximidade e da participação política dos moradores de favelas no contexto de pacificação	2018	Rio de Janeiro, RJ	UERJ	94	Ciências Sociais
SOUZA, Ana Paula Vitorino de	Fatores relacionados às decisões de reciclagem: gestão de resíduos nas favelas cariocas	2018	Niterói, RJ	UFF	127	Economia
SOUZA, Sue Ellen Bispo de	Chacina de Nova Brasília: violência, sofrimento e reparação às vítimas e familiares	2018	Rio de Janeiro, RJ	UERJ	104	Ciências Sociais
TAVARES, Mariana Machado	A formação geohistórica da Favela Baleeira em Campos dos Goytacazes – RJ	2018	Campos dos Goytacazes, RJ	UFF	262	Geografia
VIEIRA, Tassia Aquila	Desenhando o imaginário da Cidade de Deus: quadros de uma escola de fotojornalismo	2018	Rio de Janeiro, RJ	UFRJ	123	Sociologia e Antropologia

BIBLIOTECA(S) ONDE FOI LOCALIZADA A OBRA	PALAVRAS-CHAVES	ENDEREÇO ELETRÔNICO	TEMÁTICA	TERRITÓRIO ESPECÍFICO	TIPO DE DOCUMENTO
Biblioteca Central do Gragoatá	análise do discurso, discurso urbano, espaço urbano, comunidade, sujeito		Comunicação		Dissertação
Biblioteca da Escola de Comunicação da UFRJ	comunicação, ECOM, favela, autorrepresentação, documentário, segurança pública		Comunicação	Maré	Dissertação
Biblioteca BAU/UFF	intervenções urbanas, favelas, turismo, base comunitária		Turismo	Providência	Tese
Catálogo de Teses e Dissertações da CAPES	ato infracional, medida socioeducativa, meio aberto, CREAS		Educação		Dissertação
Biblioteca Central do Gragoatá	urbanização de favela, etnografia de bairros, memória, escola pública, Brás de Pina, Rio de Janeiro		Memória, História, Identidade, Subjetividade		Dissertação
Biblioteca ICS/UERJ	arquitetura, IAB-RJ, práticas de Estado, urbanização de favela, maquinário de governo, concurso, redes de relações		Mercado e Trabalho		Dissertação
Biblioteca Central da PUC-Rio	Não informado		Regulação Urbana		Dissertação
Biblioteca Central do Centro de Tecnologia UFRJ	Não informado		Regulação Urbana		Dissertação
Biblioteca do ICS/PPCIS/UERJ	pacificação, UPP, proximidade, Complexo da Penha, Morro dos Macacos		Segurança Pública	Complexo da Penha e Morro dos Macacos	Dissertação
Biblioteca Central do Gragoatá	favelas, reciclagem, gestão de resíduos sólidos, Rio de Janeiro		Habitação Habitat		Dissertação
Biblioteca CCSA/ICS/UERJ	Nova Brasília, reparação, justiça, violência, vítimas		Segurança Pública	Alemão (Nova Brasília)	Dissertação
Catálogo de Teses e Dissertações da CAPES	favelas do Brasil, favela Baleeira, geografia histórica, Campos dos Goytacazes, território		Memória, História, Identidade, Subjetividade	Baleeira – Campos dos Goytacazes	Dissertação
Biblioteca IFCS/UFRJ	enquadramentos, favela, Cidade de Deus, projeto social, fotografia		Memória, História, Identidade, Subjetividade		Dissertação

AUTOR	TÍTULO	ANO DE PUBLICAÇÃO	LOCAL	EDITORA OU INSTITUIÇÃO	Nº DE PÁGINAS	PÓS-GRADUAÇÃO
ZORRAQUINO, Luis Fermin Delgado	Habitabilidade e sustentabilidade: reabilitação urbana da comunidade do Morro dos Prazeres, depois do projeto Favela-Bairro	2018	Rio de Janeiro, RJ	UFRJ	214	Urbanismo
ZURCHER, Patrícia de Figueiredo Ferreira	A cidadania possível: ocupação e (in) ação na orla da Lagoa de Piratininga em Niterói, RJ	2018	Niteroi, RJ	UFF	225	Política Social
ALENCAR, Carolina Silva de	Expectativas de famílias das classes populares sobre o direito à Educação Infantil em uma creche de favela	2019	São Gonçalo, RJ	UERJ	117	Educação – Processos Formativos e Desigualdades Sociais
ALMEIDA, Brena Costa de	Quando é na favela e quando é no asfalto: controle social repressivo e mobilizações entre lugares de luta	2019	Rio de Janeiro, RJ	PUC/RJ	418	Ciências Sociais
BELO, Jordana Diogenis	Alicerce da favela: romper brechas no colonial, horizontalizar o vertical	2019	Niteroi, RJ	UFF	169	Cultura e Territorialidades
BORRET, Rita Helena do Espírito Santo	Pentecostalismo, sofrimento social e cuidado na atenção primária à saúde: uma etnografia na Favela do Jacarezinho	2019	Rio de Janeiro, RJ	UFRJ	131	Atenção Primária à Saúde
COSTA, Mariana Barbosa Carvalho da	A Rocinha em construção: a história social de uma favela na primeira metade do século XX	2019	Rio de Janeiro, RJ	PUC/RJ	254	Historia Social da Cultura
COUTINHO, Paulo Roberto de Oliveira	A diversidade musical na Escola de Música de Manguinhos: interações musicais e tensões culturais nas relações de ensino e aprendizagem em Música	2019	Rio de Janeiro, RJ	UNIRIO	278	Música
DOMINGUES, Claudia Maria de Barros	Mulheres em movimento: histórias contadas e vividas sobre sororidade, lutas e afetos	2019	Rio de Janeiro, RJ	UERJ	221	Comunicação
FERNANDES, Luana Almeida de Carvalho	O meu lugar: potencialidades e resistências na relação dos jovens moradores da Rocinha com o seu território	2019	Rio de Janeiro, RJ	UFRJ	140	Políticas Públicas em Direitos Humanos
GOMES, Raquel Ferreira Rangel	Repetência aqui e acolá: uma etnografia em perspectiva comparada dos sistemas escolares brasileiro e francês	2019	Rio de Janeiro, RJ	UERJ	626	Sociologia
GUERREIRO, Maria Pandolfi	Dilemas para a implementação de uma política pública territorial: um debate sobre a UPP Social	2019	Rio de Janeiro, RJ	UFRJ	240	Políticas Públicas, Estratégias e Desenvolvimento

BIBLIOTECA(S) ONDE FOI LOCALIZADA A OBRA	PALAVRAS-CHAVES	ENDEREÇO ELETRÔNICO	TEMÁTICA	TERRITÓRIO ESPECÍFICO	TIPO DE DOCUMENTO
Biblioteca FAU/ UFRJ	Favela Morro dos Prazeres, Projeto Favela-Bairro, habitabilidade e sustentabilidade urbana, políticas públicas de moradia popular		Habitação/ Habitat	Morro dos Prazeres	Tese
Biblioteca Central do Gragoatá	direito à moradia, participação social, clientelismo, cidadania, protagonismo		Habitação Habitat	Beira da Lagoa (Niteroi)	Tese
Catálogo de Teses e Dissertações da CAPES	relação família-creche, relação creche-família, direito à educação infantil, expectativas familiares sobre creches no Rio de Janeiro		Educação		Dissertação
Biblioteca Biblioteca Central da PUC-Rio	Não informado		Movimento Popular e Comunitário		Tese
Catálogo de Teses e Dissertações da CAPES	comunicação, mídias de favela, internet, mapa virtual, estratégias de visibilização social e cultural, construção de sentidos, colonialismo, decolonialismo		Comunicação		Dissertação
Biblioteca do CCS/UFRJ	atenção primária à saúde, violência, pentecostalismo		Direito à Saúde	Jacarezinho	Dissertação
Biblioteca DBD/UFRJ	Não informado		Memória, Historia, Identidade e Subjetividade	Rocinha	Tese
Catálogo de Teses e Dissertações CAPES	diversidade musical, multiculturalismo, interculturalismo, educação musical, Escola de Música de Manguinhos		Arte e Cultura	Manguinhos	Tese
Biblioteca UERJ / Rede Sirius / Biblioteca CEH/A	mulheres, feminismo, comunicação		Memória, Historia, Identidade e Subjetividade	Mangueira	Tese
Biblioteca da UFRJ	juventude, políticas públicas, direitos humanos, território, desigualdade social		Memória, História, Identidade, Subjetividade	Rocinha	Dissertação
Biblioteca IESP-UERJ	repetência, ensino médio, desigualdades escolares, experiência escolar, turno noturno, sistema escolar francês		Educação		Tese
Catálogo de Teses e Dissertações CAPES	políticas públicas, políticas territoriais, UPP Social, favela, Mapa Rápido Participativo (MRP)		Segurança Pública		Tese

PRODUÇÃO ACADÊMICA POR ANO

AUTOR	TÍTULO	ANO DE PUBLICAÇÃO	LOCAL	EDITORA OU INSTITUIÇÃO	Nº DE PÁGINAS	PÓS-GRADUAÇÃO
ILDEFONSO, Fabrícia Batista	Reconhecimento e afeto na esfera familiar: experiências familiares numa favela carioca	2019	Rio de Janeiro, RJ	UERJ	120	Direito
LOPES, Vinicius Esperança	"São Francisco na Maré": memórias de uma ocupação militar na cidade dos megaeventos	2019	Rio de Janeiro, RJ	UERJ	346	Sociologia
LUDMER, Juliana de Castro Santos	"A gente só quer respeito": as percepções dos moradores de favela situada na zona sul do Rio de Janeiro sobre "as polícias" e "os bandidos" no contexto do "fracasso" do Programa de Pacificação (UPP)	2019	Niteroi, RJ	UFF	142	Sociologia e Direito
MIRAGAYA, Luciana Gondim Cruz	Vizinhos do MAR: trajetórias de memória e resistência	2019	Rio de Janeiro, RJ	Fundação Getúlio Vargas	224	História, Política e Bens Culturais
MORELATO, Rodrigo Rossi	"Eu amo a Serra da Misericórdia": sobre comunicação, ambientalismo e comunidade	2019	Rio de Janeiro, RJ	UERJ	180	Comunicação
PEREIRA, Alline Aparecida	A escrita como aquilombamento: por uma psicologia das periferias	2019	Niterói, RJ	UFF	56	Psicologia
PINTO, Renato Garcia Freire Soares	A produção do espaço do Vidigal. Os diferentes papéis na transformação da favela: do Estado aos agentes microlocais	2019	São Gonçalo, RJ	UERJ	206	Geografia
RODRIGUES, Luisa Fenizola	"Estado falido", "cidade frágil", "problema favela": narrativas de intervenções de infraestrutura e segurança na Maré	2019	Rio de Janeiro, RJ	PUC/RJ	Não informado	Relações Internacionais
SACRAMENTO, Fabiano Ramos de Moras	"Vacilão tem morrer logo": conversão religiosa e castigo no mundo do crime	2019	Rio de Janeiro, RJ	UFRJ	123	Sociologia e Antropologia
SANTOS, Ariana Kelly dos	Violência de gênero em exceção: o acesso às políticas públicas de enfrentamento à violência pelas mulheres residentes em favela	2019	Rio de Janeiro, RJ	UFRJ	107	Políticas Públicas em Direitos Humanos
SILVA, Keila Maria de Araujo	Infâncias que (se) falam: memórias de infâncias de moradores do Morro do Alemão e a luta pelo direito à educação	2019	São Gonçalo, RJ	UERJ	168	Educação – Processos Formativos e Desigualdades Sociais
SOUSA, Lumarya Souza de	Favelação: experiências de letramento midiático através da pesquisa-ação	2019	Niteroi, RJ	UFF	150	Comunicação
SOUZA, Caroline dos Santos	Dentro da favela a floresta reaparece: a problemática da recuperação ambiental executada pelo Mutirão de Reflorestamento (1986-2009) no Rio de Janeiro	2019	São Gonçalo, RJ	UERJ	107	Historia Social
VALIM, Rosa Lidice de Moraes	Mulheres que caminham sobre as águas: histórias de vida das mulheres de Vila Canoas	2019	Rio de Janeiro, RJ	UFRJ	260	Psicossociologia de Comunidade Ecologia Social

BIBLIOTECA(S) ONDE FOI LOCALIZADA A OBRA	PALAVRAS-CHAVES	ENDEREÇO ELETRÔNICO	TEMÁTICA	TERRITÓRIO ESPECÍFICO	TIPO DE DOCUMENTO
Biblioteca da UERJ/ Rede Sirius/ Biblioteca CCS/C	família, intersubjetividade, afeto, ambiente, vínculos sociais		Memória, História, Identidade, Subjetividade		Dissertação
Biblioteca IESP-UERJ	militarização, megaeventos, pacificação, favela, violência, Estado, religião		Segurança Pública		Tese
Catálogo de Teses e Dissertações da CAPES	pacificação, UPP, respeito, favela		Segurança Pública		Dissertação
Biblioteca Mario Henrique Simonsen/FGV	museologia social, memória, arte, educação, vizinhança		Arte e Cultura		Dissertação
Biblioteca UERJ / Rede Sirius / Biblioteca CEH/A	comunicação, cidade, comunidade, ambientalismo, Serra da Misericórdia (RJ)		Comunicação		Dissertação
Catálogo de Teses e Dissertações da CAPES	quilombismo, subjetivação, favelas, periferias, comunidades, psicologia		Memória, História, Identidade, Subjetividade		Dissertação
Catálogo de Teses e Dissertações da CAPES	vidigal, favela, espaço, produção, reprodução, capitalismo		Regulação Urbana	Vidigal	Dissertação
Biblioteca da PUC Rio	Estado falido, cidade frágil, nexo segurança-desenvolvimento, ausência do Estado, favela, problema favela, Complexo da Maré, cidade partida		Segurança Pública	Maré	Dissertação
Biblioteca IFCS/UFRJ	bandido, casa de recuperação, mundo do crime, pentecostalismo, vacilão		Memória, História, Identidade, Subjetividade		Dissertação
Bibiloteca da UFRJ	violência de gênero, territórios de favela, Manguinhos, exceção		Grupos Sociais – Gênero		Dissertação
Catálogo de Teses e Dissertações da CAPES	memórias de infância, histórias de infância(s) das camadas populares, Morro do Alemão, educação popular, encontros intergeracionais		Educação	Alemão	Dissertação
Biblioteca Central do Gragoatá	letramento midiático, educação, escola pública, favela, pesquisa-ação		Educação		Dissertação
Catálogo de Teses e Dissertações da CAPES	reflorestamento, Rio de Janeiro, Morro do Vidigal		Habitação Habitat		Dissertação
Biblioteca CFCH/UFRJ	ecologia social, psicossociologia de comunidades, território, história oral, memória		Memória, Historia, Identidade e Subjetividade	Vila Canoas	Tese

PRODUÇÃO ACADÊMICA POR ANO

AUTOR	TÍTULO	ANO DE PUBLICAÇÃO	LOCAL	EDITORA OU INSTITUIÇÃO	Nº DE PÁGINAS
ACSERLRAD, Henri (ed.)	Planejamento e território: ensaios sobre a desigualdade	2001	Rio de Jabeiro, RJ	Lamparina	408
ALVITO, Marcos	As cores de Acari: uma favela carioca	2001	Rio de Janeiro, RJ	FGV	308
CASA DAS ARTES DA MANGUEIRA	Coração dos morros — histórias da Mangueira	2001	Rio de Janeiro, RJ	Xerox	87
CASTRO, Mary Garcia (org.)	Cultivando vida, desarmando violências: experiências educacionais, cultura, lazer, esporte e cidadania com jovens em situação de pobreza	2001	Brasília	UNESCO	583
FIX, Mariana	Parceiros da exclusão: duas histórias da construção de uma nova cidade em São Paulo: Faria Lima e Espraiada	2001	Rio de Janeiro, RJ	Boitempo	247
RIBEIRO, Paulo Jorge; STROZEMBERG, Pedro	Balcão de Direitos: resolução de conflitos em favelas do Rio de Janeiro: imagens e linguagens	2001	Rio de Janeiro, RJ	Mauad	248
CASA DAS ARTES DA MANGUEIRA	O que vem do Morro — imagens e poesias	2002	Rio de Janeiro, RJ	Xerox	108
COSTA, Maria Alice Nunes	Samba e solidariedade: capital social e políticas sociais da Mangueira	2002	Rio de Janeiro, RJ	EdUFF	220
FACINA, Adriana	Poesia favela in Livro	2002	Rio de Janeiro, RJ	EncantArte	180
MONTEIRO, Simone	Qual prevenção? AIDS, sexualidade e gênero em uma favela carioca	2002	Rio de Janeiro, RJ	FIOCRUZ	148
RAMOS, Maria Helena Rauta Ramos (org.)	Metamorfoses sociais e políticas urbanas	2002	Rio de Jabeiro, RJ	Lamparina	280
SLOB, Bart	Do barraco para o apartamento: a "humanização" e a "urbanização" de uma favela situada em um bairro nobre do Rio de Janeiro	2002	Niteroi, RJ	Universidade de Leiden	173
VARELLA, Drauzio	Maré: vida na favela	2002	São Paulo, SP	Casa da Palavra	124
ZAMORA, Maria Helena (org.)	Vozes e experiências dos educadores de uma favela: pesquisa e atuação em parceria entre universidade, ong, comunidade e empresa	2002	Rio de Janeiro, RJ	EDUSU	35
ABRAMO, Pedro (org.)	A cidade da informalidade	2003	Rio de Janeiro, RJ	Sete letras/ FAPERJ	328
BARCELOS, Caco	Abusado: o dono do Morro Dona Marta	2003	Rio de Janeiro, RJ	Record	560
CEASM (Centro de Estudos e Ações Solidárias da Maré	Quem somos? Quantos somos? O que fazemos? A Maré em dados: censo 2000	2003	Rio de Janeiro, RJ	CEASM	55
EVANGELISTA, Helio de Araujo	Rio de Janeiro: violência, jogo do bicho e narcotráfico – segundo uma interpretação	2003	Rio de Janeiro, RJ	Revan	178
IGNÁCIO, Jocelene de Assis	A influência do espaço na afirmação ou negação da identidade local: um estudo de caso da Favela do Jacarezinho	2003	Rio de Janeiro, RJ	UFRJ	55

BIBLIOTECA(S) ONDE FOI LOCALIZADA A OBRA	PALAVRAS-CHAVES	ENDEREÇO ELETRÔNICO	TEMÁTICA	TERRITÓRIO ESPECÍFICO	TIPO DE DOCUMENTO
internet	Não informado	http://www.lamparina.com.br/livro_detalhe.asp?idCodLivro=319	Regulação Urbana		Livro
Biblioteca do IPPUR/UFRJ	favelas, aspectos sociais, Rio de Janeiro, Acari, condições sociais				Livro
CCBB	favela, Mangueira		Identidade e Subjetividade		Livro
PUC/Rio	favela, educação, cultura		Educação		Livro
BN; BPPGAS-UFRJ	sociologia urbana		Habitação Habitat		Livro
	Não informado		Direitos Diversos		Livro
CCBB	favela, Mangueira		Identidade e Subjetividade		Livro
BIPPUR-UFRJ	aspectos sociais, política social		Identidade e Subjetividade		Livro
Biblioteca do PPGAS/UFRJ	poesia, cultura popular, cultura, literatura brasileira				Livro
Biblioteca do IPPUB/UFRJ	sexualidade, comportamento dos adolescentes, favelas, áreas de pobreza, condições sociais				Livro
internet	Não informado	http://www.lamparina.com.br/livro_detalhe.asp?idCodLivro=233	Geral		Livro
Banco de Teses da UFRJ	favelas, urbanização, antropologia urbana		Regulação Urbana		Livro
	Não informado		Identidade e Subjetividade		Livro
Biblioteca do CFCH/UFRJ	Não informado		Educação		Livro
internet	Não informado	http://www.faperj.br/interna.phtml?obj_id=711	Geral		Livro
Biblioteca do CCMN/UFRJ	favela, Rio de Janeiro, Comando Vermelho, crime organizado, reportagem, repórter				Livro
BIG/UFF	população, estatística		Geral		Livro
Biblioteca Nacional	violência, jogo do bicho, tráfico de drogas		Segurança Pública		Livro
Biblioteca do IPPUR/UFRJ	favelas, marginalidade social				Livro

AUTOR	TÍTULO	ANO DE PUBLICAÇÃO	LOCAL	EDITORA OU INSTITUIÇÃO	Nº DE PÁGINAS
LULIANELLI, Jorge Atílio Silva; FRAGA, Paulo Cesar Pontes (orgs.)	Jovens em tempo real	2003	Rio de Jabeiro, RJ	Lamparina	264
PANDOLFI, Dulce Chaves; GRYNSZPAN, Mario (org.)	A favela fala	2003	Rio de Janeiro, RJ	FGV	357
VALLADARES, Licia do Prado; MEDEIROS, Lidia	Pensando as favelas do Rio de Janeiro: 1906-2000: uma bibliografia analitica	2003	Rio de Janeiro, RJ	Relume Dumará: FAPERJ	479
BURGOS, Marcelo Bauman	A utopia da comunidade — Rio das Pedras, uma favela carioca	2004	Rio de Janeiro, RJ	PUC-Rio	232
CASTRO, João Paulo Macedo de	CAMP Mangueira: uma escola da cidadania	2004	Rio de Janeiro, RJ	Mauad	159
CONDE, Luiz Paulo; MAGALHÃES, Sérgio	Favela-Bairro: uma outra história da cidade do Rio de Janeiro	2004	Rio de Janeiro, RJ	Vivercidades	157
LUDEMIR, Júlio	Sorria, você está na Rocinha	2004	Rio de Janeiro, RJ	Record	400
CAMPOS, Andrelino	Do quilombo à favela: a produção do espaço "criminalizado" no Rio de Janeiro	2005	Rio de Janeiro, RJ	Bertrand Brasil	208
CYPRIANO, André	Rocinha	2005	São Paulo, SP	SENAC	168
JEUDY, Henri-Pierre	Espelho das cidades	2005	Rio de Janeiro, RJ	Casa da Palavra	160
PELEGRINO, Ana Izabel de Carvalho; GOMES, Maria de Fátima Cabral Marques (orgs.)	Política de habitação popular e trabalho social	2005	Rio de Jabeiro, RJ	Lamparina	240
SILVA, Heitor Ney Mathias da	Da terra de ninguém para a terra dos fidalgos: o caso da Vila Autódromo	2005	Rio de Janeiro, RJ	UFRJ	64
SILVA, Jailson de Souza; BARBOSA, Jorge Luiz	Favela: alegria e dor na cidade	2005	Rio de Janeiro, RJ	Editora SENAC RJ	229
SILVA, Marcelle Freitas	Metamorfoses na cidade do Rio de Janeiro: Terreirão, de comunidade de trabalhadores agrícolas a favela	2005	Rio de Janeiro, RJ	UFRJ	34
SILVA, Maria Lais Pereira da	Favelas cariocas: 1930-1964	2005	Rio de Janeiro, RJ	Contraponto	239
SORJ, Bernardo; GUEDES, Luis Eduardo	Internet na favela. Quantos, quem, onde e para quê?	2005	Rio de Janeiro, RJ	Gamma	156
THIENSEN, Icléia; BARROS, Luitgarde Oliveira Cavalcanti; SANTANA, Marco Aurélio (orgs.)	Vozes do porto: memória e história oral	2005	Rio de Jabeiro, RJ	Lamparina	212
VALLADARES, Licia do Prado	A invenção da favela: do mito de origem a favela.com	2005	Rio de Janeiro, RJ	FGV	204
AGUIAR, Carlos Alberto de	Contradições da sociedade brasileira e a construção da ordem social	2006	Rio de Janeiro, RJ	Luzes Comunicação & Cultura	140

BIBLIOTECA(S) ONDE FOI LOCALIZADA A OBRA	PALAVRAS-CHAVES	ENDEREÇO ELETRÔNICO	TEMÁTICA	TERRITÓRIO ESPECÍFICO	TIPO DE DOCUMENTO
internet	Não informado	http://www.lamparina.com.br/livro_detalhe.asp?idCodLivro=214	Geral		Livro
	Não informado		Geral		Livro
Banco de Teses da Unicampo	favelas, Rio de Janeiro	urbandata.iesp.uerj.br/publicacoes.shtm	Geral		Livro
	Não informado	http://www.editora.vrc.puc-rio.br/utopia.html	Identidade e Subjetividade		Livro
BN	juventude, educação, Morro da Mangueira		Educação		Livro
BIPPUR-UFRJ; FGV	Programa Favela-Bairro		Regulação Urbana		Livro
	Não informado				Livro
	favela – aspectos sociais, marginalidade social, geografia humana		Periferia		Livro
Banco de Teses Unicamp	favelas, Rio de Janeiro, fotografia, Rocinha		Arte e Cultura		Livro
	Não informado	https://www.google.com.br/#q=JEUDY%2C+Henri-Pierre.+Espelho+das+Cidades.+Rejane+Janowitzer+(-Trad.).+Rio+de+Janeiro%3A+Casa+-da+Palavra%2C+2005.	Geral		Livro
internet	Não informado	http://www.lamparina.com.br/livro_detalhe.asp?idCodLivro=322	Habitação Habitat		Livro
Biblioteca do IPPUR/UFRJ	Favela Vila Autódromo, favelas, remoção				Livro
	Não informado		Geral		Livro
Biblioteca do IPPUR/UFRJ	favelas, Rio de Janeiro				Livro
Biblioteca Mário Henrique Simonsen	favelas, Rio de Janeiro				Livro
Biblioteca Digital do TCU	Não informado	http://www.bernardosorj.com/pdf/internet_na_favela.pdf			Livro
internet	Não informado	http://www.lamparina.com.br/livro_detalhe.asp?idCodLivro=197	Geral		Livro
	Não informado	http://www.editora.fgv.br/?sub=produto&id=179	Geral		Livro
	Não informado		Regulação Urbana		Livro

AUTOR	TÍTULO	ANO DE PUBLICAÇÃO	LOCAL	EDITORA OU INSTITUIÇÃO	Nº DE PÁGINAS
ATHAYDE, Celso; MV BILL	Falcão — meninos do tráfico	2006	Rio de Janeiro, RJ	Objetiva	262
CARRIL, Lourdes	Quilombo, favela e periferia — a longa busca da cidadania.	2006		ANNABLUME	258
DAVIS, Mike	Planeta Favela	2006	São Paulo, SP	Boitempo	272
JESUS, Carolina Maria de	Quarto de despejo	2006	São Paulo, SP	Ática	200
JÚNIOR, José	Da favela para o mundo: a história do Grupo Cultural AfroReggae	2006	Rio de Janeiro, RJ	Ediouro	280
ZALUAR, Alba Maria; SOUZA,Marcos Alvito Pereira de	Um século de favela	2006	Rio de Janeiro, RJ	FGV	372
BERENSTEIN JACQUES, Paola	Estética da ginga: a arquitetura das favelas através da obra de Hélio Oiticica	2007	Rio de Janeiro, RJ	Casa da Palavra	160
JAGUARIBE, Beatriz	O choque do real: estética, mídia e cultura	2007	Rio de Janeiro, RJ	ROCCO	237
RAMALHO, Cristiane	Notícias da favela	2007	Rio de Janeiro, RJ	Aeroplano	334
SILVA, Bruno Santos	Minha cidadania violada. Até quando?	2007	São Paulo, SP	Scortecci	64
ARAÚJO, Maria Paula Nascimento	História e memória de Vigário Geral	2008	Rio de Janeiro, RJ	Aeroplano	196
BUZO, Alessandro	Favela toma conta	2008	Rio de Janeiro, RJ	Aeroplano	274
LUTTERBACH-HÖLCK, Ana Lucia; VIEIRA, Marcos André; MACHADO, Ondina Maria Rodrigues; GROVA, Tatiane	Psicanálise na favela: Projeto Digaí-Maré: a clínica dos grupos	2008	Rio de Janeiro, RJ	Não informado	159

BIBLIOTECA(S) ONDE FOI LOCALIZADA A OBRA	PALAVRAS-CHAVES	ENDEREÇO ELETRÔNICO	TEMÁTICA	TERRITÓRIO ESPECÍFICO	TIPO DE DOCUMENTO
	Não informado				Livro
internet	Não informado	http://books.google.com.br/books?id=5d-TCe-naTqUC&pg=PA6&lpg=PA6&dq=-CARRIL,+Lourdes.+Quilombo,+favela+e+periferia+%E2%80%93+a+longa+busca+da+cidadania.+S%-C3%A3o+Paulo:+Annablume:+-Fapesp,+2006.+ISB-N:+85-7419-661-4&source=bl&ots=-zGWzavciew&sig=QYl7d9h-clhHq45oiQfy4QdfRak4&hl=p-t-BR&sa=X&ei=dQtlU8nmBZOqs-QSWioC4DA&ved=0CC0Q6AEw-AA#v=onepage&q=CARRIL%2C%20 Lourdes.%20Quilombo%2C%20 favela%20e%20periferia%20 %E2%80%93%20a%20longa%20 busca%20da%20cidadania.%20 S%C3%A3o%20Paulo%3A%20A-nnablume%3A%20Fapesp%2C%20 2006.%20ISBN%3A%20 85-7419-661-4&f=false	Periferia		Livro
	Não informado	http://www.boitempoeditorial.com.br/livro_completo.php?isbn=85-7559-087-1	Geral		Livro
	Não informado		Grupos Sociais – Gênero		Livro
Biblioteca do CFCH/UFRJ	Não informado		Instituições		Livro
internet	Não informado	http://www.editora.fgv.br/?sub=produto&id=284	Geral		Livro
Banco de Dados da Unicamp	Hélio Oiticica (1937-1980), arquitetura do Rio de Janeiro, arquitetura nativa, favelas, arquitetura e sociedade		Habitação Habitat		Livro
	Não informado	http://orson.ufpel.edu.br/content/02/artigos/dom_quixote02/lunardelli.pdf	Geral		Livro
Biblioteca do IPPUR/UFRJ	inclusão digital, favelas, Rio de Janeiro, jornalismo eletrônico	http://www.hotsitespetrobras.com.br/cultura/upload/project_reading/0_Noticias_Favela-Miolo.pdf	Comunicação		Livro
	Não informado				Livro
Banco de Dados da Unicamp	favelas, Rio de Janeiro, Vigário Geral, história, memória	http://www.hotsitespetrobras.com.br/cultura/upload/project_reading/0_VigarioGeral-Miolo.pdf	Identidade e Subjetividade		Livro
	Não informado		Geral		Livro
Biblioteca Mário Henrique Simonsen	psicanálise, favelas				Livro

AUTOR	TÍTULO	ANO DE PUBLICAÇÃO	LOCAL	EDITORA OU INSTITUIÇÃO	Nº DE PÁGINAS
MAIOLINO, Ana Lúcia Gonçalves	Espaço urbano: conflitos e subjetividade	2008	Rio de Janeiro, RJ	FAPERJ	386
SILVA, Luiz Antônio Machado da (org.)	Vida Sob Cerco: violência e rotina nas favelas do Rio de Janeiro.	2008	Rio de Janeiro, RJ	Nova Fronteira	316
ABIKO, Alex; COELHO, Leandro de Oliveira	Urbanização de favelas: procedimentos de gestão	2009	Porto Alegre, RS	Associação Nacional de Tecnologia do Ambiente Construído	88
ABRAMO, Pedro	Favela e mercado informal: a nova porta de entrada dos pobres nas cidades brasileiras	2009	Porto Alegre, RS	ANTAC	340
FREIRE-MEDEIROS, Bianca	Gringo na laje produção, circulação e consumo da favela turística	2009	Rio de Janeiro, RJ	FGV	163
LEITÃO, Gerônimo Emílio Almeida	Dos barracos de madeira aos prédios de quitinetes: uma análise do processo de produção da moradia na favela da Rocinha, ao longo de cinquenta anos	2009	Niteroi, RJ	UFF	207
MEDEIROS-FREIRE, Bianca	Gringo na laje: produção, circulação e consumo da favela turística	2009	Rio de Janeiro, RJ	FGV	163
MEDEIROS-FREIRE, Bianca; FREIRE, Américo; CAVALCANTI, M (orgs.)	Lu Petersen: militância, favela e urbanismo	2009	Rio de Janeiro, RJ	FAPERJ	132
SILVA, Jailson de Souza;BARBOSA, Jorge Luiz, BITETI, Mariane de Oliveira; FERNANDES, Fernando Lannes (orgs.)	O que é favela, afinal?	2009	Rio de Janeiro, RJ	Observatório de Favelas	53
KEHL, Luiz Augusto Bicalho	Breve história das favelas	2010	São Paulo, SP	Claridade	111
OLIVEIRA, Márcio Piñon; FERNANDES, Nelson de Nóbrega (orgs.)	150 anos de subúrbio carioca	2010	Rio de Jabeiro, RJ	Lamparina	256
PAIVA, Angela Randolpho; BURGOS, Marcelo Baumann (orgs.)	A escola e a favela	2010	Rio de Janeiro, RJ	PUC-RIO e Pallas	280
PERLMAN, Janice E.	Favela four decades of living on the edge in Rio de Janeiro	2010	Oxford, Reino Unido	Oxford University Press	412
SOBREIRA, Henrique Garcia	Educação, cultura e comunicação nas periferias urbanas	2010	Rio de Jabeiro, RJ	Lamparina	304
MORRO AGUDO, Dudu	Enraizados. Os híbridos glocais	2011	Rio de Janeiro, RJ	Aeroplano	308

BIBLIOTECA(S) ONDE FOI LOCALIZADA A OBRA	PALAVRAS-CHAVES	ENDEREÇO ELETRÔNICO	TEMÁTICA	TERRITÓRIO ESPECÍFICO	TIPO DE DOCUMENTO
Banco de Dados da Unicamp	política habitacional, favelas, Rio de Janeiro, conflitos sociais, condições sociais		Habitação Habitat		Livro
	Não informado		Segurança Pública		Livro
Banco de Dados da Unicamp	favela, urbanização	http://unicampbr.summon.serialssolutions.com/#!/search?ho=t&l=br-PT&q=(Urbaniza%C3%A7%C3%A3o%20de%20favelas%20:%20procedimentos%20de%20gest%C3%A3o)	Regulação Urbana		Livro
Biblioteca do IPPUR/UFRJ	Não informado		Mercado e Trabalho		Livro
Biblioteca do PPGAS/UFRJ	turismo, Rocinha, favelas, visitas estrangeiras				Livro
Biblioteca do PPGG/UFRJ	urbanização de favelas, Rocinha, desenvolvimento habitacional				Livro
Rede Sirius/ IESP	Não informado	http://virtua.sirius.uerj.br:8000/cgi-bin/gw_2012_2/chameleon? sessionid=2014060611320027694&skin=uerjiesp& lng=pt&inst=consortium&host=virtua.sirius.uerj.br%2b1112%2bDEFAULT&patronhost=virtua.sirius.uerj.br%201112%20DEFAULT&searchid=H1&sourcescreen=INITREQ&pos=1&itempos=1&rootsearch=SCAN&function=INITREQ&search=AUTHID&authid=95019&authidu=21	Mercado e Trabalho		Livro
Biblioteca da FAU/UFRJ	Não informado		Geral		Livro
Acervo do Observatório de Favelas	Não informado		Geral		Livro
Biblioteca da Faculdade de Letras/UFRJ	favelas, comunidades, aspectos sociais, desenvolvimento, história				Livro
internet	Não informado	http://www.lamparina.com.br/livro_detalhe.asp?idCodLivro=396	Periferia		Livro
	Não informado		Educação		Livro
Biblioteca do PPGAS/UFRJ	favelas, pobres, crimes violentos, drogas				Livro
internet	Não informado	http://www.lamparina.com.br/livro_detalhe.asp?idCodLivro=383	Educação		Livro
	Não informado				Livro

PRODUÇÃO ACADÊMICA POR ANO

AUTOR	TÍTULO	ANO DE PUBLICAÇÃO	LOCAL	EDITORA OU INSTITUIÇÃO	Nº DE PÁGINAS
ORTIGÃO, Maria Isabel Ramalho	Educação nas periferias urbanas	2011	Rio de Jabeiro, RJ	7 Letras	306
RIBEIRO, Ana Clara Torres; CAMPOS, Andrelino; SILVA, Catia Antônia da	Cartografia da ação social e movimentos da sociedade: desafios das experiências urbanas	2011	Rio de Jabeiro, RJ	Lamparina	200
SILVA, Catia Antônia da	Território e ação social: sentidos da apropriação urbana	2011	Rio de Jabeiro, RJ	Lamparina	176
BRUM, Mario Sergio Ignacio	Cidade Alta: história, memórias e estigma de favela num conjunto habitacional do Rio de Janeiro	2012	Rio de Janeiro, RJ	Ponteio	362
CORREA, Claudia Franco	Controvérsias: entre o direito de moradias em favelas e o direito de propriedade imobiliária na cidade do Rio de Janeiro	2012	Rio de Janeiro, RJ	TopBooks	286
COUTINHO, Marina Henriques	A favela como palco e personagem	2012	Petrópolis, RJ	De Petrus	231
GASTALDONI, Dante; MAZZA, Joana; RIPPER, João Roberto (orgs.)	Imagens do Povo	2012	Rio de Janeiro, RJ	Editora Nau	136
JÚNIOR, Otávio	O livreiro do Alemão	2012	Rio de Janeiro, RJ	Panda Books	80
MAYHEW, Douglas	Inside the favelas: Rio de Janeiro	2012	Nova Iorque, EUA	Glitterati Incorporated	307
MELLO, Marcos Antônio da Silva et al (orgs.)	Favelas cariocas: ontem e hoje	2012	Rio de Janeiro, RJ	Garamond	520
OBSERVATÓRIO DE FAVELAS	Mídia e favela. Comunicação e democracia nas favelas e espaços populares	2012	Rio de Janeiro, RJ	Observatório de Favelas	
OLIVEIRA, Fabiana Luci de (org.)	UPPs, direitos e justiça. Um estudo de caso das favelas do Vidigal e Cantagalo	2012	Rio de Janeiro, RJ	FGV	198
ROCHA, Adair	Cidade cerzida: a costura da cidadania do Morro Santa Marta	2012	Rio de Janeiro, RJ	Pallas/ PUC Rio	192
SILVA, Eliana Sousa	Testemunhos da Maré	2012	Rio de Jabeiro, RJ	Aeroplano/ FAPERJ	298
SILVA, Jailson de Souza; BARBOSA, Jorge Luiz; FAUSTINI, Marcus Vinicius	O novo carioca	2012	Rio de Janeiro, RJ	Mórula	224

BIBLIOTECA(S) ONDE FOI LOCALIZADA A OBRA	PALAVRAS-CHAVES	ENDEREÇO ELETRÔNICO	TEMÁTICA	TERRITÓRIO ESPECÍFICO	TIPO DE DOCUMENTO
Rede Sirius/FFP	Não informado	http://www.rsirius.uerj.br/index.php?links_nivel1=2&titulo_link=Bibliotecas	Educação		Livro
internet	Não informado	http://www.lamparina.com.br/livro_detalhe.asp?idCodLivro=414	Movimento Popular e Comunitário		Livro
internet	Não informado	http://www.lamparina.com.br/livro_detalhe.asp?idCodLivro=410	Movimento Popular e Comunitário		Livro
Banco de Teses Capes	Cidade Alta, memória, estigma, conjunto habitacional, favela	http://bancodeteses.capes.gov.br/	Identidade e Subjetividade		Livro
Rede Virtual de Bibliotecas	Não informado				Livro
Banco de Teses da UFRJ	Não informado		Geral		Livro
	Não informado	http://www.imagensdopovo.org.br/blogip/page/7/	Instituições		Livro
Rede Sirius/	Não informado	http://www.rsirius.uerj.br/index.php?links_nivel1=2&titulo_link=Bibliotecas	Identidade e Subjetividade		Livro
internet	Não informado		Geral		Livro
	Não informado		Geral		Livro
	favelas, Rio de Janeiro, direitos humanos, mídia social	http://observatoriodefavelas.org.br/wp-content/uploads/2013/06/Midia-e-favela_publicacao.pdf	Comunicação		Livro
Biblioteca Digital da FGV	Não informado	http://bibliotecadigital.fgv.br/dspace/bitstream/handle/10438/10362/UPPs%2c%20direitos%20e%20justi%C3%A7a%20-%20um%20estudo%20de%20caso%20das%20favelas%20do%20Cantagalo%20e%20do%20Vidigal.pdf?sequence=1&isAllowed=y	Segurança Pública		Livro
Rede Sirius/FFP	Não informado	http://www.rsirius.uerj.br/index.php?links_nivel1=2&titulo_link=Bibliotecas	Regulação Urbana		Livro
Rede Sirius/FFP	Não informado	http://issuu.com/tramas.urbanas/docs/testemunhos_da_mare	Segurança Pública		Livro
	Não informado		Identidade e Subjetividade		Livro

PRODUÇÃO ACADÊMICA POR ANO

AUTOR	TÍTULO	ANO DE PUBLICAÇÃO	LOCAL	EDITORA OU INSTITUIÇÃO	Nº DE PÁGINAS
VELLOSO, João Paulo dos Reis; PASTUK, Marília; PEREIRA JR., Vicete de	A favela como oportunidade	2012	Rio de Janeiro, RJ	Fórum Nacional/ INAE	452
ABREU,Sabrina; SILVA, Rene	A voz do Alemão	2013	São Paulo, SP	Nversos	200
ALVES, Maria Helena Moreira; EVANSON, Philip	Vivendo no fogo cruzado. Moradores de favela, traficantes de droga e violência policial no Rio de Janeiro	2013	São Paulo, SP	Editora UNESP	392
BINHO CULTURA	A história que eu conto	2013	Rio de Janeiro, RJ	Tramas Urbanas	não infor-mado
BLOCH, Sérgio	Guia gastronômico de favelas do Rio	2013	Rio de Janeiro, RJ	Mauad	170
CUNHA, Neiva Vieira da; FELTRAN, Gabriel de Santis (orgs.)	Sobre periferias: novos conflitos no Brasil contemporâneo	2013	Rio de Jabeiro, RJ	Lamparina	224
GONÇALVES, Rafael Soares	Favelas do Rio de Janeiro: história e direito	2013	Rio de Janeiro, RJ	PUC Rio - Pallas	408
JOVCHELOVITCH, Sandra; PRIEGO-HERNANDEZ, Jacqueline	Sociabilidades subterrâneas: identidade, cultura e resis-tência em favelas do Rio de Janeiro	2013	Brasília	UNESCO	251
MAGALHÃES, Alex Ferreira	O direito das favelas	2013	Rio de Janeiro, RJ	Letra Capital	494
RAMOS, Edgar Almeida Rio Ramos	Minha Casa, Minha Vida: a expansão do capital imobiliário e o centenário das políticas públicas habitacionais na metrópole carioca	2013	Rio de Jabeiro, RJ	Multifoco	89
ROCHA, Lia de Mattos	Uma favela "diferente das outras?": rotina, silenciamento e ação coletiva na favela do Pereirão, Rio de Janeiro	2013	Rio de Janeiro, RJ	Quartet & FAPERJ	292
VELLOSO, João Paulo dos Reis; GIL, Gilberto	Teatro mágico da cultura e favela como oportunidade	2013	Rio de Janeiro, RJ	INAE	201
ANDARILHO, Jessé	Fiel	2014	Rio de Janeiro, RJ	Objetiva	216
BELTRAME, José Mariano	Todo dia é segunda-feira	2014	Rio de Janeiro, RJ	Sextante	208

BIBLIOTECA(S) ONDE FOI LOCALIZADA A OBRA	PALAVRAS-CHAVES	ENDEREÇO ELETRÔNICO	TEMÁTICA	TERRITÓRIO ESPECÍFICO	TIPO DE DOCUMENTO
Rede Sirius/ FEBEF	Não informado	http://virtua.sirius.uerj.br:8000/cgi-bin/ gw_2012_2/chameleon?sessionid= 2014060600245809592&skin=uerj febf&lng=pt&inst=consortium & host=virtua.sirius.uerj.br%2b1112%2b DEFAULT&patronhost=virtua. sirius.uerj.br%201112%20 DEFAULT&searchid=H1&sourcescreen= INITREQ& pos=1&itempos=1& rootsearch=SCAN&function= INITREQ& search=AUTHID& authid=617851&authidu=21	Geral		Livro
	Não informado				Livro
	Não informado				Livro
	Não informado				Livro
	Não informado				Livro
internet	Não informado	http://www.lamparina.com.br/livro_ detalhe.asp?idCodLivro=444	Periferia		Livro
internet	favela, história, direito	http://www.editora.vrc.puc-rio.br/ favelasrio.html	Geral		Livro
	socialização, pesquisas sociais, inclusão social, comportamento social, favelas, Brasil	https://unesdoc.unesco.org/ark:/48223/ pf0000223831			Livro
Banco de Teses IPPUR/UFRJ	Não informado		Geral		Livro
	políticas públicas habitacionais, programa Minha Casa Minha Vida, segregação socioespacial	issuu.com/edgarramos00/docs/ livro_edgar_mcmv	Habitação Habitat		Livro
Banco de Teses UFRJ	sociologia urbana, segregação socioespacial, criminalidade violenta, favelas, ongs, movimentos sociais, silenciamento		Regulação Urbana		Livro
Banco de Dados da Unicamp	favelas, Rio de Janeiro, comunidade, assentamento urbano, inclusão social		Geral		Livro
	Não informado				Livro
	Não informado	http://www.esextante.com.br/ publique/cgi/cgilua.exe/sys/start. htm?infoid=8797&sid=2	Segurança Pública		Livro

AUTOR	TÍTULO	ANO DE PUBLICAÇÃO	LOCAL	EDITORA OU INSTITUIÇÃO	Nº DE PÁGINAS
FACINA, Adriana	Acari cultural: mapeamento da produção cultural em uma favela da Zona Norte do Rio de Janeiro	2014	Rio de Janeiro, RJ	Mauad Faperj	152
MEIRELLES, Renato; ATHAÍDE, Celso	Um país chamado favela: a maior pesquisa já feita sobre favela brasileira	2014	São Paulo, SP	Edita Gente	168
OLIVEIRA, Fabiana Luci de (org.)	Cidadania, justiça e "pacificação" em favelas cariocas	2014	Rio de Janeiro, RJ	FGV	200
VELLOSO, João Paulo dos Reis (org.)	Cultura, "favela é cidade" e o futuro das nossas cidades	2014	Rio de Janeiro, RJ	INAE	284
AMOROSO, Mauro	Caminhos do lembrar: a construção e os usos políticos da memória no morro do Borel	2015	Rio de Janeiro, RJ	Poteio	285
ANACAONA, Paula (org.)	Eu sou favela	2015	São Paulo, SP	Nós Editora	78
AZEVEDO, Lena; FAULHABER, Lucas	SMH 2016: remoções no Rio de Janeiro Olímpico	2015	Rio de Janeiro, RJ	Mórula	124
DINIZ, Clarissa; CARDOSO, Rafael (org.)	Do Valongo à favela: imaginário e periferia *From Valongo to favela: the imaginary and the periphery*	2015	Rio de Janeiro, RJ	Instituto Odeon	223
DINIZ, Ratão	Em foto	2015	Rio de Janeiro, RJ	Mórula	192
LEEDS, Elizabeth; LIMA, Nísia Trindade (org.)	A sociologia do Brasil urbano	2015	Rio de Janeiro, RJ	FIOCRUZ	431
MOTTA, Astrid Maciel	A favela. Protagonismo da educação e no trabalho	2015	Curitiba, PR	Appris	178
RICO, Bruno	O menino do morro virou Deus	2015	Rio de Janeiro, RJ	Multifoco	402
SANTOS, Boaventura de Sousa	O direito dos oprimidos	2015	Coimbra, Portugal	Cortez	456
CARVALHO, Cintia de Sousa	Museu de Favela: histórias de vida e memória social	2016	Rio de Janeiro, RJ	Rio Books	119
CUNHA, Neiva Vieira da et al (org.)	Antropologia do conflito urbano: conexões Rio-Barcelona	2016	Rio de Janeiro, RJ	Lamparina	291
MENDES, Alexandre F.; COCCO, Giuseppe (org.)	A resistência à remoção de favelas no Rio de Janeiro: instituições do comum e resistências urbanas: a história do núcleo de terras e habitação e a luta contra a remoção de favelas no Rio de Janeiro (2007-2011)	2016	Rio de Janeiro, RJ	REVAN	343

BIBLIOTECA(S) ONDE FOI LOCALIZADA A OBRA	PALAVRAS-CHAVES	ENDEREÇO ELETRÔNICO	TEMÁTICA	TERRITÓRIO ESPECÍFICO	TIPO DE DOCUMENTO
Biblioteca do Museu Nacional / UFRJ	Não informado		Arte e Cultura		Livro
	consumo, empreendedorismo comunitário, favelas				Livro
Biblioteca Digital da FGV	Não informado	http://bibliotecadigital.fgv.br/dspace/bitstream/handle/10438/13031/Cidadania%2c%20justi%C3%A7a%20e%20pacifica%C3%A7%C3%A3o%20em%20favelas%20cariocas.pdf?sequence=1&isAllowed=y	Segurança Pública		Livro
Biblioteca do IPPUR/UFRJ	Não informado	http://www.youblisher.com/p/993021-Cultura-Favela-e-Cidade--e-o-Futuro-das-Nossas-Cidades/	Geral		Livro
Biblioteca CEH/UERJ	favelas, memória coletiva, história oral				Livro
	Não informado				Livro
	Não informado				Livro
Biblioteca PPGAS/UFRJ	negros, Rio de Janeiro, condições sociais, áreas portuárias, história, favelas, diáspora negra				Livro
	Não informado				Livro
Biblioteca CBC	sociologia urbana, política habitacional, favelas, brasil				Livro
	Não informado		Educação		Livro
	Não informado				Livro
	Não informado				Livro
Biblioteca PPGAS/UFRJ	psicologia social, memória social, memória coletiva, favela do Cantagalo, Rio de Janeiro				Livro
Biblioteca do CCSA/UFRJ	antropologia social, conflito social, favelas, Rio de Janeiro, Barcelona				Livro
Biblioteca do IESP	sociologia urbana, remoção, favelas, política habitacional				Livro

PRODUÇÃO ACADÊMICA POR ANO

AUTOR	TÍTULO	ANO DE PUBLICAÇÃO	LOCAL	EDITORA OU INSTITUIÇÃO	Nº DE PÁGINAS
RODRIGUES, Ruth Imanishi (org.)	Vida social e política na favela: pesquisas de campo no Complexo do Alemão	2016	Rio de Janeiro, RJ	IPEA	238
SILVA, Luiz Antônio Machado da	Fazendo a cidade	2016	Rio de Janeiro, RJ	Mórula	364
PINHEIRO, Alan Brum et al	Complexo do Alemão: uma bibliografia comentada	2017	Rio de Janeiro, RJ	PROURB/ UFRJ	202
SANTOS, Marcelo	Favela: um mundo desconhecido	2017	Rio de Janeiro, RJ	Multifoco	436
ZALUAR, Alba Maria; FREITAS, Luiz Alberto Pinheiro de	Cidade de Deus: a história de Ailton Batata, o sobrevivente	2017	Rio de Janeiro, RJ	FGV	288
FRANCO, Marielle	UPP — A redução da favela a três letras	2018	Rio de Janeiro, RJ	N-1 Edições	160
LUDVICHAK, Dilvia	Favela	2018	São Paulo, SP	Paulus	32
LYRA, Edu	Da favela para o mundo — não importa de onde você vem, mas par onde você vai	2018	São Paulo, SP	Buzz Editora	208
NUNES, Nilza Rogéria	Mulheres de favela. O poder feminino em territórios populares	2018	Rio de Janeiro, RJ	GRAMMA	284
SOUZA, Renata	Cria da favela: resistência à militarização da vida	2018	Rio de Janeiro, RJ	Núcleo Piratininga de Comunicação (NPC)	não informado
FERREIRA, Lara; OLIVEIRA, Paula; IACOVINI,Victor (orgs.)	Dimensões do intervir em favelas: desafios e perspectivas	2019	São Paulo, SP	Peabiru TCA / Coletivo LabLaje	262
GONÇALVES, Mariana Alves	Psicologia favelada	2019	Rio de Janeiro, RJ	Mórula	252
GRAMÁTICO, Dáurea; FERNANDES, Jaquelinie	Na favela	2019	Rio de Janeiro, RJ	Albatroz	não informado
JÚNIOR, Otávio	Da minha janela	2019	Rio de Janeiro, RJ	Companhia das Letrinhas	48
MAGALHÃES, Alexandre Almeida de	Remoções de favelas no Rio de Janeiro: entre formas de controle e resistência	2019	Curitiba, PR	Appris	327
MARTINS, Gizele	Militarização e censura: a luta por liberdade de expressão na favela da Maré	2019	Rio de Janeiro, RJ	Núcleo Piratininga de Comunicação (NPC)	não informado

BIBLIOTECA(S) ONDE FOI LOCALIZADA A OBRA	PALAVRAS-CHAVES	ENDEREÇO ELETRÔNICO	TEMÁTICA	TERRITÓRIO ESPECÍFICO	TIPO DE DOCUMENTO
	favelas, desenvolvimento comunitário,condições sociais, políticas públicas, juventude, Brasil	file:///C:/Users/WINDOWS%207/Downloads/Vida%20social%20e%20pol%C3%ADtica%20nas%20favelas_pesquisas%20de%20campo%20no%20Complexo%20do%20Alem%C3%A3o.pdf			Livro
	Não informado				Livro
Biblioteca do IESP	favelas, Rio de Janeiro				Livro
	Não informado				Livro
	Ailton Costa Bittencourt, Ailton Batata, narcotraficante, biografia, tráfico de drogas, Cidade de Deus				Livro
	Não informado				Livro
	Não informado				Livro
	Não informado				Livro
	Não informado				Livro
	Não informado				Livro
Publicações do Conselho de Arquitetura e Urbanismo de São Paulo	favelas, urbanização de favelas, intervenção, projeto,assessoria técnica, formação	https://www.causp.gov.br/wp-content/uploads/2016/03/Dimens%C3%B5es-do-intervir-em-Favelas-novo.pdf	Habitação Habitat		Livro
	Não informado				Livro
	Não informado				Livro
	Não informado				Livro
	Não informado				Livro
	Não informado				Livro

REFERÊNCIAS

ABRAMO, Pedro (org.). *A cidade da informalidade*: o desafio das cidades latino-americanas. Rio de Janeiro: Sete Letras, 2003.

ABRAMO, Pedro. *A teoria econômica da favela*: quatro notas sobre a localização residencial dos pobres e o mercado imobiliário informal. In: ENCONTRO NACIONAL DA ANPUR, 9, 2001.

ABREU, Maurício Almeida. *A Evolução do Rio de Janeiro*. Rio de Janeiro: Instituto Pereira Passos, 2013, 4º Edição.

ABREU, Maurício de Almeida. *Reconstruindo uma História Esquecida*: origem e expansão inicial das favelas do Rio de janeiro. Espaço & Debates. Rio de Janeiro, nº 37, 1994.

AGACHE, Alfred. *Cidade do Rio de Janeiro*: extensão, remodelação e embelezamento. Rio de Janeiro: Foyer Brésilien/Editor Paris, Prefeitura do Districto Federal, 1930.

AGENDA JUVENTUDE BRASIL. *Pesquisa Nacional sobre o perfil e opinião das jovens brasileiros*. Secretaria Nacional da Juventude. Brasília: SNJ, 2014.

ALVES, Rose. *Rio de Rimas*. Rio de Janeiro: Aeroplano, 2013.

ALVITO, Marcos. & ZALUAR, Alba. *Cem anos de Favela*. Rio de Janeiro: FGV, 1998.

ALVITO, Marcos. *As cores de Acari*. Uma favela carioca. Rio de Janeiro: FGV, 2000.

ANDRADE, Carlos Drummond de. Favelário Nacional. In: *Corpo*. Rio de Janeiro: 19ª ed., Record, 2007.

AYTKEN, Stuart C. *Geographies of young people*. The morally contested spaces of identity. London and New York: Routledge. Taylor & Francis Group, 2003.

BACKHEUSER, Everardo. *Habitações populares*. Relatório apresentado ao Exm. Sr. Dr. J.J. Seabra, ministro da Justiça e Negócios Interiores. Rio de Janeiro: Imprensa Nacional, 1906.

BALTHAZAR, Horacíola S. *Serviço Social em conjuntos residenciais*. Rio de Janeiro: Instituto Social, 1954.

BARBOSA, Jorge Luiz. *Modernização Urbana e Movimento Operário*. Dissertação de Mestrado. PPGEO. UFRJ, 1991.

______. O caos como imago urbis. In: SILVA, J. S.; BARBOSA, J. L.; FAUSTINI, M. V. *O novo carioca*. Rio de Janeiro: Mórula, 2012.

_____. *Cultura e Território*. Rio de Janeiro: Lumens Jurens, 2017.

_____; DIAS, Caio G. *Solos Culturais*. Rio de Janeiro: Observatório de Favelas, 2013.

BARRETO, Lima. *Clara dos Anjos*. Rio de Janeiro: Ediouro, 1997.

BAUMAN, Zygmunt. *Comunidade*. A busca por segurança no mundo atual. Rio de Janeiro: Jorge Zahar Editor, 2003.

BAUMAN, Zygmunt. *Globalização: as consequências humanas*. Rio de Janeiro: Jorge Zahar Editor, 1999.

BENCHIMOL, Jaime Larry. *Pereira Passos: um Haussmann tropical*. Tese de mestrado em Planejamento Urbano, Coppe/UFRJ, 1982.

BOTTARI, Eliane; RAMALHO, Sérgio. *Milícias avançam pelo corredor do Pan 2007*. Rio de Janeiro: O Globo, 10 de dezembro de 2006, p. 22. Disponível em <https://oglobo.globo.com/rio/milicias-avancam-pelo-corredor-do-pan-2007-4541223>

BOURDIEU, Pierre. *O poder simbólico*. Rio de Janeiro: Bertrand/Difel, 1989.

_____. (1979) *A distinção*. Crítica social do julgamento. Tradução Daniela Kern; Guilhermo J.F. Teixeira., 2 ed. rev. Porto Alegre: Zouk, 2011.

BURGOS, Marcelo Baumann. Dos parques proletários ao Favela-Bairro: as políticas públicas nas favelas do Rio de Janeiro. In: ALVITO, Marcos. & ZALUAR, Alba. *Cem anos de Favela*. Rio de Janeiro: FGV, 1998.

CAMPOS, Andrelino. *Do quilombo à favela*. Rio de Janeiro: Bertrand Brasil, 2005.

CANCLINI, Néstor. *Consumidores e Cidadãos*. Rio de Janeiro: Ed. UFRJ, 1995.

CARDOSO, Adauto Lúcio. Mercado imobiliário e segregação: a cidade do Rio de Janeiro. In: RIBEIRO, L.C.Q. (org.). *O futuro das metrópoles: desigualdades e governabilidade*. Rio de Janeiro: Ed. Revan/ Observatório — Ippur/Fase, p. 319-350, 2000.

CARVALHO, Lia de Aquino. *Contribuição ao estudo das habitações populares*: Rio de Janeiro, 1886-1906. Rio de Janeiro: Secretaria Municipal de Cultura, Departamento Geral de Documentação e Informação Cultural, Divisão de Editoração, 1986.

CHALHOUB, Sidney. *Cidade febril*; cortiços e epidemias na Corte imperial. São Paulo: Companhia das Letras, 1996.

COSTALLAT, Benjamim. A favela que eu vi. In: COSTALLAT, B. *Mistérios do Rio*. Rio de Janeiro: H. Antunes. 1931.

COSTALLAT, Benjamim. *Mistérios do Rio*. Rio de Janeiro: Secretaria Municipal de Cultura, Departamento Geral de Documentação e Informação Cultural, Divisão de Editoração, 1995.

CARVALHO, Lia de Aquino. Habitações Populares. Rio de Janeiro: Biblioteca Carioca, 1995.

CEASM — Centro de Estudos e Ações Solidárias da Maré. *Quem somos? Quantos somos? O que fazemos?* A Maré em dados: Censo 2000. Rio de Janeiro: Maré das Letras, 2003.

CERBINO, Mauro. *Jóvenes em la calle. Cultura y Conflicto*. Rubi (Barcelona): Antrophos Editorial, 2006.

COIMBRA, Cecília M. B. & NASCIMENTO, Maria Lívia. Jovens Pobres: o mito da periculosidade. In: FRAGA, P. C. P. & LULIANELLI (orgs.), A. S. *Jovens em tempo real*. Rio de Janeiro: DP&A, 2003.

DINIZ, Edson; BELFORT, Marcelo Castro; RIBEIRO, Paula. *Memória e identidade dos Moradores do Morro do Timbau e Parque Proletário da Maré*. Rio de Janeiro: Redes Maré/ Secretaria de Cultura do Estado do Rio de Janeiro, 2013.

DINIZ, Edson; BELFORT, Marcelo Castro; RIBEIRO, Paula. *Memória e identidade dos Moradores de Nova Holanda*. Rio dc Janeiro: Redes Maré/ Secretaria de Cultura do Estado do Rio de Janeiro, 2012.

FAVERO, Osmar et al. (orgs). *Juventude e Contemporaneidade*. Brasília: Unesco, MEC, ANPEd, 2007. 284 p. (Coleção Educação para Todos; 16).

FERNANDES, Nelson da Nóbrega. *Escolas de samba:* sujeitos celebrantes e objetos celebrados. Rio de Janeiro: Memória Carioca, Vol. 3, 2001.

FOUCAULT, Michel. *Vigiar e punir*. Petrópolis: Vozes, 1999.

FOUCAULT. Michel. *O nascimento da medicina social*. In: Microfísica do poder. Rio de Janeiro: Graal,1984.

GOFFMAN, Erving. *A Representação do Eu na Vida Cotidiana*. Rio de Janeiro: Ed. Vozes, 5ª edição, 1992.

HOUAISS, Antônio. *Dicionário de Língua Portuguesa*. Rio de Janeiro: Ed. Objetiva, 2001.

IMPRENSA POPULAR. *Comício no Morro de Sta. Marta*. Rio de Janeiro: 8 jun. 1954.

______. *Protestam os favelados*. Rio de Janeiro: 5 mai. 1956.

INSTITURO BRASILEIRO DE GEOGRAFIA E ESTATÍSTICA. Censo 2010. Rio de Janeiros: IBGE, 2010.

INSTITURO BRASILEIRO DE GEOGRAFIA E ESTATÍSTICA. Censo 2000. Rio de Janeiros: IBGE, 2000.

INSTITURO BRASILEIRO DE GEOGRAFIA E ESTATÍSTICA. Censo 1990. Rio de Janeiros: IBGE, 1990.

JORNAL DO BRASIL. Editorial Opinião, Rio de Janeiro, 17/11/1994, p. 11.

JUSTIÇA GLOBAL (org.). *Segurança, Tráfico e Milícias no Rio de Janeiro*. Rio de Janeiro: Fundação Heinrich Böll, 2008.

LEEDS, Anthony; LEEDS, Elisabeth. *A sociologia do Brasil urbano*. Rio de Janeiro: Zahar, 1978.

LEEDS, Elisabeth. Cocaína e poderes paralelos na periferia urbana brasileira: ameaças à democratização em nível local. In: ALVITO, Marcos & ZALUAR, Alba. *Cem anos de Favela*. Rio de Janeiro: FGV, 1998.

LEFEBVRE, Henri. O *direito à cidade*. Tradução de Rubens Eduardo Frias. São Paulo: Editora Centauro, 2001.

LOPES, Ney. *Sambeabá*: o samba que não se aprende na escola. rio de Janeiro: Casa da Palavra/Folha Seca, 2003.

LÉVY, Pierre. *Cibercultura*. (Trad. Carlos Irineu da Costa). São Paulo: Editora 34, 2009.

MAGNANI, José G. C. & SOUZA, Bruna M. (orgs.) *Jovens na metrópole: etnografias de circuitos de lazer, encontros e sociabilidade*. 1 ed. São Paulo: Editora Terceiro Nome, 2007.

NASCIMENTO, Flavia Brito do. *Entre a estética e o hábito*: o Departamento de habitação Popular (Rio de Janeiro, 1946 — 1960). Coleção Prêmio Biblioteca Carioca. Secretaria Municipal de Cultura: Rio de Janeiro, 2008.

NOVAES, Regina. Os jovens de hoje: contextos, diferenças e trajetórias. In ALMEIDA, Maria Isabel Mendes de & EUGÊNIO, Fernada (orgs.). *Culturas jovens*: novos mapas do afeto. Rio de Janeiro: Zahar, 2006.

O MALHO. Rio de Janeiro: Edição 247, 8 jun. 1907

PARISSE, Lucien. *Favelas do Rio de Janeiro: evolução-sentido*. Rio de Janeiro, Caderno do CENPHA, n. 5, 1969.

PECHMAN, Robert Moses (2002). *Cidades estreitamente vigiadas*. O detetive e o urbanista. Rio de Janeiro: Casa da Palavra.

OLIVEIRA, Roberto C. *Identidade, Etnia e Estrutura Social*. São Paulo: Ed. Pioneira, 1976.

REDES DE DESENVOLVIMENTO DA MARÉ, OBSERVATÓRIO DE FAVELAS. *Censo de Empreendimentos Maré*. Rio de Janeiro: Redes de Desenvolvimento da Maré, Observatório de Favelas, 2014.

PERDIGÃO, Sérgio Bruno Alves. *Do Cortiço à Favela*: história da construção da identidade de habitação popular no Rio de Janeiro (1900-1930). Dissertação. Niterói: UFF/Mestrado em História, 1999.

PEREIRA DA SILVA, Maria Lais. *Favelas Cariocas 1930-1964*. Rio de Janeiro: Contraponto, 2005.

PERLMAN, Janice. *O mito da marginalidade*: favelas e política no Rio de Janeiro. Rio de Janeiro: Paz e Terra, 2002.

PESAVENTO, Sandra Jatahy. *O imaginário da cidade*. Visões literárias do urbano. Paris, Rio de Janeiro, Porto Alegre. [2ª ed.] Porto Alegre: Editora da UFRGS, 2002.

PREFEITURA DA CIDADE DO RIO DE JANEIRO (1993). Plano Decenal Diretor da Cidade do Rio de Janeiro. Rio de Janeiro: Prefeitura/Secretaria Municipal de Urbanismo.

RAMALHO, Sérgio. *O triângulo do mal*. Rio de Janeiro: O Globo, 29 de janeiro de 2006, p. 20.

REVISTA A SEMANA, Rio de Janeiro, 22/01/1927.

REVISTA CARETA. Rio desconhecido. Rio de Janeiro, 09/12/1909.

RIBEIRO, Luiz César de Queiroz. *Dos cortiços aos condomínios fechados*. As formas de produção da moradia na cidade do Rio de Janeiro. Rio de Janeiro: Civilização Brasileira/Fase, 1997.

RIBEIRO, Ana Clara Torres. *Outros territórios, outros mapas*. In: OSAL. Observatório Social de América Latina. Ano 6, 16 (jun. 2005). Buenos Aires: Clacso, 2005.

RICOER, Paul. *Percurso do Reconhecimento*. São Paulo: Edições Loyola, 2006.

RINALDI, Alessandra de Andrade. Marginais, delinquentes e vítimas: um estudo sobre a representação da categoria favelado no tribunal do júri da cidade do Rio de Janeiro. In: ALVITO, Marcos & ZALUAR, Alba. *Cem anos de Favela*. Rio de Janeiro: FGV, 1998.

RIOS, José Arthur. Depoimento. In: FREIRE, A. & OLIVEIRA, Lúcia Lippi (orgs.). *Capítulos da memória do Urbanismo carioca*. Rio de Janeiro: FGV/Edições Folha Seca, 2002.

RODRIGUES, Rute Imanishi (Org). *Vida Social e Política nas Favelas*: pesquisas de campo no Complexo do Alemão. Rio de Janeiro: Instituto Econômico de Pesquisa Aplicada, 2016.

SAGMACS. *Aspectos humanos da favela carioca*. O Estado de São Paulo. Suplementos Especiais (abril): São Paulo, 1960.

SANTOS, Milton. *Território, Globalização e Fragmentação*. São Paulo: Hucitec, 1994.

SANTOS, Milton. *Por uma outra globalização*. Rio de Janeiro: Record, 2003.

SANTOS, Milton. *O papel ativo da geografia: um manifesto*. Florianópolis, XII Encontro Nacional de Geógrafos, 2002.

SANTOS, Milton. *O dinheiro e o território*. Territórios, territórios. Niterói: Posgeo/Eduff, 2005.

SANTOS, Milton. *A Natureza do Espaço*. São Paulo: Edusp, 2002.

SANTOS, Carlos Nelson Ferreira dos. Como e quando pode um arquiteto virar antropólogo? In VELHO, Gilberto (org). *O Desafio da Cidade*. Novas perspectivas da Antropologia Brasileira. Rio de Janeiro: Editora Campus. 1980.

SANTOS, Carlos Nelson Ferreira dos. *Rio de Janeiro: avaliação dos programas habitacionais de baixa renda*. Rio de Janeiro: CPU/ Ibam-BNH, 1979, 14 v.

______. Velhas novidades nos modos de urbanização brasileira. In: VALLADARES, L. (org.) *Repensando a habitação no Brasil*. Rio de Janeiro: Ed. Zahar, 1980.

SCHIMIDT, Selma. *Milícias de policiais chegam à Zona Norte*. Rio de Janeiro: O Globo, 22 de setembro de 2006, p. 26.

SECRETARIA NACIONAL DE JUVENTUDE. *Agenda Juventude Brasil*: pesquisa nacional sobre o perfil e opinião dos jovens brasileiros. Brasília: SNJ, 2014.

SILVA, Eliana Sousa. *A ocupação da Maré pelo Exército Brasileiro*. Rio de Janeiro: Redes da Maré, 2017.

____. *Testemunhos da Maré*. Rio de Janeiro: Aeroplano, 2016.

SILVA, Jailson de Souza e & BARBOSA, Jorge Luiz. *O que é favela, afinal?* Rio de Janeiro: BNDES/ Observatório de Favelas, 2009.

____. *Favela: alegria e dor da cidade*. São Paulo/ Rio de Janeiro: Senac / X-Brasil, 2005.

SILVA, Jailson de Souza e. *Um espaço em busca de seu lugar: as favelas para além dos estereótipos*. In: Programa de Pós-Graduação em Geografia da Universidade Federal Fluminense. Território. Territórios. EdUFF: Niterói, 2002.

____. Sobre (a) vivência dos moradores de espaços favelados. In: *O Mercado de Trabalho do Rio de Janeiro*: Conjuntura e Análise. Número 07, fevereiro de 2000.

____. *Bruxas & Bruxos da Cidade*. Rio de Janeiro: Babilônia, 2015.

SOARES, Luiz Eduardo. *Meu casaco de general: quinhentos dias no front da Segurança Pública do Rio de Janeiro*. São Paulo: Companhia das Letras, 2001.

SOARES, Luiz Eduardo; BATISTA, André; PIMENTEL, Rodrigo. Elite da Tropa. Rio de Janeiro: Objetiva, 2006.

SOUZA, Marcelo Lopes de. *O desafio metropolitano*. Um estudo sobre a problemática sócio-espacial nas metrópoles brasileiras. Rio de Janeiro: Bertrand Brasil, 2000.

____. *Mudar a cidade*. Uma introdução crítica ao planejamento e a gestão urbanos. Rio de Janeiro: Bertrand Brasil, 2002.

SOUZA, Silvia Ramos de. *A Psicologia Sobe o Morro*. Dissertação de Mestrado. Rio de Janeiro: PUC/Mestrado em Psicologia, 1983.

STUCKENBRUCK, Denise Cabral. *Plano Agache e o ideário reformista dos anos 20*. Rio de Janeiro: Observatório de Políticas Urbanas, Ippur-UFRJ/Fase, 1996.

VALLA, Victor Vincent. *Educação e favela*. Petrópolis: Vozes, 1986.

VALLADARES, Lícia. *Passa-se uma casa*. Rio de Janeiro: Ed. Zahar, 2ª ed, 1980.

____. Cem anos pensando a pobreza (urbana) no Brasil. In: BOSCHI, Renato. (org.). *Corporativismo e desigualdade: a construção do espaço público no Brasil*. Rio de Janeiro: Rio Fundo/Iuperj, 1991.

____. *A Gênese da Favelas*. Revista Brasileira de Ciências Sociais. Vol. 15 nº 44 outubro/2000.

VENTURA, Zuenir. *Cidade partida.* Rio de Janeiro: Companhia das Letras, 2002.

VIANNA, Hermano. *O Funk e a Cultura Carioca.* Revista de Estudos Históricos, 1996.

ZALUAR, Alba. Crime, medo e política. In: ZALUAR, Alba & ALVITO, Marcos. *Um século de favela.* Rio de Janeiro: Editora da Fundação Getúlio Vargas, p. 209-232, 1998.

ZYLBERBERG, Sônia. *Morro da Providência: memórias da favela.* Rio de Janeiro: Secretaria Municipal de Cultura, 1992.

1ª edição	setembro 2020
impressão	rotaplan
papel miolo	pólen soft 80g/m²
papel capa	cartão triplex 300g/m²
tipografia	trade gothic e freight